主　编　曾一果
副主编　王敏芝
参编人员　朱寿桐　王可心
　　　　　凡婷婷　钱维浩

Digital Media Research Frontier Series

数字传媒研究前沿丛书

媒介文化十讲

苏州大学出版社
Soochow University Press

图书在版编目(CIP)数据

媒介文化十讲/曾一果主编. --苏州:苏州大学出版社,2023.8
(数字传媒研究前沿丛书)
ISBN 978-7-5672-4366-8

Ⅰ.①媒… Ⅱ.①曾… Ⅲ.①传播媒介-文化研究 Ⅳ.①G206.2

中国国家版本馆 CIP 数据核字(2023)第 107189 号

书 名	媒介文化十讲
	MEIJIE WENHUA SHI JIANG
主 编	曾一果
责任编辑	万才兰
装帧设计	吴 钰
出版发行	苏州大学出版社(Soochow University Press)
社 址	苏州市十梓街 1 号 邮编:215006
印 装	苏州市深广印刷有限公司
网 址	www.sudapress.com
邮 箱	sdcbs@suda.edu.cn
邮购热线	0512-67480030
销售热线	0512-67481020
开 本	787 mm×1 092 mm 1/16 印张:17.5 字数:384 千
版 次	2023 年 8 月第 1 版
印 次	2023 年 8 月第 1 次印刷
书 号	ISBN 978-7-5672-4366-8
定 价	65.00 元

凡购本社图书发现印装错误,请与本社联系调换。服务热线:0512-67481020

曾一果

曾一果，文学博士，暨南大学新闻与传播学院副院长，教授、博士生导师，暨南大学新媒体文化研究中心主任。入选"国家百千万人才工程"，被授予"国家有突出贡献中青年专家""国家社科基金重大招标项目首席专家"称号。

主要研究领域为媒介文化、城市传播研究、数字文化传播和影视文化研究。主持国家社科基金重大招标项目、国家社科基金后期资助重点项目等10多个项目。出版了《西方媒介文化理论研究》《中国传媒文化百年史》《中国新时期小说的"城市想象"》《媒介文化论》等专著，在《文学评论》《新闻与传播研究》《现代传播》《国际新闻界》《文艺研究》等刊物发表学术论文100多篇；成果曾获教育部第八届高等学校科学研究优秀成果奖三等奖，江苏省第十四届、十五届哲学社会优秀成果奖二等奖等。

目录

- 导论　理解媒介文化　/ 1
  - 第一节　对文化的阐释　/ 4
  - 第二节　从大众文化到媒介文化　/ 6
  - 第三节　媒介变革与文化变迁　/ 8
  - 第四节　批判视角下的媒介文化识读　/ 10

- 第一讲　媒介文化的批判理论溯源　/ 13
  - 第一节　资本主义文化危机与文化工业批判　/ 15
  - 第二节　文化研究学派的媒介文化研究　/ 23
  - 第三节　媒介、意识形态与文化霸权　/ 31
  - 第四节　传播政治经济学的兴起　/ 36

- 第二讲　媒介文化演化的技术逻辑　/ 43
  - 第一节　技术逻辑下的媒介演化　/ 45
  - 第二节　数字技术革命　/ 50
  - 第三节　数字时代的媒介文化表征　/ 56
  - 第四节　媒介技术的未来面向　/ 65

- 第三讲　社交媒体与数字交往　/ 71
  - 第一节　云端交往：媒介与社会交往的协同演进　/ 73
  - 第二节　社交媒体：社会交往的新型基础设施　/ 76
  - 第三节　场景传播：社会交往的时空重构　/ 81
  - 第四节　连接文化：数字交往的文化取向　/ 87

- 第四讲　视觉传播与视频文化　/ 95
  - 第一节　视觉、媒介与文化　/ 97
  - 第二节　视觉文化传播与观看之道　/ 103
  - 第三节　从"图像文化"到"视频文化"　/ 107
  - 第四节　抖音与快手：短视频文化的两种日常景观　/ 111

第五讲　圈层文化与文化破壁 / 117

第一节　数字时代的文化圈层 / 119
第二节　文化圈层的碰撞、交流与融合 / 124
第三节　B站：二次元的"文化破壁" / 130
第四节　中华传统文化的"出圈之旅" / 135

第六讲　性别政治与赛博女性主义 / 141

第一节　媒介与性别认同 / 143
第二节　媒介化社会的性别展演 / 149
第三节　性别政治与身份建构 / 156
第四节　赛博女性主义与后人类 / 163

第七讲　媒介文化与青年亚文化 / 171

第一节　青年亚文化及其风格的形成 / 173
第二节　大众媒介与青年亚文化的发展 / 178
第三节　从反主流文化到赛博文化 / 182
第四节　数字时代的"后亚文化" / 185
第五节　数字媒介时代我国青年群体的亚文化实践 / 189

第八讲　文化资本与粉丝文化 / 197

第一节　场域、文化资本与媒介文化 / 199
第二节　数字媒介时代的文化参与 / 204
第三节　疯狂的粉丝与饭圈文化的形成 / 211
第四节　饭圈文化的批判性反思 / 217

第九讲　媒介记忆与身份认同建构 / 221

第一节　记忆、文化记忆与媒介记忆 / 223
第二节　数字媒介时代的记忆文化 / 231
第三节　怀旧与追慕：记忆装置的三重机制 / 235
第四节　数字记忆研究的未来 / 240

第十讲　媒介传播与文化传统 / 245

第一节　全球化与媒介帝国主义 / 247
第二节　去西方化媒介研究诉求 / 253
第三节　全球化时代的中国文化：传播视角的发现 / 259
第四节　数字时代的中国文化传播与传统的重续 / 265

后记 / 270

导 论
理解媒介文化

现代人生活在媒介的环境中，每天被电影、电视和手机等媒介包围。人们通过脸书（Facebook）、推特（Twitter）、微信、微博等获得外界的信息和知识，也通过它们分享个体感受和开展社交活动。从文化的角度来看，当代文化就是媒介文化（Media Culture）。关于一这点，道格拉斯·凯尔纳在《媒体文化：介于现代与后现代之间的文化研究、认同性与政治》一书中早已宣布，他强调"媒体文化"是当代社会的主导文化，"一种媒体文化已然出现，而其中的图像、音响和宏大的场面通过主宰休闲时间、塑造政治观念和社会行为，同时提供人们用以铸造自身身份的材料等，促进了日常生活结构的形成"①。

施蒂格·夏瓦则进一步指出，由于当代文化在某种程度上都是媒介文化，因此人们理解文化与社会都要从媒介化视角或媒介的逻辑出发："媒介不仅仅是组织、政党或者个人根据其需求选择是否使用的技术。它的存在已然成为社会和文化实践的一个结构性条件，同时存在于特定的文化领域以及作为整体的社会中。媒介影响的重要性一部分源自下述两方面的发展：一方面，媒介已成为所有机构运作的一个组成部分；另一方面，媒介又具有一定的自决权（self-determination）和权力，这迫使其他机构或多或少地需要遵从媒介的逻辑。因此，媒介既是特定的社会和文化领域（家庭、政治等）的基本结构之一，又是一个半独立的机构，一则扮演着其他文化和社会制度之间的纽带角色，并为我们理解作为整体的社会提供了诠释框架，再则为公共讨论构建一个共同的舞台。这种结构性关系的双重性（duality）——既存在于其他机构之中，又提供了对社会的普遍看法——成为信源和受众在特定情况下使用与感知媒介的前提条件，从而影响着人们之间的关系。因此，媒介使用和媒介效果的传统问题需要考虑到文化和社会皆已被媒介化的环境"②。

文化和社会的媒介化，意味着我们一方面需要从媒介的角度切入当代文化，另一方面需要从文化的角度切入媒介。只有这样，我们方能更好地理解当代社会不断涌现出来的各种媒介文化现象。在媒介化生存环境中，一切都已经"媒介化"，包括文化本身，因此人们思考任何文化和社会现象时，都必须意识到媒介在其中所发挥的作用。而传播技术的快速发展所催生的种种新媒体文化类型、现象和景观，亦需要人们从文化的角度展开思考和研究。本书正是立足于此，详细梳理与剖析媒介文化的主要理论流派与思想观点，并结合我国当代社会的媒介文化现象，考察本土媒介文化实践方式和形态，深入思考本土媒介文化理论创新的可能性。

---

① 道格拉斯·凯尔纳. 媒体文化：介于现代与后现代之间的文化研究、认同性与政治［M］. 丁宁，译. 北京：商务印书馆，2004：9.
② 施蒂格·夏瓦. 文化与社会的媒介化［M］. 刘君，李鑫，漆俊邑，译. 上海：复旦大学出版社，2018：4－5.

第一节 对文化的阐释

"文化"是什么？这是一个复杂的问题。雷蒙·威廉斯认为英文里有几个比较复杂的词，其中一个就是culture，"部分的原因是这个词在一些欧洲国家语言里，有着极为复杂的词义演变史。然而，主要的原因是在一些学科领域里以及在不同的思想体系里，它被用来当成重要的观念"①。戴维·钱尼也指出，"文化这个概念很吸引人，但也常常令人迷惑，因为它被以若干不同的方式使用着。在不同的语言、不同的学术传统中，它的侧重点也各不一样"②。

"文化"的概念之所以很难把握，是因为在不同的语言、不同的群体、不同的时代和社会环境中，其含义总是不一样。譬如，一个大学生可以说一个农民没有文化，而在一个教授眼里，大学生则又没有太多文化；在西方人眼里，非洲和东方可能是落后地区，没有什么文化，但是对于非洲和东方而言肯定不是这样。历史学家阿诺德·汤因比就曾批评西方人的文化优越感：

> 当我们西方人称呼一些人是"土著"的时候，我们就在我们对他们的看法中暗中剔除了文化的色彩。我们把他们看成是在当地大量孳生的野兽，我们只是在那里恰好碰到了他们，如同碰到了当地的部分动植物一样，而没有把他们看成是和我们一样具有各种情感的人。只要我们将他们视为"土著"，我们就可以消灭他们，或者更有可能像今天这样驯化他们，并真诚地（大概并非全然错误地）认为，我们正在改良品种，但我们从一开始就没有理解他们。
>
> 除了由于西方文明在物质领域所取得的世界性成功而产生的错觉之外，对历史统一性的误解——包括这样一种假设，即只有我们自己的西方文明一条河流，所有其他河流要么是它的支流，要么就是消失在沙漠中的内陆河——还可以追溯到三个来源：自我中心的错觉，"东方不变"的错觉，进步是直线运动的错觉。③

"文化"这个词令人难以捉摸，但多数时候往往是指可以陶冶人们情操的"高级艺术"（High Art）。马修·阿诺德对文化的阐释便是这种观点的代表，他将文化看作对完

---

① 雷蒙·威廉斯. 关键词：文化与社会的词汇 [M]. 刘建基, 译. 北京：生活·读书·新知三联书店, 2005：101.
② 戴维·钱尼. 文化转向：当代文化史概览 [M]. 戴从容, 译. 南京：江苏人民出版社, 2004：前言.
③ 阿诺德·汤因比. 历史研究（上卷）[M]. 郭小凌, 王皖强, 杜庭广, 等译. 上海：上海人民出版社, 2010：46.

美的追求，是人类"心智和精神的内在状况，而非外部的环境条件"①。中国文化传统中的文化概念与马修·阿诺德的观点有点相似，《中国文化概论》中称，"文化"一词在中文的含义里"专注于精神领域"②。

在讨论文化概念时，雷蒙·威廉斯关于"文化"定义的分析在文化研究领域具有较大的影响。威廉斯将文化分成了三种类型：理想型、文献型和社会型。理想型将文化看作一种精神、价值和理想；文献型用来描述艺术性的作品与活动，主要指音乐、文学、绘画与雕刻、戏剧与电影；社会型则指一种特殊的生活方式。无独有偶，我国著名学者钱穆也将文化分为三个阶层：物质的、社会的和精神的。"第一阶层里的人生，面对的是'物世界'；第二阶层里的人生，面对的是'人世界'；须到第三阶层里的人生，才始面对着'心世界'。面对物世界的，我们称之为'物质人生'，面对人世界的，我们称之为'社会人生'；面对心世界的，我们称之为'精神人生'"③。文化就是围绕着这三个阶层展开的。

20世纪以来，伴随着消费社会和好莱坞商业电影、流行歌曲、连环漫画、通俗杂志等的繁荣，在文化上出现一个比较显著的现象，即"大众文化"的兴起。多米尼克·斯特里纳蒂将大众文化定义为："大众文化是通俗化，它是由大批生产的工业技术生产出来的，是为了获利而向大批消费公众销售的。它是商业文化，是为大众市场而大批生产的。"④ 工业化、通俗化、商业化、市场化是大众文化的主要特征。大众文化的崛起挑战了马修·阿诺德、弗兰克·雷蒙德·利维斯等文化精英们的文化观念，引发了对高雅文化与大众文化的优劣之争。

雷蒙·威廉斯的老师利维斯严厉批评了大众文化的功利主义倾向，在他看来，文化属于少数精英，普通大众无法理解文化。利维斯强烈抨击好莱坞电影、汽车和都市广告等大众文化，他认为大众把目光从高雅文学转向电影和广播，意味着大众想象活动的低水平。但是约翰·多克反驳了利维斯的精英文化观，他指出利维斯所说的英国历史上的伟大传统仅是五位作家：简·奥斯丁、乔治·爱略特、亨利·詹姆斯、约瑟夫·康拉德和戴维·赫伯特·劳伦斯。而利维斯甚至起初对劳伦斯并不感兴趣，评价也不高。⑤ 在西方，高雅文化与大众文化的论争反映了人们对文化的理解是与时俱进的，伴随着消费社会而崛起的大众文化总体来说越来越受到现代人的认可。在中国内地（大陆），进入20世纪90年代之后，随着市场经济的迅速发展，港台电影、流行歌曲、迪斯科音乐、摇滚音乐等大众文化蓬勃兴起。但一些文化精英对汹涌而来的大众文化表示担忧，并发

---

① 马修·阿诺德. 文化与无政府状态：政治与社会批评 [M]. 修订译本. 韩敏中，译. 北京：生活·读书·新知三联书店，2008：11.
② 教育部高教司，张岱年，方克立. 中国文化概论 [M]. 修订版. 北京：北京师范大学出版社，2004：2.
③ 钱穆. 文化学大义 [M]. 北京：九州出版社，2017：10–11.
④ 多米尼克·斯特里纳蒂. 通俗文化理论导论 [M]. 阎嘉，译. 北京：商务印书馆，2001：16.
⑤ 约翰·多克. 后现代主义与大众文化 [M]. 吴松江，张天飞，译. 沈阳：辽宁教育出版社，2001：31.

起了"人文精神大讨论",陶东风认为,"当代中国的大众文化批评集中出现于20世纪90年代中期,其代表就是具有强烈精英主义、道德理想主义和审美主义倾向的'人文精神'话语……从审美主义的立场看,它们认为大众文化文本是贫乏的、复制的、类型化的,缺乏创造力和想象力,其所传达的审美经验是贫乏的;从道德理想主义的标准看,他们更指责大众文化在道德上是低级的、堕落的、欲望化的,而导致大众文化蔓延的则是人的逐利本能和娱乐本能"①。不过,随着市场化和商业化的成熟,流行的大众文化逐渐被更多人接受,特别是受到了青少年的喜爱。

第二节 从大众文化到媒介文化

随着网络时代的到来,以互联网为基础的"媒介文化"开始取代"大众文化",受到更为广泛的关注。道格拉斯·凯尔纳较早地用"媒体文化"一词来取代"大众文化"和"通俗文化"的说法。

道格拉斯·凯尔纳认为,随着媒体在当代社会生活中的影响力不断扩大,"一种媒体文化已然出现",并促进了日常生活结构的形成,塑造了人们的身份认同、政治观念和社会行为。总之,"媒体文化有助于塑造有关世界和最为深刻的价值的流行观念:它对什么是好或不好、积极或消极、道德或邪恶等做出界定。媒体的故事和图像提供了象征、神话和资源等,它们参与形成某种今天世界上许多地方的多数人所共享的文化"②。美国学者尼克·史蒂文森曾经打算出版一本名为《社会理论与大众传播》的书,但有朋友给了他一些建议,受到这位朋友的启发,他将书名改为了《认识媒介文化:社会理论与大众传播》。显然,改动书名不仅仅是因为朋友的忠告,更在于他意识到媒介文化已经成为当代社会的核心概念:"在大多数人的日常生活中,媒介文化的重要性日益明显,在这种情况下,这样做是重要的。毋庸置疑,媒介文化的实践在现代世界里变化很快。这些变化由许许多多的社会力量使然,这包括新型的所有制模式、新的技术、全球化、国家政策和受众的实践等等。这些激动人心的变化在学术圈内外,均需要具有广泛形式的讨论。"③电影、电视特别是互联网等媒介的影响力的日益扩大,让人们认识到当代文化在某种程度上就是媒介文化,也就是"媒介即文化"。相对于带有贬低倾向的"大众文化","媒介文化"是一个中性化的概念。以"媒介文化"取代"大众文化",

---

① 陶东风. 当代中国大众文化价值观研究 [M]. 北京:中国社会科学出版社,2020:67.
② 道格拉斯·凯尔纳. 媒体文化:介于现代与后现代之间的文化研究、认同性与政治 [M]. 丁宁,译. 北京:商务印书馆,2004:9.
③ 尼克·史蒂文森. 认识媒介文化:社会理论与大众传播 [M]. 王文斌,译. 北京:商务印书馆,2001:19.

强调了文化的媒介属性，同时强调了媒介的文化属性。在文化精英主义者眼中，当代媒介是没有文化的。但我们在前面说过，当代媒介其实生产了丰富的文化形态和文化类型。在新的媒介环境中，将"大众文化"改称为"媒介文化"，就是提醒人们关注媒介文化产品所具有的意义和价值。尼克·库尔德利在讨论媒介文化的概念时，将媒介文化视为"意义建构习惯（sense-making practices）的集合，其主要的意义资源是媒介。辨识一种媒介文化的唯一标准是，文化成员会识别其特色，其'结伴'的方式。我所说的'意义建构'（meaning making）不是说，媒介文化是理解媒介的专属或首要方式。相反，我的意思是，媒介文化是理解世界的方式，而世界的运行主要是通过或依靠媒介的"①。

媒介与文化彼此勾连，形成了"媒介文化"的概念。正如周宪和许钧所说："晚近一些有影响的研究，主张把媒介与文化这两个关键词连用，或曰'媒介文化'，或曰'媒介化的文化'。这是一种全新的文化，它构造了我们的日常生活和意识形态……。总而言之，媒介文化把传播和文化凝聚成一个动力学过程，将每一个人裹挟其中。于是，媒介文化变成我们当代日常生活的仪式和景观。这就是我们所面临的现实的文化情境，显然，我们对它知之甚少。"②

随着网络新媒介的快速发展，以电影、电视和报纸为主的"媒介文化"逐渐被网络新媒介空间不断涌现的"新媒介文化"取代，如饭圈文化、网红直播、抖音短视频、弹幕、全息影像、虚拟现实（VR）艺术等。这些基本都是进入网络时代以后发展出来的各种新媒介文化，具有数字化、社交性、互动性、圈层化、参与性等特征，也部分含有较强的产业化和商业化特征，如饭圈文化、动漫游戏文化等。正是网络新媒介的迅速发展推动了媒介文化的剧变，将媒介文化推向了新的巅峰。按照列夫·曼诺维奇的看法，"新媒介是通过'数字化表征'运作的……新媒介中的'新'在于它们的运行通过数字（主要是二进制）符号的生产和处理得以实现。就这一技术本身而言也许没有什么特殊之处，但这一发展具有深远影响，特别是当数字符码使得文化形态（包括艺术、音乐和文本）的表征可以被复制、修改并以前所未有的便捷程度传播开去之时。"③

相比于以报纸、电视和电影为代表的传统媒介文化，网络文学、电竞动漫、短视频直播等新媒介文化在形态、类型和文化观念方面要丰富复杂得多，急需学术界对之加以关注与研究。

---

① 尼克·库尔德利. 媒介、社会与世界：社会理论与数字媒介实践［M］. 何道宽，译. 上海：复旦大学出版社，2014：166.
② 周宪，许钧. 文化和传播译丛·总序［M］//尼克·史蒂文森. 认识媒介文化：社会理论与大众传播. 北京：商务印书馆，2001：3.
③ 转引自尼古拉斯·盖恩，戴维·比尔. 新媒介：关键概念［M］. 刘君，周竞男，译. 上海：复旦大学出版社，2015：7.

第三节 媒介变革与文化变迁

从"文化"到"大众文化",从"大众文化"到"媒介文化",再从"媒介文化"到"新媒介文化",在短短几十年时间里,全球当代文化发生了深刻的变化。当代文化的变迁与传播媒介的变革相辅相成,无法分割。从人类文明和历史的角度看,每一次传播媒介的变革都会催生新的文化潮流。

较早认识到媒介在社会和文化变革中的重要性的是两位加拿大学者:哈罗德·伊尼斯和马歇尔·麦克卢汉。伊尼斯本来是一位经济学家,他在人生最后十年才发表了有关传播的两本著作——《传播的偏向》与《帝国与传播》。他在著作中第一次详细地讨论了传播媒介对于人类文明和文化的意义,并指出不同民族对其他文明的了解在很大程度上"有赖于这些文明所用的媒介的性质","一种媒介经过长期使用之后,可能会在一定程度上决定它传播的知识的特征。也许可以说,它无孔不入地影响创造出来的文明,最终难以保存其活力和灵活性"。[1] 根据传播媒介,伊尼斯将人类文化分成口头传播、文字传播、印刷传播、电子传播等时期,每个时期的文化取决于其媒介的形态。不过,伊尼斯认为,媒介技术的进步未必一定带来文化的进步,有时媒介技术的进步反而会降低文化标准。

相较于伊尼斯,麦克卢汉在媒介研究史上的贡献更为显著。他直接掀起了媒介革命,将媒介的地位大大提升。在《理解媒介:论人的延伸》等著作里,麦克卢汉提出了"媒介即讯息"的著名观点。麦克卢汉以交通运输工具为例,提出铁路的作用并不在于它的"内容",即"并不是把运动、运输、轮子或道路引入人类社会,而是加速并扩大人们过去的功能,创造新型的城市、新型的工作、新型的闲暇。无论铁路是在热带还是在北方寒冷的环境中运转,都发生了这样的变化。这样的变化与铁路媒介所运输的货物或内容是毫无关系的。另一方面,由于飞机加快了运输的速度,它又使铁路塑造的城市、政治和社团的形态趋于瓦解,这个功能与飞机所运载的东西是毫无关系的"[2]。这都是媒介本身带来的社会变迁,与媒介所包含的内容没有关联。或者也可以这样理解,"媒介即内容",媒介本身就包含了内容。麦克卢汉进一步提出,任何一种媒介的"内容"都是另外一种媒介,譬如文字的内容是言语,而文字又是印刷的内容,印刷又是电报的内容,不同媒介和内容之间实际上在不停地互相转化,而在工业革命之后,这种转化突然加快了,各种各样的新媒介涌现,不断取代旧媒介:"电报改造了新闻媒介

---

[1] 哈罗德·伊尼斯. 传播的偏向 [M]. 何道宽, 译. 北京: 中国人民大学出版社, 2003: 28.
[2] 马歇尔·麦克卢汉. 理解媒介: 论人的延伸 [M]. 何道宽, 译. 北京: 商务印书馆, 2000: 34.

之后，新闻媒介揭开了'人的兴趣'的键盘。于是报纸就枪毙了剧院，正如电视沉重打击了电影和夜总会一样。肖伯纳足智多谋、富于幻想，他发动了维护戏剧的反攻。他把新闻媒介纳入戏剧，让戏剧舞台接过新闻媒介争论的问题和人的兴趣的大千世界，狄更斯也为小说接过了这些东西。随后，电影又接过小说、报纸和舞台等媒介，一股脑儿全都接过来。继后，电视又渗入电影，把'表现无遗的戏剧'奉还给公众。"① 从一种媒介到另外一种媒介，就这样不断地转换。

麦克卢汉的观点以其创新性与启示性至今仍是媒介研究中不可或缺的理论基础。正如马克·波斯特所说，"麦克卢汉的作品是对媒介的文化研究的关键"②。吉见俊哉也认为麦克卢汉颠覆了美国大众传播理论对媒介的认识，将媒介的本身中介和连接意义突显出来，"他最经典的名言'媒介即讯息'（the medium is the message）猛烈冲击了大众传播的研究，使长期被忽略的媒介以及媒介被遗忘的'中介调解'意义，得以再度重现"③。由此也开启了有关媒介研究的新思路，"视之为相互主体性关系中意义形成的场域本身。更明白地说，这种将媒介视为意义形成的相互主体性过程，已不再是偏重发送者单向传递意义到接受者的大众传播过程，而是转向探讨意义在主体间往复来回而被认识的中介调解（mediation）过程"④。这样，媒介与文化的关系变得更加紧密了。

数字技术的发展推动着新媒介不断取代传统媒介，以新媒介为载体的各种新文化也就不断取代了传统媒介所承载的文化内容，互联网成了保罗·莱文森所说的"一切媒介的媒介"："到了新千年的时候，因特网摆出了这样一副姿态：它要把过去一切的媒介'解放'出来，当作自己的手段来使用，要把一切媒介变成内容，要把这一切变成自己的内容。开始的时候，因特网的内容是文本。到了90年代，它扩张以后就包括了图像和声音。到了世纪之交，它又提供了网络电话（Internet Telephone）、在线音频播放（Real Audio）、在线视频播放（Real Video）。因特网证明且暗示，这是一个宏大的包含一切媒介的媒介。"⑤

在网络社会，一切文化也都和因特网有了关系，对网络这种"一切媒介的媒介"的研究便越来越重要了。

---

① 马歇尔·麦克卢汉. 理解媒介：论人的延伸 [M]. 何道宽，译. 北京：商务印书馆，2000：87.
② 马克·波斯特. 麦克卢汉与媒介的文化理论 [J]. 侯晓艳，章戈浩，译. 新闻与传播评论，2010（00）：181.
③ 吉见俊哉. 媒介文化论 [M]. 苏硕斌，译. 台北：群学出版有限公司，2009：6-7.
④ 吉见俊哉. 媒介文化论 [M]. 苏硕斌，译. 台北：群学出版有限公司，2009：6-7.
⑤ 保罗·莱文森. 数字麦克卢汉：信息化新纪元指南 [M]. 何道宽，译. 北京：社会科学文献出版社，2001：7.

第四节 批判视角下的媒介文化识读

在尼克·史蒂文森的《认识媒介文化：社会理论与大众传播》和约翰·斯道雷的《文化理论与大众文化导论》中，媒介文化理论主要来自德国法兰克福学派的社会批判理论及英国伯明翰学派的媒介文化理论。此外，还有结构主义媒介叙事理论、后现代主义媒介文化理论、女性主义媒介文化理论等。这说明，媒介文化理论并非单一的理论来源，不同价值取向的理论都可能对人们理解媒介文化现象有所帮助。道格拉斯·凯尔纳就提出要在法兰克福学派和伯明翰学派的基础上整合各种文化理论，以解释种种媒介文化现象。凯尔纳从文化与传播的关系入手思考并提出整合的路径。在他看来，当代社会，将文化与传播加以区别是"武断而僵化的"，"从本质上来说，文化具有传播性；反过来，传播也具有文化性。传播实际上是文化得以扩散与发挥作用的方式。世界上不存在彼此分离的文化与传播"①。由此，凯尔纳提出，应该在法兰克福学派的社会批判理论和伯明翰学派的媒介文化理论基础上，整合后现代主义、结构主义、女性主义和精神分析学等各种理论，"以一种更为综合的方法来研究媒介、文化与传播问题"②。

法兰克福学派将摄影、好莱坞电影、大众广告和流行音乐等媒介文化都视为资本主义文化工业的产物，他们认为现代化工厂流水线上生产出了标准化的电影、电视和流行音乐，而且"文化工业"所生产的文化也不是大众需要的，而是它的制作者根据资本主义商品生产的需求，为了追求商品利润而自上而下地强加给大众的。正是在这一过程中，统治阶级所信奉的理念和意识形态被恰当地灌输给大众，新兴的媒介文化取代了原先富有个性的文化，控制了大众，通过反复灌输，把各种虚假需求强加给大众，从而塑造了大众的文化趣味和意识。只要有了闲暇时间，大众就不得不接受文化制造商提供给他的产品。

这样的说法显示出法兰克福学派高高在上的精英主义文化态度，许多人对法兰克福学派的精英主义观念进行了批评，因为大众并非像他们所说的那样对"文化工业"所生产的产品毫无鉴别力和反抗性。伯明翰学派就改变了法兰克福学派的精英主义的立场，强调文化的普通性、日常性和生活性，提出"文化是一种生活方式"。

不可否认的是，尽管马克斯·霍克海默和西奥多·阿道尔诺等法兰克福学派的精英

---

① 道格拉斯·凯尔纳. 道格拉斯·凯尔纳：以批判文化理论解决传播学的学科危机：一种媒介研究的总体性理论想象[J]. 常江，田浩，译. 新闻界，2020（8）：6.
② 道格拉斯·凯尔纳. 道格拉斯·凯尔纳：以批判文化理论解决传播学的学科危机：一种媒介研究的总体性理论想象[J]. 常江，田浩，译. 新闻界，2020（8）：6.

以一种精英主义的眼光看待媒介文化，他们对大众文化的评价是有偏见的，但是法兰克福学派的社会批判理论，却为人们提供了一种从批判的视角识读媒介文化的路径，特别是在面对数字时代语境下不断涌现的各种纷繁复杂、良莠不齐的新媒介文化现象时，法兰克福学派的社会批判理论依旧具有启发意义。人们虽然不能用霍克海默和阿道尔诺那样的目光高高在上地看待新媒介文化，但也需要对庞杂的新媒介文化加以批判地辨识。在此情况下，有学者提出，整个社会需要通过开展媒介文化识读教育提升公众的媒介素养，从而让公众能够拥有批判地识读和辨别媒介文化优劣的能力，否则一些有低俗化、色情化和暴力化倾向的媒介文化产品就可能左右大众，特别是青少年的生活观和价值观。道格拉斯·凯尔纳也提出应该发展出一门"批判的媒体教育学"，通过学校教育等形式，让人们特别是年轻人批判地接受媒体文化，学会辨明"什么是最佳的媒体文化，什么是最糟糕的媒体文化"。中国台湾世新大学的成露茜、罗晓南在合作主编的《批判的媒体识读》中指出，"在电子媒体网络中成长的世代（宅男、宅女），由于长期置身媒体建构之文化环境中而无法自拔，以致虚实错位，真假难分。对他们而言，媒体文化早已是其日常意识形态不可分割的一部分，就是说，他们对于世界的理解，日益脱离真实的生活经验，而需事事仰赖媒体"①。他们呼吁，教育部门不仅要对学习传媒的人开展媒介识读教育，而且要对非传媒专业的人特别是青年人开展批判的媒介识读教育，提升青年人的媒介素养和学习、识读媒介的能力，让公众尤其是青少年能够辨别媒体所提供内容的优劣，摒弃媒体上的谣言、低俗的新闻信息和文化内容等。媒介文化学者卢岚兰在讨论"媒介文化"时也强调批判视角的重要性，并表示："随着现代媒介的蓬勃发展，传播环境也变得日益复杂，人们面对众多传统媒体与新兴媒体的层层包围之际，必须具备基本的思辨及批判能力，方能清楚认识传播环境的发展特性和主要影响，进而能够了解自身处境以及寻思适当的因应行动"②。

总之，在各种各样新媒介文化现象不断涌现的今天，提升公众的媒介素养和媒介识读能力是很有必要的。而在后面的十讲中，我们便借助于一定的媒介文化理论，对一些媒介文化现象进行思考和分析，进而帮助人们更好地理解当代媒介文化，切实提升公众的媒介素养。

[思考题]

1. 理解媒介文化的核心要点是什么？
2. 在数字媒介时代，为何要开展批判的媒介识读教育？

---

① 成露茜，罗晓南. 批判的媒体识读［M］. 台北：正中书局，2009：8.
② 卢岚兰. 现代媒介文化：批判的基础［M］. 台北：三民书局，2006：封底话.

[推荐阅读书目]

1. 道格拉斯·凯尔纳. 媒体文化：介于现代与后现代之间的文化研究、认同性与政治 [M]. 丁宁, 译. 北京：商务印书馆, 2004.

2. 吉见俊哉. 媒介文化论 [M]. 苏硕斌, 译. 台北：群学出版有限公司, 2009.

3. 马歇尔·麦克卢汉. 理解媒介：论人的延伸 [M]. 何道宽, 译. 北京：商务印书馆, 2000.

4. 曾一果. 西方媒介文化理论研究 [M]. 北京：学习出版社, 2017.

第一讲
媒介文化的批判理论溯源

媒介文化研究的主要理论来源于深受马克思主义影响的社会批判理论。由于社会批判理论内容庞杂，因此本讲主要介绍法兰克福学派的社会批判理论、伯明翰学派的文化研究、文化霸权理论和传播政治经济学。

第一节　资本主义文化危机与文化工业批判

20世纪初期，广播、电影和电视借助于现代工业所形成的新兴大众文化和媒介文化冲击且撼动了西方社会传统的道德意识与文化观念，直接导致资本主义文化危机的生成。为此，新兴的大众文化和媒介文化受到来自文化保守主义者和法兰克福学派的猛烈抨击。

文化保守主义者站在维护传统文明的立场上，批判工业革命和新兴的机械文明，其代表人物是埃德蒙·伯克、马修·阿诺德、弗兰克·雷蒙德·利维斯等。伯克严厉指出法国大革命对欧洲造成的伤害，即让本来注重礼义廉耻、讲究等级秩序的伟大传统泯灭，"生活的整个合乎礼仪的帷幕将被粗暴地扯掉"[1]。阿诺德则站在文化和道德立场上对自工业革命以来英国的社会现象展开批判。与绝大部分国民欢天喜地地拥抱工业革命带来的巨大成就相反，阿诺德认为这只是表面的进步与繁荣："我说过，对机械工具的信仰乃是纠缠我们的一大危险。机械即便能做好事，这种信仰与机械作为工具所要达到的目的也是极不相称的。但我们总是相信工具或手段本身，好像它自然而然就有价值。自由不就是工具吗？人口不就是手段吗？煤炭不就是工具吗？铁路不就是工具吗？财富不就是手段吗？就连宗教组织不也就是工具吗？可现在英国人一提起这些事物，几乎总是异口同声，仿佛这些本身就是宝贵的目的，因而也沾上了一点抹不去的完美。"[2] 然而，相较于文化保守主义者，深受马克思主义影响的法兰克福学派对新兴大众媒介的批判更具影响力与社会意义。因此，本节将集中论述法兰克福学派的关键思想与理论价值。

▶▶ 一、批判理论与文化工业

法兰克福学派的代表学者包括马克斯·霍克海默、西奥多·阿道尔诺、瓦尔特·本雅明、赫伯特·马尔库塞、利奥·洛文塔尔等。他们于1923年在法兰克福大学成立了社会研究所（Institute of Social Research），故而被称为"法兰克福学派"（Frankfurt

---

[1] 陈志瑞，石斌. 埃德蒙·伯克读本［M］. 北京：中央编译出版社，2006：170.
[2] 马修·阿诺德. 文化与无政府状态：政治与社会批评［M］. 修订译本. 韩敏中，译. 北京：生活·读书·新知三联书店，2008：12-13.

School)。尽管他们每个人的研究旨趣差异很大,但他们都是从马克思主义的批判理论出发,对资本主义社会存在的问题展开批判。于尔根·哈贝马斯曾这样回顾批判理论发展的原因:"批判理论最初是在霍克海默的圈子中发展起来的,目的是要研究由于西方革命的缺席、斯大林主义在苏联的发展以及法西斯主义在德国的上台而造成的政治沮丧。批判理论试图阐明马克思主义所作的错误预测,但并没有打算彻底告别马克思主义立场。明确了这样一个背景,我们也就可以理解,为什么在第二次世界大战这样一个最困难的时期,人们会获得这样的印象:理性的最后一点光芒已经从现实中彻底消失了,剩下的只是坍塌的文明废墟和不尽的绝望"①。然而,与传统马克思主义不同的是,法兰克福学派将马克思主义理论和弗洛伊德的精神分析学相结合,并在此基础上重新解释、评价和修正马克思的唯物主义理论。马克思主义的基本理论是经济决定论和阶级决定论,强调经济基础决定上层建筑。马克思认为,资本主义的罪恶在于资本家掌握了生产资料,工人阶级被迫出卖劳动力,但无法掌握生产资料,所以摆脱不了经济贫困的现实,工人阶级要摆脱经济贫困,就必须通过暴力革命推翻资本家的统治翻身做主人。法兰克福学派继承了马克思对资本主义的批判传统,但没有将资本主义制度的问题仅仅归咎于资本家的剥削,而是认为整个现代社会的生产制度对人形成了压迫,使人丧失了自我,变成了"非人"。

值得注意的是,这一理论观点的形成离不开早期西方马克思主义的代表、匈牙利思想家格奥尔格·卢卡奇的影响。在《历史与阶级意识:关于马克思主义辩证法的研究》中,卢卡奇已开始系统地批判资本主义的生产和统治制度。现代资本主义体系被普遍认为建立在马克斯·韦伯所提出的"合理化"原则之上,而"合理化"原则是根据所谓的科学计算进行调节的。但在卢卡奇眼中,恰恰是这看似严密的科学计算导致经济过程中的主体和客体这两方面发生了"决定性的变化":"第一,劳动过程的可计算性要求破坏产品本身的有机的、不合理的、始终由质所决定的统一。在对所有应达到的结果作越来越精确的预先计算这种意义上,只有通过把任何一个整体最准确地分解成它的各个组成部分,通过研究它们生产的特殊局部规律,合理化才是可以达到的。因此,它必须同根据传统劳动经验对整个产品进行有机生产的方式决裂:没有专门化,合理化是不可思议的"②。也就是说,"合理化"反而使得原本有机一体的世界内外分裂了。卢卡奇认为,更重要的是资本主义的现代生产制度对生产主体造成了伤害:"第二,生产的客体被分成许多部分这种情况,必然意味着它的主体也被分成许多部分。由于劳动过程的合理化,工人的人的性质和特点与这些抽象的局部规律按照预先合理的估计起作用相对立,越来越表现为只是错误的源泉。人无论在客观上还是在他对劳动过程的态度上都不

---

① 于尔根·哈贝马斯. 现代性的哲学话语 [M]. 曹卫东,等译. 南京:译林出版社,2004:134.
② 卢卡奇. 历史与阶级意识:关于马克思主义辩证法的研究 [M]. 杜章智,任立,燕宏远,译. 北京:商务印书馆,1996:149–150.

表现为是这个过程的真正的主人，而是作为机械化的一部分被结合到某一机械系统里去。他发现这一机械系统是现成的、完全不依赖于他而运行的，他不管愿意与否必须服从于它的规律"①。正是这种越来越机械化、合理化和专门化的生产，破坏了人类本性，而且生产效率越高、越先进、越理智，人类主体畸形发展的情况就越明显。由此，现代工厂制度最终导致工人异化为"物"："工人的劳动力同他的个性相分离，它变成一种物，一种他在市场上出卖的对象，这种情况也在这里反复发生。区别仅仅在于，不是所有的精神能力都受到机械化的压抑，而是只有一种能力（或一系列能力）被与整个人格分离开来，被与它相对立地客体化，变成一种物，一种商品。"② 卢卡奇敏锐地发现了资本主义生产中人的物化和商品化现象，并且认为现代资本主义生产的可怕之处就在于它不是"局部形式"，而是人类的"普遍形式"，因为"在资本主义发展过程中，物化结构越来越深入地、注定地、决定性地沉浸入人的意识里"③。

受卢卡奇思想的影响，法兰克福学派格外关注资本主义机械化系统对人性的压制。其中，最具代表性的研究是霍克海默和阿道尔诺合作的《启蒙辩证法：哲学断片》一书对资本主义"文化工业"（Culture Industry）的系统批判。

20世纪30年代，霍克海默、阿道尔诺等人因受到法西斯的残酷迫害而逃亡到美国。正是在那里，他们注意到好莱坞电影、流行音乐等新兴"文化工业"所带来的社会问题，认为在资本主义制度中，统治阶级正是借助于具有娱乐和消遣性质的"文化工业"欺骗大众。不可否认的是，好莱坞电影、流行音乐等大众娱乐文化，同资本主义其他产品一样，具有商品化、复制化、标准化和大规模生产的工业化特征："汽车、炸弹和电影将所有事物都联成了一个整体，直到它们所包含的夷平因素演变成一种邪恶的力量。文化工业的技术，通过祛除掉社会劳动和社会系统这两种逻辑之间的区别，实现了标准化和大众生产。"④ 现代化工厂流水线上生产出的标准化电影、电视剧和流行音乐在霍克海默和阿道尔诺看来虽然都是很"个别的样子"，但实际上毫无个性可言，更谈不上有什么艺术风格。因为在资本主义的文化工业中，所有的艺术风格都被磨平，演化为一种"伪风格"，结果文化工业下的风格本身成了"对风格的否定"⑤。特别是进入20世纪之后，随着资本主义工业的大规模化，艺术的自律性和艺术家的个性均被破坏：

---

① 卢卡奇. 历史与阶级意识：关于马克思主义辩证法的研究[M]. 杜章智，任立，燕宏远，译. 北京：商务印书馆，1996：150-151.
② 卢卡奇. 历史与阶级意识：关于马克思主义辩证法的研究[M]. 杜章智，任立，燕宏远，译. 北京：商务印书馆，1996：162-163.
③ 卢卡奇. 历史与阶级意识：关于马克思主义辩证法的研究[M]. 杜章智，任立，燕宏远，译. 北京：商务印书馆，1996：156.
④ 马克斯·霍克海默，西奥多·阿道尔诺. 启蒙辩证法：哲学断片[M]. 渠敬东，曹卫东，译. 上海：上海人民出版社，2006：108.
⑤ 马克斯·霍克海默，西奥多·阿道尔诺. 启蒙辩证法：哲学断片[M]. 渠敬东，曹卫东，译. 上海：上海人民出版社，2006：116.

"对投资在每部影片上的可观资本的快速周转的经济要求，阻止着对每件艺术作品内在逻辑的追求——艺术作品本身的自律需要。今天，叫作流行娱乐的东西，实际上是被文化工业所刺激和操纵以及悄悄腐蚀着的需要。因此，它不能同艺术相处，即使它装作与艺术相处得很好"①。

霍克海默和阿道尔诺等人认为，"文化工业"所生产的文化并非大众需要的，而是它的制作者为了追求商品利润而自上而下强加给大众的。"在这一过程中，从制片人到妇女俱乐部，所有机构都在小心谨慎地保证这种心态的简单再生产不会以任何方式得到细致的描绘和扩充"②。霍克海默更是直接指出，最终控制文化商品和大众的是"从事宣传工作的管理者"③。

大众在这个过程中始终处于被动地位，为资产阶级"娱乐工业"所控制。同时，长期接受资本主义文化工业的大众越来越放弃抵抗，更加认同和顺从资本主义制度。这是霍克海默和阿道尔诺在《启蒙辩证法：哲学断片》中不愿意将电影、流行音乐、广告和电视称为"大众文化"的主要原因。霍克海默和阿道尔诺的"文化工业"本来所指即是"大众文化"，但他们认为那样称呼仿佛"大众"是文化的主人。所以，他们改用"文化工业"一词，强调现代大众文化与工业化、商业化的关系，强调现代大众文化与大众自身的距离。

总之，霍克海默和阿道尔诺认为，随着好莱坞电影、广播和电视等大众传媒的兴起，现代艺术和文化愈加功利化、庸俗化和雷同化，而艺术家和大众均被整合到文化工业的生产结构中，沦为"机器的附属物"。值得注意的是，早在20世纪30年代电视刚刚出现时，霍克海默和阿道尔诺就已敏锐意识到其将产生巨大影响，他们甚至预测在电视的基础上有可能出现一种融合所有艺术的"总体艺术作品"："文化工业变化多样的预算，与产品的实际价值及其所固有的价值是不相符的。就它的技术媒介来说，也越来越统一起来了。电视的目的就是要把电影和广播综合在一起，它之所以还没有能够做到这一点，是因为各个利益集团还没有达成一致，不过，电视迟早要产生巨大的影响，它会使审美迅速陷入极端贫困的状态，以至于在将来，所有罩在工业文化产品上的厚重的面纱都将被打开，都会以嘲弄的方式实现瓦格纳的总体艺术作品（Gesamtkunstwerk）之梦，所有艺术都会融入在一件作品之中。"④

---

① 马克斯·霍克海默. 批判理论［M］. 李小兵，等译. 重庆：重庆出版社，1989：273-274.
② 马克斯·霍克海默，西奥多·阿道尔诺. 启蒙辩证法：哲学断片［M］. 渠敬东，曹卫东，译. 上海：上海人民出版社，2006：114.
③ 马克斯·霍克海默. 批判理论［M］. 李小兵，等译. 重庆：重庆出版社，1989：275.
④ 马克斯·霍克海默，西奥多·阿道尔诺. 启蒙辩证法：哲学断片［M］. 渠敬东，曹卫东，译. 上海：上海人民出版社，2006：110-111.

二、灵韵的消失与震惊美学的兴起

在法兰克福学派成员中,瓦尔特·本雅明在《机械复制时代的艺术作品》一书中对机械复制时代做了有力的批判。本雅明指出,正是大规模的工业化生产和机械复制,导致文化艺术出现了危机,艺术作品失去了原创特征和自律精神,它们不是为作者所决定,而是为资本市场、大众媒介和商业社会所决定,也就是为资本主义的"文化工业"所决定。与赫伯特·马尔库塞等人一样,本雅明看到,文化艺术的危机不是因为技术落后,恰恰相反,而是因为工业和机械文明的进步,机械技术介入艺术和文化,控制了艺术品的生产和流通,从而导致了艺术水准的下降,让艺术作品所蕴含的独特"灵韵"(Aura)丧失。

所谓"灵韵",本雅明曾对其做过形象的阐释,他说:"在一个夏日的午后,一边休憩着一边凝视地平线上的一座连绵不断的山脉或一根在休憩者身上投下绿荫的树枝,那就是这座山脉或这根树枝的光韵在散发。"[①] 传统艺术作品中的"灵韵"源于宗教仪式和庆典,即"它证明了它的权威性和独特性,以及在时间和空间中的奇特性。由于艺术作品被置于各种宗教活动(它们在文化上是合法的,在社会方面与主导秩序相融合)的中心,所以它通过这种仪式作用获得了与宗教相联系的韵味"[②]。然而随着人类迈入20世纪,照相机、电影和电视的相继问世使得传统艺术品的时空唯一性被打破,批量化生产将其源源不断地推向大众和市场。虽然技术的进步在一定程度上打破了艺术被少数特权阶层垄断的僵局,但艺术作品所具有的"灵韵""原真性""独特性"也在大规模的机械复制过程中消失殆尽,文化艺术变成了一种等同于肥皂、汽车的商品,不再按照艺术家的独特个性和思想得以创作,而是受商品市场的需求逻辑支配。

值得注意的是,本雅明实则怀着一种非常矛盾的心理看待照相机、电影等新兴媒介文化。在对资本主义"文化工业"展开批判的同时,他也从机械复制的艺术作品中获得一种新启示。本雅明意识到机械复制给艺术带来了灾难,但也带来了福音。在过去,艺术作品是独裁的,仅仅由少部分人享有,但是机械复制带来了"民主参与",大众有了更多机会接触电影等新媒介。最关键的是,电影、照相机毁坏了传统艺术作品后,也带来了一种迥然不同的美学形式——"震惊美学"。本雅明将"震惊"看作现代社会最普遍、最基本的感知形式,他认为"震惊"的艺术体验始于19世纪中叶,并随着现代都市和机器主义的发展而发展,逐步扩展到社会的各个领域,而电影就是在这样的社会和技术语境中产生的:"技术使人的感觉中枢屈从于一种复杂的训练。不知从什么时候开始,一种对刺激的新的急迫的需要发现了电影。在一部电影里,震惊作为感知的形式

[①] 瓦尔特·本雅明. 机械复制时代的艺术作品[M]. 王才勇,译. 北京:中国城市出版社,2002:13.
[②] 多米尼克·斯特里纳蒂. 通俗文化理论导论[M]. 阎嘉,译. 北京:商务印书馆,2001:94.

已被确立为一种正式的原则。那种在传送带上决定生产节奏的东西也正是人们感受到的电影的节奏的基础。"[①] 本雅明指出，20世纪以来，这种震惊感受越来越普遍了，成为现代社会的一种基本"感知形式"。轰鸣的流水线生产车间、拥挤迅速的都市交通、猛然响起的家庭电话铃声、咔嚓闪光的照相机、百货商店里琳琅满目的商品、电影银幕上绚烂奇妙的场面……触觉的、视觉的和听觉的，现代人随处可以获得一种"震惊"的美学感受。

传统的、古典的艺术与"灵韵"紧密关联，具有"灵韵"的艺术出现在传统和农业社会，往往是独一无二的、不可复制的，并带有一种宗教和巫术的功能，有一种永恒的魅力，只有在仔细的静观、回味和体悟中才能感受到。"震惊"则与现代的、复制的艺术关联，对应的是现代都市和工业社会，其往往是可复制的、短暂的，不带有宗教特征而带有心理感官色彩，并且是对主体感官最直接的刺激，通过身体反应来体验，所以本雅明以形象的语言描述了灵韵的消失和震惊美学的兴起，他对都市社会和机械复制时代的感性批判影响了许多人对新兴媒介和大众文化的认识，同时其提出的"灵韵"和"震惊"这两个概念在不同领域被广泛接受。正如周宪所说，在后现代的诸多理论中，我们经常听到本雅明声音的回响："如果我们把目光转向麦克卢汉、波德里亚、魏瑞里奥、波斯特这些对后现代社会、高科技社会和媒介化社会研究有重要影响的人物时，本雅明论断的深刻性和影响便彰显出来……本雅明虽然对传统艺术的衰落表示惋惜，但他的韵味/震惊二元范畴，从总体上则鲜明地呈现出未来中心和未来导向的特征。"[②]

▶▶ 三、从"文化工业"到"全球文化工业"

20世纪60年代，法兰克福学派发展到了顶峰。但在1970年前后，随着第一代法兰克福学派成员霍克海默、阿道尔诺等人的去世或退休，法兰克福学派开始式微，并逐渐为新兴的各种后现代主义理论所取代。

值得欣慰的是，法兰克福学派并未就此终结，德国学者格·施威蓬豪依塞尔等人于1995年在法兰克福学派的发源地德国创办了《批判理论杂志》，试图重举法兰克福学派批判理论的大旗，在当代语境下对社会和文化展开批判性思考。他们认为，法兰克福学派批判理论在当代社会有了以下一些新发展和新特征：

其一，多元视角下的社会批判。早期法兰克福学派虽然糅合了马克思和弗洛伊德等人的学术思想，但研究视角总体上比较单一。霍克海默和阿道尔诺在1969年重新修订《启蒙辩证法：哲学断片》时也意识到原书中有些论调已"不合时宜"："并不是书中的所有内容，我们现在都坚持不变。这样做是不合理论要求的，因为一种理论是要寻找时

---

① 瓦尔特·本雅明. 发达资本主义时代的抒情诗人：论波德莱尔[M]. 张旭东，魏文生，译. 北京：生活·读书·新知三联书店，1989：146-147.
② 周宪. 审美现代性批判[M]. 北京：商务印书馆，2005：191.

代的真谛，而不是把自己当作一成不变的东西，与历史进程对立起来。这本书是在国家社会主义的恐怖统治行将就木的时候撰写出来的。书中的许多说法已经与今天的现实不相适应。"① 20世纪70年代之后，世界政治、经济和文化及媒体格局发生了巨大变化，旧的批判理论已无法解释许多新现象，"今日批判理论"一改传统批判理论的单一视角，全方位吸收后现代主义、后结构主义、政治经济学、文化研究和女权主义等理论，以多重视域审视当今社会的各种问题，多元的、微观的、边缘的视角取代了法兰克福学派单一的、宏大的、精英主义的批判视角。

其二，全球化语境下的批判理论。"今日批判理论"与"旧的批判理论"的第二个不同点是，"今日批判理论"认识到对当今世界任何一个问题和现象都要在全球语境中加以理解。法兰克福学派的社会批判理论是在德国、美国等西方社会语境中产生的，所思考的是欧美当时的社会和媒介文化工业问题。但是全球化浪潮席卷世界之后，任何一个地区的社会现象往往与全球联系在一起。克里斯托夫·格尔克强调在全球化的今天，并非需要"一种全新的理论形式，却对批判理论提出了新任务和新要求"，因此，需要打破"旧的批判理论"研究"或直白或含蓄的欧洲中心主义"的视角②，以一种新的批判立场看待诸如美国"9·11"袭击事件等全球和地方性的各种政治、经济和文化现象。

其三，技术和媒介的力量超越任何时代。早期法兰克福学派虽然集中批判了资本主义的媒介文化工业，但彼时的文化工业远没有现在这么发达。在如今的批判理论家看来，我们已身处科技时代，因此在某种程度上，理解世界就是要理解技术和媒介文化。得特勒夫·克劳森、杰里·夏皮罗都将重点放在了对当代媒介和技术的思考上。他们均强调：一方面，研究者要在新技术和新媒介视域下重新理解批判理论；另一方面，研究者要借助于批判理论对新技术和新媒介进行积极反思。贡策林·施密特·内尔在《对当今技术的社会哲学批判》中声称："人的生命在今天比以往任何时候都深刻地打上了科学和技术的烙印。不仅科学技术与社会处于一种交互性关系中，而且社会本身的实质已经技术化了。不仅在财富的生产中，而且在交往结构的形成上，技术都是社会性调整的最重要的中介、制造和巩固超个人结构的中介。社会技术系统的根脉远远超出了个体的感知，深入到建构个人和社会同一性的领域……人们的恐惧和希望也同某种更为先进的技术紧密交织在一起"③。

整个社会的技术化和媒介化是霍克海默、阿道尔诺时代所没有的现象。媒介和技术既是中介，也是社会和个体本身。内尔指出，"旧的批判理论"希望建立一个"社会的

---

① 马克斯·霍克海默，西奥多·阿道尔诺. 启蒙辩证法：哲学断片［M］. 渠敬东，曹卫东，译. 上海：上海人民出版社，2006：前言.
② 克里斯托夫·格尔克. 矛盾与解放：全球社会化的批判理论观点［M］//格·施威蓬豪依塞尔等. 多元视角与社会批判：今日批判理论（下卷）. 北京：人民出版社，2010：334.
③ 贡策林·施密特·内尔. 对当今技术的社会哲学批判［M］//格·施威蓬豪依塞尔等. 多元视角与社会批判：今日批判理论（下卷）. 北京：人民出版社，2010：43.

总主体",但是在今天的媒介和技术社会中,这样的想法只能是一种"幻想"。拉尔斯·伦斯曼也指出,在互联网和"大兄弟"①统治时代,重新追忆法兰克福学派的批判理论是有意义的,因为今日无处不在的媒介文化工业已经控制了一切:"今天,文化工业媒体把最为细微的感情波动和最为隐秘的切身领域都陈列出来、予以标准化处理、无限地投放市场,或者说加以消费"②。不仅如此,最可怕的是,波德里亚所说的"仿真世界"正逐渐成为事实。在一个由现实、技术和媒介交织的"仿真世界"里,真实与虚拟已经难以辨别。杰里·夏皮罗在《数字模拟的理论基础与历史基础》中以战争为例讨论了模拟与现实的关系。他指出在现代社会,借助于计算机模拟战争已经是战前必需的功课,真正的战争就是按照事先的模拟进行的,换句话说,在数字化环境中,现实与模拟之间根本没有界限:"通过经常性的使用,即通过加入模拟和虚拟的现实性中,对人们而言,这种模拟和虚拟的现实性就成为'真实性'的现实性。从这种'真实的'现实性立场出发,人们会把日常的或非模拟的现实性体验为偏差、迷误、玷污、错误或令人恼火的事情。"③

这是数字媒介时代的可怕之处,人们早已生活在一个虚拟真实的环境之中。霍克海默和阿道尔诺当年提出的"文化工业"对人的完全操控已成为现实。今天的媒介文化工业从霍克海默、阿道尔诺等人所说的具有同一性和复制性,发展为具有模拟性、虚拟性和超现实性的"数字文化工业"。英国学者斯科特·拉什和西莉亚·卢瑞在《全球文化工业:物的媒介化》中则描述了从"文化工业"到"全球文化工业"运动过程中内在逻辑的根本变化:"全球化已经赋予文化工业一种全新的运作形式。在我们看来,1945—1975年,文化仍基本属于上层建筑。这时,统治和反抗以意识形态、符号、表征(representation)的形式出现;在日常生活中,文化产品仍较为少见,更多的是属于经济基础的物质产品(商品)。这种情形从1945年一直持续到1975年。然而,截至2005年,文化产品已经以信息、通信方式、品牌产品、金融服务、媒体产品、交通、休闲服务等形式遍布各处。……就反抗与统治而言,文化的运作不再首先遵循上层建筑的运作模式,也不再首先以霸权的意识形态、符号、表征的形式出现。在全球文化工业兴起的时代,一度作为表征的文化开始统治经济和日常生活,文化被物化(thingified)。"④

具体来说,从"文化工业"到"全球文化工业"主要表现为从同一到差异、从商

---

① 这里的"大兄弟"是德国一个电视节目的名称。
② 拉尔斯·伦斯曼. 阿多诺在爆心投影点:在后工业全球化时代追忆批判理论[M]//格·施威蓬豪依塞尔等. 多元视角与社会批判:今日批判理论(下卷). 北京:人民出版社,2010:355.
③ 杰里·夏皮罗. 数字模拟的理论基础与历史基础[M]//格·施威蓬豪依塞尔等. 多元视角与社会批判:今日批判理论(下卷). 北京:人民出版社,2010:63-64.
④ 斯科特·拉什,西莉亚·卢瑞. 全球文化工业:物的媒介化[M]. 要新乐,译. 北京:社会科学文献出版社,2010:6-7.

品到品牌、从表征到物、从广延物到内涵物及虚拟的兴起等。例如，拉什和卢瑞提出，在文化工业中生产还是单一的，其主要表现为"福特式流水线和劳动密集型生产"，而全球文化工业具有差异性和不确定性，"生产表现为后福特式的设计密集型差异生产"。从文化产品角度来说，文化工业生产的是"商品"，而全球文化工业生产的是"品牌"。同时，文化的表征体系和象征体系也发生了变化，即从"象征"到"真实"，"文化工业是造梦的好莱坞，全球文化工业则是残酷的现实"："霍克海默和阿道尔诺的经典文化工业的运作依靠象征，依靠日光、启蒙之光及其他意识形态，依靠文本和表征的快感。全球文化工业是下沉得到真实世界和真实内部的残酷荒漠的文化。比起象征，真实才是进化的高级阶段。真实的残酷更多地伤害到心灵而不是身体……真实是一片残酷的荒漠，是比地铁还深的垃圾管道和下水沟。"①

第二节　文化研究学派的媒介文化研究

　　文化研究学派（Cultural Studies）在 20 世纪 60 年代兴起于英国，该学派继承了法兰克福学派的批判传统，对英国社会的一些新兴文化现象进行了批判性思考。不过，文化研究学派颠覆了法兰克福学派的精英主义文化观，他们重新界定了文化的概念，将文化看作"一种生活方式"，同时肯定新兴的工人阶级文化、青年亚文化和媒介文化的积极意义。

▶▶ 一、伯明翰学派的"文化研究"

　　文化研究学派起源于 1964 年理查德·霍加特等学者在伯明翰大学成立的当代文化研究中心（Centre for Contemporary Cultural Studies），因而也被称为"伯明翰学派"。早期文化研究学派的代表人物有理查德·霍加特、雷蒙·威廉斯和爱德华·帕尔默·汤普森。在 20 世纪五六十年代，霍加特、威廉斯、汤普森等陆续出版了《文化的用途》《文化与社会：1780—1950》《英国工人阶级的形成》等著作，从文化视角探讨当时英国出现的社会问题。在《文化与社会：1780—1950》中，威廉斯这样解释他们为何如此关注"文化"："文化观念的历史记录了我们在思想上和情感上对共同生活状况的变迁所做出的反应。我们所说的文化是对事件的反应，而这些事件的意义本身又受到我们所理解的工业和民主含义的界定。然而，是人造就了这些状况，也正是人改变了这些状

---

① 斯科特·拉什，西莉亚·卢瑞. 全球文化工业：物的媒介化［M］. 要新乐，译. 北京：社会科学文献出版社，2010：15-16.

况。这些事件也同样记录在我们总体的历史当中。关于文化观念的历史记录了我们的意义和定义，但是反过来，这些也只能置于我们的行为这样的语境中，才能够真正理解。"①

上一节提到文化保守主义者马修·阿诺德和弗兰克·雷蒙德·利维斯都对工业革命后英国的文化和社会感到失望。阿诺德和利维斯均认为，英国历史上存在着一个有机的"共同社会"，虽然这个有机社会由不同等级的阶层组成，但是共同的文化观念和宗教信仰将不同阶层紧密联系在一起，形成了一个不可分割的有机整体。然而这个连续的、有机的"共同社会"被工业革命无情地打碎了，取而代之的是低级的、庸俗的、市侩气的工人阶级文化和大众文化。他们认为工业革命虽然给英国带来了物质上的进步和富足，却没有改善人们的道德和精神生活，并且随着工业革命的展开，人们越来越强调实际利益，崇拜机械文明，这使得英国社会面临着严重的道德和文化危机。而霍加特和利维斯的学生威廉斯对此提出反对意见，在他看来，现代化和工业革命已是板上钉钉的社会现实，并不能拒绝，所以对文化的认识不能停留在文化保守主义者的文化观念里。威廉斯认为，文化变化是一场"漫长的革命"（The Long Revolution），而工业革命后的工人阶级文化、大众文化经过长期演变和选择会形成新的"共同文化"："任何文化在整体过程中都是一种选择、一种强调、一种特殊的扶持。一个共同文化的特征在于，这种选择是自由和普遍的，重新选择也是自由和普遍的。这种扶持是一个基于共同决定的共同过程，而且共同决定本身就包含着生命与成长的各种实际变化。"② 总之，站在工业革命和大众社会的立场上，霍加特和威廉斯强调摒弃阿诺德、利维斯等人的精英主义文化观念，认为文化应该与普通大众的日常生活实践相结合，应该从社会和人类历史发展的视角，关注工业革命后新兴的大众文化和工人阶级文化。

尤须关注的是，文化研究学派的兴起与日益发达的媒介文化息息相关。第二次世界大战后，英国社会日益繁荣，出现了许多媒体和广告杂志，但是文化精英对新兴的媒介文化不是持批判态度就是视而不见。文化研究学派则试图克服人们对于各种新兴媒介文化的悲观情绪。戴维·莫利指出，正是在20世纪70年代，在英国社会中"关于媒体的社会角色的争论开始涌动"③。在这一背景下，霍加特、威廉斯、斯图亚特·霍尔等人开始关注新兴大众媒体，"他们尝试跳开传统马克思主义的观点分析消费资本主义崛起、新型广告杂志大量出现的战后英国社会的型构"④。当然，学文学出身的威廉斯和霍加特骨子里还保留着精英主义文化思想。威廉斯是利维斯的学生，他虽然大力支持工人阶级文化，但对新兴大众文化并不完全认同，他更关注文化平等权问题，主要思考如何提

---

① 雷蒙·威廉斯. 文化与社会：1780—1950 [M]. 高晓玲，译. 北京：商务印书馆，2018：425.
② 雷蒙·威廉斯. 文化与社会：1780—1950 [M]. 高晓玲，译. 北京：商务印书馆，2018：471.
③ 戴维·莫利. 传媒、现代性和科技："新"的地理学 [M]. 郭大为，常怡如，徐春昕，译. 北京：中国传媒大学出版社，2009：27.
④ 李政亮. 英国文化研究中的亚文化研究谱系 [J]. 文艺研究，2010（7）：21-28.

高工人大众的教育水平和民主参与热情,如何让精英阶层所信奉的英国文化遗产被新兴的工人大众接受和理解;同样,霍加特虽然竭力维护工人阶级文化,但对大众文化持有矛盾态度,特别对美国流行文化大量涌入英国深感不安。他认为美国新颖的大众艺术、下流杂志和商业性通俗歌曲,将引导工人阶级民众将其自身及文化迷失在无知觉的和浅薄的"棉花糖世界"中。① 在《自动点唱机少年和奖学金男孩》中,他严厉地批评那些无所事事的、沉浸在美国化生活中的英国年轻人,他们成群结队地出现在奶吧中,"一些女孩们也去那里,但大部分顾客是15—20岁之间的男孩,他们穿着厚长的衣衫、系着有图案的领带,摆着美国式无精打采的姿态。很多人付不起连续喝奶昔的钱,他们就可以喝两个小时的茶——这是他们来此主要目的——这些年轻人将一块块的铜币投入自动点唱机里……"② 这是一群令人不安的、深受美国文化和美国生活方式影响的青年。

文化研究学派的核心词是"文化",威廉斯重新解释"文化"的概念,并赋予"文化"新的内涵。在《文化与社会:1780—1950》《关键词:文化与社会的词汇》《漫长的革命》等论著中,威廉斯从自己的家庭和个人经历出发,提出了"在每一个社会和每个人的思想里,文化都是普通的(culture is ordinary)"③ 的文化观念,他强调文化是人类的"一种生活方式",随着人类社会生活的变化而不断变化。我们曾经介绍了威廉斯所提出的三种类型的文化观,威廉斯强调,在三种类型的文化中,每一种都有价值,但他本人更倾向于把文化看作"一种生活方式"——一种存在于人们日常生活中的思想、行动和物质实践。正是在"文化是普通的"的观念支配下,日常生活的价值也得以体现。

二、威廉斯和霍尔的媒介文化观

在众多的英国文化研究学者中,雷蒙·威廉斯和斯图亚特·霍尔无疑是其中最重要的两位,他们的媒介文化理论皆极富启示意义。

威廉斯的主要著作有《文化与社会:1780—1950》《漫长的革命》《马克思主义与文学》等。在这些著作中,威廉斯大量讨论了大众传播与社会发展的关系,也思考了社会变迁对大众媒介及其文化的影响。他的传播文化研究集中于三个方面:一是对传播与社会的关系的研究;二是对传播理论的研究;三是对电视媒介的研究。威廉斯特别关注文化与社会的关系,在思考出版物、电影、广播、电视等大众媒介时,他自然而然地将这些大众媒介放在英国社会变迁的历史语境中加以考察,探讨了出版物、电影、广播、电视等大众媒介如何随着社会发展而不断发展起来。他认为,有两股主要的力量在相互作用,共同促进了大众媒体业的发展,即大众消费和现代科技发展。具体而言,他认为

---

① 多米尼克·斯特里纳蒂. 通俗文化理论导论[M]. 阎嘉,译. 北京:商务印书馆,2003:36.
② 理查德·霍加特. 自动点唱机少年和奖学金男孩[M]//陶东风,周宪. 文化研究(第9辑). 北京:社会科学文献出版社,2010:69.
③ HIGGINS J. The Raymond Williams reader[M]. Oxford:Blackwell Publishers Ltd.,2001:11.

传播本身是民主化、工业化进程的一个部分。① 在这样的情况下，大众媒介就根据不同需要依次发展起来，复杂多变的流动社会增加了对新兴大众媒介的需求："报纸应合政治与经济讯息的需要；照相为社区、家庭与个人生活所需；电影与摄影拿来满足好奇心与作娱乐之用；电报与电话主要是作为商情的传输，间或用作传递重要的个人讯息。就在这些复杂不一的传播形式之间诞生了广播。"② 威廉斯详细讨论了每一种媒介的发展历程，思考推动其发展的主要社会动因，以及其在发展过程中所遇到的问题。例如，在谈及广播发展时，他指出，军事用途和有声电信技术的发展，以及第一次世界大战之后西方国家在经济上的繁荣，是广播得以迅速发展的主因："一九二〇年代中期，尤其是一九二三年与一九二四年，主要工业国家，从美国、英国、法国，一直到德国，都突破了这个技术上的瓶颈。到了一九二〇年代行将结束之时，所有工业生产都急剧扩张，新种类的器械不断推陈出新。"③

威廉斯不但从社会发展的角度考察了出版物、广播、电影、电视等大众媒介的产生与发展，还从理论上对各种传播现象进行了总结。他在界定传播的基础上提出了自己的传播观念，即"传播不仅仅是传输，还是接收和回应。在一个转型文化中，巧妙的传输会对行动和信念的一些方面产生影响，有时甚至会产生决定性的影响。但是在混乱中，整体的经验将会再次发挥作用，并确立自身在世界上的地位。大众传播通过适应某种社会和经济体制的方法，曾经取得过成功；但是在遭遇一种经过深思且业已成型的经验，而非混乱不定的局面时，传播的输送遭遇了失败，而且将会继续惨败"④。这里威廉斯批评了美国"魔弹论"等经验主义的单一"传播观"，强调传播不仅是"传递信息"，还是一个传播者和受众之间的互动过程。在此基础上，威廉斯提出了自己的传播观——共同体理论。他认为，在考察各种传播现象时，必须注意到传播是服务于多数人的，是在多数人共同需要的基础上产生的，所以任何关于传播的理论都应该是共同体理论："大众传播的践行者求助于他们称之为科学的改善方式，也就是说，求助于应用心理学和语言学的零星知识。注意到他们的这种做法是非常重要的，但同时关于传播的任何真实理论都是关于共同体的理论。大众传播的技术，只要我们判定它们缺乏共同体的条件，或者以不完整的共同体为条件，那么这些技术就与真正的传播理论互不相干。"⑤由此可以看出，民主观念深入了威廉斯的内心世界，他之所以提出传播共同体理论，在很大程度上是因为要批评由少数人控制的大众传播形式。那些由少数人控制的大众传播在他看来其实是少数人以某种方式对多数人进行的剥削，传播共同体理论正是要打破这样的传播观念。当然，威廉斯是从文化的角度而不是从信息传递的角度看待传播现象

---

① 雷蒙·威廉斯. 文化与社会：1780—1950 [M]. 高晓玲，译. 北京：商务印书馆，2018：446.
② 雷蒙·威廉斯. 电视：科技与文化形式 [M]. 冯建三，译. 台北：远流出版事业股份有限公司，1992：35.
③ 雷蒙·威廉斯. 电视：科技与文化形式 [M]. 冯建三，译. 台北：远流出版事业股份有限公司，1992：39.
④ 雷蒙·威廉斯. 文化与社会：1780—1950 [M]. 高晓玲，译. 北京：商务印书馆，2018：444-445.
⑤ 雷蒙·威廉斯. 文化与社会：1780—1950 [M]. 高晓玲，译. 北京：商务印书馆，2018：445.

的，他的共同体理论来自他的"共同文化观"。

在《文化与社会：1780—1950》《漫长的革命》等论著中，威廉斯就文化与社会变迁问题进行了深入思考。他看到了在不同时代，不同人群其实都有着属于他们自己那一代的某种"共同文化观念"。威廉斯用"感觉结构"来描述这种处于某一个时代的人所能觉察但又无法言说的共同文化意识，而"感觉结构"正是同一时代的人互相沟通的重要途径："在某种意义上，这种感觉结构就是一个时代的文化：它是一般组织中所有因素带来的特殊的、活的结果。……但我认为在所有实际存在的共同体中，感觉结构的拥有的确到了非常广泛而又深入的地步，主要是因为沟通和传播靠的就是它。令人特别感兴趣的是，它似乎不是通过（任何正规意义上的）学习来获得的。每一代人都会在社会性格或是一般文化模式方面培养自己的继承人，并获得相当的成功，但新的一代人将会有他们自己的感觉结构，这种感觉结构看起来不像是从什么地方'来'的。因为在这里，最明显不过的是，变化中的组织就好比是一个有机体：新的一代以自己的方式对它所继承的那个独一无二的世界作出反应，在很多方面保持了连续性（这种连续性可以往前追溯），同时又对组织进行多方面的改造（这可以分开来描述），最终以某些不同的方式来感受整个生活，把自己的创造性反应塑造成一种新的感觉结构。"[1] 正因为如此，威廉斯对工人阶级文化和新兴的大众媒介表示了乐观的态度，他认为今天各种新兴传播媒介的出现，也建立在民主的、共同的文化观念上："共同文化在任何层次上都算不上是一种平等文化，但是共同文化永远都需要生命存在的平等，否则共同经验将失去价值。对于参与任何文化活动的任何人，共同文化都不能加以绝对限制：所谓的机会均等就是这个意思。"[2]

威廉斯在传播与媒介文化理论上还有一个重要贡献，即他对电视媒介的研究。从1968年到1972年，威廉斯在英国广播公司（BBC）的《阅读大众》（*The Listener*）周刊上按月撰写电视评论，后来在这些文章的基础上，完成了《电视：科技与文化形式》一书，对新兴的电视媒介进行了深入思考。在书中，威廉斯探讨了电视发展的背景，比较了欧美电视制作的差异，并提出了"流程"的电视媒介理论。威廉斯在探讨某一大众媒介发展时，总是将其放在社会和现代传播技术变迁的语境下加以考察。在研究电视时，威廉斯认识到科技发展对于电视发展的重要性，他认为电视的发展情形与收音机相仿，传输与接受的技术条件都先于内容出现，"而内容中重要的部分，从一开始到现在都还只是科技进展下的副产品，而不是凭空独立形成的。为了要说服人们购买彩色电视机，'彩色'节目才相应问世"[3]。这与伊尼斯、麦克卢汉等人的媒介观有些许类似，均强调媒介技术的决定性作用。不过，一向重视社会和文化作用的威廉斯并没有单单强调

---

① 雷蒙德·威廉斯. 漫长的革命 [M]. 倪伟, 译. 上海：上海人民出版社, 2013：57.
② 雷蒙·威廉斯. 文化与社会：1780—1950 [M]. 高晓玲, 译. 北京：商务印书馆, 2018：449.
③ 雷蒙·威廉斯. 电视：科技与文化形式 [M]. 冯建三, 译. 台北：远流出版事业股份有限公司, 1992：43.

技术，而是认为文化和社会结构在新媒介发展过程中更为重要。"电视这种科技，与社会上既有的其他文化和社会活动的表现的形式，二者有复杂的互动关系。在电视之前，我们有报纸、公共集会、课堂教育、剧场……电视本质上是这些文化形式的综合与发展。"① 正是文化、技术与社会的相互作用，才导致新媒介的产生。

在探讨电视媒介的同时，威廉斯提出了著名的"流程"概念，他认为"流程"是电视节目编排的最大特点，他强调不能将电视节目看成是"时间上先后出现的随机组合"，而应该是"事先安排的流程"。② 每个节目从构思到最后播出都是"流程的一部分"，脱离了这个"流程"，电视节目就无法存在，而且这种"流程化"的电视节目安排影响着观众的收视习惯，最终也被大众接受，他们很难觉察出这是一种刻意安排："很多人察觉到我们竟然很难说关机就关机；一次又一次，即使我们原来只是要看某个特别的'节目'，我们还是会一个接一个地看下去。现在电视流程的组织方式，不去刻意强调换幕，反倒是强化了我们这样的习惯。就这样，在还没有来得及鼓起力量跳出座椅之前，我们'进入'了某个状况，许多节目的制作对此了然于胸，也据此制作节目：在开始的几个档头抓住注意力，然后一再重复地保证，如果我们继续看下去，刺激的还在后头。"③ 这种"流程"构成了电视与电影等其他大众媒介的差别。

威廉斯的这本著作是其在美国做访问学者期间完成的，他十分关注美国和欧洲电视的差别，指出在英、法等欧洲国家，现有广播制度体现了资本家和国家利益之间的平衡，而在美国，广播制度在商人手中，商业力量操控了一切。④ 在这里，威廉斯其实又回到了马克思主义和法兰克福学派的立场，以一种批判眼光看待美国和欧洲的电视媒介。他认为电视在讨论政治的过程中虽然看起来扮演了"重要的中介角色"，似乎是"显而易见"的公共论坛，但其实并非如此。因为在电视中，公共论事的过程其实是由中间人来"代表"民众发声，而真正的民众声音被遮蔽了。

总之，威廉斯的传播思想深邃，他既看到技术在大众媒介发展过程中的重要作用，又强调必须从文化和社会层面认识不同大众媒介的产生和发展过程；既将大众媒介看作推动民主化进程的公共空间，又意识到资本主义的大众媒介遮蔽了民众真实的声音和观点。威廉斯倡导一种为多数人服务的传播共同体理论，在媒介技术日新月异的今天，威廉斯的传播理论，特别是传播共同体理论依然具有重要价值。

霍尔是第二代伯明翰学派的代表人物，他于20世纪60年代进入当代文化研究中心，后来担任该中心的第二任主任，正是在他主持当代文化研究中心期间，英国文化研究的影响力迅速扩大。他批判地继承了马克思主义理论，并融合了结构主义符号学等领

---

① 雷蒙·威廉斯. 电视：科技与文化形式 [M]. 冯建三，译. 台北：远流出版事业股份有限公司，1994：61.
② 雷蒙·威廉斯. 电视：科技与文化形式 [M]. 冯建三，译. 台北：远流出版事业股份有限公司，1994：113.
③ 雷蒙·威廉斯. 电视：科技与文化形式 [M]. 冯建三，译. 台北：远流出版事业股份有限公司，1992：119.
④ 雷蒙·威廉斯. 电视：科技与文化形式 [M]. 冯建三，译. 台北：远流出版事业股份有限公司，1992：50.

域知识，形成了多元批判的媒介文化观。

霍尔注重分析文化与权力的多重关系，强调社会和文化的多样化、差异化。具体而言，他的媒介文化理论体现为编码与解码理论、意识形态理论、多元共识论。作为牙买加裔，霍尔始终对有色人种、底层社会和边缘亚文化社群带有同情之心，但与威廉斯、霍加特的文化研究取向有所不同的是，霍尔不仅维护边缘群体的利益，努力发掘被统治精英遮蔽的底层真实的声音和文化，还试图揭示底层和统治阶层之间复杂的霸权关系。在《电视话语中的编码与解码》《表征的运作》等文章中，霍尔指出传播的过程其实是意义的建构过程，而意义的生产又依靠译解的实践，"而译解又靠我们积极使用信码——编码，将事物编入信码——以及靠另一边的人对意义进行翻译或解码来维持"①。霍尔批评了美国大众传播研究"传者—信息—受众"的线性传播模式，他指出大众传播的过程十分复杂，不能一以概之，并提出应将传播过程视为一个"占主导地位的复杂结构"："我们有可能以另一种方式思考这个过程（而且这种方式很有用），那就是把传播过程看作是一种结构，几个相互联系但各不相同的环节——生产、流通、分配/消费、再生产——之间的接合（articulation）产生，并一直支撑着这种结构。这就意味着，把传播过程设想为一个'占主导地位的复杂结构'，这个结构由关联的实践的接合所支持，而每一不同的实践依然保持着其独特性，并具有自身的特殊模态、存在形式和存在条件。"②

在《电视话语中的编码与解码》中，霍尔以电视为例分析在其传播过程中意义是如何被生产和建构出来的。他强调由于符码所代表的意义是不断变动的，因此电视节目中的意义不再单一，而是一种开放文本，媒介受众也就拥有了解读的主动权，不同的观众可以做出不同的理解。结合葛兰西的文化霸权理论，霍尔将观众观看电视的过程看成是相互对话的认同过程，由此产生了三种解读电视的方式：偏好的解读（preferred-reading）、商榷的解读（negotiated-reading）和对立的解读（oppositional reading）。③ 霍尔认为电视节目基本上倾向于主流意识形态——占主导地位的意义，但是这种意识形态倾向不能被硬塞给大众，只能由大众的喜好决定。个人会根据自己的社会背景、家庭出身和道德观念去观看电视。由此可见，霍尔的编码/解码理论注意到了传播者和电视文本在意义建构方面的重要性，同时也考虑到了媒介受众的阅读自主性。他的研究由此从文本转向受众。

除了接受结构主义符号学的理论，探究媒介符号背后的意义生产、建构和再现过程外，霍尔还吸取了阿尔都塞的意识形态理论和葛兰西的文化霸权理论，对大众媒介中的

---

① 斯图亚特·霍尔. 表征的运作［M］//斯图亚特·霍尔. 表征：文化表象与意指实践. 徐亮，陆兴华，译. 北京：商务印书馆，2003：62.
② 斯图亚特·霍尔. 编码/译码［M］//张国良. 20世纪传播学经典文本. 上海：复旦大学出版社，2003：423.
③ 斯图亚特·霍尔. 编码/译码［M］//张国良. 20世纪传播学经典文本. 上海：复旦大学出版社，2003：434-436.

意识形态问题进行了深入思考。在霍尔眼里，大众媒介在社会和日常生活中扮演着重要角色，既是意识形态的生产地，也是意识形态斗争的重要场域。在《"意识形态"的再发现：在媒介研究中受抑制后的重返》这篇经典论文中，霍尔重新评估了法兰克福学派的社会批判理论与美国的经验主义研究，他认为美国的媒介研究仅仅关注媒介效果，"这些效果被假定是最好能根据行为的变化而定义和分析，媒体被认为是最能影响那些受到其影响的个人，造成他们行为上的变化的。从泛方法论意义上说，这个方法同样也是'行为学'的。关于媒介效果的观点，来自各种各样的经验主义的实验，同样具有实证主义社会科学的特征"①。这样的媒介研究假定舆论是自发形成的，但实际的情况并不是这样的，一个社会的舆论并不是自发形成的，相反，"媒体并不是简单反射或者'表达'一个已有舆论，而是倾向于再造一个讨好现有结构事物，并使其合法化的情景定义"②。通过对媒体舆论运作过程的考察，马克思和阿尔都塞等人所关注的"意识形态"问题被重新发掘，而霍尔做的工作就是进一步考察在大众媒介领域，意识形态话语如何被生产，以及"如何在社会结构中把意识形态实例概念化"。借助于葛兰西的文化霸权理论和法国结构主义理论，霍尔仔细描述了在大众媒介中意识形态的运作过程，突出意识形态是一个"斗争之地"：意识形态不仅成为一个"原材料权力"，来使用一个陈旧的表达方式——现实，因为在其效果中，它就是"现实"的；而且，它还成了一个斗争之地（在竞争定义之间）和一块肥肉——一个要赢的奖品——在特别的斗争行为中。③

霍尔看到意识形态的争夺是复杂的，在这个过程中有多种形式，包括"吸收、歪曲、抵抗、协商、复原"④。整个大众媒介领域就是一个战场，不同力量在这里互相争夺霸权，占主导地位的"意识形态"就是在各种话语争斗中被制造出来的。不过，由于受到葛兰西思想的影响，霍尔认识到主导阶层与从属阶层之间并非没有妥协，相反，占主导地位的阶层经常利用"合法强迫"的方法，与从属阶层和团体达成共识，从而完成和确立了"领导权"。在此过程中，现代大众媒介发挥了重要作用，"舆论共识"就是由大众媒介再造出来的。不同的利益阶层通过"舆论"达成意见的一致："一个能让权力持续统治舆论和法律的方法便是，特定阶级或权力集团的利益能够结盟或者等值于大多数人的普遍利益。这个等价系统一旦实现，少数人的利益和多数人的意志就能够

---

① 斯图亚特·霍尔. "意识形态"的再发现：在媒介研究中受抑制后的重返[M]//蒋原伦，张柠. 媒介批评（第一辑）. 桂林：广西师范大学出版社，2005：171.
② 斯图亚特·霍尔. "意识形态"的再发现：在媒介研究中受抑制后的重返[M]//蒋原伦，张柠. 媒介批评（第一辑）. 桂林：广西师范大学出版社，2005：178.
③ 斯图亚特·霍尔. "意识形态"的再发现：在媒介研究中受抑制后的重返[M]//蒋原伦，张柠. 媒介批评（第一辑）. 桂林：广西师范大学出版社，2005：185.
④ 斯图亚特·霍尔. 解构"大众"笔记[M]//陆扬，王毅. 大众文化研究. 上海：上海三联书店，2001：52.

'达成一致',因为它们可以同时符合各方面都同意的舆论"①。在这里,舆论就成为一个调节器,大众媒介成为"制造共识"的工具。总之,通过意识形态的再发现,霍尔肯定了法兰克福学派社会批判理论的重要作用,并借助于吸收结构主义符号学和文化霸权理论,对意识形态斗争的复杂性做了深入研究,从而"开创了新的传播研究范式"②。

在霍尔的媒介与文化研究中,还有一点值得关注,即多元文化思想的逐渐形成。霍尔的媒介文化研究理论吸收了结构主义、女性主义、葛兰西主义等多种理论,他也愈加倾向于建立一种"多元共识的理论",从多元共识的立场看待全球、地方出现的各种问题。在霍尔看来,现代社会是一个多元文化的社会,在这样的社会里,必然有不止一个群体之间的"交流和争议",所以要关心当代社会的"多元文化问题":多元文化问题是我们如何去正视许多不同社会的未来问题——而这些社会是由在这个世界等级秩序中具有不同历史、背景、文化、语境、经验和地位的人们所构成的。在这样的社会中,差异性不会主动消失,即社会和文化的同质性是无言的,不能指望它为行为、实践、政策和解释提供固有的共同视阈。然而,尽管如此,如果可能的话,这样的社会却有一种坚强意志,可以一起建立一种共同的正义生活。③ 从这点可以看出,霍尔回到了威廉斯所倡导的"共同文化"理念,而这体现了伯明翰学派一脉相承的传播文化观。

第三节 媒介、意识形态与文化霸权

在媒介和文化研究关键词中,"意识形态"(Ideology)和"文化霸权"(Hegemony)这两个词尤为关键。因此,本节将对媒介文化研究中的意识形态与文化霸权问题做进一步考察和梳理。

什么是"意识形态"?有人说它是一种错误的观念、价值和信仰;有人说它是一种宗教,一种习惯和仪式;有人说它是某个特殊的社会阶层、性别和种族集团所提出的某种观点;等等。威廉斯在《关键词:文化与社会的词汇》中对"意识形态"一词进行了词源学上的考察。他指出,最早提出"意识形态"一词的是法国哲学家德斯蒂·德·特拉西。1796年,特拉西用"意识形态"一词描述他自己计划创办的一门新学科,"Ideology 1796年出现在英文里,直接从法文的一个新词 idélogie 翻译而来。那一年,法

---

① 斯图亚特·霍尔."意识形态"的再发现:在媒介研究中受抑制后的重返 [M]//蒋原伦,张柠.媒介批评(第一辑).桂林:广西师范大学出版社,2005:202.
② 杨击.传播·文化·社会:英国大众传播理论透视 [M].上海:复旦大学出版社,2006:48.
③ 斯图亚特·霍尔.多元文化问题的三个层面与内在张力 [J].李庆本,译.江西社会科学,2007(3):235-242.

国理性主义哲学家特拉西（Destutt de Tracy）首先提出这个名词"①，即"观念学"。而真正意义上让"意识形态"这个词产生巨大影响的是马克思。马克思在《德意志意识形态》中，首次阐述了他对"意识形态"的界定："统治阶级的思想在每一个时代都是占统治地位的思想。这就是说，一个阶级是社会上占统治地位的物质力量，同时也是社会上占统治地位的精神力量。支配着物质生产资料的阶级，同时也支配着精神生产的资料，因此，那些没有精神生产资料的人的思想，一般地是受统治阶级支配的。"② 在马克思看来，意识形态总是代表统治阶级的思想，代表着一种错误思想，意识形态在任何特定历史时期都表达统治集团的利益，保持其统治地位。不过，他同时也认识到意识形态概念的复杂性，即意识形态可以通过特殊的形式，如宗教、法律、政治、艺术或哲学的形式表现出来，他把这些统称为"意识形态的形式"。马克思关于意识形态的讨论对后世的研究影响深远，尽管他本人更强调经济基础的作用，但是后来的马克思主义学者卢卡奇和阿尔都塞等人都更看重意识形态的论述。他们重新修正了马克思的思想，将意识形态看作一个相对独立的领域。

阿尔都塞的思想在意识形态理论史上占有重要位置。跟卢卡奇一样，阿尔都塞认为马克思的上层建筑/经济基础、表现/本质这种经济决定论的理论模式有很大缺陷。为了解决这一问题，他借助于结构主义理论和弗洛伊德学说，对马克思的"意识形态"问题进行了重新阐释。阿尔都塞认为历史发展往往由多种因素造成，并不取决于单一因素，经济基础和上层建筑也就是在意识形态之间形成了一种彼此关联的结构，所以必须根据各种结构之间的关系，而不是本质及其表现来思考各种社会问题。③ 在此结构中，尽管经济基础起最终的决定作用，但是上层建筑也是相对的独立领域，甚至这个独立领域反过来具有某种决定性的作用。

阿尔都塞考察了马克思的早期学说，并据此提出了一套"意识形态结构"理论。他指出，通常人们认为马克思主义哲学和前人的哲学都不同，为人类开创了一个新局面，但是马克思并非天生便成为后世传扬的"马克思"，马克思主义哲学有一个认识断裂期：1845 年断裂前是"意识形态"阶段，1845 年断裂后是"科学"阶段。1845 年之前，马克思还停留在黑格尔的思想中，被黑格尔的思想笼罩，1845 年之后，马克思才和黑格尔的思想决裂。"马克思既没有生下来就要当思想家，也没有选择要在德国的历史都集中于大学教育中的意识形态世界中进行思考。他在这个世界中成长起来，在这个世界中学会行动和生活，同这个世界'打交道'，又从这个世界中解放出来。"④ 因此，要了解马克思的思想，"必须在思想上同时了解这一思想产生和发展时所处的意识形态

---

① 雷蒙·威廉斯. 关键词：文化与社会的词汇［M］. 刘建基，译. 北京：生活·读书·新知三联书店，2005：263.
② 卡尔·马克思. 马克思恩格斯全集：第三卷［M］. 北京：人民出版社，1960：52.
③ 路易·阿尔都塞. 保卫马克思［M］. 顾良，译. 北京：商务印书馆，1984.
④ 路易·阿尔都塞. 保卫马克思［M］. 顾良，译. 北京：商务印书馆，1984：44.

环境，必须揭示出这一思想的内在整体，即思想的总问题。要把所考察的思想的总问题同属于意识形态环境的各思想的总问题联系起来，从而断定所考察的思想有什么特殊的差异性，也就是说，是否有新意义产生"①。马克思是生活在意识形态环境中，然后突破了沉重的意识形态襁褓才成为马克思的，这就是阿尔都塞所强调的"意识形态结构"：每个独特的思想整体的意义并不取决于该思想同某个外界真理的关系，而取决于它同现有意识形态环境，以及同作为意识形态环境的基地并在这一环境中得到反映的社会问题和社会结构的关系；每个独特思想整体的发展，其意义不取决于这一发展同被当作其真理的起点或终点的关系，而取决于在这一发展过程中该思想的变化同整个意识形态环境的变化，以及同构成意识形态环境基地的社会问题和社会关系的变化的关系。②

阿尔都塞提出，意识形态虽然受制于经济基础，但它们具有某种相对独立性，并且在当代社会，意识形态无处不在，人们的思想都笼罩在其中。例如，统治阶级经常通过媒体和学校向公众灌输意识形态，让他们认同现实的统治秩序。在著名的《意识形态与意识形态国家机器（一项研究的笔记）》一文中，阿尔都塞仔细考察了资本主义社会国家控制的主要手段，认为主要手段有两种：强制性和非强制性。强制性的国家机器包括"政府、行政部门、军队、警察、法庭、监狱等等，它们构成我将要称作的压制性国家机器……是'通过暴力起作用'"③。而非强制性的叫作意识形态国家机器，它是通过意识形态起作用，意识形态国家机器包括家庭、学校和大众媒介，它们以一种非强制性的潜移默化的手段影响着大众，维系着社会统治。而在实践中，意识形态国家机器对个体的影响是通过"召唤"实现的，"意识形态'表演'或'起作用'的方式是，它从个体（将他们全都进行转换）中'征召'主体，或者通过我称作'质询'或招呼的准确操作将个体'转换'成主体"④。大众媒介正是实行质询的主要工具。

在上述研究中，阿尔都塞着重强调"主体性"一词。他指出，意识形态国家机器和个体的关系是通过"召唤"主体的方式实现的，意识形态国家机器通过学校、大众媒介，甚至动用暴力机器"召唤"主体，让主体认识到自己是意识形态的"主体"。不过，他继而指出，个体和意识形态采用的主体立场之间是"想象关系"，意识形态国家机器召唤出来的"主体"可能并非真正的"主体"。"询唤的结构是让个人把自己看成了独立的、自主的个体，这样一来，个体认为自己就是意识形态的'主体'，然而与此同时，用阿尔都塞的话来说，他们就误认了自身。"⑤ 例如，媒体的广告宣传不断让消

---

① 路易·阿尔都塞. 保卫马克思 [M]. 顾良，译. 北京：商务印书馆，1984：50.
② 路易·阿尔都塞. 保卫马克思 [M]. 顾良，译. 北京：商务印书馆，1984：42-43.
③ 路易·阿尔都塞. 意识形态与意识形态国家机器（一项研究的笔记）[M]//斯拉沃热·齐泽克，泰奥德·W. 阿多尔诺，彼特·杜司，等. 图绘意识形态. 方杰，译. 南京：南京大学出版社，2002：145.
④ 路易·阿尔都塞. 意识形态与意识形态国家机器（一项研究的笔记）[M]//斯拉沃热·齐泽克，泰奥德·W. 阿多尔诺，彼特·杜司，等. 图绘意识形态. 方杰，译. 南京：南京大学出版社，2002：130.
⑤ 利萨·泰勒，安德鲁·威利斯. 媒介研究：文本、机构与受众 [M]. 吴靖，黄佩，译. 北京：北京大学出版社，2005：31.

费者意识到自己应该是什么样的人，个体不断被"召唤"，实际上在这样的媒体召唤中，主体没有显现，相反，真正的主体却在这一召唤过程中丧失了，广告召唤观众为消费做出决定时，在某种程度上是误导观众，让他们做出不符合现实情况的选择，而这就是意识形态国家机器对个体的控制。阿尔都塞以教育为例指出，在现实生活中，大多数教师从来不去怀疑制度逼迫他们去干的"工作"，或更坏的，他们全心全意地去做这份工作，对制度怀疑得那样少，结果，他们的全力投入反而助长了资本主义的意识形态国家机器对个体的控制。

马克思、阿尔都塞在讨论意识形态时，都把意识形态看成是一种错误的观念，并且将意识形态与阶级一词紧密联系在一起，但是汤普森提出应将意识形态看作一种"意义的象征形式"。他把意识形态的内容与意义联系起来，认为研究意识形态其实就是研究意义服务于建立和支撑统治关系的方式。汤普森强调用意识形态取代马克思的阶级斗争理论，他认为并不是所有关系都可以表现为阶级斗争，过分强调阶级斗争而忽视了不同民族集团之间、两性之间、代与代之间的复杂关系，容易导致无辜的社会冲突。汤普森认为阶级斗争不是普遍现象，但意识形态现象很普遍。而意识形态分析恰恰关心的是象征形式。例如，统治阶级如何利用一些广告、大众传媒宣传统治思想等。

与意识形态理论一样，文化霸权理论经常被用来分析和思考媒介现象。托尼·贝内特等人认为，运用"霸权理论"分析现代传媒和大众文化现象，可以解决阿尔都塞意识形态理论的一些局限性：葛兰西霸权理论的价值在于它提供了一个理论框架。①

"文化霸权"又称"文化领导权"，威廉斯在《关键词：文化与社会的词汇》中对其这样解释："这个词具有政治支配的意涵——通常指的是一个国家宰制另一个国家。……最近 hegemonism（霸权主义）这个词被特别用来说明'大国'或'超级强国'支配他国的政治手腕……被有些人用来当成是帝国主义（Imperialism）的替代词"②。首先提出"文化领导权"的是普列汉诺夫，他在 1883—1884 年为推翻沙皇政府，提出无产阶级联合其他团体，如资产阶级、农民和想要推翻沙皇的知识分子时应拥有文化领导权。

值得注意的是，让"霸权"这个概念真正产生广泛影响的是意大利人安东尼奥·葛兰西。葛兰西是意大利共产党领导人，他长期投身于政治界和新闻界，并于 1926 年入狱，他的大部分著作都是在监狱中完成的，部分文章后来结集为《狱中札记》。与阿尔都塞一样，葛兰西并不赞同马克思的经济决定论，他也是从思考无产阶级革命的失败中提出了"霸权理论"。葛兰西从长期的革命实践中发现，不能低估文化观念在革命中

---

① 托尼·贝内特. 通俗文化与"葛兰西转向"［M］// 奥利弗·博伊德-巴雷特，克里斯·纽博尔德. 媒介研究的进路：经典文献读本. 汪凯，刘晓红，译. 北京：新华出版社，2004：431.
② 雷蒙·威廉斯. 关键词：文化与社会的词汇［M］. 刘建基，译. 北京：生活·读书·新知三联书店，2005：201.

的作用，无产阶级之所以不能立刻成功，除了和经济基础有一定关系之外，更和上层建筑，也就是思想文化有很大关系。因为资产阶级适当地利用了宣传工具，让被统治阶级相信了他们统治的合法性，而正是这种观念阻止了革命的进一步发展。

葛兰西的霸权理论的基本主张是：一个政治阶级的霸权是指那个阶级成功地说服了社会其他阶级接受它自己的道德、政治和文化价值标准。如果该阶级统治成功，那么就将涉及最低限度地使用武力，也就是说，如果把整个社会分为统治阶级和被统治阶级，统治阶级也不可能完全通过暴力来实现统治，它要维持统治，必须得到被统治阶级的允许和同意，通过被统治阶级的自愿认同完成。当然，被统治阶级认同并不意味着统治阶级和被统治阶级之间没有矛盾，统治阶级要想被统治阶级接纳自己的统治，就要不断与对方进行谈判和协商。这样，文化霸权就不是一方灌输给另一方，而是双方谈判和协商的结果。统治阶级在实行统治的过程中，甚至要吸收一部分被统治阶级进入统治阶级，建立一个联合政府。根据葛兰西的观点，一个能够维持统治的政府必须是一个容纳不同意见的政府："一个社会集团的霸权地位表现在以下两个方面，即'统治'和智识与'道德的领导权'。一个社会集团统治着它往往会'清除'或者以武力来制服的敌对集团，它领导着同类的和结盟的集团。……该阶级的形成需要逐步而持续地吸收结盟集团所产生的积极分子——甚至是吸收那些来自敌对集团和貌似势不两立的积极分子，而这是通过具有不同效力的方法取得的。在此意义上，政治领导权仅仅成为统治职能的一部分，而大量吸收敌人的精英分子意味着砍了它们自己的头以及往往持续很长时间的毁灭。"①

所以，统治阶级"文化霸权"的建立，同时也意味着统治阶级经常要在经济上或政治上做一点让步，譬如说采取减税、提高福利水平等措施，让被统治阶级得到一些实惠。当然，这种让步是不能触及其利益本质的，因此相关措施主要集中于经济方面，如实施各种福利措施，或者提高工资水平，有时也通过大众媒介的意识形态宣传让被统治阶级相信和接受统治理念。

同时，葛兰西对资本主义的上层建筑进行了重新划分。他认为，资产阶级上层建筑可分为两个部分：一是市民社会，二是政治社会和国家。政治社会和国家主要是由法庭、监狱和军队构成的，代表暴力统治；市民社会（社会组织）则是一个复杂的网络组成，包括教会、现代传媒、大众文化、教育机构和其他一些市民组织，代表舆论。葛兰西认为，尽管暴力机构很重要，可以维持统治阶级的统治地位，但市民社会才是真正的基础。统治阶级除了依靠暴力维持统治秩序之外，更主要的是通过谈判和协商来领导市民阶级。毕竟暴力统治不能长久，市民社会日常秩序的维护必须依靠意识形态的渗透来实现。因此，统治阶级在考虑自身阶级利益的同时，也要顾及其他阶级的需求。

---

① 安东尼奥·葛兰西. 狱中札记 [M]. 曹雷雨，姜丽，张跣，译. 北京：中国社会科学出版社，2000：39.

综上所述，葛兰西的"文化霸权"理论说明了统治阶级和被统治阶级之间的关系不是固定的、静止的，而是不断变化的，统治阶级必须和从属阶级进行谈判、协商，最终达成共识来维系它的统治。当然，谈判也有可能失败或不被接受，从而导致冲突。这恰恰意味着，被统治阶级也有可能获得"领导权"。因此，"运用霸权概念提供的分析方式，可以认为实际上所有的主流媒介文本都是不断变化的历史过程的一部分。这个过程通过再造价值观及信仰，维系了统治阶级的利益。这些价值观和信仰并不是固定的，而是可变的，由此能够通过将统治阶级展示为关注、照顾从属团体达到维持统治阶级利益的目的"[1]。

第四节 传播政治经济学的兴起

霍克海默、阿道尔诺等法兰克福学派的思想家关于文化工业的批判性思考产生了广泛影响，达拉斯·斯迈思等人正是在继承法兰克福学派的社会批判理论的基础上，于20世纪40年代创立了具有浓厚批判旨趣的传播政治经济学。

▶▶ 一、受众商品论与意识工业

斯迈思于1948—1949年在美国伊利诺伊大学传播学院开设了"传播政治经济学"课程，这标志着传播政治经济学学科的建立。据文森特·莫斯可在《传播政治经济学》一书中的介绍，20世纪60年代之后，美国社会发生剧变：一方面，反对越南战争的游行示威和青年亚文化运动如火如荼地开展；另一方面，大众传媒集团化、兼并化和跨国化潮流趋势突显。这引起了传媒学者的关注，传播政治经济学在美国开始受到重视并走向成熟。斯迈思的《依附之路：传播、资本主义、意识形态和加拿大》、赫伯特·席勒的《大众传播与美利坚帝国》和托马斯·贝克特的《国际电影产业：1945年以来的西欧与美国》等著作热烈讨论了生产和政治对大众传媒的影响，注重国家权力、垄断组织与大众媒介的关系。例如，在《依附之路：传播、资本主义、意识形态和加拿大》中，斯迈思就站在批判的立场上指出，在资本主义社会里，受众购买商品看上去是一种自然而然的行为，因为需要才去购物，但实际情况并不是这样，受众的购物意愿完全是由资本主义文化工业支配的："冲动购物"逐渐成为意识形态工业（Consciousness Industry）的实践，因为市场研究者已经发现商店布局、货架摆设及商品包装设计和图片对推着购

---

[1] 利萨·泰勒，安德鲁·威利斯. 媒介研究：文本、机构与受众[M]. 吴靖，黄佩，译. 北京：北京大学出版社，2005：31.

物车穿过超市过道的消费者的效果。眨眼频率的研究表明消费者的准睡眠状态导致冲动购买，因为消费者回到家中以后想不起任何购物的理由。意识工业生产和分配的"消费者"正在处理一个巨大的骗局。①

斯迈思用"意识工业"取代了霍克海默和阿道尔诺提出的"文化工业"。意识工业，即意识形态工业，与大众传播的出现直接关联，是资本主义实施文化统治的主要方式，"自大众传播出现后，帝国的控制可能并正以一种更简单、更平和的方式出现，它主要借助由核心国家（主要是美国）的军事力量支持的意识工业完成其文化统治"②。在斯迈思看来，"意识工业"的可怕之处在于，它以"一种对现实的虚构和神话化，取代了真正的发展"③。

二、传播霸权与文化帝国主义

1969 年，赫伯特·席勒出版了《大众传播与美利坚帝国》，这是美国批判传播研究的重要著作。斯迈思认为该书"第一次以全面分析的方式，联系美国大众传播两个最重要的功能——经济功能和政治功能，批判性地研究了美国大众传播的结构与政策"④。在书中，席勒全面回顾了 1945—1967 年，即第二次世界大战后的二十几年里，伴随着美国在世界上政治和经济地位的变化，其大众媒介的发展历程。席勒指出，在第二次世界大战之前，世界已经分成了三个主要群体：以美国为首的第一世界，以苏联为首的社会主义阵营，从欧洲殖民地独立出来的非洲、亚洲和中东地区的一些国家。⑤ 随着发展速率激增，美国不仅击退了与之竞争的国家，还在世界政治和经济格局中占据了主导地位。席勒看到，在这个过程中，昔日作为启蒙工具、宣扬信息自由流通的大众媒介已沦为美国政治和经济霸权的一部分，甚至成为美国"世界权力扩张的决定性因素"。对此，席勒进行了严厉批判。他指出，"传播媒介本应成为社会变革的有力机制，相反却成为国家重组的主要障碍。传播媒介为市场经济的主导势力所掌握，被用来宣传狭隘的国内和国际目标，同时使得不同的道路看起来似乎不受欢迎，并防止人们知道这些道路的存在"⑥。

不过，对于美国独霸世界传媒和信息领域的状况，席勒并未过分悲观。在《走向大

---

① SMYTHE D W. DURHAM M, KELLNER D. Audience commodity and its work [A]. Oxford: Blakwell Publishing Ltd., 2001: 245.
② 达拉斯·W. 斯迈思. 依附之路：传播、资本主义、意识形态和加拿大 [M]. 吴畅畅，张颖，译. 北京：北京大学出版社，2022: 3.
③ 达拉斯·W. 斯迈思. 依附之路：传播、资本主义、意识形态和加拿大 [M]. 吴畅畅，张颖，译. 北京：北京大学出版社，2022: 21.
④ 赫伯特·席勒. 大众传播与美利坚帝国 [M]. 刘晓红，译. 上海：上海译文出版社，2006: 第一版序言.
⑤ SCHILLER H I. Not yet the post-imperialist era [M] //曹晋，赵月枝. 传播政治经济学：英文读本. 上海：复旦大学出版社，2007: 16.
⑥ 赫伯特·席勒. 大众传播与美利坚帝国 [M]. 刘晓红，译. 上海：上海译文出版社，2006: 26.

众传播的民主重建：技术的社会利用》一文中，席勒提醒人们应该认真思考一下"未来到底是什么样子""传播的目的是什么"等问题，只有这样才能更加清楚地了解传播媒介的真正作用。他希望美国的大众媒介能回归它早期的启蒙功能和民主功能，并且他呼吁人们积极参与社会活动、表达民主诉求，而不是屈从于政治权力和经济利益。席勒甚至寄希望于大众媒介利用公共部门、大学和黑人群体的一些不满，对统治阶级施加压力，迫使统治阶级实施社会改革。①

20世纪70年代之后，英国也出现了格雷厄姆·默多克、彼得·戈尔丁、尼古拉斯·加汉姆等传播政治经济学家，他们以欧美大众传媒为研究对象，探讨传播媒介与政治、经济的权力关系。相较于北美传播政治经济学派，欧洲传播政治经济学派有三个特点：其一，更强调借助于马克思主义重构社会批判理论；其二，更重视文化和权力结构分析而不仅仅是产业研究；其三，更关注阶级关系在传播媒介中的状况。例如，在《解放、传媒与现代性：关于传媒和社会理论的讨论》一书中，加汉姆严厉批评了经验学派的"行政研究"，提出传媒研究关涉人类生存问题，必须以"人文科学为基础"②，因此应将传媒置于历史、政治和文化等多元社会语境中加以考察，并强调政治和经济因素在传媒生产、分配和消费过程中的决定性作用。但他又明确反对文化研究，认为"作为一种文化研究和后现代的观点，煞费苦心地否认经济对文化的决定性作用，否定作为这种经济决定论的基础的，关于资本主义发展和现代性宏大历史叙事"的观点是可笑的。③不过，加汉姆并非不重视文化和审美的作用，他赞同康德所提出的"审美共感"，认为大众传媒在人类共同的文化与审美建构方面能够发挥重要作用。

▶▶ 三、数字资本主义与数字劳动

20世纪80年代后，传媒政治经济学开始多样化发展，并与后现代主义、消费主义相结合，由此诞生了后现代主义传播政治经济学、女性主义传播政治经济学等新的研究领域。同时，随着网络社会的兴起，一些传播政治经济学者也关注到数字媒介技术对资本主义生产和消费的影响。

丹·希勒较早地认识到以互联网为代表的新兴媒介对社会的巨大影响。在《数字资本主义》一书中，他描述了20世纪80年代互联网在美国迅速发展的情景，并提出了这样的问题："因特网正在带动政治经济的所谓的数字资本主义转变。然而，这场划时代的转变对大多数人来说并不吉祥。那么，数字资本主义产生的主要原因是什么？它有哪

---

① 赫伯特·席勒. 大众传播与美利坚帝国［M］. 刘晓红，译. 上海：上海译文出版社，2006：150-151.
② 尼古拉斯·加汉姆. 解放、传媒与现代性：关于传媒和社会理论的讨论［M］. 李岚，译. 北京：新华出版社，2005：7.
③ 尼古拉斯·加汉姆. 解放、传媒与现代性：关于传媒和社会理论的讨论［M］. 李岚，译. 北京：新华出版社，2005：75.

些主要特征？这场目标为数字资本主义的千禧转变将会带来什么？"[1] 在丹·希勒看来，数字资本主义的出现是美国新自由主义网络运动的结果，而针对数字资本主义不仅要从经济角度，更应该从政治角度加以理解，"因特网演变为一种政治工具，描述这种新工具必须从政治层面来审视这场变革"[2]。他特别强调，要更准确地认识数字资本主义必须回到其发源地——美国。

就今天来看，脸书、推特等美国一些大型互联网巨头及新兴的电信和网络公司正引领数字资本主义在全球范围内发展。文森特·莫斯可等人认为，从"传统媒体"向"新媒体"转型，"深化和拓展了资本主义早期资本积累的方式，进一步加剧了媒介集中化、商业主义、发达国家对全球经济的支配，以及信息享有者和信息贫乏者之间的鸿沟"[3]。莫斯可也认可丹·希勒关于"数字资本主义"的说法，但他认为"新媒体延续了传统媒体时代资本主义的运作模式，将其逻辑延伸到数字时代，而并非开启了一个崭新的社会"[4]。

在数字资本主义引发的众多问题中，"数字鸿沟"和"数字劳动"是莫斯可等传播政治经济学者的关注重点。正如姚建华所提出的，数字劳动是传播政治经济学的新现象与新理论："全球发达经济体中资本主义的基础正在从工业制造转向服务业和信息业，对基于数字技术的新媒体的征用成了这个转型过程的根本驱动力。数字技术既为新的网络经济提供必要的技术设施支持，如构建数字中心全球网络，又产生了一系列围绕着信息与通信技术（information and communication technologies，ICTs）的融合、新的数字产品和应用程序的生产而组织起来的新兴经济部门。数字技术的支持部门和新兴经济部门都存在对新型劳动力的需求，传统劳工不断被新兴数字劳工取代的趋势日益明显。"[5]

尤利安·库克里奇、莫斯可、邱林川等传播政治经济学者也围绕着数字劳动所出现的数字劳工、情感劳动等现象进行了深入思考。在莫斯可看来，下一代互联网汇集了云计算（cloud computing）、大数据分析（big data analytics）和物联网（the Internet of things）等三个互联网系统，"它允诺了庞大数字工厂中的数据存储与服务，从大量的信息流中处理和构建算法，这些信息流是通过存储在每个潜在消费者、工业与办公设备中以及生物体内的网络传感器进行采集的。因此，它蕴含着重大的社会挑战，包括重新定义工作场所"[6]。不过，莫斯可认为，在华丽炫目的互联网科技场所工作的"数字劳工"

---

[1] 丹·希勒. 数字资本主义 [M]. 杨立平, 译. 南昌: 江西人民出版社, 2001: 引言.
[2] 丹·希勒. 数字资本主义 [M]. 杨立平, 译. 南昌: 江西人民出版社, 2001: 1.
[3] 文森特·莫斯可. 当代传播政治经济学研究的主要趋势 [M] // 姚建华. 传播政治经济学经典文献选读. 北京: 商务印书馆, 2019: 119.
[4] 文森特·莫斯可. 当代传播政治经济学研究的主要趋势 [M] // 姚建华. 传播政治经济学经典文献选读. 北京: 商务印书馆, 2019: 119.
[5] 姚建华. 数字劳动: 理论前沿与在地经验 [M]. 南京: 江苏人民出版社, 2021: 2-3.
[6] 文森特·莫斯可. 数字劳工与下一代互联网 [M] // 姚建华. 传播政治经济学经典文献选读. 北京: 商务印书馆, 2019: 253.

只是少部分，另外一部分实际上的劳动者如挖掘苹果和三星手机上所用矿物质的工人大多是刚果工人，他们用自己的双手和原始工具忍受着"最可怕的工作环境"。电脑上的大部分硬件则是在中国等东亚国家生产的，在这些国家的工厂里，"员工住在拥挤的宿舍里，在公司食堂吃饭。他们在低工资的条件下长时间劳作，在制造设备的过程中身处含有大量有毒物质的危险的工作环境"①。总之，这些数字时代的非洲和东亚劳工们薪水低廉、生活质量低下。

在数字劳工中，还有一批看上去是以游戏化、娱乐化和休闲化的方式参与生产的劳动者，库克里奇等人将之称为"玩工"（playbour）。玩工们的工作在库克里奇看来是一种"生产性闲暇"（productive leisure），但这种生产性闲暇不同于传统的针织、木工等手艺活，是大众化数字技术出现的结果。他们看上去好像很休闲，但其实也是"为了生计而'玩'"。所以，库克里奇提出要从资本主义生产的角度对这种看起来具有随意性、即时性和消遣性的"玩工"现象开展批判性反思：游戏厂商实际上正从相似的模式中获得巨额的收益——爱好者在个人电脑上生产模组并以极低的成本在网络上进行发布。在这背后，是一套观念的力量，即与数字游戏有关的一切都是休闲活动，因此它是以自愿性和非营利性为导向的，而游戏模组的自愿性和非营利性资本对游戏模组爱好者的剥削变得更为隐蔽。②

总之，在数字资本主义时代，传统的劳动剥削以一种更加隐蔽的方式在互联网、工厂车间、社交媒体平台或游戏场所中进行。在数字资本主义时代，"数字劳工"真实的生存和经济权益、情感和精神状况如何？这是值得思考和讨论的社会问题。

【思考题】

1. 在数字媒介时代，"文化工业"呈现出哪些新变化、新特征？
2. 如何理解雷蒙·威廉斯的"情感结构"这一概念？
3. 在数字资本主义时代，传统的劳动发生了怎样的变化？

---

① 文森特·莫斯可. 数字劳工与下一代互联网［M］//姚建华. 传播政治经济学经典文献选读. 北京：商务印书馆，2019：255.
② 尤里安·库克里奇. 不稳定的玩工：游戏模组爱好者和数字游戏产业［J］. 姚建华，倪安妮，译. 开放时代，2018（6）：196-206.

【推荐阅读书目】

1. 马克斯·霍克海默. 批判理论［M］. 李小兵，等译. 重庆：重庆出版社，1989.

2. 雷蒙·威廉斯. 文化与社会：1780—1950［M］. 高晓玲，译. 北京：商务印书馆，2018.

3. 丹·希勒. 数字资本主义［M］. 杨立平，译. 南昌：江西人民出版社，2001.

4. 文森特·莫斯可. 传播政治经济学［M］. 胡正荣，张磊，段鹏，等译. 北京：华夏出版社，2000.

第二讲

媒介文化演化的技术逻辑

人类文明的发展始终与传播技术的变革和媒介的变迁息息相关。媒介形态变迁可以被视作社会变迁的风向标。从语言的出现、文字的应用、印刷技术的发明再到电子媒介的诞生，社会的每一次变迁都根植于传播技术的变革。进入20世纪90年代，互联网技术应用深刻地改变了人们的认知方式、交往方式和生活方式，创造了新的产业形态及经济增长方式。从Web 1.0的门户网站演进到Web 2.0的社交媒体，再到已可见雏形的Web 3.0的智媒体，互联网不断强化其对社会和人类文化的影响力。

第一节 技术逻辑下的媒介演化

媒介演化的首要动力是技术，技术创新推动着媒介形态变革，特定媒介所内含的物质基础和技术手段，规定着媒介的传播效果与社会建构能力。

▶▶ 一、媒介的技术手段

语言，人类媒介交往史上的第一座里程碑。经历了漫长的发展，人类出于生存需要更高效的交际行为和更强的认知能力，开始在生产劳动中以一种更为有效的编码/解码方式进行交流，并且在劳动和协作中约定了对相关音符的使用规则。口语符号系统的独立使用，使人类摆脱了"与狼共舞"的原始状态，为人类社会文明的诞生奠定了媒介基础。口语促进了群体间的交流，使群体走向规范，稳定了群体关系，使生产、生活效率更高。哈罗德·伊尼斯认为，每一种传播媒介都有特别的偏向，从而对社会结构和文化产生特别的影响，他认为口头传播和早期书写于陶土的象形文字历经时间保持了文化传统，并且塑造了一个重视生活观、价值观的社会。[①] 具有时间偏向性的口语传播，不仅让社会成员之间能够相互交流经验，而且使世代的知识、文化、信仰等口口相传。在口语传播时代，人们的交往共处同一时空，各种感官是平衡的，每个在场的人都能亲身参与社会交往。这是一个部落化社会，人们的社会交往是集体性的，并且一个部落的传统是强大的，轻易不会被打破。

文字的诞生是人类传播史上的又一大创举，它使人类的传播和交往活动发生了质的飞跃。文字使人类交往活动突破了口语传播的障碍，扩大了人类在时间和空间上的交往范围，使人类文化的传承更具稳定性。伊尼斯以罗马帝国为例，指出书面文字在罗马帝国的扩张和统治中发挥了极为重要的作用。罗马征服、整合、治理并管制庞大帝国需要书写和传播信息的媒介，当帝国信息被记录在便于携带的书写媒介上并跨越遥远的距离

---

① 哈罗德·伊尼斯. 传播的偏向[M]. 何道宽, 译. 北京：中国人民大学出版社, 2003: 27-28.

进行传递时，罗马就这样通过空间进行了扩张。因此，正是偏向空间的媒介推动了罗马帝国的扩张，并塑造了新的社会生活和政治交往空间。

1450年，德国人古登堡发明了铅活字印刷术，书面文字在印刷术的助推下形成，特别是在民族国家建构的过程中扮演了重要角色。印刷术是人类传播史上的第三座里程碑，它标志着人类掌握了文字信息的大批量复制技术，从而使知识、思想、宗教、文化等有了更加便捷的传播载体。16世纪以后，印刷术成为西方文化传播和思想表达的新媒介，它冲击了欧洲传统的社会和文化结构，带来了一种新的文化。正如伊尼斯所言，"一种新媒介的长处，将导致一种新的文明的产生"①。技术赋权了人类社会的发展变革。以印刷术为例，首先，它赋权了西欧的宗教改革，打破了教会阶层对宗教、文化、教育的垄断。其次，它带来了启蒙运动，将科学、理性、平等、民主、自由等现代性理念传播给普通群众。② 在现代欧洲早期，印刷术与思想解放相伴而行，印刷书籍是传播理念和知识极其有效的工具；麦克卢汉等人认为，印刷书籍改造了西方社会，因此使用这种媒介促进了特定的思维方式——逻辑的、线性的思维产生。"载体的替代就是权力的颠覆。""古登堡的活字印刷术的发明，从时间上和地理上开启了一个新的纪元，打破了基督教民族的统一性。"③

在人类媒介技术史上，电子媒介第一次创造了地球上任意两点即时传播的可能性，1837年，美国人塞缪尔·摩尔斯发明了第一台实用电报机。1844年，美国第一条电报线开通。"在电报之前，'communication'被用来描写运输，还用于为简单的原因而进行的讯息传送，当时讯息的运动依仗双足、马背或铁轨运载。电报终结了这种同一性，它使符号独立于运输工具而运动，而且比运输的速度还要快。"④ 此后，电影、广播和电视的诞生彻底将人类带入了电子媒介时代。每一次传播方式的改变都会改变人们感知时空的方式，电子媒介技术的广泛应用让中国古代神话中"千里眼""顺风耳"的传说变成了现实，人类从此进入大众媒介传播时代，麦克卢汉用"地球村"形容电子媒介的深远影响："在机械时代，我们完成了身体在空间范围内的延伸。今天，经过了一个世纪的电力技术（electric technology）发展之后，我们的中枢神经系统又得到了延伸，以至于能拥抱全球。"⑤

---

① 哈罗德·伊尼斯. 传播的偏向［M］. 何道宽，译. 北京：中国人民大学出版社，2003：28.
② 骆正林. 传媒技术赋权与人类传播理念的演变［J］. 现代传播（中国传媒大学学报），2020，42（2）：55－63.
③ 雷吉斯·德布雷. 媒介学引论［M］. 刘文玲，译. 北京：中国传媒大学出版社，2014：49.
④ 詹姆斯·W. 凯瑞. 作为文化的传播："媒介与社会"论文集［M］. 丁未，译. 北京：华夏出版社，2005：162.
⑤ 马歇尔·麦克卢汉. 理解媒介：论人的延伸［M］. 何道宽，译. 北京：商务印书馆，2000：20.

二、互联网：一场新的传播革命

从口语传播时代到电子媒介时代，突破传播的时空边界一直是人们的追求，一切媒介之媒介——互联网的诞生更是开创了人类传播的新纪元。互联网的构成，以及人们使用互联网的方式都给世界带来了巨大的变革，它创造、存储、传输了难以计数的海量信息，改变了人类对时空感知的方式。互联网的前身是阿帕网（ARPANET），诞生于美苏冷战时期。但此时不同的计算机网络之间仍然不能互通。1974 年，文顿·瑟夫和罗伯特·卡恩提出了传输控制协议（TCP）和网际协议（IP），由此实现了不同计算机网络之间的交流，催生了现代互联网，TCP/IP 的出现被认为是互联网走向成熟、成为全球互联网的标志。而真正让普通公众走近互联网的，是英国的蒂姆·伯纳斯-李在 1989 年提出的 WWW（World Wide Web）新协议，被称为万维网。万维网打破了早期互联网较高的技术门槛，利用超文本链接技术，向用户传递多媒体信息，并且可以跳转到相连网页。20 世纪 90 年代后，互联网的商业化运用更是激发了互联网在通信、服务等方面的潜力。

回顾互联网的诞生，不难看出其具有安全性、去中心化、连接性等基础特征，这些特征至今仍发挥着作用。互联网采用分布式的结构，每一个节点都与其他节点相连，形成了一个网状结构，并且所有节点都处于对等的状态。即便其中一个节点被毁坏，也不会影响到其他节点之间的通信。这保证了互联网传播的安全性，也带来了信息传播的分权和多样化。互联网的本质是"连接"，互联网的演进也是"连接"的演进。自 20 世纪 90 年代万维网成立起，人们便进入了信息高速流通的世界，从前 Web 时代发展到 Web 1.0 时代，再到 Web 2.0 时代，从终端的连接到内容的连接，再到人的连接，麦克卢汉的"地球村"正一步一步地成为现实。①

相比于前 Web 时代信息作为"数据包"在网络中被孤立地传输，万维网超链接的思想使内容与内容之间的连接更加多元，一个网址、一则新闻、维基百科中的一个词条甚至一个评价都能够在互联网上聚合并被使用。Web 1.0 的特点是聚合、搜索，它将海量、芜杂的信息聚合在一起。与此相伴而生的是信息的指数级增长，搜索引擎应运而生。在 Web 1.0 时代，谷歌（Google）、百度、雅虎（Yahoo!）几乎可以被看作当时互联网的"代言人"，它使无数的用户访问他们感兴趣的内容。通过搜索引擎的信息检索功能，曾经琐碎零散的信息被连接并迸发出新的价值。但 Web 1.0 时代的信息生产和传播，并未摆脱传统的大众传播模式，只是将这一生产流程转移到了互联网。Web 1.0 本质上是内容的连接，用户仍然处在获知的阶段，它并没有满足人与人之间互动和连接的需求。

---

① 彭兰. "连接"的演进：互联网进化的基本逻辑 [J]. 国际新闻界，2013，35（12）：6-19.

2004年,奥莱利传媒公司(O'Reilly Media, Inc.)联合其他几家公司共同举办的全球第一次 Web 2.0 大会在美国旧金山召开,并提出"Web 成为一个平台"①,从此"Web 2.0"这一概念在全球传播开来。Web 2.0 以合作性、创造性、参与性和开放性为特征,如维基式的知识传播、社交网络、博客、标签和混搭。② Web 2.0 的独特性在于,知识或数据的生产不是专业化的、制度化的,而是用户生产的,即由用户主导生成内容的互联网应用模式。维基百科、Flicker、YouTube 等都是 Web 2.0 时代网络集体智慧的产物。

Web 2.0 技术的普及应用为社会资源分配、权力格局、关系模式带来了颠覆性的变革。在网络社会,信息技术促进了社会资源的再生产和再分配。"分享"是 Web 2.0 时代内容生产与流动的重要特征。不同于物质世界的资源"分享",数字世界的"分享"几乎不需要成本,但能提高社会声望、改善人际关系,甚至带来社会资本。③ 互联网的出现为个体赋权。在此之前,传播权力被掌握在少数权力机构手中,信息的传输是线性的、单向度的,话语以权力的状态存在。互联网尤其是 Web 2.0 时代到来以后,传统线性的传播逻辑被打破,专业媒体机构与受众间的权力被重构,自媒体和公民新闻的繁荣打破了传统的信息生产逻辑,个体的权力被激活,个体成为重构媒介生态的重要力量。个体智慧不再是孤立的生产要素,而成为社交网络中的直接生产力。个体成为独立社会行为体,得以跳脱出组织框架,凭借自身的智识、经验、关系与资源在关系网络中实现价值。④

互联网的本质是连接。Web 2.0 技术的普及应用,引发了人与人之间连接方式的革命,通过"连接"和"分享"建构"关系"。社交媒体与 Web 2.0 技术相伴而生。社交媒体有两个主要特征:一是内容生产和社交相结合,社会关系与内容生产两者是相融在一起的;二是社交媒体的主角是用户,而不是运营者。⑤ 中国互联网络信息中心发布的第 34 次《中国互联网络发展状况统计报告》显示,2014 年 6 月,中国手机上网比例首次超过传统个人计算机上网比例,这意味着移动互联时代的到来。移动互联将人们带入了一个更加轻盈便捷的连接时代,基于 Web 2.0 技术的社交媒体在移动端的助力下,已经成了社会协调、组织运转、个人生活所必备的,它使人的汇聚规模达到了前所未有的程度,与社交媒体相伴的"连接文化"正在重塑媒介生态。麦克卢汉认为互联网和口语文化有许多相似之处,口语文化是部落人心灵在部落范围内的延伸,同理,互联网的

---

① 马丁·李斯特,等. 新媒体批判导论:第二版[M]. 吴炜华,付晓光,译. 上海:复旦大学出版社,2020:234.
② 马丁·李斯特,等. 新媒体批判导论:第二版[M]. 吴炜华,付晓光,译. 上海:复旦大学出版社,2020:234.
③ 彭兰."连接"的演进:互联网进化的基本逻辑[J]. 国际新闻界,2013,35(12):6-19.
④ 喻国明,马慧. 互联网时代的新权力范式:"关系赋权"——"连接一切"场景下的社会关系的重组与权力格局的变迁[J]. 国际新闻界,2016,38(10):6-27.
⑤ 彭兰. 网络传播概论[M]. 4 版. 北京:中国人民大学出版社,2017:007.

连接性使其用户成为彼此心灵的延伸。① 在社交媒体上，拥有更多连接节点的主体会拥有更大的话语权和更多连接增殖的机会；与此同时，平台通过协议、界面等规范着用户的"连接实践"。

互联网的下一步发展已初见端倪，Web 3.0 时代也可称为"智媒体时代"。"语义网"作为 Web 3.0 的代表，使互联网成为信息的阐释者和管理者，"连接"变得更加智能化。物联网会造就一个"泛终端"时代，它将使一切物体都有可能成为终端，甚至"人"也可以成为终端。物联网将改变整个互联网的终端网络的性质。当一切物体成为终端时，"信息传播"这个词的含义会发生深层变革，人们对信息的需求也会发生深刻变化。②

互联网给社会带来的变化是颠覆性的，它是一场革命，它改变了社会生活，改变了我们的思维逻辑、话语方式和行动依托，其动态的连接、开放的平台、流动的网络自组织、交融的"内容—关系—终端网络"及人工智能、VR 等新兴技术，正在创造前所未有的社会场景③，而这种"创造"还在继续。

▶▶ 三、技术决定论视域下的媒介文化

如今，互联网已经深深嵌入我们的日常生活中，互联网技术建构了我们关于这个世界的想象，给予了我们与他人相连接的安全感。一切人类的创造物，比如口语、铁路、汽车，都是技术，技术即媒介，技术即文化，媒介、个体和文化三者互相建构。

伊尼斯和麦克卢汉认为，人们的交流实际上可以塑造一个社会及其文化。伊尼斯是第一个清楚地表达这个观点的人，他认为传播方式为任何社会的运转设置了基本的限定因素。④ 他将传播媒介划分为偏向时间的媒介和偏向空间的媒介。偏向时间的媒介，可以长期保存但是不便于大范围运输。倚重听觉的口语传播在交流时需要更灵活的思维和更强的记忆力。口语传播是一种较为平等的交流，易形成自由开放的交流环境。偏向空间的媒介如莎草纸，适合信息的远距离传递。这种倚重视觉的书面传统打破了时空限制，把曾经的亲密交往转变成依赖视觉的、线性的交往模式，适合少数人对多数人的统治。由此，伊尼斯"找出了媒介和社会的对应关系，就是说传播技术形态决定了社会的组织形式"⑤。

麦克卢汉继承了伊尼斯的学说，还提出了"Media Ecology"的术语，媒介环境学派从此得以确认。麦克卢汉认为，口语传统和书面文化时代的特征分别是感知的声觉传播

---

① 罗伯特·洛根. 理解新媒介：延伸麦克卢汉[M]. 何道宽，译. 上海：复旦大学出版社，2012：213.
② 彭兰. "连接"的演进：互联网进化的基本逻辑[J]. 国际新闻界，2013，35（12）：6-19.
③ 胡正荣. 移动互联时代传统媒体的融合战略[J]. 传媒评论，2015（4）：47-50.
④ 迈克·加什尔，戴维·斯金纳，罗兰·洛里默. 加拿大传媒研究：网络、文化与技术：第八版[M]. 杨小红，译. 北京：中国书籍出版社，2019：38.
⑤ 陈卫星. 麦克卢汉的传播思想[J]. 新闻与传播研究，1997（4）：32.

偏向和视觉传播偏向。口语传统的声觉空间的特征是直接触及现实，思维模式是具体的，使用大量的隐喻和类比。感知偏向是同步的、拥抱一切的、神秘的、归纳逻辑的和经验性的。书面文化里兴起的视觉世界是抽象和逻辑演绎的，感知偏向是线性的、序列的、理性的、分割肢解的、因果关系的、抽象的和专门化的。[1] 新的电力时代则是声觉空间和视觉空间的混合体，其特征可以表述为赛博空间。[2] 电力时代的文化特征可以表述为赛博文化。互联网强化了非集中化的趋势，使世界上每一个地方都成了中心。它使民族疆界进一步消融，知识和信息能够跨越国界和学科边界畅通无阻。印刷机产生的是民族主义和民族国家，互联网则产生了世界共同体。[3]

纵览媒介技术发展史，从人类语言诞生开始，每一种媒介技术的革新和应用，都改变了人类生存和交往的环境，媒介技术深刻渗入人们的日常生活，塑造着人们的思维方式、交往方式和生活方式，在建构人与人之间的主体关系的过程中直接塑造了相应的文化形态。同时，我们不能忽略社会中人的交往方式或生产方式对技术的作用。互联网从最开始应用在国防军事、科研、教育等领域，到大规模的商业化，再到现在成为整个社会的基础设施，深刻嵌入日常生活。正如雷吉斯·德布雷所说，"在开始的时候，谁也无法预测高科技的发展方向，也无法保证它的效能"[4]。个体与工具的互动推动着技术和文化共同演化，进而建构了一个统一的媒介生态系统。

第二节　数字技术革命

随着移动互联、大数据、云计算、物联网、人工智能等数字技术的飞速发展和大规模运用，人、物、内容在技术逻辑的主导下连接在一起。原来的边缘变为中心，数字技术革命带来了"数字位移"[5]。数字技术的发展推动了整个社会的数字化转型，颠覆了商业运行方式，重新规范了人们的日常生活实践，未来将带领人们进入智慧社会，它不仅会渗透而且将嵌入人们的生活甚至身体。但是，在万物都有可能被数字化的社会，人们在享受算法社会的同时也要谨防自己落入"算法的陷阱"。

▶▶ 一、数字技术、数字化与数据

数字技术给整个社会的运行结构和发展方式带来了深刻的变革，各行各业都能够利

---

[1] 罗伯特·洛根. 理解新媒介：延伸麦克卢汉 [M]. 何道宽，译. 上海：复旦大学出版社，2012：320.
[2] 罗伯特·洛根. 理解新媒介：延伸麦克卢汉 [M]. 何道宽，译. 上海：复旦大学出版社，2012：17.
[3] 罗伯特·洛根. 理解新媒介：延伸麦克卢汉 [M]. 何道宽，译. 上海：复旦大学出版社，2012：39.
[4] 雷吉斯·德布雷. 媒介学引论 [M]. 刘文玲，译. 北京：中国传媒大学出版社，2014：94.
[5] 胡泳. 数字位移：重新思考数字化 [M]. 北京：中国人民大学出版社，2020：1.

用这种突破时空的技术，提高效率，优化资源配置，不断推进自身的数字化转型。目前，移动互联已经深嵌到人们的日常生活中。5G 的发展丰富了人们关于新媒体的想象。5G 具有高速率、高可靠性、低时延等一系列优势，我们已经可以预见，5G 将深入融合到智能互动、智慧交通、数字政务等领域，进而推动人类迈入万物互联的数字时代。

在万物互联时代，数据呈现出爆炸式增长的特征。大数据的相关关键技术可以被用来对无序的数据进行过滤、专业化加工和精确分析，进一步挖掘数据背后的价值和规律，使数据成为知识和重要资源，指导人们的生产活动。而大数据分析技术的应用主要来自云计算的支撑。2006 年，谷歌首次提出"云计算"概念，云计算就是将服务器、存储设备、网络、信息化应用系统等软硬件资源打包成"一朵资源池的云"，为客户提供按需服务并按量收费，实现资源优化配置和成本集约。① 大数据技术为云计算提供基础支撑，二者互相依存、相互促进。移动互联、大数据、云计算又进一步推动了物联网的发展，就像互联网把世界各地的人们联系起来，物联网能把全世界的人与人、人与物、物与物都连接起来，终端被赋予了更丰富的内涵。

5G、人工智能、大数据、云计算等数字技术正在推动社会生态的全新重构，整个社会运行在数字基础设施之上，数字经济蓬勃发展。1946 年，世界上第一台通用电子计算机诞生在美国宾夕法尼亚大学，从此人类进入信息时代，这同时标志着数字化的起步。在数字技术、数据商业化快速发展的背景下，农业、制造业、服务业等传统行业的数字化改造进程也在不断加快。2021 年《政府工作报告》指出，要加快数字化发展，打造数字经济新优势，协同推进数字产业化和产业数字化转型。人们能够随时随地在数字平台上与他人互动，生产着宝贵的数据资源，依托数字技术和数据的互联网公司实现了数字经济革命中的飞跃式发展。

20 世纪 90 年代，尼古拉·尼葛洛庞帝在《数字化生存》一书中提出"数字化生存"的概念，认为信息技术的发展将变革人类的生存方式。② 数字技术已经深嵌到日常生活中，数字支付记录下我们的生活轨迹，音频软件推算着我们的兴趣偏好，社交媒体架构了我们的连接关系，虚拟空间和现实空间相互交织、勾连，越来越多的人依赖社交媒体开展各类社会活动，人们通过文字、图片、短视频和直播等各种形式进行媒介化表达，在数字空间建构起一个"数字自我"，人们生活的常态俨然已是"数字化生存"。身体状况、兴趣、信息搜索、情绪反应全部可以数字化，精神甚至灵魂、信仰也能够数字化。③ 新冠病毒感染疫情加速了社会治理的数字化转型，尤其是疫情防控期间健康码和大数据行程卡的广泛应用具体化了共同体的准入边界，人们逐渐有了从"肉身人"

---

① 赵立斌，张莉莉. 数字经济概论［M］. 北京：科学出版社，2020：76.
② 尼古拉·尼葛洛庞帝. 数字化生存［M］. 胡泳，范海燕，译. 海口：海南出版社，1996：译者序.
③ 林建武. 数据主义与价值重估：数据化的价值判断［J］. 云南社会科学，2020（3）：45–51.

向"数字人"的转向。① 在数字时代,人们的身体、日常生活、生活娱乐及社会治理方式都在转向数字化,"计算不再只和计算有关,它决定我们的生存"②。

数据是数字化的结果,用户在各种平台提供的注册数据,以及在网络中发布的内容、浏览痕迹、购买记录等都构成了一个庞大的数据库。随着移动终端和智能设备的发展,身体本身也被数字化,身体的运动轨迹、状态等数据,也成为用户数据的重要构成部分。③ 数据成为人及人格的一个必不可少的组成部分,"我们被数据化,我们自身以及行动被记录下来,数据调节和塑造我们的行为"④。在大数据时代,数据的处理、挖掘、分析技能得到了前所未有的提升,通过云计算技术和数字中心,不同行业之间的数据交换变得十分便捷。与人们的数字化生存有关的实践,比如浏览记录、移动轨迹、健康状况等能够被自动捕捉并录入政府或者企业的数据库,这些数据被喻为原油级别的可再生资源。将这些数据按照一定的逻辑整合到一起,即可看到一个清晰的数字实体,抑或是一个群体的数字画像,并引导人们的日常行为。⑤ 如同土地和劳动力是农业时代的关键生产要素,资本和技术是工业时代的关键生产要素,数据被认为是数字经济时代的核心生产要素。⑥ 大量的数据资源给信息时代带来了更多的价值增殖,同时建构了人们对自身和"真实"的感受。庞大的数据资源成为平台竞争的核心,基于数据的按需生产和服务水平提高已经成为平台的未来面向,谁掌握数据,谁就拥有优势。在算法社会里,个体生产了海量的数据,而一旦数据被生产出来,数字主体就失去了对数据的控制。成为资源的数据凝结在各个平台之中,平台通过描摹用户画像进行精准的广告投放和信息传播,实现自身的盈利和对用户的控制。

二、数字技术与数字化生活

20世纪90年代以来,数字和通信技术的发展带来了以互联网、大数据、人工智能、5G为标志的一系列变革,改写了商业准则,颠覆了人们的生活和思维方式。环顾四周,我们不可能再找到与数字技术无关的日常。根据中国互联网络信息中心的数据,截至2021年6月,我国网民规模达10.11亿人,互联网普及率达71.6%。从Web 1.0的门户网站到Web 2.0的社交媒体再到Web 3.0的智媒体,从个人计算机到手机移动端再到可穿戴设备,网络成为社会的基础性设施,人们的生活被转移到线上,司空见惯的日常生活和数字技术的交会迸发出了新的能量和机遇。

---

① 吴冠军. 健康码、数字人与余数生命:技术政治学与生命政治学的反思[J]. 探索与争鸣,2020(9):115-122,159.
② 尼古拉·尼葛洛庞帝. 数字化生存[M]. 3版. 胡泳,范海燕,译. 海口:海南出版社,1997:15.
③ 彭兰. 生存、认知、关系:算法将如何改变我们[J]. 新闻界,2021(3):45-53.
④ 杨庆峰. 健康码、人类深度数据化及遗忘伦理的建构[J]. 探索与争鸣,2020(9):128.
⑤ 钱佳湧. 传播中的肉身景观与数字身体:媒介技术视角下的考察[J]. 新闻与写作,2020(11):20-27.
⑥ 赵立斌,张莉莉. 数字经济概论[M]. 北京:科学出版社,2020:26.

以数字技术为核心的数字社会带来了全新的生产力和生产关系，全面改造了人们的生活方式与工作方式。比如，国家运用大数据推进政府管理和社会治理模式创新，传统的由经验驱动的决策方式因转为数据驱动而变得更为科学、高效。人们能够通过政务新媒体直接了解相关部门的工作内容，通过"云监工"感受中国力量和中国速度，新冠病毒感染疫情防控期间通过健康码寻得共同体的庇护。企业能够依靠数字化实现资产增殖与服务变现。数字化产品持续开拓市场，为数字消费者随时随地接入互联网提供便利。可穿戴设备、智能家居、智能汽车将为未来人们的信息消费带来全新的模式。数字农业、数字文化、智慧物流、数字金融、智慧教育、数字医疗、数字交通等智慧化应用给人们的生活带来了极大的便利。新冠病毒感染疫情更是加速了中国数字化发展的转型升级。虽然新冠病毒感染疫情使经济社会的发展有了一定迟滞，但其带来的人群隔离效应，反而放大了媒介技术与日常生活的关联。① 从数据流调、病情诊疗、物资运输到电商直播、居家办公、线上课堂再到复工复产及对微小企业的精准扶持，新冠病毒感染疫情让人们史无前例地将更多的线下场景以数字化的形式搬到线上。此外，在新冠病毒感染疫情大流行结束之后，数据化的生活和商业模式将得以延续。

对于个人而言，从互联网诞生到今天的50多年时间里，我们已经化身为网络的一部分：网络仿佛毛细血管一样遍布社会，数字设备成为我们的器官，我们的思维比特化了。② 智能手机已经成为人们身体的全方位的延伸，在手机里，在云端上，居住着一个"数字自我"。离开智能手机，意味着失去数字支付的机会，意味着失去与他人的即时联系，人们将寸步难行。数字技术打破了传统交往方式，社会性作为人的本质属性，其表现方式在互联网时代被数字化、媒介化，人们拥有了在各处接入互联网的机会，移动通信被认为是无处不在的、永久的连接方式，网络生活与现实生活相缠绕，甚至肉身在场也不再是社交的必要构件。社交媒体也改变了人们对存在价值的找寻方式，人们利用自拍、美图、表情包等传递着自身的形象，人们交往在云端，表演在云端。直播和短视频作为数字时代的影像实践，成为连接生活和媒介的节点，影响着人们的现实生存和媒介表达。现实生活和视频化的生活相互影响，带来了一种视频化的生存方式。③ "技术对个体的内化使得技术背后的数字逻辑正化作个体的潜意识而存在，拿出手机拍一个短视频远比写一段文字更顺手。"④

随着数字技术尤其是人工智能技术的迅速发展，以及移动网络技术向社会的深度渗透，媒介技术在今天日益嵌入人类生物性的身体当中，记录、改造和规训人们的身体实

---

① 苏涛，彭兰. 技术与人文：疫情危机下的数字化生存否思——2020年新媒体研究述评[J]. 国际新闻界，2021，43（1）：49-66.
② 胡泳，年欣. 中国数字化生存的加速与升级[J]. 新闻与写作，2020（12）：9.
③ 彭兰. 视频化生存：移动时代日常生活的媒介化[J]. 中国编辑，2020（4）：34-40，53.
④ 胡泳，年欣. 中国数字化生存的加速与升级[J]. 新闻与写作，2020（12）：9.

践，身体成为被记录在手机、智能手环等移动终端和云端的各类量化数据与可视化轨迹。① 人们不再需要到固定屏幕面前就能让网上生活继续成为"游牧"和日常生活节奏的一部分。② 人们已经在很多时候自主地选择以数据化的方式来认识和处理自己的日常生活，如用运动类 APP"打卡"和计算步数，与此同时，"身体"不断地被技术转化为各种数据，人们借以"管理"自己的身体，以达到健康的数据"标准"。随着智能手机、可穿戴设备及其他智能技术的发展，人类已经渐渐具备了"赛博人"的特征。赛博人打破了实体社会网络与虚拟信息网络的屏障，在不同的网络系统中即时穿梭，并且通过个体的传播实践，实施个人化的重新组合，比如地图类 APP、共享单车、移动出行平台这样的社会新型实践。③

三、算法之美与算法陷阱

社交媒体、移动终端、大数据、人工智能等数字技术的迅速发展，推动着日常生活的数字化，也推动了算法的应用。将人和物全面数字化并最大限度地获取个人数据，是算法技术的逻辑起点。以数字技术和计算机程序为核心的现代人工智能算法，通过数据分析和程序运行对算法对象进行计算和判断，对社会生活中的应用问题做出决策④，同时指明实现目标的路径和遵循原则。通过对数据的深度加工和智能分析，算法能够捕捉人们感官之外的一些维度，呈现出一个基于现实的数据世界。智能算法渗透到生产生活的各个环节，对人们的生活方式和社会认知产生巨大的影响，并且逐渐演化为一种社会建构的力量。在日常生活中，用户对热点信息的接收、对二维码的应用，商品的价位，外卖骑手的劳动，医院对癌症的筛查等都受到算法的影响。

算法范式兴起的根本原因是应对"信息超载"的危机。互联网记录了个体和各类组织生产的海量信息，而仅靠传统的人工计算方式根本无法对其进行有效处理和价值适配。随着移动互联时代的到来，基于社交媒体建立起来的人与人、人与内容、人与物的广泛连接，使用户的个性化需求被触发。⑤ 算法通过记录用户的数字痕迹并分析用户的行为特点来描摹"用户画像"，基于对不同群体的身份建构实现信息或者商品的精准推荐，有效地实现了对长尾市场的挖掘。算法使信息被精准分发给个人，满足了人们的个性化需求，塑造着人们对世界的认知。随着技术嵌入生活甚至身体，其所记录的数据将越来越多样、深刻、精准，算法也随之嵌入社会权力运行系统，带领人们进入智慧社

---

① 钱佳湧. 传播中的肉身景观与数字身体：媒介技术视角下的考察 [J]. 新闻与写作, 2020 (11): 20 – 27.
② 马丁·李斯特, 等. 新媒体批判导论：第二版 [M]. 吴炜华, 付晓光, 译. 上海：复旦大学出版社, 2020: 247.
③ 孙玮. 赛博人：后人类时代的媒介融合 [J]. 新闻记者, 2018 (6): 4 – 11.
④ 王敏芝. 算法之下："透明社会"的技术与观念 [J]. 探索与争鸣, 2021 (3): 29 – 31.
⑤ 喻国明, 耿晓梦. 智能算法推荐：工具理性与价值适切——从技术逻辑的人文反思到价值适切的优化之道 [J]. 全球传媒学刊, 2018, 5 (4): 13 – 23.

会。在经济领域，算法推动了共享经济模式的发展，提高了供需匹配效率；制定了用户、平台和生产者的交易规则。在政治领域，算法推动了国家治理体系的现代化，极大地增强了公权力运行的广度、深度。在我国智慧交通体系的建设中，算法可以直接对监控查获的交通违法行为处以罚款。[①] 算法渗入社会的各个系统，改变着人们的日常生活，左右着对个体的评价，影响着个体的社会形象。通过设置各种参数，算法可以精准地评估每一个对象并预测其行为。算法参数中含有对某个群体的刻板印象，这种"印象"随着算法的运转逐渐被放大，可能会在一定程度上固化社会原有的结构。[②] 在算法权力的支配下，人们的思维和行动变得更加数据化。个性化推荐算法实现了内容和其目标用户的无缝对接，也在相当程度上限制了人们对于世界的自由感知。在数字化生活空间中，人们总是通过"数据层"去认识世界，去选择符合自己的兴趣、与自己意见一致的信息，很有可能导致认知的扁平化，陷入算法带来的"幸福的陷阱"。[③] 当试图回答康德式的问题诸如"我们是谁？""我们应该知道什么？"时，我们或许已经将问题的答案拱手让给了自动算法系统。[④]

更值得警惕的是，算法社会的数字主体有意无意地生产了大量的数据，而这些数据并不由人们自己控制，数据的被遗忘权或者说被删除权也未实现，人们生活在数据的"全景监狱"中。牺牲对个人数据的控制以换取数字化生活的便利，已是当下的数字社会的生存之道。算法权力驱动了"监视资本主义"的兴起[⑤]，人们天然认为的私人空间的内容已经被转化成了商业资源。以谷歌为例，虽然它提供的服务是免费的，但用户使用它所留下的数字痕迹使得谷歌可以通过为用户画像建立数字模型，精准地投放广告并引导用户的行为。"免费"实际上是一种交易，用户"支付"的不是钱，而是注意力、个人信息及行为数据。[⑥] 对个人数据的社会控制契合了资本的逻辑与社会治理的策略，个人数据不断商品化，个人数据的收集也不断合法化，个人在算法面前沦为"透明人"。[⑦] 人们生活在算法造就的"敞视环境"中，即便有些平台会提供"请勿跟踪"的选项，但这不意味着用户的隐私数据完全得到保护。算法犹如一个未知的"黑箱"，用户不知道数据如何被利用，也不清楚自己为每种服务所付出的代价，更谈不上对其进行评判和监督。

智能算法是应对信息过载的关键武器，让数字社会更加高效地运转。智能算法提供了一个理解人的新的坐标，在人与人、人与物的传统关系坐标之外建立了一种新的关系

[①] 张凌寒. 算法权力的兴起、异化及法律规制 [J]. 法商研究, 2019, 36 (4): 63-75.
[②] 彭兰. 新媒体用户研究：节点化、媒介化、赛博格化的人 [M]. 北京：中国人民大学出版社, 2020: 340.
[③] 彭兰. 生存、认知、关系：算法将如何改变我们 [J]. 新闻界, 2021 (3): 45-53.
[④] 成素梅. 智能社会的变革与展望 [J]. 上海交通大学学报（哲学社会科学版）, 2020, 28 (4): 9-13.
[⑤] 张凌寒. 算法权力的兴起、异化及法律规制 [J]. 法商研究, 2019, 36 (4): 63-75.
[⑥] 何塞·范·迪克. 连接：社交媒体批评史 [M]. 宴青, 陈光凤, 译. 北京：中国人民大学出版社, 2021: 190.
[⑦] 王敏芝. 算法之下："透明社会"的技术与观念 [J]. 探索与争鸣, 2021 (3): 29-31.

——人机关系。未来人工智能、算法技术的发展有更多可能性，在这一过程中，人们需要提高自身的数字素养，学会识别、抵抗其中的种种风险。新兴的技术力量带领人们走向未知，我们并不知道这个技术"魔盒"会送出什么"礼物"，我们需要从多重角度理解智能算法技术。而技术与人文是数字时代我们避不开的纠缠，技术理性追求精准、快速、高效，价值理性包含思想、尊严、美、义务等信念。① 人机交互，技术理性与价值理性共融，构建以智能体为中心的机器伦理，可以让人工智能更多地体现人的主导性与价值观，实现算法推荐的价值适切。②

第三节　数字时代的媒介文化表征

　　道格拉斯·凯尔纳在《媒体文化：介于现代与后现代之间的文化研究、认同性与政治》一书中率先将媒介文化纳入文化研究的框架，影响了一批后来的媒介文化研究者。根据凯尔纳的观点，所谓的"大众文化"既包括"媒介文化"，也包括"消费文化"，而媒介文化既可以表示"文化工业"的产品所具有的性质和形式（文化），也囊括它们的生产和发行模式（技术和产业）。我国学者隋岩认为，国内学者普遍将大众文化与媒介文化联系起来理解，要么将大众文化视为媒介文化的重要组成部分，要么将其等同于媒介文化，看作文化媒介化的结果。隋岩将"媒介文化"定义为人们运用传媒技术在特定社会环境下进行的文化产品的生产、流通和消费的活动与过程。③

　　麦克卢汉说媒介是社会发展的基本动力，每一种新媒介的诞生，都开创了人类感知和认识世界的方式，这不但会改变人与人之间的关系，还会创造出新的社会行为类型，而新型的人与人之间的关系，以及新的社会行为类型，必然会催生全新的文化实践。曼纽尔·卡斯特说："我们的媒介是我们的隐喻，我们的隐喻创造了我们的文化内容。"④ 人类文化世界不是一个感觉、认知、时间和组织机构的集合，而是一个复杂的依靠传播、相互依赖的系统。因此，传播的变化会对整个文化生态产生影响。它会影响个体的思维、感觉和行为，影响社会组织的结构，影响个体及群体间的政治和经济关系，影响塑造现实的文化建构的意识形态、思维定式、认识论和话语。⑤ 在数字时代，算法等技

---

　　① 陈昌凤，石泽. 技术与价值的理性交往：人工智能时代信息传播——算法推荐中工具理性与价值理性的思考［J］. 新闻战线，2017（17）：71-74.
　　② 喻国明，耿晓梦. 智能算法推荐：工具理性与价值适切——从技术逻辑的人文反思到价值适切的优化之道［J］. 全球传媒学刊，2018，5（4）：13-23.
　　③ 隋岩. 媒介文化研究的三个路径［J］. 新闻大学，2015（4）：76-85.
　　④ 曼纽尔·卡斯特. 网络社会的崛起［M］. 夏铸九，王志弘，等译. 北京：社会科学文献出版社，2006：309.
　　⑤ 刘婷，张卓. 身体-媒介/技术：麦克卢汉思想被忽视的维度［J］. 新闻与传播研究，2018（5）：46-68.

术的牵引必然会引发媒介新一轮的大变革，导致传播的变化，改变人与人之间的关系并影响或改变社会文化，从而催生全新的媒介文化实践。数字时代的媒介文化表征大体体现在三个方面：视觉化转向、网络社群兴起和数字交往出现。

一、视觉化转向

较早使用"视觉文化"这一概念的是匈牙利电影美学家贝拉·巴拉兹，他在1924年著的《回见视觉的人》中指出，电影使"看"的精神得到了复兴，由此诞生了视觉的人及相关的视觉文化。[1] 20世纪30年代，瓦尔特·本雅明写下了震惊思想界的《机械复制时代的艺术作品》，在他所描述的机械复制时代，传统的审美静观已经衰退，取而代之的是一种"震惊"效果，视觉效果转向了更为逼真的触觉效果，这也是新的视觉文化特征。马丁·海德格尔认为，现代社会的特征是进入了"世界图像时代"，而"世界图像时代"的核心内容表现为两个方面：一是"世界被把握为图像"；二是"世界成为图像是现代之本质"[2]。我国学者周宪认为，视觉文化中视觉性占据主因或显赫地位，图像逐渐成为文化主因的形态，较之于传统的话语文化形态，图像的生产、传播和接受更具重要性和普遍性。

如果说海德格尔20世纪30年代说到的"世界图像时代"还是一个相当有预见性的论断，那么今天这个论断已是一个被我们深切地感悟到的文化现实。美术史家罗伯特·休斯曾说："我们与祖辈不同，我们是生活在一个我们自己制造的世界里……'自然'已被拥塞的文化取代了，这里是指城市及大众宣传工具的拥塞。"[3] 而今，机械复制技术已经为数字技术所替代，大众媒介也正在被数字媒介取代，相较于机械复制时代的电子媒介，数字媒介复制的功能更便捷、更迅速，其媒介产品能够产生更加令人"震惊"的视觉效果。视觉化也已经成为媒介文化生产、传播的重要维度。我们可以这样说，数字时代的媒介文化现象随着技术的进步和媒介的革新，已经在传者、受众、介质、内容及其效果等各方面发生了视觉化的转向。

我们正处于一个图像生产、流通和消费急剧膨胀的"非常时期"，处于一个人类历史上从未有过的图像资源富裕乃至"过剩"的时期。一方面，视觉需求和视觉欲望不断膨胀，想看的欲望从未像今天这样强烈；另一方面，当代文化的高度视觉化和媒介化，又为我们的观看提供了更多的可能性和更高质量、更具诱惑力的图像。[4] 在媒介文化领域，数字技术可以将原来只能通过报纸、广播、电视进行传播的文字、声音和图像

---

[1] 李鸿祥. 论视觉的二重性 [J]. 文艺理论研究, 2004 (1): 38-45.
[2] 马丁·海德格尔. 世界图像时代 [M]. 上海: 上海三联书店, 1996: 899.
[3] 罗伯特·休斯. 新艺术的震撼 [M]. 刘萍君, 汪晴, 张禾, 译. 上海: 上海人民美术出版社, 2019: 285.
[4] 周宪. 视觉文化的转向 [M]. 北京: 北京大学出版社, 2008: 5-6.

内容全部数字化，变成电脑可以识别、处理和呈现的内容，让媒介文化向高度视觉化转变。随着科技进步和社会发展，尤其是传播技术和视觉技术的进步，大量新的视觉内容和体验方式必然会涌现出来。在法国社会学家居伊·德波看来，当代社会人们与商品的关系已经转向"炫耀关系"。

随着消费社会的到来，当代中国文化正在迈向媒介文化，大众传播媒介在当代中国已经成为重要的普遍文化景观，图像信息及其生产和消费已跃居显赫位置。① 从凡勃伦的"炫耀性消费"开始，到阿道尔诺率先注意到文化工业中的"消费偶像"，再到德波的"景观社会"，视觉消费在某种程度上是一种视觉快感的满足，一种自我认同确认的满足感，一种社会意义实现的愉悦感。移动互联网和大数据等不断催生具有颠覆意义的新媒介样式与传播模式，大众的消费方式由此发生重大变革，有人因此提出了"新消费主义"的概念。"新消费主义"认为，在媒介新变、受众新变的新媒介时代下，受众对具有视听震撼、奇观幻觉等艺术鉴赏功能的想象力消费有巨大的需求，在数字时代，这种虚拟性、架空式、超现实的想象力消费不可或缺。② "新消费主义"倾向于身体的直觉体验与美学感受，借助于数字技术实现产品与消费的升级，数字时代的微媒介成为联系身体想象与新消费主义的纽带，在加速并传播新消费主义观念的同时，自身也进入新消费主义的潮流中。③ 在数字化的今天，数字技术赋能放大了消费者的消费能力，也改变了中国居民的消费习惯，挖掘出了很多消费者的潜在需求，并且放大了这些需求，同时数字技术带来的视觉刺激也会催生出新的消费需求。另一些学者则认为，在互联网、大数据、增强现实（AR）等新媒介技术（如互联网技术与平台、电子物流、电子支付手段等）的赋能下，消费主义不仅仅只有视觉化方面的转向，消费文化也会出现大众理性追求品质、多元、个性消费的潮流。随着信息技术不断取得突破和互联网新媒介应用不断向日常生活的更深、更广领域延伸，消费领域新消费主义的内涵与外延将越来越丰富多元。④

与视觉化转向有关的还有注意力经济。注意力经济也称"眼球经济"，这个概念由美国学者迈克尔·戈德海伯在1997年撰写的文章《注意力购买者》中提出。注意力经济是最大限度地吸引消费者的眼球、博得关注，最终实现经济利益目的的一种商业行为。在这场眼球争夺战中，向消费者提供大量信息并不诱人，重要的是获取消费者的注意力，并将其转化为消费的动力，赢得商业利益。注意力、眼球和视觉不可分割，技术改变生活，也深刻地改变着用户的阅读习惯，如今人们看得越来越多，看得越多则越是

---

① 周宪. 视觉文化的转向 [M]. 北京：北京大学出版社，2008：11-12.
② 陈旭光，张明浩. 论电影"想象力消费"的意义、功能及其实现 [J]. 现代传播（中国传媒大学学报），2020，42（5）：93-98.
③ 潘天波. 微媒介与新消费主义：一种身体的想象 [J]. 现代传播（中国传媒大学学报），2019，41（7）：145-150.
④ 薛蕾，石磊. 新媒介与新消费主义的互动逻辑 [J]. 青年记者，2019（3）：27-28.

要看，越是要看就看得越来越快，注意力便成了稀缺资源。① 约翰·伯格曾说，"在历史上的任何社会形态中，都不曾有过如此集中的形象，如此强烈的视觉信息"②。随着时代的变迁，人们记录生活的方式一直在朝着"可视化"方向发展，技术带来的动态影像的传播则是对视觉文化的再次复兴。谁能够用充满吸引力的视觉产品抢夺用户的注意力，谁就能赢得商业利益，在资本的支撑和技术的加持下，注意力经济被催生出来。其中，媒介文化中的视觉化转向已经不再是一种单纯的文化力量，而是作为一种重要的资本力量参与市场经济。据《2019 中国网络视听发展研究报告》统计，截至 2018 年 12 月底，中国短视频用户规模为 6.48 亿人，网民使用率为 78.2%。学界认为，随着 5G 的发展和助力，短视频传播将成为视听时代最重要的表达方式，到 2021 年，全球约 78% 的移动数据流量来自视频。在注意力稀缺、生活节奏快的时代背景下，短视频受到用户的追捧是符合威尔伯·施拉姆的媒介选择或然率公式的，短视频中许多"猎奇""博眼球"的内容能快速地抓住受众的注意力，用户观看短视频既能轻松获取信息，又能从其自带的娱乐属性中享受片刻的感官欢愉，随时随地掏出手机便可以"逃离"现实的压力。短视频平台是数字时代的网络社交平台，用户可以通过其实现自由互动，从短视频中获得短暂的"陪伴式社交"和情绪上的放松与愉悦，从而稀释那些高压生活中的焦虑情绪。

网络媒介所呈现的纷繁的图像和影像不但为媒介用户带来了大量的信息和娱乐，带给人们视觉上的"震惊"体验，还深刻地影响着这个时代人们的审美价值观。有学者认为，视觉文化的一个当代发展趋势就是人们对外观极度关注，美学变得越来越重要，其当代意义越来越强调感性的、外观的和愉悦的特征，目力所及之处均要求呈现出外观美化的趋向，不论是身体还是空间，都追求一种外观视觉的精致与美化。③ 数字时代的媒介，通过传播影像将美学的元素渗透到人们对身体的想象和虚拟叙事空间的各个角落，媒介影像带来的诗意般的、直观的、愉悦的、舒适的美学体验在长期的身体感性或直觉的介入中逐渐形成一种新的习惯与审美价值观。④ 数字时代对美的追求，让人们获得了世界主体与对象外在形态的精致和美化，提升了人们的审美趣味。而对于生活世界与个人外观的美化和显现，究其根源是一种观念的变革，对美的追求和推崇说明媒介影像的传播促使数字时代的人们形成并越来越重视美化外观形态这一价值理念。⑤

媒介影像提供了身体审美样板。在数字时代日趋高超的图像技术的支撑下，大量复制的、虚拟的却又逼真完美的明星肖像，成为大众文化视觉图景中的重要内容，吸引着

---

① 周宪. 视觉文化的转向 [M]. 北京：北京大学出版社，2008：5 - 6.
② BERGER J. Ways of seeing [M]. London：Penguin，1973：135.
③ 周宪. 视觉文化的转向 [M]. 北京：北京大学出版社，2008：9 - 11.
④ 潘天波. 微媒介与新消费主义：一种身体的想象 [J]. 现代传播（中国传媒大学学报），2019，41（7）：145 - 150.
⑤ 周宪. 视觉文化的转向 [M]. 北京：北京大学出版社，2008：9 - 11.

无数人的目光。因此，大众偶像作为一种彰显时代审美和时尚特征的较完美身体形象的代表，被塑造成了身体偶像，其"标准的形象"成为身体审美样板，代表当代视觉文化的身体审美标准。外观美化使我们的文化衍生出关于外观视觉愉悦的价值观念，美是对精神和感官的刺激，体现在生活世界中就是格外在意对精神和感官产生一点刺激的事情。德国哲学家沃尔夫冈·韦尔施较早提出"日常生活审美化"的概念，认为表层的"审美化"正把我们的生活世界变为一个"体验的世界"，人们的视觉体验的欲望被空前地激发出来，追求不断变化的漂亮外观，强调新奇多变的视觉快感，新奇的东西被更新奇的东西取代，这种"审美化"以追求视觉快感为主旨，通过各种外在的视觉景观所提供的感性愉悦表现出来。①

只要"美"的审美价值观也带来了一些问题。数字技术带来了自媒体和社交网络的迅猛发展，在使信息呈爆炸式增长的同时，也改变了信息传播方式，碎片化的文字、片段化的图像和被肢解的情感，以文化和美学的面目出现，借助于移动通信终端，时时刻刻占据着青年人的空余时间。大众尤其是青年人，在碎片化的文化盛宴中获得感官刺激和物质欲望，失落了精神、信仰、理想，换来的仅仅是短暂的感官愉悦。这看似是文化的盛宴，实则是感官欲望的狂欢，"在表面的审美化中，一统天下的是最肤浅的审美价值；不计目的的快感、娱乐和享受"② 在满足感官欲望的同时形成的这种审美价值观是感官对现实的直观反映。娱乐文化解构了主流价值观，人们的精神世界变得匮乏，趣味变得低级，人们陷入价值虚无主义的危机，生命的意义和价值崩塌，价值观的树立及自我建构与认同变得混乱。面对这样的现状，媒介作为社会系统的重要子系统，应当承担起社会责任，传播健康、多元的审美价值观，引导人们关注生命价值、人生意义和精神世界。

二、网络社群兴起

不断进步的技术，提供了全新的媒体可供性；人们通过媒介交流的速度、交互性、可及性的日新月异，提供了全新的群体交流方式。20世纪90年代末，社交网站的出现为群组提供了另一种交流互动的平台，让原本处于社会底层的公众有能力迅速聚集起来，表达自己的诉求，甚至形成新的公民参与和社会运动模式。社交网络平台上的群组，可以通过互联网轻松找到拥有共同兴趣爱好的人，并建立起新的联系，南希·K.拜厄姆将这样的网络群组定义为"线上社区"。数字技术的发展使人们在社区中更密切地联系在一起成为可能，"网络社区"与"网络社群"这两个词经常被混用，一些研究者认为社区关系是相对松散的、随意的，而社群成员具有更强的趋同性与结合力，拜厄

---

① 迈克·费瑟斯通. 消费文化与后现代主义 [M]. 刘精明, 译. 南京：译林出版社, 2000：95-98.
② 沃尔夫冈·韦尔施. 重构美学 [M]. 陆扬, 张岩冰, 译. 上海：上海译文出版社, 2002：6.

姆采用"网络社群"这一定义去代表这种数字中介群组。① 数字时代的网络社群与之前的社群已经有了非常大的区别。有学者认为，网络社群是以互联网为媒介而进行网络互动所形成的具有共同目标和网络群体意识的相对稳定的人群②，另一些学者则将网络社群定义为由社会成员自愿集结而成的、独立于政府和其他主体的社会自组织形态③。网络社群可以被视作网络中的狭义的"群体"，是具有群体意识、群体归属感和一定的集体行动能力的利益、文化、生产等方面的"共同体"，往往有一定的利益导向。④

数字时代社会化网络在打破时空限制和传统结构制约的同时，也为社会大众的重新组合提供了契机，使网络社群发展成为"圈子"的可能性增加。随着强关系社交平台的发展，现实中的圈子也逐渐被复制到网络中，网络的圈子化成为不可阻挡的趋势。圈子是网络人群的一种重要关系模式，是通过情感、利益、兴趣等维系的具有特定关系模式的人群聚合。⑤ 越来越多的人通过社会化网络彼此互联，基于共同的兴趣、价值取向或特定目标而聚集成圈子，而这些圈子本质上就是一种社群。⑥ 圈子的关系模式特点体现为圈子成员构成的社会网络结构的特殊性。根据社会学学者的研究，圈子结构的群体中心性往往很强，关系强度高、存在权力地位的不平等、圈内圈外有别，同时也关注圈子中形成的规范甚至独特的文化。社会化网络在一定程度上使个体在关系圈子的构建与管理方面拥有了更多的自主性，为新的集体层面的圈子构建提供了可能，促进了亚文化圈子的形成。⑦ 圈子中的成员会以一个特定的身份标识穿梭于各个平台，这种基于相同属性或共同精神聚合而成的富有黏性的新型部落，在强化群体成员的文化认同和情感共鸣的同时，也演绎出独具一格的文化表征。⑧ 在数字时代，社会化网络使社会各个领域都在互联互通中实现了对接与合作，构建了利益相通、资源互补、资本交换的"共同进化"的网络，而媒介文化也在各种社会力量的共同参与和相互作用之中呈现出复杂的演化趋势。⑨ 数字技术使交流与沟通打破了原有的时空界限，超强的传播效应与社群本身超低的边际成本使得社群的拓展具备更大的经济价值。⑩ 近年来，关于网络社群经济的讨论和实践越来越多，网络社群广泛存在，但并非所有社群最终都能形成社群经济。在可发展社群经济的网络社群中，信息会更为集中，达成"经济"目标的动力充足。在

---

① 南希·K. 拜厄姆. 交往在云端：数字时代的人际关系：第 2 版 [M]. 董晨宇，唐悦哲，译. 北京：中国人民大学出版社，2020：74-77.
② 王琪. 网络社群：特征、构成要素及类型 [J]. 前沿，2011（1）：166-169.
③ 庞正，周恒. 场域抑或主体：网络社群的理论定位 [J]. 社会科学战线，2017（12）：184-191.
④ 彭兰. "液态""半液态""气态"：网络共同体的"三态" [J]. 国际新闻界，2020，42（10）：31-47.
⑤ 李智超，罗家德. 中国人的社会行为与关系网络特质：一个社会网的观点 [J]. 社会科学战线，2012（1）：159-164.
⑥ 蔡骐. 社会化网络时代的粉丝经济模式 [J]. 中国青年研究，2015（11）：4-11.
⑦ 彭兰. 网络的圈子化：关系，文化，技术维度下的类聚与群分 [J]. 编辑之友，2019（11）：5-12.
⑧ 蔡骐. 社会化网络时代的媒介文化变迁 [J]. 中国新闻年鉴，2016（1）：445-447.
⑨ 蔡骐. 社会化网络时代的媒介文化变迁 [J]. 中国新闻年鉴，2016（1）：445-447.
⑩ 胡泳，宋宇齐. 社群经济与粉丝经济 [J]. 中国图书评论，2015（11）：13-17.

社群经济的形成路径中，社群基础元素、社群互动效果、社群行动这几个层面的一些关键要素发挥着重要作用。①

媒介文化的变化中最为典型的就是一些亚文化从边缘到主流的蜕变。在传统研究视野中，亚文化通常被认为是一种反叛和背离主流文化的边缘文化，或者被视为"小众群体展现日常生活的'有意味的形式'"。从社会学角度看，亚文化群体是被主流社会贴上了某种标签的一群人，他们往往处在非主流的、从属的社会地位。亚文化既具有被主流社会划定的特征又具有群体自我认同的特征。当社会中的某一群体形成了一种区别于占主导地位的文化的特征，具有了其他一些群体所不具备的文化要素的生活方式时，这种群体文化便被称为"亚文化"。②

过去，由于受时空等多重因素限制，由受众生产的媒介内容只能在少数人群中小范围地流传。而到了数字时代，借助社会化网络，社会个体以不同方式开展连接、参与协作。技术赋权让网络社群能够突破时间、空间的界限，使那些原本囿于小众领地、处于非主流地位的媒介亚文化可以通过互联网迅速进入大众视野，甚至引领新的流行趋势。在社交媒体平台，信息内容的大规模生产和大规模共享成了现实，并且实现了无缝对接，那些活跃的亚文化参与者汇聚成了不容忽视的群体力量。亚文化在数字时代具备重要的价值，社会化网络驱动下的亚文化已不再是一种单纯的文化力量，而是作为一种重要的资本力量参与市场经济。从亚文化的商业化及产业化浪潮中我们可以看出，这一进程不仅推动了亚文化自身经济资本的增殖，也使得亚文化群体进一步进入大众视域并受到官方的重视。因此，商业化的趋势反过来又会推动亚文化的再标签化，二者循环往复，促使网络亚文化不断实现主流化的蜕变。当新技术打破传统壁垒时，人们便"被戏剧性地联系在一起"③。可以预见，随着数字时代社会化网络向现实社会的全面演进，这一连接的力量将继续渗透到经济、政治及日常生活的各个领域，亚文化的大规模连接、大规模参与和大规模协作，以及亚文化的商业化，会以惊人的力量改写媒介文化的景观与面貌，在数字时代构建出全新的社会文化景观。

三、数字交往出现

"媒介改变人际关系与行为，并因此改变了社会与文化"④，数字时代互联网和数字技术推动社会全面进入深度媒介化阶段，社交媒体广泛使用，各种网络社区与网络关系生成，数字媒介正在为现代社会的交往实践提供新的基础设施，这也意味着人们的信息传播

---

① 彭兰. 如何在网络社群中培育"社群经济"[J]. 江淮论坛, 2020（3）：123-129，144.
② 孟登迎. "亚文化"概念形成史浅析[J]. 外国文学, 2008（6）：93-102.
③ 克莱·舍基. 人人时代：无组织的组织力量[M]. 胡泳，沈满琳，译. 北京：中国人民大学出版社，2012：2.
④ 施蒂格·夏瓦. 文化与社会的媒介化[M]. 刘君，李鑫，漆俊邑，译. 上海：复旦大学出版社，2018：16.

与生产生活的绝大部分内容要在其间展开，形成新的社会关系和交往形式。① 不同的学者对被数字技术全面中介化的社会交往有不同的称呼，有学者称之为"数字实践"或"中介化社会交往"，也有学者形象地称之为"云交往"，本书将之称为"数字交往"。

数字媒介重新定义人们的社会关系和交往方式，数字交往正在成为当下最重要也最普遍的社交方式。一些学者将数字交往定义为虚拟社会中的交流行动，他们认为数字交往不仅搭载人类行为，而且能通过变换虚拟/实在边界来重置意识，这样的数字实践已经不再是单纯的信息流动，而是一种交流行动复合体。数字交往基于信息，可以仿真和替代行动，具有直接的实践性。同时，数字交往也处在社会情境之中，具有生态性。从宏观来看，它是一种虚拟社会条件下的人类基础行为；从微观来看，它是一次面向环境或面向自我的交流行动。② 另一些学者在此基础上展开了对数字交往的话语、环境、实现方式等的讨论，认为数字交往是在互联网及各种数字媒介形成的技术基础设施之上展开的交往，以数字符码作为交往话语，以数字设备构建交往环境，以数字方式实现交往体验，将人们的交往行为置于全新甚至奇幻的数字场景之中。交往的数字化正在重新定义人类交往与社会关系，也在不断拓展交往与关系。③

我们生活在一个万物互联的数字时代，数字媒介层出不穷，对于数字媒介的探讨，我们的重点绝不应该是这些媒介本身，而应该是它们具体的功能和影响。数字交往总是通过社交媒体平台实现，是社会交往在深度媒介化社会的必然表征。社交媒体平台从表面上看是信息分享的工具，但就其本质而言，则是社会交往的基础设施和实践逻辑。人类的交往行为具有工具性、空间性和社会性，数字媒介改变了这三种属性的表现方式，即交往的工具使用、空间场景和社会化过程都因数字媒介的应用而发生了改变。"云端"的交往以数字设施为平台，以数字场景为环境，而人的社会化过程也越来越多地在此过程中完成。数字交往主要在社交媒体平台上展开，无论是微信、QQ、微博还是推特、脸书，平台几乎可以承载个人所有的社交内容，如信息沟通、意见发布、关系建立、协商合作、商品交易等。数字媒介也提供了多种感情表达方式，从前社会情感交流主要通过面对面来实现，有了文字之后，书信也成为人们进行情感交流的一种方式，进入电子传播时代，电话成为人们交往的重要媒介，而现在人们则通过微博、微信等各种数字媒介进行社会交往，这些媒介也被称为社交媒体（social media）。通过社交媒体，人们使用表情符号、文字、标点符号和字母缩写表达情绪与感受，还会使用非正式语言营造一种谈话的氛围，还可以通过视频拍摄、实时视频通话来即时谈论自己的感受。每个进入社交平台和使用在线社交网络的个体被称为节点，可以说，"节点对节点"的交

---

① 王敏芝. 媒介化时代"云交往"的场景重构与伦理新困［J］. 暨南学报（哲学社会科学版），2021，43（9）：13－23.
② 杜骏飞. 数字交往论（1）：一种面向未来的传播学［J］. 新闻界，2021（12）：79－87，94.
③ 王敏芝. 媒介化时代"云交往"的场景重构与伦理新困［J］. 暨南学报（哲学社会科学版），2021，43（9）：13－23.

往方式是数字交往与传统交往方式的最大区别。人们通过各种社交媒体实现错综复杂的关联，在数字平台上聚合，数字交往不断延伸、替代和融合人们的社交行为，人们的交往从"面对面"互动模式变为"节点对节点"或"终端对终端"模式，交往的场景全面交织融合，形成全新的复合重组（remixing）的交往空间。

数字时代的本质之一，是人、信息、媒介与社会的"脱域融合"，数字社会被视为一种"脱域融合"的媒介化社会。① "脱域"（disembedding）一词由安东尼·吉登斯提出，指"社会关系从彼此互动的地域性关联中，从通过对不确定的时间的无限穿越而被重构的关联中'脱离出来'"②。吉登斯认为，"脱域"是由时空分离引起的，它意味着社会关系得以超越地域关系和地方性维度，以跨越时间-空间的方式得以重组。③ 在数字交往中，兴趣相投或其他因素代替了地理位置上的接近，通过互联网，人们可以遇到和自己志同道合的人。数字媒介颠覆了"每个身体中都包含一个自我"的观念，把自我和身体截然分开，造就了一种仅仅存在于行动和语言中的无实体身份（disembodied identities）。数字交往让我们的身份、关系和实践的真实性成为新问题，人们开始重新思考什么是自我的本质，自我和身体的界限又在哪里。"数字交往在精神层面上需要一个锚定——那只能是人及其意识中的自我。"④ 一些学者提出，数字交往中的自我是一种"交往的具身"，肉身这种缺失的部分被媒介填满，被技术强化，被交往关系"创建"和"发明"。欧文·戈夫曼等身份研究者曾提出，自我在日常生活中扮演着多重角色。在数字交往情境中，我们也需要扮演适合情境的不同角色。因此，数字交往中的自我也具有多重性，无论是在感知、身份、行动还是交往的意义上，都具有身份多重性，并且这种多重性通过互联网得到了增强。⑤ 在数字空间，人们可以创设多重交往身份，塑造多重自我，这无疑极大地释放了个体的潜能。研究表明，数字社交媒体特别适于发展"弱关系"和建立偶然关系，这些媒介使用"促使具有不同社会特征的人群相互连接，因而扩张了社会交往，超出自我认知的社会界定之边界"⑥。

---

① 杜骏飞. 数字交往论（1）：一种面向未来的传播学［J］. 新闻界，2021（12）：79-87，94.
② 安东尼·吉登斯. 现代性的后果［M］. 田禾，译. 南京：译林出版社，2000：18.
③ 安东尼·吉登斯. 现代性与自我认同：现代晚期的自我与社会［M］. 赵旭东，方文，译. 北京：生活·读书·新知三联书店，1998：19.
④ 杜骏飞. 数字交往论（2）：元宇宙，分身与认识论［J］. 新闻界，2022（1）：68.
⑤ 杜骏飞. 数字交往论（2）：元宇宙，分身与认识论［J］. 新闻界，2022（1）：64-75.
⑥ 曼纽尔·卡斯特. 网络社会的崛起［M］. 夏铸九，王志弘，等译. 北京：社会科学文献出版社，2001：445.

第四节 媒介技术的未来面向

一、用"后视镜"看未来

对技术和媒介进行讨论,我们一定绕不开马歇尔·麦克卢汉。作为媒介环境学的开山鼻祖,麦克卢汉认为,理解历史是理解未来和技术冲击力的基本条件,他常用"后视镜"的比喻,"我们盯着后视镜看现在,倒退着走向未来",只有被新环境取代时,我们才能更加清晰地理解老环境,我们才能借以确定过去的什么遗产会走到我们前面。世界上总会冒出一些新鲜的媒介技术,让现在的人们感到神奇非凡,进而厌倦他们手里的科技产品。技术就是这样,不断追逐更新鲜、更快速、更智能、能在更大程度上满足人类的需求。麦克卢汉立足身体的生物特性对媒介发展趋势做出了总结和展望,他指出"在机械时代,我们完成了身体的空间延伸。今天,经过一个世纪的电力技术(electric technology)发展以后,我们的中枢神经系统又得到了延伸,以至于能拥抱全球。……我们正在迅速逼近人类延伸的最后一个阶段——从技术上模拟意识的阶段。"① 这便是著名的媒介发展三段论。他认为,媒介将逐步经历肢体延伸、中枢神经系统延伸和意识延伸三个阶段。媒介发展三段论揭示了媒介演化的一条基本规律:媒介发展遵循从延伸单一感官到延伸多种感官、由简单到复杂、由低级到高级的趋势。

如今,我们已经处在数字时代,我们能够真切地感受到数字媒介技术对社会的改变、对个人感知的重塑及对生活习性的改变。虽然不能准确判定媒介技术下一步发展的具体表征和带来的社会影响,也不能确定下一个时代具体的名称,但我们可以预测或大胆想象,未来媒介技术会高度延伸人的中枢神经系统,使人成为感知完整的有机体,并且这种感知会变得无比高效、迅速和真实,人们卷入整个社会过程的深度也变得前所未有。

二、人与技术的互嵌

一些学者认为,进入21世纪的第二个十年后,移动互联、可穿戴设备、全息影像、VR、AR等新兴技术崛起,使人们浸润在由技术环境包裹起来的日常生活中。② 技术与人的关系又一次升级,技术不再仅仅是存在于身体之外的被人们使用的工具,移动网

---

① 马歇尔·麦克卢汉. 理解媒介:论人的延伸[M]. 增订评注本. 何道宽,译. 南京:译林出版社,2011:4.
② 曹钺,骆正林,王飔濛. "身体在场":沉浸传播时代的技术与感官之思[J]. 新闻界,2018(7):17-24.

络、VR、人工智能这些数字技术的发展制造了人与技术的互嵌。① 关于人与技术关系的研究，正由身体技术转向技术身体，研究者们提出了一系列意象来说明人与技术的互嵌状态，如"机器态身体"②、虚拟身体、智能身体、想象身体、身体在场及沉浸式传播。

目前，人与技术的关系发展大致分为四个阶段：第一个阶段，计算机作为身体中介（1993—2006年）。第二个阶段，人机相触（2007—2009年）。第三个阶段，人机交互（2010—2014年），这一阶段主要研究如何使机器人具有感知和识别复杂人类社会行为的能力，进而能够使用相似的交流模式表现自己的行为、身体在技术发展中的作用、人机交互带来的身体变化，以及技术对身体认知的改变。第四个阶段，人机互嵌（2015年至今），在这一阶段技术越来越透明化，越来越深地嵌入人类的身体，越来越全方位地融入人们的身体经验与日常生活，同时，人类作为主体的感知、行动都被技术深度学习。③ 身体是一种重要的情感表达媒介，在人机互嵌之前，复杂的计算仪器已经能够识别、处理和存储相关交互信号，对环境变化表现出适当的自主反应，但还未能展开情感上的互动。④ 如今，全息影像、VR、AR、可穿戴设备等虚拟性技术正在蓬勃发展，在数字技术的推动下，身体成为现实世界和虚拟世界之间的交流接口。通过人机互嵌，具有社交互动能力的机器人能够与人类进行情感上的互动，对人类的情感状态做出回应，甚至超越人类。⑤ 人机互嵌是一个动态、持续、恒在的对话过程，在沉浸式传播环境下，人本身成了一种媒介，时间和空间的局限被超越，虚拟与现实两个世界的界限被消弭，"时刻在线"成为一种常态，身体与技术、感官与媒介的互嵌将恒久地持续下去，并最终被"自然化"。媒介技术不再是外在工具，而是成为这个时代的空气与水，成为环境。

要理解人与技术的互嵌，我们必须理解"具身"这一概念。技术正在不断侵入身体世界，正在持续地塑造新型身体。麦克卢汉的媒介发展三段论认为，媒介将逐步经历肢体延伸、中枢神经系统延伸和意识延伸三个阶段，保罗·莱文森也在其著作中提出了一个媒介进化的人性化趋势模式，并指出媒介进化的一种趋势为"依托肉身—脱离肉身—回归肉身"。⑥ 学者们提出的观点正如唐·伊德所言："机器是按照具身的方向完善的，根据人的知觉和行为来塑造的。"⑦ 媒介技术既会超越面对面传播的生物局限性，又会回到面对面高效、真实的传播环境中。"国内一些研究者认为，"具身"可以理解

---

① 孙玮. 赛博人：后人类时代的媒介融合[J]. 新闻记者, 2018 (6): 4-114.
② 克里斯·希林. 身体与社会理论：第2版[M]. 李康, 译. 北京：北京大学出版社, 2010: 35.
③ 孙玮. 交流者的身体：传播与在场——意识主体，身体-主体，智能主体的演变[J]. 国际新闻界, 2018, 40 (12): 83-103.
④ 刘国强, 韩璐. 从身体中介到人机互嵌：技术演进与身体传播研究的变迁[J]. 当代传播, 2020 (2): 6.
⑤ RUBIK B, JABS H. Artificial intelligence and the human biofield: new opportunities and challenges [J]. Cosmos and History: The Journal of Natural and Social Philosophy, 2018, 14 (1): 153-162.
⑥ 保罗·莱文森. 人类历程回放：媒介进化论[M]. 邬建中, 译. 重庆：西南大学出版社, 2017: 6.
⑦ 唐·伊德. 技术与生活世界：从伊甸园到尘世[M]. 韩连庆, 译. 北京：北京大学出版社, 2012: 80.

为人在某一活动中达到的一种与周围环境相融的物我合一，人的身、心、物及环境无分别地、自然而然地融为一体，以致力该活动的操持。"具身"所要达到的是一种互嵌状态，既是我们的身体向周围世界的"外化"，也是周围世界向我们身体的"内化"，它总是与我们的身体相关并最终体现在我们身上。①

所谓"技术具身"，从某种意义上说是对上述物我两忘境界的强化，意味着技术已经全方位融入我们的身体经验，它不能被理解为外在于身体的工具。全方位意味着这种渗透时时刻刻体现在日常生活的身体经验中，是对于人类时空的全面嵌入。② 计算机以人的身体为基础，通过各种方式培养和转化人的"具身能力"，对人工智能机器人的研究也一直没有脱离身体和大脑，身体在技术上铭刻了人的属性，技术也将其独特的结构和逻辑镌刻在身体的感知、行动上。当今技术已经发展到可以高度模拟人体，甚至能复制和克隆部分身体组织和器官，但身体的神圣性不能被低估，身体不是可以抛弃的载体，在一定的意义上，身体是我们正在回归的故乡。③

三、人工智能的未来发展

人工智能是数字时代非常具有代表性的一种技术。在 1956 年的一次学术会议上，约翰·麦卡锡（John McCarthy）提出了一个在人工智能历史上具有重大影响的概念——"人工智能"，这是"人工智能"这个词第一次现世。人工智能（artificial intelligence），英文缩写为 AI，对于其定义，学界还没有形成一个统一概念。国外一些学者提出"如何创造出一些计算机程序或者机器，让它们能够做出一些如若被人类实施则会被我们视为智能的行为"④，"人工智能是对计算机系统如何能够履行那些只有依靠人类智慧才能完成的任务的理论研究"⑤。国内研究者认为，人工智能是研究、开发用于模拟、延伸和扩展人类智能的理论、方法、技术及应用系统的一门综合性的新学科。⑥ 人工智能的实质是"赋予机器人类智能"，通过数字技术赋予机器感知和模拟人类思维的能力，在某方面使机器具备相当于人类的智能甚至超越人类的智能，是对人类智能及其生理构造的模拟。⑦

对人工智能技术的研究源于 20 世纪四五十年代，人工智能技术发展的第一次浪潮

---

① 芮必峰，孙爽. 从离身到具身：媒介技术的生存论转向 [J]. 国际新闻界，2020，42（5）：7-17.
② 孙玮. 交流者的身体：传播与在场——意识主体，身体-主体，智能主体的演变 [J]. 国际新闻界，2018，40（12）：83-103.
③ 约翰·杜翰姆·彼得斯. 对空言说：传播的观念史 [M]. 邓建国，译. 上海：上海译文出版社，2017.
④ 杰瑞·卡普兰. 人人都应该知道的人工智能 [M]. 汪婕舒，译. 杭州：浙江人民出版社，2018：2.
⑤ 科技之家. 德勤报告：从零开始认识人工智能 [EB/OL]. (2016-01-19)[2022-05-24]. http://www.sohu.com/a/55384725_178741.
⑥ 张耀铭，张路曦. 人工智能：人类命运的天使抑或魔鬼——兼论新技术与青年发展 [J]. 中国青年社会科学院学报，2019（1）：1-23.
⑦ 张鑫，王明辉. 中国人工智能发展态势及其促进策略 [J]. 改革，2019（9）：31-44.

出现在这一时期；1956—1973年，人工智能技术获得了长足的发展；1974—1980年，人工智能技术发展遭遇第一次寒冬；20世纪80年代初期，人工智能技术发展的第二波浪潮出现；1987年，人工智能技术遭遇其发展史上的第二次寒冬。人工智能技术发展的第三次浪潮产生于21世纪初期，并延续至今，当前人工智能技术发展处于本轮浪潮的巅峰。第三次浪潮的兴起归功于数字技术——数据、算力和算法的发展与飞跃。有些学者认为，这可以具体分为三个方面：一是移动互联网普及带来的大数据爆发；二是云计算技术应用带来的计算能力飞跃和计算成本持续下降；三是机器学习在互联网领域的应用推广。①

人工智能正在改变甚至颠覆我们的生活、工作和互相关联的方式，重塑工厂、各类组织机构，以及教育、医疗、运输等体系，给予人类用之不竭的技术帮助和巨大的经济福利。党的十九大报告也提出，要推动互联网、大数据、人工智能和实体经济深度融合，培育新增长点，形成新动能。毫无疑义，人工智能已经成为当前的最大热点和前沿技术之一，各国政府高度重视，纷纷制定本国发展战略，参与国际竞争。在人工智能、物联网、VR、AR等数字新技术的推动下，媒体也将出现智能化趋向。万物皆媒、人机共生、自我进化、智能技术与媒体的结合，将改变新闻的生产，产生个性化新闻、机器新闻写作、传感器新闻、临场化新闻、分布式新闻等新闻生产新模式。未来的传媒业生态也将在用户系统、新闻生产系统、新闻分发系统、信息终端等方面实现无边界重构。②

四、人与媒介技术的关系

人与媒介的关系、与技术的关系既是技术本身演进的体现，也是人与技术相互作用的结果。我们必须承认，在一定意义上，技术对于媒介本身的发展、对于人的发展、对于社会的发展不只是加速和推进的力量，更是一种重要的牵引力量。但媒介技术不是一切，它必须由其使用主体指令、掌控，也就是说，抉择的权力在主体，即人的身上。普罗泰戈拉说，人是万物的尺度。人亦是技术的尺度，人无法摆脱主体性意识，我们只能站在人类主体的角度去思考技术的性质。③现阶段，我们不能过分夸大媒介技术的力量，因为作为"现实的人"，我们目前被技术带入"沉浸人"身份中，虚拟世界无法消弭现实世界，只要摘掉设备、放下手机，人们就能立刻回归现实，一切数字的智能的体验都会消失。保罗·莱文森曾提出著名的补偿性媒介理论，即任何一种后继媒介都是对过去某一种先天不足的媒介功能的补救和补偿。这种补偿和补救的初衷是为了更好地服

---

① 张鑫，王明辉.中国人工智能发展态势及其促进策略[J].改革，2019（9）：31-44.
② 彭兰.智媒化：未来媒体浪潮——新媒体发展趋势报告（2016）[J].国际新闻界，2016，38（11）：6-24.
③ 恩斯特·卡西尔.人论[M].甘阳，译.上海：上海译文出版社，2004：248.

务人类，满足人类的生存和发展需求。因此，只要时刻铭记并维护人的主体性地位，让人来把控媒介技术的使用方向、使用深度、使用意义，以人的认识和实践行动及其结果建构信息模具、信息与思想的物流方式，发挥人的适应性、创造性和影响力，把控与衡量媒介技术，它便能在正确的轨道中运行下去。①

卡罗琳·马尔温在一项考察19世纪大众科学杂志的研究中发现，在人类历史中，电、电报、电话这些新技术的出现会将人们熟悉的事物陌生化，因此也更容易带来改变，这种改变又会造成人们的焦虑。在古代社会，人们曾为书写的出现担忧；在维多利亚时代，人们害怕电；自然，现今我们的"焦虑不仅针对电脑，还针对更广泛意义上的技术"。在数字时代，技术与身体的交互呈现出"双向驯化"的性质，技术可以在一定程度上形塑人的感官、习惯和思维；人也同样可以能动地塑造技术，让技术变得趋于人性化。这种双向的"驯化"既是一种角力和博弈，又是一种对话与协作。未来，我们要不断发展、依靠技术，甚至生存在技术环境之中，我们必须要警惕技术体系在生成趋势中不以人的意志为转移的一面。②

2016年，谷歌旗下的人工智能公司DeepMind开发的人工智能机器人AlphaGo击败人类职业围棋世界冠军李世石，让人们对技术的未来发展产生担忧。《第二次机器革命》的合著者埃里克·布莱恩约弗森也曾指出："人工智能正在创造巨大的财富，但是面对这样的馈赠，我们却没有可以共享的经济法则。"③人类命运共同体面临的最大挑战是在驾驭这些新技术并创造共同繁荣的同时，做到"道在魔先"，在潘多拉魔盒打开之前先要有制服之道，人机关系未来的走向被掌握在人类自己手中。人们不仅需要警惕对数字技术的迷信和误用，更需要警惕自身出于某些利益因素对数据、算法、机器等的裹挟与滥用，在未来人机博弈的传媒业，虽然还有不确定性，但有一点是可以确定的，我们需要更好地提高自己驾驭机器的能力，否则，或许有一天，我们会被机器驾驭。④

互联网和数字技术经过近二十年的发展，逐渐从身体之外新奇摩登的工具对象变成了如空气和水一样不可或缺的环境存在，已经进入人类的潜意识。人与媒介，总是处在一种作用与反作用的"交互生成"的关系之中：技术应当是为人服务的，而人又是受制于技术的，人通过使用媒介而使媒介成为"媒介"，媒介则通过被人使用而使人成为"人"，人与媒介各自本质的获取，是双方彼此赋予的结果，人与技术只有在关系之中才具有意义。⑤利用技术发现和弥补人的能力局限，利用人的力量来纠正机器的偏狭与

---

① 鲍海波. 媒介文化视域下的技术逻辑审视 [J]. 陕西师范大学学报（哲学社会科学版），2018，47（2）：151-156.
② 芮必峰，孙爽. 从离身到具身：媒介技术的生存论转向 [J]. 国际新闻界，2020，42（5）：7-17.
③ 转引自张耀铭，张路曦. 人工智能：人类命运的天使抑或魔鬼——兼论新技术与青年发展 [J]. 中国青年社会科学，2019（1）：22.
④ 彭兰. 机器与算法的流行时代，人该怎么办 [J]. 新闻与写作，2016（12）：25-28.
⑤ 芮必峰，孙爽. 从离身到具身：媒介技术的生存论转向 [J]. 国际新闻界，2020，42（5）：7-17.

误区，这是人机关系的要义。

在发明第一代传播技术数千年后，我们仍然致力借助于技术来克服人类机能的弱点，以获得有意义的人机关系，保持我们自身的真实性，实现更好的生存与生活。这一路上有歧途，有错乱，有灾难，也有欣喜。回过头来我们将会发现，数字技术既没有拯救我们，也没有毁掉我们，不过，它们正在以不胜枚举的方式，改变着我们和自己、和他人、和社会、和世界的连接方式。不论学者们抱以乐观还是悲观的态度，媒介技术都将以一种更深入、更沉浸、更智能、更数字化的方式发展下去，而在媒介技术与人的关系上，人们只有保持对现实世界的洞察力和判断力，充分发挥自身的主体性，才能更好地实现人机共进共生。对于人机关系，也许我们应该学习拜厄姆的态度："这一路上，风雨交加、喜忧参半，但人类在生生不息的前进过程中却仍然努力保持乐观，并仍然会向彼此敞开怀抱。"①

【思考题】

1. 数字技术革命给社会带来了什么？
2. 如何理解曼纽尔·卡斯特所说的"我们的媒介是我们的隐喻，我们的隐喻创造了我们的文化内容"？
3. 为什么说人与技术只有在关系之中才具有意义？

【推荐阅读书目】

1. 唐·伊德. 技术与生活世界：从伊甸园到尘世［M］. 韩连庆，译. 北京：北京大学出版社，2012.
2. 曼纽尔·卡斯特. 网络社会的崛起［M］. 夏铸九，王志弘，等译. 北京：社会科学文献出版社，2006.
3. 胡泳. 数字位移：重新思考数字化［M］. 北京：中国人民大学出版社，2020.

---

① 南希·K. 拜厄姆. 交往在云端：数字时代的人际关系［M］. 董晨宇，唐悦哲，译. 北京：中国人民大学出版社，2020：144-150.

第三讲

社交媒体与数字交往

媒介技术的发展直接推动着人类交往实践的变革。人类的社会属性决定了人类有交往的内在需求，作为社会产物的媒介，也因人类的交往需求而产生。从面对面的"对酒当歌""兰亭雅集"，到基于媒介的"飞鸽传书""邮驿传信"，再到基于互联网的各类社交平台，无不体现着人类对交往的渴求。从古时的面对面交谈到晚近的信件往来、电话沟通，再到今天音视频聊天等各种交流方式的出现，人类交往的方式、渠道、规模与速度，都发生了巨大的变化。数字技术构建了更加多元的社会关系，拓展了更加广阔的行动空间，社交媒体成为人们进行数字交往的基础设施，以数字技术为依托的"云交往"成为我们日常生活中主要而普遍的交往方式。

第一节　云端交往：媒介与社会交往的协同演进

随着媒介嵌入社会交往，人类社会经历了无中介的面对面现实交往、中介化虚拟交往两个基本阶段之后，正在迎来深度媒介化时代的数字交往。媒介嵌入人类的社会交往为拓展社交范围、丰富社交形态、建构社交机制提供了全新的可能。媒介与人类的社会交往始终处于协同演进的互动互构中。人类的社会交往可以分为三个阶段：第一，以地域为主导的无中介面对面现实交往阶段；第二，以各类现代与非现代媒介为纽带的中介化虚拟交往阶段；第三，人类即将迎来的深度媒介化时代的数字交往阶段。

▶▶ 一、无中介的现实交往

无中介的面对面现实交往是人类交往的原型，也是人类与生俱来的交往形态。在此形态下，人类的社会交往主要以个人的生活半径为范围，在身体所能触及的范围内进行具身交往，因而首先是一种基于地缘关系的交往，最典型的就是邻里交往。同时，无中介的现实交往还在地缘的基础上形成了以血缘关系和趣缘关系为纽带的交往类型，它们成为地缘性社会交往的有效补充，前者诸如亲属交往，后者则有"文人雅集"。此外，还包括陌生人的面对面交往。但它们基本上都是以地缘为基础的，若脱离了地缘的因素，则面对面具身交往无法实现。

由此，地缘、血缘和趣缘成为重要的交往纽带，其中基于地理空间位置的地缘处于主导地位，而以地理空间位置为基础的身体在场构成了无中介的现实交往情境。面对面的身体在场交往不但能利用语言进行交流和表达，还能利用丰富的非语言因素进行交往，因而面对面的身体在场交往尽管范围有限但其调动的元素更为丰富，能形成全方位互动，是互动性最强的交往形态。

二、中介化的虚拟交往

随着媒介嵌入人类社会交往,以地缘为核心纽带的无中介现实交往逐渐被以各类媒介为中介的虚拟交往取代。从媒介演进样态来看,包括远程交往、想象交往和虚拟交往等。

在前互联网时代,突破地理空间限制的交往包括飞鸽传书、邮驿传信等远程交往,但也造成了交往在时间上的迟滞。而以大众媒介为中介形成的"想象的交往",正是在这一时期使"想象的共同体"和"公众"之间的精神交往成为可能,但公众之间更多的是一种基于媒介的精神和情感连接。互联网的诞生具有划时代的意义,它重构了人类信息传播方式,也重构了人类社会的交往形态。任何人只要通过终端接入互联网平台就可以实现与身处异国他乡的人进行交流和沟通,大大压缩了交往的时间和空间,让世界成为"地球村"。

基于互联网技术的虚拟交往成为这一时期人类交往的主导形态,这种虚拟交往主要是指人类以计算机网络为中介,以数字化语言符号为载体的交往方式,具有交往主体的虚拟性、交往客体的虚拟性、交往载体的虚拟性和交往时空的虚拟性等特点。[①] 在虚拟交往中,交往对象没有被主体直接观察,主体所直接观察的只是交往对象所制造的文字、声音和图像等中介物。[②] 这是互联网发展初期的交往样态。

三、媒介化的"云交往"

"云交往",是互联网深度推进下的新一代交往形态。人类在数字化生存中形成的全新的"云交往"样态基于各种数字媒介技术展开,因而也是被全面数字化了的社会交往。"云交往"以数字符码作为交往话语,以数字设备构建交往环境,以数字方式实现交往体验,能够将人们的交往行为置于全新甚至奇幻的数字场景之中。[③] 人们首先且持续地"交往在云端"[④],更加着力地经营自己的数字关系和数字人生,也前所未有地实现着自己全新的交往体验。

随着媒介嵌入社会的影响逐渐加深,不仅媒介化社会逐渐成为现实,而且人类正在迎来其发展的第二个阶段——安德烈亚斯·赫普所谓的"深度媒介化"阶段。该概念

---

① 丁祯耿. 论虚拟交往 [J]. 重庆社会科学, 2005 (3): 37 – 39.
② 刘永谋. 论虚拟交往的结构与功能 [J]. 长春工业大学学报 (社会科学版), 2006 (3): 12 – 14.
③ 王敏芝. 媒介化时代"云交往"的场景重构与伦理新困 [J]. 暨南学报 (哲学社会科学版), 2021 (9): 13 – 23.
④ 南希·K. 拜厄姆. 交往在云端: 数字时代的人际关系 [M]. 董晨宇, 唐悦哲, 译. 北京: 中国人民大学出版社, 2020: 7.

旨在探究数字媒介及其基础设施建构的社会过程，以及它们自身被重构的过程。[1] 目前整个社会开始从媒介化阶段转向深度媒介化阶段。这一时期的主导媒介形态就是元宇宙。作为一种人类进行全面数字化迁移的生产、生活、生存的载体，元宇宙成为具有超越性力量的新型媒介[2]，现实社交关系链将在元宇宙这一数字世界中发生转移和重组。[3]

2021 年 10 月 28 日，脸书创始人马克·扎克伯格发表《创始人的信：2021》(*Founder's Letter 2021*) 阐述了他对下一代计算平台的畅想，认为其会让人有身临其境之感，是一个"具体化的互联网，你置身于体验之中，而不仅仅是看着它。我们称之为元宇宙，它将触及我们所创造的每一款产品"。元宇宙概念由此诞生并迅速引发学界和业界的广泛关注。

元宇宙既是当前媒介化社会向"深度媒介化"阶段发展的产物，也是推进全方位深度媒介化的重要动力机制，其终极形态将是实现物理世界、虚拟世界和人类社会的高度融合，进而重构人类社会的物质生态、社会生态和精神生态，因而将成为未来人类生产状况的最新症候。[4] 它也必然重构人类社会的交往生态。马克思认为，人是一切社会关系的总和，元宇宙所构建的虚拟-现实混合同步的全新环境，必然产生全新的社会交往主体和交往关系。就前者而言，意味着交往主体不再只局限于人类肉身，而是拓展到各种非人物体或环境。就后者而言，则衍生出全新的现实关系、虚拟关系和虚拟-现实混合关系。

因此，元宇宙中的人类社会交往就是现实社会交往关系和虚拟社会交往关系的总和。人成为连接现实社会和元宇宙数字文明的全新界面和核心媒介，既生存于两种同步在线的时空与文明中，又能随时抽离出来，由此构建全新的人类社会交往生态。元宇宙的搭建意味着人类文明的全新转向及新的人类文明生态的生成。身处其中的人的社会交往关系能够实现多重叠加与融合，既包括现实社会中的交往关系，也包括各种虚拟社会交往关系，还包括虚拟-现实混合的社会交往关系。元宇宙与现实世界的联动、融合与无缝切换，让其成为突破现实世界与虚拟世界二元对立的重要界面。在此意义上，人类的生存和社会交往将会呈现从"交往在云端"到"生活在元宇宙"的转向。元宇宙时期的社会交往生态更为丰富，社会交往关系也更为复杂。

---

[1] 常江，何仁亿. 安德烈亚斯·赫普：我们生活在"万物媒介化"的时代——媒介化理论的内涵、方法与前景[J]. 新闻界，2020 (6)：4-11.
[2] 胡泳，刘纯懿."元宇宙社会"：话语之外的内在潜能与变革影响[J]. 南京社会科学，2022 (1)：106-116.
[3] 谭天. 用户·算法·元宇宙：互联网的三次传播革命[J]. 新闻爱好者，2022 (1)：22-25.
[4] 沈湘平. 元宇宙：人类存在状况的最新征候[J]. 阅江学刊，2022 (1)：44-52，172.

第二节 社交媒体：社会交往的新型基础设施

在深度媒介化时代，社交媒介已经成为社会交往得以实现的新型基础设施，这意味着绝大多数社交实践都必须在其之上展开，这种基础设施的数字属性是其最大的特性，其公共性价值应成为未来发展根本的价值遵循。

一、从莎草纸到互联网：什么是社交媒体

为什么会有社交媒体？在《社交媒体简史：从莎草纸到互联网》中，汤姆·斯丹迪奇认为由于人类具有天生的分享欲，和别人建立关系、交流信息基本上是人类的一种本能，再加之媒介技术的发展，他们对创造一个共有的社交环境趋之若鹜，在古罗马时期，蜡板和莎草纸就是他们的社交媒体。他也明确提出"互联网绝非第一种维系此种社交媒体环境的技术，它不过是人类发现的最新、最有效的办法，用来满足他们自史前就有的渴望"[1]。因此，社交媒体古已有之，它只是基于技术的发展不断以新的形态出现并以其新特性作用于人类的社交。

但是，互联网时代的社交媒体拥有特定的技术内涵。从前 Web 时代到 Web 1.0 时代再到 Web 2.0 时代，分别产生了三种子网络：终端网络、内容网络和关系网络。Web 2.0 时代最显著的特征就是人的连接，个体成了互联网的基本单元，通过"连接"和"分享"与其他个体产生关系，从而形成一个庞杂的关系网络，社交媒体也因此而兴盛。[2] 从时间脉络来看，"社交媒体"在成为"社交媒体"之前，还有着别的名称或表现形态。比如美国学者达娜·M.博伊德和妮科尔·B.埃里森对社交网站（SNS）的定义和历史发展进行研究时，明确将社交网站定义为"基于 Web 的服务，允许个人构建一个有界系统内公开或半公开的概要文件，列出与他们共享连接的其他用户的列表，查看并遍历他们的连接列表以及系统内其他人所建立的连接列表"[3]。2011 年，我国业界也出现了"社会化媒体"这一说法，将其定义为一种给予用户极大参与空间的新型在线媒体，是人们彼此之间用来分享信息、意见、见解、经验和观点的工具与平台，是社会化的沟通方式。[4] 而现如今，"社交媒体"一词能够涵盖当下所有带有社交属性的

---

[1] 汤姆·斯丹迪奇. 社交媒体简史：从莎草纸到互联网 [M]. 林华，译. 北京：中信出版社，2015：9.
[2] 彭兰. "连接"的演进：互联网进化的基本逻辑 [J]. 国际新闻界，2013，35（12）：6-19.
[3] BOYD D M, ELLISON N B. Social network sites: definition, history, and scholarship [J]. Journal of Computer-Mediated Communication, 2007, 13 (1): 211.
[4] 王明会，丁焰，白良. 社会化媒体发展现状及其趋势分析 [J]. 信息通信技术，2011，5（5）：5-10.

媒介。所以，从技术层面看，社交媒体可以被看作 Web 2.0 时代的新形态。

社交媒体在我国经过十多年的发展，已经形成平台型、社群型、工具型和泛在型四种网络社交模式，构成了错综复杂的社交网络生态。"平台型"是通过某一空间或场所的资源聚合和关系转换为传媒经济提供意义服务，从而实现传媒产业价值的一种媒介组织形态；"社群型"是基于社交网络建立的新关系群体；"工具型"则是运用社交思维做出的一种工具产品，如滴滴出行等；"泛在型"指的是将具有社交属性的内容和服务嵌入各种形态的媒体，如当下的网络直播就可以被归入"泛在型"的范畴。① 由此可见，社交媒体的核心特征在于其具有的社交属性和意义共享。换句话说，社交媒体作为一种新的网络生存方式，主要以节点的方式产生关系性连接，是一个交互式的意义共享平台。社交媒体的一大特点在于符号意义交换的共时间性与共空间性，无论在何时何地，谁都可以在同一个网络空间分享自己所获得的信息，更重要的是，它是人际关系交往模式在网络空间中的拓展。② 所以，从符号学意义层面看，社交媒体是一种交互式的意义共享平台。

美国学者凯莱布·T. 卡尔和丽贝卡·A. 海斯在对初期的几个社交媒体的定义进行分析后，提出了一个新的社交媒体定义：它是演绎的、描述性的、强有力的，无论是今天的社交媒体还是 2035 年的社交媒体，无论它们采取什么形式，即社交媒体是基于互联网的、无中心的、持久的大众个人传播渠道，允许用户与广泛和狭窄的受众进行机会性互动和选择性自我呈现，无论是实时还是异步，这些受众从用户生成的内容和与他人互动的感知中获取价值。③ "基于互联网的"，可以理解为社交媒体是依托互联网系统基础设施运行的在线工具；无中心的、持久的通道，可以理解成社交媒体为传播者提供了无中心、异步的传播工具④；用户创造的价值，指的是使用社交媒体的价值（收益或享受）来源于用户的贡献或与其他用户的互动，而不是承载媒体的组织或个人产生的内容⑤；大众个人传播，是指大众传播渠道用于人际传播，人际传播渠道用于大众传播，以及个人同时参与大众传播和人际传播的情况。⑥

---

① 谭天，张子俊. 我国社交媒体的现状、发展与趋势 [J]. 编辑之友，2017（1）：20-25.
② 赵星植. 论社交媒体的符号构成及其功能 [J]. 编辑之友，2014（12）：56-60.
③ CARR C T, HAYES R A. Social media: defining, developing, and divining [J]. Atlantic Journal of Communication, 2015, 23（1）: 46-65.
④ CARR C T, HAYES R A. Social media: defining, developing, and divining [J]. Atlantic Journal of Communication, 2015, 23（1）: 46-65.
⑤ CARR C T, HAYES R A. Social media: defining, developing, and divining [J]. Atlantic Journal of Communication, 2015, 23（1）: 46-65.
⑥ O'SULLIVAN P B. Masspersonal communication: rethinking the mass interpersonal divide. Paper presented at the annual meeting of the International Communication Association, New York, NY.

二、社交媒体的功能建构

贾恩·H.基茨曼、克里斯托费·赫尔姆肯斯等人提出了社交媒体的七个功能模块，并建立了一个蜂窝模型。① 七个功能模块分别为身份、对话、共享、存在、关系、声誉和群组，其中身份功能模块处在最核心地位，代表了用户在社交媒体环境中展示其身份的程度。

对话功能模块表示用户在社交媒体环境中与其他用户交流的程度，这些对话发生的原因各不相同，或寻找真爱，或寻找身份认同，或只是对热门话题进行讨论等。共享功能模块表示用户交换、分发和接收内容的程度。共享本身是社交媒体中的一种互动方式，但共享是否会让用户愿意交谈甚至建立关系，取决于社交媒体平台的功能目标。存在功能模块表示用户可以知道其他用户是否可访问的程度，考虑到人们在移动中不断增加的联系，这种存在连接了真实和虚拟。比如，微信的"摇一摇"功能就是基于用户地理位置的存在而设置的，QQ的"状态"功能是基于用户是否在线的状态而设置的。关系功能模块表示用户可以与其他用户关联的程度。通过"联系"，意思是两个或两个以上的用户有某种形式的联系，引导他们交谈、分享社交对象、见面，或者只是把对方列为朋友或粉丝。因此，社交媒体平台的用户如何连接往往决定了信息交换的内容和方式。在社交媒体平台上，关系可以是正式的、有结构的，比如微信所构建的熟人社交，也可以是非正式的、无结构的。

声誉功能模块表示用户在社交媒体环境下识别他人（包括自己）地位的程度。在大多数情况下，声誉是一个信任问题，但由于信息技术还不擅长确定这样高质量的标准，社交媒体依赖自动聚合用户生成的信息来确定其可信度。比如通过查看一个微博"大V"有多少粉丝来确定其在某个领域的权威程度。然而在社交媒体中，声誉不仅指人，而且还指他们产生的内容，这通常是通过内容投票系统来评估的，比如转发、"点赞"、评论。

群组功能模块表示用户可以形成社区和子社区的程度。对于一个网络，它变得越"社会化"，它的朋友、追随者和联系人就越多。一个被广泛讨论的关系群体指标是由人类学家罗宾·邓巴提出的邓巴数（Dunbar's number），即人们有一个认知极限，将他们可以与他人建立的稳定社会关系的数量限制在150个左右。② 可以明显发现的是，社交媒体平台许多社区的增长远远超过了这个数字，并提供了允许用户管理成员的工具。

---

① KIETZMANN J H, KRISTOPHER H, IAN P, et al. Social media? Get serious! Understanding the functional building blocks of social media [J]. Business Horizons, 2011, 54 (3): 241-251.

② KRACKHARDT D. The strength of strong ties: the importance of philos in organizations [M]//NOHRIA N, ECCLES R. Networks and organizations: Structure, form, and action. Boston: Harvard Business School Press, 1992: 216-239.

在基茨曼、赫尔姆肯斯等人的系统分析下，我们能够对社交媒体的每一个功能模块形成一个比较完整的认知，并可以从日常社交媒体的使用中体会到上述的七种功能。

除了上述的七种基础功能之外，社交媒体的本质性功能还是社交功能，具体而言，就是其具有的参与功能。我国学者颜景毅以杜威的传播参与观为理论工具，对社交媒体的功能进行解读，认为可以将杜威的传播观归类到符号互动理论的体系之中。符号互动理论强调传播是通过符号的传递及其意义的交流而产生的，传递意味着信息的传播必须建立在不同个体的互动之上。所以，"互动"这个词语，也可以表述为"参与"。① 他进一步提出，杜威的传播观就是围绕"参与"展开的，传播把客观事物变成对象，进而生产出意义，而意义的形成产生的符码意涵又会形成更深远的传播。因此，他得出结论："参与"的传播观可以被看作围绕着意义的产生、意义的共享及意义共同体的形成而展开的。在此基础上，将社交媒体传播与人际传播和大众传播进行比较，社交媒体在技术层面完成了加入和分享的参与机制，技术为个体参与提供了更广袤的空间和更宽阔的平台，使得社交媒体既具有人际传播的情感力量，又具有大众传播的广泛社交性。

仅仅从技术层面考察是远远不够的，因为社交媒体已经深深嵌入人们的日常生活，几乎每个人都具有一个数字化的身体，都处在与他人进行连接的互联网关系网中，进行数字交往已成为现代人的生活常态。社交媒体的参与功能由此被提出，这一功能体现在如下几个方面：首先，它是"弱连接下的社交参与"，即个人可以通过社交媒体所设置的条件不断扩大社交范围，从熟人圈到更广阔的以弱关系为连接的社会圈。其次，"社交媒体的传播具有非理性化的特点"，即社交媒体所构筑的是具有初级群体特点的传播情境，交往内容多以日常琐事为主，形式显示出碎片化、情绪化的特点，也是各种观点和情绪展示的平台，极具个性色彩，所以具有非理性化的特点。再次，参与者通过社交表现"存在意识"并寻找认同。社交媒体为参与者提供了更多的去参与、认识和窥视他人的机会，个体通过主动发帖或评论、"点赞"，显示自己的存在并寻求他人的情感支持和认同。由此可见，在社交媒体的诸多表现中，参与是其最根本的功能，即"社会成员通过参与获得社会性，并且通过参与使客观事物产生意义，进而深化传播的价值，扩展传播的范围。最根本的是形成一定的意义共同体，促动社会的进步和发展"②。社交媒体的参与功能可以理解为社交媒体所形成的独特的参与式数字交往景观。它帮助人们扩大交往范围，展现自我，让一个在物理空间中如孤岛般的个体，在虚拟空间中找到情感支持，并创造出意义共同体。

---

① 颜景毅. "参与"的传播：社交媒体功能的杜威式解读 [J]. 现代传播（中国传媒大学学报），2017，39（12）：44－47.
② 颜景毅. "参与"的传播：社交媒体功能的杜威式解读 [J]. 现代传播（中国传媒大学学报），2017，39（12）：47.

三、社交媒体的基础设施化

媒介学家约翰·杜伦·彼得斯在媒介的物质层面、精神层面和组织层面提出了"媒介基础设施主义"[1]，强调媒介的基础设施作用。在数字媒介时代，包括元宇宙在内的社交媒体及其平台将成为未来人类社会交往赖以进行的数字基础设施，并将不断推进人类生存环境、人类精神意识和人类社会组织层面的深度媒介化。

（一）物质交往的基础设施

数字社交媒体已经初步形成集合互联网、AR、沉浸式体验、数字孪生等互联网全要素的未来融合形态[2]，在社交媒体中也存在以物为媒介的人与人之间的物质交往关系，因而其构成了人类进行物质交往的基础设施。社交媒体成为架构人类交流的物质性技术支撑。譬如元宇宙，作为基于现实世界重构的一个数字孪生世界，其既以现实物质世界为支撑，又是现实物质世界的反映，因而尽管其是虚拟空间，但其背后潜藏着各种技术—设备系统，如通信网络、算力、云计算、物联网、区块链等，这些物质性基础设施正是元宇宙得以生成的重要载体，在物质性层面突显其作为交流的基础设施的属性。可以说，强大的社交媒体作为深度媒介化社会的主导媒介形态，为人们提供了一个物质性的交流平台。

（二）精神交往的基础设施

在媒介学看来，每一种媒介都有其象征层面。社交媒体作为一种新的媒介形态，其技术的文化社会后果也最终指向精神、思想、意识等层面的交往，它不仅改变而且为重置人类的意识提供技术的可能性。一方面，社交媒体集中体现了人与人之间的精神交往关系，其中的数字语言是人们展开精神交流的重要基础设施，未来人类的所思所想都会基于数字语言进行；另一方面，社交媒体中的交往本身也是一种精神交往，这意味着人类现实社会中的法律、政治、道德、宗教、艺术等精神生产层面的东西，都将会在其中有所体现。

（三）社会交往的基础设施

数字交往所建构的即时实践的、虚实混合的交流系统，不仅有社会的媒介化，而且有媒介的社会化。[3] 媒介的深度社会化意味着媒介不再只是一种工具或载体，而有其建立关系、组织群体的功能，即媒介能够实现对社会形态的重组。黄旦认为，媒介即居中

---

[1] 陈中雨. 自然媒介、技术媒介与"媒介即基础设施"：以彼得斯的《奇云：基础媒介哲学》为例 [J]. 浙江传媒学院学报，2019，26（3）：65-72，110.

[2] 喻国明，耿晓梦. 元宇宙：媒介化社会的未来生态图景 [J]. 新疆师范大学学报（哲学社会科学版），2022，43（3）：110-118.

[3] 杜骏飞. 数字交往论（2）：元宇宙，分身与认识论 [J]. 新闻界，2022（1）：64-75.

搭建关系、转化关系之枢纽。社交媒体作为媒介搭建关系、转化关系的过程正是对其他社会力量进行组织的过程。这种组织既指向一种全新的组织形态的形成，也指向媒介作为行动者发挥的主动"组织"社会的功能。更重要的是，社交媒体能够对现实社会甚至虚拟社会中的各种资源进行有效配置，从而构成基于虚拟-现实混合同步的全新社会生态，它意味着人类在社会层面的深度媒介化，因而在组织层面也突显其作为交流基础设施的重要性。

第三节 场景传播：社会交往的时空重构

当"媒介化"被视作与"个体化""城市化""全球化"等社会演化过程具备同等功能并为社会变革提供持续而强大内驱动力的"元过程"（meta-process）时，媒介的宏观意义和微观作用都得到了更坚定的认可。[①] 媒介化社会中的人际交往以特定时代的主导性媒介为前提条件和实现基础，将人们的交往行为置于全新甚至奇幻的数字场景之中。

一、场景化传播

网络信息传播中的"场景"，是随着互联网技术进步而不断发展和丰富起来的。在 Web 1.0 时代，门户网站作为信息传播的主要平台，通过议题设置营造话题场景，此时信息传播仍是单向线性的，受众仅能阅读，无法参与内容生产和传播。在 Web 2.0 时代，论坛社区、自媒体等迅速崛起，场景主要体现在用户基于游戏、社交、购物等各种网络行为形成的信息交互情境，是一种浸染式传播、体验性传播和故事化传播。在 Web 3.0 时代，移动互联网与物联网深度融合，信息传播和交互方式发生了巨大变化。[②]

在《即将到来的场景时代》中，美国作家罗伯特·斯考伯和谢尔·伊斯雷尔把"场景"一词用于蓬勃兴起的互联网领域。他们认为场景化传播的到来依托技术的支撑，即"场景五力"，分别是移动设备、社交媒体、大数据、传感器和定位系统。[③] 事实上，在移动互联时代，由"场景五力"产生的联动效应，正在推动建构一个未来真实可感的场景时空。场景不再是单一的场景，而开始向场景传播转变。"场景"概念的

---

① KROTZ F. Mediatization: A concept with which to grasp media and societal change [M]//LUNDBY K. Mediatization: concept, changes, consequences. New York: Peter Lang, 2009: 21-40.
② 严小芳. 场景传播视阈下的网络直播探析 [J]. 新闻界, 2016 (15): 51-54.
③ 罗伯特·斯考伯, 谢尔·伊斯雷尔. 即将到来的场景时代 [M]. 赵乾坤, 周宝曜, 译. 北京: 北京联合出版公司, 2014: 11.

介入重构了新媒体传播的时空关系,由于场景开始转向场景化传播,新媒体服务的想象力被空前拓展。学者彭兰认为,与 PC 时代的互联网传播相比,移动互联时代场景的意义大大强化。移动传播的本质是基于场景的服务,即对场景的感知及信息(服务)的适配。场景成为继内容、形式、社交之后媒体的另一种核心要素。空间与环境、实时状态、生活惯性、社交氛围是构成场景的四个基本要素。[①] 下面将对场景化传播的主要特征进行逐一梳理,阐述场景化传播在当下的适用性和重要性,并对场景化传播视域下社交媒体的应用做相关分析。

(一) 场景传播的特征

场景化传播的首要特征是移动化。随着移动互联时代的到来,场景化传播正式成为移动互联时代的加持器。在这一时代背景下,场景化传播继承了移动互联时代移动化极强的特征。移动化主要表现在两个方面:其一,场景化传播必须借助于移动设备对物理空间和时间进行解构与重组,这在很大程度上确保了场景化传播的移动性;其二,场景化传播可以使用户在固定的空间中与不同场景进行连接,实现场景的移动切换。在移动化的场景中,用户需求与信息、服务的适配范围与效果将得到重新优化。[②]

传统时代时空一体是常态,用户难以超越当下的时空范畴进行交流和日常的生活行动,但是在场景化传播时代,构成场景的时间、空间、用户需求、信息与服务等元素处在一个动态变化的过程之中,其中一个元素的变化或差异也会同步到其他元素之中,由此形成了场景的同步化特征。场景的同步化主要表现在两个方面:其一,同一场景中不同用户对信息和服务的适配是同步的;其二,不同场景中相同用户对信息和服务的适配是同步的。场景的同步化重塑了场景之中时间、空间、用户需求、信息、服务等元素之间的关系,这些元素不但在场景之中融合,而且在场景之中相互影响。

除了移动化和同步化之外,场景化传播不可或缺的特征还有互动化。随着场景化传播在社交媒体领域的不断应用,互动成了场景化传播视域下的必要举动,尽管目前的场景化传播涉及物与物的多层次应用,但是作为移动互联的产物,其核心服务对象仍然是"人"。一方面,场景化传播连接不同时空的个体与个体,使不同个体之间有更多互动的可能;另一方面,场景化传播也在信息、物品与人的适配和互动中不断回旋互动。场景化传播使得人与人之间的互动和交流更加频繁、便利,而也正是由于互动化的特征,场景化传播被赋予了更多发展的可能性。

(二) 场景传播视域下社交媒体的应用

在移动互联时代,人们对手机软件的依赖程度大大加深,互联网公司围绕人们生活所需要的不同情境开启了场景化传播领域的争夺战。根据场景对接应用的不同维度,可

[①] 彭兰. 场景:移动时代媒体的新要素 [J]. 新闻记者,2015 (3):20 - 27.
[②] 赵子忠,付姝姣. "云生活"的场景传播 [J]. 新闻与写作,2020 (6):14 - 20.

以将场景化传播在新媒体领域的应用分为如下类型（表3.1）。

表 3.1　场景在新媒体领域中的应用分类①

场景分类	类型	代表性具体应用
现实场景	基于真实存在的现实场景产生的服务应用	摩拜单车、哈啰单车等基于现实场景小程序的应用
虚拟场景	基于虚拟空间的场景产生的服务应用	微信、微博、小红书等社交应用；钉钉等办公应用；快手、抖音等短视频、直播应用；淘宝、咸鱼等网购应用
混合场景	实现现实空间和虚拟空间的混合化，也可称作增强现实场景，并基于此产生的服务应用	高德地图、百度地图等对现实场景的虚拟化应用；对各种现实事件的计算机模拟应用

在现实场景方面，基于共享品类的出现，受众会对哈啰单车、滴滴出行等出行类应用产生依赖，此类产品极大程度地结合了现实场景的特性。除此之外，基于现实场景切割和虚拟场景社交的陌生人社交应用的发展势头也十分迅猛，陌陌、探探等一度成为移动互联时代的社交宠儿。在虚拟场景方面，基于场景传播的社交需求，以微信、QQ、微博为主的社交媒体在移动互联时代迅猛发展，不断满足人们"缺席的在场"的即时通信需求。在混合场景方面，地图类应用在场景力的支持下努力打破虚拟场景和现实场景的界限，借助于 AR 等高新技术使虚拟场景巧妙地与现实场景合并。

场景应用的实质是消费升级背景下对用户的精细区分。场景是特定情境下的用户所处的空间环境、实时状态、社交氛围、关系与情感体验等。场景传播是对用户的精准传播。②

二、场景化时空

传统人类社会的时空观都是以"此时、此人、此地"为衡量基准的。时空始终处于一体的状态，时间和空间是不可分割的两个概念。在"日出而作、日落而息"的原始社会和农业社会，时间的量化是模糊的，主要依赖大自然，对时间的衡量以太阳、月亮、影子等自然物为基准。在劳作方面，一年被分为"春耕、夏耘、秋收、冬藏"，把节气作为劳作更迭的标准。这是口语传播时代的自然时间观。该时期的空间观是形而上学的空间观，人们认为空间是有边界的、统一的、固定的、封闭的。绝对空间观对空间场景的定义基于人，当一个人与他人身处一个空间时，便意味着他处于某一场景的社会关系之中，而当人进行了移动时，这个空间的社会关系也随之不复存在了。

在工业社会，时间被机械时钟这种手段重组了，一天被分为 24 小时，工作时间也

---

① 王佳航，张帅男. 营销模式迁移：场景传播视角下的直播带货［J］. 新闻与写作，2020（9）：15.
② 彭兰. 新媒体用户研究：节点化、媒介化、赛伯格化的人［M］. 北京：中国人民大学出版社，2020：181.

随之开始出现，记录时间的观念逐渐过渡为遵守时间、计算时间和分配时间。① 从原始社会、农业社会到工业社会，记载时间的介质越来越先进，测量时间的精度越来越高，这也意味着计时工具可以被更精确的介质替代。② 这一阶段，爱因斯坦提出了相对论，相对空间观应运而生。相对论使得"时空是静止的"这一论断的至高无上的地位开始下降，空间也开始和时间互相纳入彼此的维度，空间被认为是非均衡的，也不是连续性的，因为事物之间的联系是多种多样的，而这些关系的连接也没有固定的形态。爱因斯坦提出了广义相对论，认为"时空是弯曲的"，时空不能独立存在，只能作为场的结构性质而存在。③

电子媒介出现后，时间的参考标准主体成为媒介中所呈现出来的内容，媒介化逐渐形成。"'媒介时间'所代表的不仅仅是电子媒介技术的进步，也是电子媒介内容的体现方式。而人类新的时间观念正是电子媒介技术和媒介内容共同作用的结果。"④ 与此同时，在广播、电视等媒介的应用之下，媒介化的时间开始出现。由于该时段的媒介内容存在着转瞬即逝的特点，该时段的时间仍然是不可追溯的、线性式的。约书亚·梅罗维茨在《消失的地域：电子媒介对社会行为的影响》中认为，媒介对于空间的作用能够改变人的行为表现和角色扮演，电子媒介绕过以前传播的种种限制，改变传播变量中的时间、空间和物理障碍的重要程度，并且越来越多地介入空间结构划分的场景⑤，媒介的到来使得时空分离成为可能。尽管广播电视时代的媒介无法达到即时的沟通与传输，但是通过媒介，人们可以观看到千里之外的体育比赛，可以在不同空间之下与他人对话，时空一体的牢笼被彻底打碎，事件和空间被分离重构，媒介时代的时空观发生了翻天覆地的变化。

互联网的出现对传统的物理时空进行了一定的解构，生成了一个全新的互联网时空。在互联网时代，一切人与人之间的交往都将看似连接而本质分离的网络作为载体，身体的物理在场和时间限制不再成为运动成立的必要条件，"缺席的在场"和"在场的缺席"成为可能，互联网传播的即时性使得时间成为曼纽尔·卡斯特口中的"无时间的时间"。随着互联网带宽的不断加速，时间开始吞噬空间，"地球村"在互联网时代成为现实，而互联网视域下的媒介也使得时空观不断场景化，为移动互联时代的场景化传播奠定了基础。麦克卢汉曾言，"每一种新的传播媒介都以独特的方式操控着时

---

① MUMFORD L. Technics and civilization [M]. New York: Harcourt Brace, 1934: 14.
② 刘宏，周婷. 场景化时空：一种理解当今社会的结构性视角 [J]. 现代传播（中国传媒大学学报），2020, 42（8）: 27–32.
③ 王玉峰. 时间、空间：永无止境的探索 [J]. 江苏科技大学学报（社会科学版），2005, 5（3）: 8–12.
④ 邵培仁，黄庆. 媒介时间论：针对媒介时间观念的研究 [J]. 当代传播，2009（3）: 22.
⑤ 约书亚·梅罗维茨. 消失的地域：电子媒介对社会行为的影响 [M]. 肖志军，译. 北京：清华大学出版社，2002: 7, 45.

空"①。时间和空间是人们感知与体会世界的方式。在移动互联时代，随着移动电子设备的异军突起和互联网的加速转型，时间的记录开始突破传统时空线性的、完整的特点，呈现出更具有碎片性、独特性、虚构性的特点，这些特点被统称为"场景化"，场景化借移动互联时代的浪潮为场景化传播开辟天地。在这一阶段，时间因受到新媒体的影响而进行了场景的分割，新媒体开始根据不同场景的时间进行内容推送。

场景化传播中的"场景"指的是特定时空下的情景。在移动互联时代，在打破时空一体牢笼的条件之下，加上技术的支撑，传播开始由单纯追求量变转变为追求质变，即追求个性化的适时体验——场景化传播。场景化传播重新强调了时间和空间的重要性，即时空一体化的适时体验。② 简单来说，场景化传播时代的时空观更注重用户的体验，场景化传播时代的时空观不断变革、优化的目的是突出用户的价值、满足用户需求。这一阶段，用户开始熟练使用场景类应用，操纵自身与时空的在场与缺席以达到最舒适的状态，而场景化传播就是要努力做到在特定的时空环境下为用户提供个性化的、贴心的信息和服务。

尽管场景化传播时代彻底打碎了传统时代"时空一体"的时空观，却也在不断满足用户需求、试图给予用户最好体验的同时，重构了崭新的瞬时"时空一体"的时空观。场景并非平行于现实空间的另一边界，而是对现实空间的维度统合：通过对现实社会从空间到场景的扩容与超越，形成统合了虚拟与现实、物理环境与数字环境的"超现实"领域。③ 吉登斯也曾用"脱域"的概念表达这种社会行为的空间性变革，但他主要强调的是时空分异"使在场和缺场纠缠在一起，让远距离的社会事件和社会关系与地方性场景交织在一起"④ 的复杂时空结构，而云端交往中"超现实"与"复合场景"所呈现出的时空变革，远比吉登斯所揭示的要极端。

三、场景化交往

在《即将到来的场景时代》一书中，罗伯特·斯考特、谢尔·伊斯雷尔将社交媒体作为场景时代的一个重要元素，并指出正是通过在线交谈，我们明确了自己的喜好、所处的位置及我们所寻求的目标。这些内容使得技术可以理解你是谁、你正在做什么，以及你接下来可能做什么等。⑤ 可以窥见的是，在斯考伯、伊斯雷尔眼中，"场景"不

---

① 转引自尼克·史蒂文森. 认识媒介文化：社会理论与大众传播 [M]. 王文斌，译. 北京：商务印书馆，2001：127.
② 梁旭艳. 场景传播：移动互联网时代的传播新变革 [J]. 出版发行研究，2015（7）：53 – 56.
③ 王敏芝. 媒介化时代"云交往"的场景重构与伦理新困 [J]. 暨南学报（哲学社会科学版），2021（9）：13 – 23.
④ 安东尼·吉登斯. 现代性与自我认同：现代晚期的自我与社会 [M]. 赵旭东，方文，译. 北京：生活·读书·新知三联书店，1998：23.
⑤ 罗伯特·斯考伯，谢尔·伊斯雷尔. 即将到来的场景时代 [M]. 赵乾坤，周宝曜，译. 北京：北京联合出版公司，2014：15.

仅涵盖时空，而且与社交有关，学者彭兰将这一系列与社交有关的因素总结为"社交氛围"。彭兰认为，尽管这样的"场景"并非移动互联时代所特有，但是社交氛围对人们的活动（包括空间的变化方向）的确是有影响的，而且在今天这种影响越来越明显。因此，对于社交媒体中用户及其相关者的数据的分析，可以为场景分析提供另一个维度的支持。①

在移动互联时代，真正使每一个用户感到无限连接的工具就是社交媒体。社交媒体连接新媒体的传播、服务及个人所拥有的社会关系，个人变成了节点化的个体，传播结构"去中心化"，每一个用户都是真正意义上的传播中心。场景时代的所有连接都是依靠人与人直接的关系及个体产生的数据进行的，通过社交媒体之间的强连接和弱连接交替作用，用户不断明确自身的爱好、目前所处的地理环境及期盼的获得，这些需求正是目前的场景化传播所企图给予的。随着社交媒体与移动设备、大数据、传感器、定位系统等技术的结合，它将成为极富个性化内容的源泉，这些内容使得技术可以理解任何有关"你"的场景。②场景化传播与社交媒体的结合在交互过程中出现了两大特征：其一是"人"媒的价值在其中突显；其二是社交平台社区化成为大趋势。

首先，场景化传播与社交媒体的结合使得社会化传播连接越发紧密，平台的力量也受到学界、业界重视，但需要明确的是，在场景化传播与社交媒体结合的过程中，最能突出核心价值的便是"人"。可以说，场景化传播时代传媒工具所能起到的作用仅仅是进行平台的搭建，而"人"是连接最重要的媒介符号。社会化媒体是依靠人与人之间的关系进行传播的，因此在场景化传播过程中，"人"这一媒介符号不断起作用。学者蒋晓丽、梁旭艳认为，"人"媒是一种信任的符号品质。社会化媒体时代的传播是基于一种人格的背书，在场景传播中，"人"媒的可信任符号品质在引爆流行中也起着不可忽视的作用。③

其次，在场景传播中，人们可以选择自身感兴趣的领域进入不同的场景。通过观看或参与其中，不断扩大场景的圈层，社交媒体很好地抓住了人们的社群化生存需求，建立起了虚拟社区。从这一层面上讲，场景变成了社区。在无数个虚拟社区中，人群之间将爱好或观念作为彼此认同的准入器，将现实生活中的社会身份差异或社会行为层次剥离开来，在共同营造出的社区之中进行交流与分享，以求达到情感的共振。当下最具有代表性的通过场景化传播和社交媒体所呈现出的社区便是网络直播间，主播作为直播间的所有者与用户进行"类人际互动"，用户与主播进行虚拟互动时获得了极大的满足。在这里，直播已经演变成一种社交方式，直播间变身为社区，社交互动的过程也就是创

---

① 彭兰. 场景：移动时代媒体的新要素 [J]. 新闻记者, 2015 (3): 20-27.
② 王佳航, 张帅男. 营销模式迁移：场景传播视角下的直播带货 [J]. 新闻与写作, 2020 (9): 13-20.
③ 蒋晓丽, 梁旭艳. 场景：移动互联时代的新生力量——场景传播的符号学解读 [J]. 现代传播（中国传媒大学学报）, 2016, 38 (3): 12-16, 20.

造直播内容的过程。在这里，平台和场景深度参与到信息交互中，从而带给用户更加立体、生动的社交体验和信息阅读快感。①

在场景化传播技术的加持下，社交媒体的发展越加迅速，人们开始在网络空间不断进行自我展示和数字交往，企图在赛博空间塑造出一个"理想中的人格"，即"数字人格"。然而，当人们在各类社交媒体中游走并扮演不同属性的数字人格与他人互动时，共时性变成历时性，社交媒体使得我们在此时此地想要表达的内容语境坍塌（context collapse）。因此，数字场景对交往的技术规定、时空重构与体验超越，都为数字交往的未来面向留下了许多想象，也留下了许多困惑。

第四节 连接文化：数字交往的文化取向

以"连接"为本质的互联网不断发展，将人们带入"万物互联"的生活情景和交往实践当中。借助于 Web 2.0 技术迅速成长起来的社交媒体平台，规范了人们的数字交往实践。媒介技术和互联网思维不断完善的产物——"连接文化"应运而生。而作为连接节点的用户自身，不得不在"连接重负"之下思考能否摆脱"连接枷锁"。

一、"连接"：社交媒体的基本要素

自互联网诞生之日起，开放与协作的技术逻辑就引领了互联网自身的发展，也越来越深刻地影响并改变着人类社会的现在及未来。互联网技术的发展赋予了所有信息节点技术地位的平等性和交往的自由性。彭兰认为，互联网的本质是连接，从 Web 1.0 时代的内容连接到 Web 2.0 时代的人的连接，再到未来 Web 3.0 时代泛终端的连接，连接可以被看作互联网演进的基本逻辑。② 随着技术的不断发展，人与人的连接效率不断提高；共享经济模式的兴起，问答类应用的普及，移动短视频的遍在，让人与人的连接维度更加丰富；VR、AR、扩展现实（Extended Reality，XR）、可穿戴设备等技术的发展带来了人与人连接体验的变化；个体作为节点角色的存在感及作用力不断增强。③

Web 2.0 概念与社交媒体相伴相生，它代表着一种开放的、弹性的并可以不断延展的关系网络。当前，社交媒体的范围已经超越了单纯的信息生产与交换，它不单是信息分享的工具，更是人们社会交往和日常生活的基础设施。用户生产内容，个体用户的组

---

① 严小芳. 场景传播视阈下的网络直播探析 [J]. 新闻界，2016（15）：51-54.
② 彭兰. "连接"的演进：互联网进化的基本逻辑 [J]. 国际新闻界，2013，35（12）：6-19.
③ 彭兰. 新媒体用户研究：节点化、媒介化、赛博格化的人 [M]. 北京：中国人民大学出版社，2020：56-57.

合形成社群，社交网络作为信息流动的"基础设施"而存在；伴随着综合型社交媒体和垂直型社交媒体的互为补足，以及支付系统、物联系统、算法系统的支撑，社交媒体能够满足用户的多维需求；资本和技术的助推加速了社交媒体的普及，辅以社交媒体的自律和他律机制，形成了一个完整的社交媒体生态圈。[1]

在以社交媒体为架构形成的传播链条中，既有一对一的直接关系的影响，也有社群等更大范围力量的影响。来自个体的传播能量可以得到迅速扩散与放大，但传播过程还伴随着意见、情绪及舆论的产生与演变。在社交媒体上，汇聚的不仅是内容和意见，而且是人的连接。社交媒体放大并加深了互联网的"连接"特性，构筑了"随时在线、时时互联"的生活场景，人类传播和连接的效率大大提高，人与人、人与群体都能够通过在线社交网络广泛连接在一起；它重塑了社会交往的意识，社群活动成为人们交往的基本场景，社交媒体不但为正常的社会交往提供各种场景，也形成了社会化媒体所特有的社交规范和惩罚规则。[2]

从无线电的远程连接开始，到广播、电视的普及，再到互联网成为遍及全社会的"神经系统"，以及 Web 2.0 时代社交媒体的基础设施化，这些连接带来了人类感知方式的变革，使他们收听广播、观看电视，在互联网中进行"数字化生存"。社交媒体的基础设施化促使人们将社交、文化和专业活动转移到网络上，社交媒体的连接性渗透到今天的每一种文化中。如果说"连接"曾经被视为互联网的技术特征，那么伴随着社交媒体的兴起和发展，"连接"无疑已经成为当下社会生活和人际交往的基础形态，它不断影响着整个社会的信息观、伦理观、消费观等。同时，随着大型社交媒体平台的兴起，连接迅速演变为宝贵资源，相互连接的平台构筑了一种新的基础设施——一个连接的媒介生态系统。随着网络传播向"平台化"社会的转变，基于网络的文化形态也从"参与式文化"转向"连接式文化"。[3]

▶▶ 二、连接文化的内涵

连接文化在互联网背景下应运而生，是媒介技术和互联网思维不断完善的产物。荷兰媒介学者何塞·范·迪克认为，在社交媒体时代，分享已经从强调以人为主导的集体认知转向了关注算法、技术与人互动的连接认知，形成了"连接文化"（culture of connectivity）。[4] 与之相对的是一种强调集体性的分享认知，即认为分享是一种建构记忆、经验的集体性活动，人们在交换意见和信息的过程中构筑了关于个体的分享体验和

---

[1] 禹卫华. 社交媒体舆论 [M]. 上海：上海交通大学出版社，2021：31-32.
[2] 禹卫华. 社交媒体舆论 [M]. 上海：上海交通大学出版社，2021：25-26.
[3] 何塞·范·迪克. 连接：社交媒体批评史 [M]. 晏青，陈光凤，译. 北京：中国人民大学出版社，2021：4-5.
[4] 刘涛，李昕昕. 作为"技术化身"的标签：图像社交时代的连接文化及其视觉生成机制 [J]. 新闻与写作，2021（8）：84-92.

集体记忆。集体性的分享强调人的主观意识，却忽视了技术及技术与人的互动在分享过程中的重要作用。连接文化即"一种后广播、网络文化，在这种文化中，社会互动和文化产品都不可避免地被卷入技术、法律和经济系统中"①。在连接文化中，分享并非指分享者对被分享者单向的信息传递过程，而是指分享者、被分享者及技术系统的多方互动的网络化过程。何塞·范·迪克认为，连接文化是一种被编码技术淹没的文化，其影响远远超出了平台本身的数字架构。社交转移到线上并不仅仅是种"技术化"；相反，编码结构正在深刻地改变联系、创造和互动的本质。将"分享"和"关注"作为社会价值观的按钮在文化实践和法律纠纷中产生的影响，远远超出了平台本身。此外，连接文化正在演变为更长期的历史转型的一部分，其特点是私人、企业和公共领域之间的界限被重新设定。② 公共部门在互联网中的逐渐隐没和企业在公共话语领域的逐渐接管，二者之间的关系如对数字平台的监管也是近年来学者关注的问题。

　　随着脸书、YouTube 建立起自己的商业帝国，微博、微信分别以弱连接和强连接为其所长，移动终端及社交媒体逐渐成熟，这些都标志着新型网络基础设施的完善，同时意味着依托数字交往的连接关系越来越遍在，连接使得用户不仅可以获得强连接之下的社会资源，更能够通过弱连接找到与自己志趣相投的人并建立社区满足自身的精神需求。当前，社交媒体构成了公共传播的舞台，社交媒体的规范深刻地影响着社会的规范实践。规范构成了基础法律法规的社会和文化黏合剂，在一个社会中，规范比法律和秩序更有影响力。网络社交的规范发生了巨大的变化，且变化仍在持续。传统上存在于物理社交中的行为模式越来越多地与在线环境中创建的社会和社会技术规范相混合，呈现出新的维度。例如，由于脸书在社交网站领域占有领先地位，其连接实践大大影响了强化隐私保护和数据控制等拥有法律价值的社会和文化规范。③

　　在社交媒体平台，技术、用户自主性和内容是为创建网络社交结构而被编织在一起的三种"纤维"。我们将从以下五个重要概念理解技术维度：数据、算法、协议、界面和系统默认值。这些术语具有共同含义，它们都从技术领域延伸到了社会和文化领域。数据在当今社会已经被视为可以类比原油的宝贵资源，对数据的算法分析则渗透到社会行动中，并在此基础上转化为商业社交策略。协议同样是对用户使用社交媒体进行互动的规范，如脸书的协议引导用户通过其所制定的指令，将霸权逻辑强加到通过中介实现的社会实践中。而系统默认的界面通常是自动分配给软件应用程序，以某种方式引导用

---

　　① VAN DIJCK J. Flickr and the culture of connectivity: sharing views, experiences, memories [J]. Memory Studies, 2010, 4 (4): 404.
　　② 何塞·范·迪克. 连接：社交媒体批评史 [M]. 晏青，陈光凤，译. 北京：中国人民大学出版社，2021：21-22.
　　③ 何塞·范·迪克. 连接：社交媒体批评史 [M]. 晏青，陈光凤，译. 北京：中国人民大学出版社，2021：51.

户行为的设置，默认不仅仅是技术性的，也是意识形态上的操纵。① 尼古拉斯·盖恩和戴维·比尔把创造日常生活的强大的、隐晦的、只有部分可见的信息设备称为"技术无意识"。那些强大而活跃的技术环境在不知道它们对谁产生影响的情况下运行。② 算法、协议和默认设置规范着用户的交流实践所依据的机制，深刻地塑造了活跃在社交媒体平台的人们的文化体验。此外，用户自主地通过对话或者对抗策略与平台互塑；通过社交媒体，用户生成更多优质内容，"视频化生存"已经成为"数字化生存"的表现形式。社交媒体平台的规则诸如"点赞"、收藏等则传递着相似的文化逻辑：流行度原则、等级排名原则、中立原则、流量原则等。③

何塞·范·迪克将不同的平台看作微系统，所有平台的组合构成了连接媒介的生态系统，即连接媒介生态系统。整个媒介生态系统正在向多媒互联的连接媒介生态系统转变。连接媒介生态系统最突出的特点就是平台之间的相互依赖性和相互操作性，每个微系统对生态系统其他部分的变化都很敏感。"分享""趋势""关注""收藏"这些意义不同的功能按钮背后也有共同的逻辑；竞争平台的按钮的通用不仅是一次技术调整，还是流量和渗透用户习惯的战略行动。连接媒介生态系统不仅是单个微系统的总和，还是一个动态的基础设施概念，它可以塑造文化，也会被总体上的文化塑造。④

"连接一切"作为互联网摇旗呐喊的口号正深刻嵌入社交媒体运行的逻辑，作为使用主体的我们也被连接文化规范着，大型的社交媒体平台共筑了话语规则，在"技术无意识"的状态下，用户甚至无法理解自己是如何被"锁定"在线上社交空间的围墙花园中的。而在当下，选择退出社交媒体或者说连接媒介几乎不可能，因为用户不仅要面对技术的操纵设置，还要面对社会规范及支撑它的意识形态和文化逻辑制约。因此，我们不得不面对连接重负和反连接的问题。

▶▶ 三、过度连接与反连接

社会化是人的重要属性，我们总是处在与他人的相连中。社交媒体最大限度地满足了人们的社交需求，连接已经无处不在、无时不有。但是，不断增加的连接在延伸人们的社会关系的同时，也将更多关系负担与社会压力传递给人们。在连接达到一定限度后，它对用户的意义可能就会减弱，甚至走向反面。我们享受着连接带来的便利，同时

---

① 何塞·范·迪克. 连接：社交媒体批评史［M］. 晏青，陈光凤，译. 北京：中国人民大学出版社，2021：32－39.
② 尼古拉斯·盖恩，戴维·比尔. 新媒介：关键概念［M］. 刘君，周竞男，译. 上海：复旦大学出版社，2015：64－65.
③ 何塞·范·迪克. 连接：社交媒体批评史［M］. 晏青，陈光凤，译. 北京：中国人民大学出版社，2021：179.
④ 何塞·范·迪克. 连接：社交媒体批评史［M］. 晏青，陈光凤，译. 北京：中国人民大学出版社，2021：44－47.

也面临着过度连接的重负。

过多的"强关系"线索和过于频繁的互动加速了社交倦怠的产生。无处不在的连接挤压了个体的独处空间,切不断的连接使得上班族即使下班后也需要回复工作信息,而独处是个体进行自我评价、自我康复和情绪更新的机会,能够有效利用独处时间的个体,通常能更好地从压力情境中恢复活力;人们时刻处在自我审查和表演当中,无数的"镜中我"给自我认知和自我建构造成一定障碍。线上连接不断地挤压线下交谈,人们时刻处于线上连接之中,却总不在"交谈"之中。雪莉·特克尔将面对面的"交谈"当作最符合生活目标的生活场景,但这种场景已经被"缺席的在场"或"在场的缺席"破坏了①,而"面对面交谈其实是我们所做的最具人性,也是最通人情的事"②。除了人与人的过度连接外,人与内容也在形成过度的连接,这导致的一个直接后果是内容总体的"价值密度"变小,人们的信息焦虑却在加重。

再者,多元的连接、高强度的互动,也会带来各种紧密互动模式,产生圈层化效果。人们在"圈子"里寻找心理上的支持,以维护自身的观点、态度与立场等。圈层化一方面对个体产生了各种约束,另一方面增加了各种群体间的隔阂。某些信息更多地在同质化圈层中流动而难以"出圈",圈层间的态度、立场的分歧甚至对立可能会增加,公共对话与社会整合变得更为困难。③ 此外,先进的设备自然给人类带来了诸多方便,手机等移动终端成为"第二大脑",缓解了用户的记忆压力,但与此同时,用户也对外存产生了过度依赖,最终将导致记忆力下降,同时,外存的数据也有着被泄露的风险。更重要的是,关系联结的技术规定,使人们的交往行为时刻处于"自我展示"和"他人审视"之中,观看别人也被别人观看。但此时,"观看"与"监控"同义。长期在"受观看"的场景中交往,人的精神压力便无从摆脱。④ 如此种种说明,连接在带给用户方便的同时,也带来了许多不必要的压力,而如何缓解这种压力,就需要引入一种新的互联网法则——"反连接"(anti-connection)。

反连接并不是无条件切断所有连接、封闭个体,而是在一定的情境下断开那些可能对个体产生过分压力与负担的连接链条,使个体恢复必要的私人空间、时间与个人自由,所以它更多的是个体的一种情境性需要,而非一致性行动。⑤ 何塞·范·迪克认为,实际上我们或多或少在抵抗连接,比如对好友进行分组、关闭朋友圈、退群、注销账户等,在享受连接的便利之余,也在重新思考隐私权、被遗忘权和连接"开关"的

---

① 王敏芝. 媒介化时代"云交往"的场景重构与伦理新困 [J]. 暨南学报(哲学社会科学版),2021,43(9):13-23.
② 雪莉·特克尔. 重拾交谈 [M]. 王晋,边若溪,赵岭,等译. 北京:中信出版集团,2017:1.
③ 彭兰. 连接与反连接:互联网法则的摇摆 [J]. 国际新闻界,2019,41(2):20-37.
④ 王敏芝. 媒介化时代"云交往"的场景重构与伦理新困 [J]. 暨南学报(哲学社会科学版),2021,43(9):13-23.
⑤ 彭兰. 连接与反连接:互联网法则的摇摆 [J]. 国际新闻界,2019,41(2):20-37.

控制权。① 然而，越来越多的社交媒体不再设置隐身的功能，平台对用户数据和痕迹的追踪也让连接主体无所遁形。欧盟2016年颁布的《通用数据保护条例》赋予了个人数据主体包括知情权、拒绝权、访问权、被遗忘权、数据移转权等在内的诸多权利，同时对数据控制人或数据使用方规定相应义务以保障这些权利的实现。② 隐身权与被遗忘权都是解决过度连接的可行措施，用户一旦开启隐身就可以避免不必要的打扰，专注于个人世界，但隐身权与被遗忘权在实施方面仍然存在着各种困难，对于如何在保障公共利益与个人利益之间达到平衡需要进行不断尝试。保障用户权益不仅需要出台相关政策，更需要约束网络服务供应商的权力。赋予用户选择开启或关闭连接的权利意味着需要对网络服务商的权力进行限制。彭兰建议从个人信息收集、保存与扩散的权力，产品间的数据连通权力，信息推送权力三个方面出发对网络平台进行限制。③

除了外界干预外，用户本身也需要建立"反连接"的意识，主动"断开连接"，寻求独处的时间和空间，避免成为过度连接的牺牲品。这一方面可以通过远离各种数字设备来实现，另一方面也可以通过一些数字产品在保障与外界正常联系的同时留有自己的私人空间，这就需要对未来的数字产品做适度的减法，保持克制思维。在无处不连接的大环境下，减少连接的产品或许更贴合用户心理，更能满足用户"断开连接"的需求。人在享受机器带来的便利同时，更需要保持自己的自主性，以免成为机器的奴隶。

连接越发普及，连接文化正在重塑媒介文化生态，而过度连接又成为数字时代个体面临的新问题，连接的重负甚至让人们想要逃离无处不在的连接枷锁。所以，在连接文化中，开心地接受使用与批判地抵制并存。这样的矛盾不仅存在于各个独立微系统的技术文化层面和社会经济层面，而且存在于整个连接媒介生态系统及支持它的文化层面。④

总之，如何规范连接文化，如何保障用户的自主性，如何规范平台对用户数据的过度利用，从而让用户找寻回真正独处的空间，是连接文化所带来的一系列值得思考的问题。今天，互联网仍在接续发展，互联网的法则也在不断摇摆，我们必须意识到：无论产品和服务如何发展，其最终目标都是建立一个安全稳定的网络环境以推动人的发展。

---

① 何塞·范·迪克. 连接：社交媒体批评史 [M]. 晏青，陈光凤，译. 北京：中国人民大学出版社，2021：9.
② 王敏芝. 算法之下："透明社会"的技术与观念 [J]. 探索与争鸣，2021（3）：29-31.
③ 彭兰. 连接与反连接：互联网法则的摇摆 [J]. 国际新闻界，2019，41（2）：20-37.
④ 何塞·范·迪克. 连接：社交媒体批评史 [M]. 晏青，陈光凤，译. 北京：中国人民大学出版社，2021：174-176.

【思考题】

1. 为什么说社交媒体已经成为一种新型基础设施？这种新型基础设施对人们的社会交往有什么影响？
2. 如何理解数字媒介时代的"连接"与"反连接"概念？
3. 社交媒体提供的交往场域与物理空间有什么区别？

【推荐阅读书目】

1. 南希·K. 拜厄姆. 交往在云端：数字时代的人际关系［M］. 董晨宇，唐悦哲，译. 北京：中国人民大学出版社，2020.
2. 何塞·范·迪克. 连接：社交媒体批评史［M］. 晏青，陈光凤，译. 北京：中国人民大学出版社，2021.
3. 彭兰. 新媒体用户研究：节点化、媒介化、赛博格化的人［M］. 北京：中国人民大学出版社，2020.

第四讲

视觉传播与视频文化

回望历史，生活在 16 世纪的人或许并不太注重词语的视觉形象，而是更加关注其发音，那时一切文本都包含视觉形象与听觉现象两个方面。① 随着技术的发明与应用，视觉的重要性不断突显。1839 年的影像术、19 世纪 50 年代的人工照明、70 年代和 80 年代能够凝固动作的连贯动作摄影等一系列技术的发展，促使视觉体验去自然化，与媒介技术相联系的视觉体验进入生活。② 这种与媒介技术相联系的视觉体验一直延续至今，我们会用虚拟形象代替自身来实现数字化生存，我们会通过技术手段强化视觉感受。

当今，视觉图像的激增盖过了声音的增长，视频流媒体、广告、电影等充斥着我们的生活，视觉逐渐战胜听觉成了现代生活中的主导感官。可以说，我们所处的时代迎来了视觉文化的转向，视觉文化是图像逐渐成为文化主因的形态，视觉文化彰显了图像的生产、传播和接受的重要性与普遍性。③ 特别是短视频等视频文化的兴起，更是让视觉文化内容的生产和传播变得更加快捷、便利。本讲将从以下几个方面探讨视觉文化转向问题：第一节聚焦于与视觉相关的媒介文化理论；第二节主要从微观与宏观两个层次介绍"观看的方法"；第三节、第四节将回到当代媒介文化的现实环境中，对新兴的视频文化进行考察与分析。

第一节 视觉、媒介与文化

视觉文化研究是 20 世纪后期发展出的一个跨学科领域，其理论资源与问题意识涉及多个学科，其中就包括媒介文化研究及传播研究。有人认为，从视觉文化的发展来看，可以从三个方面理解视觉文化的概念：一是在"图像—语言"的二元结构中理解视觉文化，将视觉文化视为一个相对于文字的概念；二是偏重于历史的概念建构，视觉文化被认为是一种当代文化现象，与后现代文化、消费社会的发展趋势关联起来；三是着重于视觉文化的符号学和社会体制层面，着力于符号表意实践。④ 由此可以看出，视觉文化研究与媒介文化研究就像两条有交集的河流，虽然各有问题域，但其理论与研究方法彼此影响，本节所要探讨的便是媒介文化与视觉文化的共同议题，先从视觉媒介技术的发展谈起，然后聚焦于视觉文化中的媒介理论。

"你所看见的，并不是你真正看见的。"从思考这一句话开始，我们便可以进入视觉与视觉文化的研究理路。研究，其根本是对时代的一种回应，当时代向图像或视觉转

---

① 沃尔特·翁. 口语文化与书面文化：语词的技术化 [M]. 何道宽，译. 北京：北京大学出版社，2008：91.
② 马丁·杰伊. 低垂之眼：20 世纪法国思想对视觉的贬损 [M]. 孔锐才，译. 重庆：重庆大学出版社，2021：93 – 100.
③ 周宪. 视觉文化的转向 [M]. 北京：北京大学出版社，2008：4.
④ 周宪. 反思视觉文化 [J]. 江苏社会科学，2001（5）：71 – 74.

向时，视觉文化研究便恰逢其时地出现了。视觉文化研究与视觉技术的发展有着深刻的联系，因此不能抛开媒介技术的演进来谈视觉与图像的发展。摄影、电影、电视等视觉媒介的发明与广泛使用，让以图像或视觉为主导的体察周遭世界的方式成为主流——视觉的重要性超越了其他感官。直至今日，电脑、手机等屏幕交互式媒介技术的使用，进一步把这种以视觉为主导的体察周遭世界的方式推向了极致。

摄影、电影和电视三种视觉性技术的发明及其在公众中的普及，开启了视觉文化时代。

1839 年 8 月 19 日，路易·达盖尔在法国科学院和艺术院联席会议上展示了一项名为"达盖尔摄影法"拍摄技术的项目，该项目公布不久后，便在富人中吸引了一批爱好者，这也促成了各种型号的相机在法国、德国、奥地利和美国问世。① 在 19 世纪，随着工业化的发展，摄影技术及其设备的生产进入大众的需求领域，欧洲及美国社会的大众都接纳了这一项新的视觉技术。在摄影技术传播的过程中，"纪实摄影"的观念也随之广泛传播，照片被认为是记录事实和真相的媒介。人们认为摄影能够记录客观的、未经更改的事实和情况，相信感光底版和光线能够刻画最真实的现实。② 在摄影技术被社会接纳的过程中，纪实摄影、艺术摄影、风景摄影和肖像摄影等摄影门类不断涌现，因此人们逐渐意识到摄影图像的真实性及图像背后存在的问题。到 20 世纪 90 年代，照片的真实性神话已经被打破，人们不再将摄影图像视为对现实的反映，反而会思索其背后的深层含义。③

摄影技术的发展，可以说为电影的诞生做好了技术准备。1895 年 12 月 28 日，卢米埃尔兄弟在法国首次用他们制作的"活动电影机"放映了《火车到站》等影片，这标志着电影的诞生。法国电影史上的另一位重要人物便是乔治·梅里爱，他十分注重特效在电影中的运用。卢米埃尔兄弟和梅里爱的影片都是默片，注重的是视觉体验。在默片时代，电影是纯视觉性的艺术，直到 20 世纪 20 年代晚期，声音与色彩才同时进入电影之中。④ 到 20 世纪 40 年代中期，电影已彻底告别无声片而向有声片发展过渡，由于声音与色彩的出现，新技术和新的电影语言也带来了新的电影观念。⑤ 电影技术的发展及各种类型影片出现的背后都有商业性的运作，不同国家的电影产业发展促使电影技术不断更新，同时也促进了不同国家的电影在全球范围内传播。

有学者认为电视的史前时期始于摄影和电影的出现，摄影使人类经历的图像被保留

---

① 内奥米·罗森布拉姆. 世界摄影史［M］. 包甦，田彩霞，吴晓凌，译. 北京：中国摄影出版社，2012：16－17.
② 内奥米·罗森布拉姆. 世界摄影史［M］. 包甦，田彩霞，吴晓凌，译. 北京：中国摄影出版社，2012：153.
③ 内奥米·罗森布拉姆. 世界摄影史［M］. 包甦，田彩霞，吴晓凌，译. 北京：中国摄影出版社，2012：632.
④ 黄文达. 外国电影发展史［M］. 上海：华东师范大学出版社，2004：115－118.
⑤ 陈南. 外国电影史教程［M］. 上海：同济大学出版社，2004：49.

下来，电影是与电视关系最直接的技术媒介。电视是在无线电和广播基础上发展起来的，除了声波传递的一切因素外，电视还有从远距离传来的活动图像。[①] 20 世纪 30 年代，有声电影代替了无声电影，以声音为主的广播走向了声画结合的电视。在 1929 年，BBC 开始了电视的试播；在 20 世纪 30 年代，BBC 更新了节目形式，有游戏、音乐、戏剧等多种内容。[②] 第二次世界大战以后，被打断的电视事业迅速恢复，并在新兴国家大力发展。至 20 世纪 40 年代末，电视技术已趋于成熟，电视媒介蓬勃发展。[③] 到了 20 世纪 80 年代，卫星直播电视的诞生使电视图像能够更加自由地在全球范围内传播，电视作为一种物质性媒介对大众的文化影响曾是众多大众文化研究者关注的重点。在当代，除了上述三种视觉性媒介外，计算机、手机及 AR、VR 等技术的发展，也让我们更加深度地生活在一个被图像包围的时空中。与此同时，新的视觉技术更加强调视觉的感官刺激与极致的视觉体验。媒介技术与视觉之间的深刻关系，也体现在视觉文化与媒介文化的关系上。

视觉文化从诞生之初起就与媒介文化有着很深的关联，就像缠绕在一起的两条细线。20 世纪 50 年代末，随着摄影和电影研究扩大它们与流行文化之间的联系，视觉研究出现在艺术学的研究之中。[④] 视觉文化研究从其诞生之初便不是一个特定的学科，而是一个跨学科的研究领域——其中就包含了媒介文化研究和传播研究，因此视觉文化理论有其媒介文化理论渊源。从理论图谱上看，视觉文化研究已经形成了两种在问题意识、研究方法和思想取向上都大有分歧的类型：一种是以文化研究和社会批判理论为导向的视觉文化研究；另一种则是内在于艺术史与图像研究传统的视觉文化研究，表现为对现代视觉的文化、媒介、感官和经验的研究。[⑤] 第一种路径主要从本体论的角度把握时代的图像化转向，构建了以视觉性媒介技术为思考中心的批判理论，这些批判理论最早生发于 20 世纪 30 年代，并随后成为视觉文化的批判理论资源。

海德格尔敏锐地意识到时代的图像化转向问题，在《世界图像时代》一文中，他强调世界图像化时代的来临，在他看来，世界的"图像化"的核心是人成了"主体"，而进一步来看，世界则成了人可以"掌控"的东西。[⑥] 对世界图像最浅显的解释便是"关于存在者整体的一幅图画"，而世界图像最本真的意思是指世界本身，即存在者整体。从本质上看，世界图像并非指一幅关于世界的图像，而是指"世界被把握为图像"

---

① 郭镇之. 电视传播史 [M]. 北京：北京师范大学出版社，2000：13.
② 郭镇之. 电视传播史 [M]. 北京：北京师范大学出版社，2000：48-49.
③ 郭镇之. 电视传播史 [M]. 北京：北京师范大学出版社，2000：59.
④ BARNHURST K G, VARI M, ÍGOR RODRÍGUEZ. Mapping visual studies in communication [J]. Journal of Communication, 2004, 54 (4): 616-644.
⑤ 唐宏峰. 视觉性、现代性与媒介考古：视觉文化研究的界别与逻辑 [J]. 学术研究，2020 (6): 36-43, 177.
⑥ 杨文. 从生存论分析到"图像化"学说：试析海德格尔方案下的科学奠基问题 [D]. 南京：南京大学，2020.

了。海德格尔便用"世界图像"这一概念来反思与批判科学技术,从而捕抓世界在现代的转变。在出现世界图像的地方,实现着一种关于存在者整体的本质性决断。存在者的存在是在存在者之被表象状态中被寻求和发现的。① 海德格尔用"世界图像"这一论断,揭示现代社会的本质,意指在现代社会中,人成了主体,而世界成了图像。正因为有这种变化,作为主体的人才能有所因循地感知外部世界。从海德格尔对"世界图像"的哲学论述中可以看出,"图像"并非只是"图像"本身,其背后蕴含着一种在现代性转变之中的"关系"的重构。在图像时代,主体与被工具化的客体之间的关系生成,物我分离的目的是"物"作为经验对象由"我"经验。② 这一哲学思想也深刻地影响了视觉文化的研究路径,让视觉文化研究并不仅仅局限于视觉呈现与图像内容,而是进一步挖掘"图像"与现代性、主体、日常生活之间的深层关系。

正是由于时代内核发生了视觉转向,视觉才逐渐超过了其他感觉占据着重要的位置,因此以视觉为中心的思想或理念开始影响并建构社会。

与海德格尔从"世界图像"的关系转变中捕获时代特征相似,本雅明则从艺术作品的变迁中捕捉视觉现代性。"灵晕"(Aura)这一概念便是其论述的重点概念,本雅明主要从艺术作品的变化及视觉媒介的变化中来发展对视觉技术的现代性批判。③ 他再三强调艺术作品中的灵晕是时空所织就的独一无二的体现,是永恒的,也是神秘的,是人与事物之间独特存在的关系,就像在夏日午后,在歇息时眺望地平线上的山脉或注视阳光下投下阴影的树枝,灵晕便潜藏在山脉或树枝之中。④ "照相术"被本雅明誉为第一个真正具有革命意义的机械复制方法。⑤ 随着机械复制技术的到来,灵晕开始消散。在《摄影小史》中,本雅明对卡夫卡的童年肖像摄影作品进行了分析,童年时期的卡夫卡被肖像摄影道具支配,使得这影像失却了其灵晕。对比肖像画中的主人公,灵晕则潜藏在被画者的眼中,让被画者充实而安定。⑥ 在电影中亦是如此,当摄影机代替了观众,让演员与公众割裂开来时,环绕着演员的灵晕也就消失了。⑦ 在机械复制时代,视觉机器的介入性作用在极大程度上破坏了艺术作品中的灵晕。

可以说,摄影的流行及灵晕的消散,与现代社会生活的变迁息息相关。⑧ 电影的制

---

① 海德格尔. 海德格尔文集:林中路[M]. 孙周兴,译. 北京:商务印书馆,2015:98.
② 谢宏声. 图像与观看[M]. 桂林:广西师范大学出版社,2012:46.
③ 瓦尔特·本雅明. 摄影小史[M]. 许绮玲,林志明,译. 桂林:广西师范大学出版社,2017:37.
④ 汉娜·阿伦特. 启迪:本雅明文选[M]. 张旭东,王斑,译. 北京:生活·读书·新知三联书店,2008:237.
⑤ 汉娜·阿伦特. 启迪:本雅明文选[M]. 张旭东,王斑,译. 北京:生活·读书·新知三联书店,2008:239.
⑥ 瓦尔特·本雅明. 摄影小史[M]. 许绮玲,林志明,译. 桂林:广西师范大学出版社,2017:26-27.
⑦ 汉娜·阿伦特. 启迪:本雅明文选[M]. 张旭东,王斑,译. 北京:生活·读书·新知三联书店,2008:247.
⑧ 王才勇. 灵韵,人群与现代性批判:本雅明的现代性经验[J]. 社会科学,2012(8):127-133.

作过程带来了"震惊"体验。本雅明论述道，在观看电影中的形象时，观看者的联想过程会被这些形象不停的、突然的变化打断。这就构成了电影的震惊效果，同所有震惊一样，这也应该由提高了的内心现实来加以缓解。① 摄影或电影给大众带来的震惊体验与大众在现实生活中所遭遇的情况是一致的，这对大众的统觉产生了深刻的影响。就像在快门触发的那一刻所引起的瞬间性震惊一样，穿行于大城市的交通十字路口也会造成一系列的神经紧张与惊恐。② 由此可见，在本雅明的文化批判理论中，从照相术的普及和应用开始，人与视觉性的艺术图像之间的关系就发生了改变，灵晕在人与物之间的关系中消散。而现代性的"震惊"体验也伴随着机械复制技术的出现而影响到大众，这种视觉性的"震惊"体验从影响人的统觉开始，伴随着现代性扩散到整个社会的机体中，于是社会的组织运行及人的身心都被现代性的视觉体验影响。

如果说本雅明在摄影技术与电影技术"初露锋芒"之际（20 世纪 30 年代—40 年代）触及了视觉性媒介对社会产生的震撼性影响，那么居伊·德波则在视觉图像疯狂增长的 20 世纪 60 年代对图像问题展开了深刻的现代性反思。

第二次世界大战后，资本主义的发展进入垄断资本主义及跨国资本主义阶段，在这个阶段，资本主义的发展中心从生产转移到了消费，广告、宣传等促进消费的媒介手段逐渐在社会中井喷式地涌现，因此图像也进入了一个大量增殖并用以消费的时期。正是在这样一个时期，德波思考景观与人之间的关系、景观与社会之间的关系。图像可以是景观的一种显现形式，但图像并不是景观，景观是德波批判理论中的核心问题域。在《景观社会》的开头，德波便感叹，在现代生产条件占统治地位的各个社会中，整个社会生活显示为一种巨大的景观的积聚。直接经历过的一切都已经离我们而去，进入了一种表现（representation）。③ 如果说在本雅明的审美文化批判语境下，视觉性媒介所制造出来的图像还仅仅是现代性生活的一种点缀，那么在德波这里，景观已经成为日常生活的中心和全部。德波借"景观"一词概括他眼中当代资本主义社会的新特质，具体来说即当代社会存在的主导性本质上主要体现为一种被展现的图景性。人们因为对景观的入迷而丧失了对本真生活的渴望与追求，而资本家则依靠控制景观的生成和变换来操纵整个社会生活。④ 也就是说，在景观社会中，人们对于图像的被动凝视已经取代了主动的参与，他们在这个阶段更深刻地被图像与视觉操纵，这种人与世界之间被景观中介的关系，便是德波所切中的社会转型。

---

① 汉娜·阿伦特. 启迪：本雅明文选 [M]. 张旭东，王斑，译. 北京：生活·读书·新知三联书店，2008：260.
② 瓦尔特·本雅明. 发达资本主义时代的抒情诗人 [M]. 王涌，译. 上海：华东师范大学出版社，2017：179.
③ 居伊·德波. 景观社会 [M]. 张新木，译. 南京：南京大学出版社，2017：3.
④ 张一兵. 文本的深度耕犁：后马克思思潮哲学文本解读·第二卷 [M]. 北京：中国人民大学出版社，2008：80.

在德波的媒介文化批判理论中,"景观"(图像)已经成为尝试夺取"真实"的领地。现实突然出现在景观中,使得景观成为一种真实,这种相互的异化是现存社会的本质和支撑。① 正是在这样一个过程中,景观与现实之间的界限被消解,景观逐渐取代了现实,人与人之间的关系也变成了景观的一部分。

随着媒介技术的更迭发展,媒介中的图像与个人之间的关系也发生着改变,如果说德波还在现代文化与后现代文化之间探讨图像与人的关系,那么让·鲍德里亚则是在后现代文化的论域中探讨图像的问题。

麦克卢汉的媒介文化理论对鲍德里亚的文本有着深刻的影响,鲍德里亚通过媒介文化理论、结构主义及马克思的政治经济学等多种理论透镜,对消费社会进行了深刻的分析与批判。在早期鲍德里亚的文本中,媒介中所展示的符号的重要作用被突显,其论述中的消费社会便是一个消费被符号控制的社会。在消费社会中,一切都是以符号的编辑为中介的,因为在电子媒介时代,消费的过程依赖于符号编码的引导。② 在消费社会中,符号生产的重要性已经超过了物质生产。如果说在早期鲍德里亚的思考中,符号编码体现为消费社会的运行机制,经过《生产之镜》的中介,在后期鲍德里亚的思考中,符号编码就是社会运行的一切依据。③ 后期鲍德里亚思想的两大中心是拟真与超真实。鲍德里亚认为"拟真"有三个层次:第一层次是对现实的明显复制;第二层次是复制品过于完美以至于消弭了现实与表征的区别;第三层次是没有基于任何一点真实世界而产生出它自身的一种现实的事物。④ 从"拟真"的第三层次可以看出,在鲍德里亚的后现代主义图像观中,符号与图像已经成为一种"自为的存在",不需要依附于真实世界,而且正是这样的符号与图像开始编织甚至建构我们社会的全部内容。

从以上媒介文化理论片段中可以发现,随着媒介技术的发展,图像与现实之间的关系也在发生着转变,图像与符号逐渐篡夺真实之物的权力,从而纵身一跃成为真实本身,甚至比真实更加真实。上述理论片段都是从本体论或认识论的层面来阐述图像与时代、图像与社会、图像与人之间的新的关系。

近年来,媒介研究从中介化向媒介化转变,媒介已经开始摆脱传统传播研究中的"中介性角色",而开始逐渐"影响"乃至"控制"社会形态的构型过程。⑤ 而在这样的媒介化范式下,我们也应该重新认识图像或符号及它们对我们现实生活的影响,重新认识我们与视觉性媒介技术的关系。

---

① 居伊·德波. 景观社会[M]. 张新木,译. 南京:南京大学出版社,2017:5.
② 仰海峰. 符号之镜:早期鲍德里亚思想的文本学解读[M]. 北京:北京师范大学出版社,2018:326.
③ 仰海峰. 符号之镜:早期鲍德里亚思想的文本学解读[M]. 北京:北京师范大学出版社,2018:334.
④ 理查德·J. 莱恩. 导读鲍德里亚:原书第2版[M]. 柏愔,董晓蕾,译. 重庆:重庆大学出版社,2016:34.
⑤ 戴宇辰. 媒介化研究:一种新的传播研究范式[J]. 安徽大学学报(哲学社会科学版),2018,42(2):147-156.

第二节　视觉文化传播与观看之道

正如上文所提及的，在理论图谱上，唐宏峰认为视觉文化形成了两种问题意识：一种是批判性视觉文化理论，另一种则是从艺术史和图像研究的面向来研究视觉文化。如果说第一条研究路径主要是从本体论与认识论层面来阐述人与图像、社会与图像之间的关系，那么第二条路径则主要是从认识论和方法论层面来为"如何观看"及"如何解读图像"提供一种支持。下文我们探讨的主要问题便是如何观看或解读图像。

首先要明确的是，图像并不是镜面式地对世界进行的反映，图像是世界的一种表征。图像是一种文化表征的视觉化显现，这是图像能够被观看的前提，正是因为图像是处于文化链条之中的符码，所以我们才拥有解读图像的意义空间。在文化研究中，"表征"一词的概念界定深受语言学、符号学及建构主义思潮的影响。表征的意思是通过语言（书写词语、讲话声音或视觉形象）来生产意义，表征是在我们头脑中通过语言对各种概念的意义生产。表征就像一座桥梁，连接着概念与语言，也正是这种联系使得我们能够指称"真实"的人、物、事的世界，也能够想象虚构之中的人、物、事的世界。① 在表征中，我们所使用的工具便是符号，符号代表了有意义的词语、声音或形象，符号就像表征系统中的通用语言，维系着我们所共享的概念世界（文化的意义系统）。因此，在解读图像时，我们可以将图像看作现实世界的人、物、事的表征。

在建构主义理论范式中，各种人、物、事本身没有固定的、最终的或真实的意义，也就是说"物"与意义之间呈现为一种流动的状态，是我们使事物有意义，使事物发生意指。因此，表征并不是一种确定的状态，而是一个过程。通过表征，一种文化中的成员能够通过配置符号系统来生产意义。② 而图像的生产也正处于符号意义系统的生产环节之中，因此，除了是视觉符号本身的展示外，图像还是一个意义的阐释空间。

意义并不在客体或人或事物中，也不在词语中，意义是在表征的系统中被建构出来的，也正因为如此，图像的建构也是一个意义的建构过程。当我们对图像进行解读时，我们便处在了意义生产或意义复制链条的一端，那么随之而来我们需要思考一系列的问题，如：谁生产了这些图像？这些图像运用了哪些社会文化中经常使用的符号？这些符号在图像中怎样被布局？这些布局又呈现出怎样的意义？总的来说，观看图像及剖析图像之中的符号表达，便是在解读图像的意义。

---

① 斯图尔特·霍尔. 表征：文化表象与意指实践 [M]. 徐亮，陆兴华，译. 北京：商务印书馆，2003：16-17.
② 斯图尔特·霍尔. 表征：文化表象与意指实践 [M]. 徐亮，陆兴华，译. 北京：商务印书馆，2003：61.

在解读图像意义的过程中，大众传媒研究和大众文化研究最常使用的方法是视觉修辞，视觉修辞也是视觉理论和文化研究中的首选方法，这种方法试图揭示图像的意识形态基础。① 正如，罗兰·巴尔特所说，图像是一种表征，它除了我们表面上所看见的直接意指（内容）外，还有第二层需要被解码的文化意义（含蓄意指）。② 对于潜藏在图像或符号中的含蓄意指，则需要运用视觉修辞的方法工具结合文化系统对其进行理解。视觉修辞作为一种理论视角，是观察图像的一种特殊方法。视觉符号或视觉图像的"修辞结构"并非一个抽象的事物，其内部充盈着隐喻、转喻、越位（catachresis）、反讽、寓言、象征等修辞性意义，因此视觉符号或视觉图像是被修辞充盈的物。③ 同时，视觉修辞拥有广泛的适用对象，包括二维和三维图像，如绘画、雕塑、家具、建筑和室内设计等。④ 视觉修辞方法，强调的便是聚焦于这些修辞学层面的意义装置，旨在解码视觉文本中的"修辞结构"，从而揭示出这些意义装置背后的暗指与文化符码，从而挖掘出视觉符号或视觉图像内部的含蓄意指。⑤ 而这种潜藏的含蓄意指所指向的便是符号或图像被生产出来的目的或动机。研究符号或图像背后的目的与动机是视觉文化研究的母题之一，即视觉性研究。视觉性指向的便是"景象"背后的"机制"与"手段"，即景象背后的生成性机制。⑥ 视觉修辞方法，为我们研究图像背后的视觉性提供了方法论工具，能让我们"看见"图像内在的意义骨骼。

视觉修辞仅仅是解读图像的方法之一，随着各种思潮与学科对图像的关注，不同的解读方法被创造了出来，马尔科姆·巴纳德在其书中对这些方法进行了概述。巴纳德认为可以将理解视觉文化的方法定位在一个谱系范围中，这个谱系范围的一端是个体，另一端是结构。⑦ 代表个人的一端是"阐释的方法"，代表结构的一端是"结构的方法"。第一种方法强调在理解过程中个体意识的作用，第二种方法强调在理解过程中结构的作用（理解是结构的产物）。⑧ 在阐释的方法谱系中，个体的主体及意识被当成是理解视觉文化的基础；而在结构的方法谱系中，深层的社会和文化结构会被认为是理解视觉文化的基础。理解视觉文化的方法基本上都置身于阐释—结构的谱系中。在阐释的方法

---

① BARNHURST K G, VARI M, ÍGOE RODRÍGUEZ. Mapping visual studies in communication [J]. Journal of Communication, 2004, 54 (4): 616 - 644.
② 斯图尔特·霍尔. 表征：文化表象与意指实践 [M]. 徐亮，陆兴华，译. 北京：商务印书馆，2003: 38 - 40.
③ 刘涛. 媒介·空间·事件：观看的"语法"与视觉修辞方法 [J]. 南京社会科学，2017 (9): 100 - 109.
④ FOSS S K. Theory of visual rhetoric [M] //SMITH K L, MORIARTY S, BARBATSIS G, et al. Handbook of visual communication: theory, methods, and media. Mahwah, NJ: Erlbaum, 2005: 144.
⑤ 刘涛. 视觉修辞的学术起源与意义机制：一个学术史的考察 [J]. 暨南学报（哲学社会科学版），2017, 39 (9): 66 - 77, 130.
⑥ 李长生. 视觉文化研究四题：视觉化、视觉性、视觉制度与视觉现代性 [J]. 文艺评论，2014 (5): 17 - 24.
⑦ 马尔科姆·巴纳德. 理解视觉文化的方法 [M]. 常宁生，译. 北京：商务印书馆，2005: 273.
⑧ 马尔科姆·巴纳德. 理解视觉文化的方法 [M]. 常宁生，译. 北京：商务印书馆，2005: 30.

中，研究者可以回到图像所生产的社会历史环境中对图像作品进行解读，也可以通过共鸣理论、作者理论及心理分析等方法来探寻图像所表达的意义。结构方法认为视觉文化的生产与社会结构紧密联系，对视觉文化的理解无法脱离符号、性别、阶级等固定结构，因此符号学或图像学的方法、女性主义的视角、马克思主义的视角也是理解视觉文化的重要角度。可以发现，在对视觉文化或图像进行理解时，个体的角度与结构的角度之间存在着张力，都企图能够尽可能地解读出图像所创造出来的意义空间。

在思考图像时，除了思考图像本身外，还需要思考图像与人、与社会之间的关系。顺应着对于图像的思考线索，观看也并不是一种纯粹的解剖图像意义的解读行为，有许多更深层的因素会影响到我们观看的实践。在视觉文化的研究脉络中，研究看与被看的关系是其中的一大母题。不同的眼光会塑造出不同的视觉经验，不同的视觉经验也会进一步影响视觉文化的生成与解读。视觉文化的核心问题乃是视觉经验的社会建构，这就涉及"观看方式"，亦即人们如何去看并理解所看之物的方式。① 下文我们将跳脱出微观层面的图像解读路径，从相对宏观的视角来理解不同时代的"观看方式"。

约翰·伯格在《观看之道》中认为，观看绘画或其他东西的过程，并不像我们以为的那样主动且自然，大部分的观看方式取决于习惯和陈规。所有传统绘画都采用透视法这一常规方法，这是欧洲艺术独一无二的特点。透视法始于文艺复兴早期，这种视觉方式以观看者的目光为中心，统摄万物，也正因此透视法使得眼睛成为世界的中心。一切都向眼睛聚拢，直至视点在远处消失。② 因此，当观看以透视法为绘制法则所创作的作品时，观看的过程能够让观看者觉察到自己是世界的中心。

随后，摄影术的出现改变了以透视法为基础的视觉体验。如果说人眼的观看还要固定在特定的时空中，那么摄影术则对观看的特定视点与时空进行了分离。照相机的发明改变了人们观看事物的方法。照片并非一般人认为的机械性记录，摄影师是从无数可供选择的景观中，挑选了眼前这一角度。摄影师的观看方法体现在他所选择的题材上，除此之外，我们对于影像的理解与欣赏也取决于各人独特的观看方法。③ 因此，摄影术的出现极大地改变了人们观看世界及感受世界的方式。

不同的视觉技术会产生不同的视觉再现与知觉模式，而新的视觉再现与知觉模式又会产生新的视觉主体，从而生成新的视觉关系。在历史的变迁中，我们的观看方式和认知其实也在发生改变。乔纳森·克拉里从与视觉技术相关的话语中考察了19世纪40年代新的视觉媒介装置所带来的观看方式（视觉形式或模式）的转变与重组。观看方式的转变制造出了新型观察者，也成为今日视觉抽象化过程的先决关键。④ 在17世纪、18

---

① 陆扬. 文化研究概论［M］. 上海：复旦大学出版社，2008：124.
② 约翰·伯格. 观看之道［M］. 戴行钺，译. 桂林：广西师范大学出版社，2005：11.
③ 约翰·伯格. 观看之道［M］. 戴行钺，译. 桂林：广西师范大学出版社，2005：3.
④ 乔纳森·克拉里. 观察者的技术：论十九世纪的视觉与现代性［M］. 上海：华东师范大学出版社，2017：6.

世纪，暗箱确定了观察者的视觉模式。那时，暗箱被用来解释人类的视觉，以及再现感知者与认识主体的地位及与外在世界的关系。① 19 世纪，立体视镜（stereoscope）的出现产生了新的视觉模式，使得可触知性与视觉性之间产生了明显的断裂。② 而摄影术出现之后，立刻击败了立体视镜。摄影术与暗箱不同，相机与观察者是可以相互分离的。正如克拉里所言，摄影使相机在根本上独立于观察者，却又伪装成介于观察者和世界之间的一个透明无形的媒介物。③ 也正是在这样的视觉技术变迁中，观察者的主体性及其视觉模式也发生了变化。被新的视觉技术创造出来的新的观察者，其视觉模式能够适应视觉现代性的要求，其身体也能够被安置在现代性社会之中。可以说，19 世纪发生在观察者身上的变化正是一个视觉现代化的过程。④

从上文可知，观看的方法涉及视觉技术与视觉模式，而视觉技术与视觉模式变迁问题的内核则关涉到"视觉与现代性"这个核心问题。

现代性孕育出了不同的视觉政体（scopic regime，亦被翻译为"视觉制度"），马丁·杰伊将占据着时代优先地位的视觉模式描述为视觉政体，在现代居于主导地位的视觉政体是笛卡尔透视主义（Cartesian perspectivalism）（文艺复兴时期视觉艺术的透视法和笛卡尔关于理性主义的哲学观点相结合的模式）。⑤ 笛卡尔为现代认识论习惯提供了一种哲学正当性。在笛卡尔透视主义传统中，主体只确信自己在镜中的图像形象，而这种镜中的图像形象便是主体性的视觉构建。⑥ 笛卡尔透视主义分离了主体和客体，使第一先验性和第二先验性成为惰性，从而使形而上学思想、经验科学和资本主义逻辑同时处于从属地位。⑦ 也正是笛卡尔透视主义所建立的起点，使得视觉中心主义（ocularcentrism）在法国长期占据统治地位，这引起了 20 世纪法国哲学家们对视觉中心主义的一股反思潮流，法国思想家们对视觉关系的哲学性探讨，也深刻地影响着我们所处时代对图像的观看方式。

总体上看，观看的方法涉及微观与宏观两个层面。在微观上，观看的方法是对图像进行解读，这种解读涉及视觉修辞、阐释性的方法及结构性的方法。在宏观上，观看方法涉及媒介技术和哲学思潮的变迁，不同的媒介技术与哲学思潮会影响我们对观看方式的认识。

---

① 乔纳森·克拉里. 观察者的技术：论十九世纪的视觉与现代性 [M]. 上海：华东师范大学出版社，2017：48.

② 乔纳森·克拉里. 观察者的技术：论十九世纪的视觉与现代性 [M]. 上海：华东师范大学出版社，2017：32 - 33.

③ 乔纳森·克拉里. 观察者的技术：论十九世纪的视觉与现代性 [M]. 上海：华东师范大学出版社，2017：204.

④ 乔纳森·克拉里. 观察者的技术：论十九世纪的视觉与现代性 [M]. 上海：华东师范大学出版社，2017：17.

⑤ 唐宏峰. 现代性的视觉政体：视觉现代性读本 [M]. 郑州：河南大学出版社，2018：79.

⑥ 马丁·杰伊. 低垂之眼：20 世纪法国思想对视觉的贬损 [M]. 孔锐才，译. 重庆：重庆大学出版社，2021：44 - 45.

⑦ FOSTER H. Vision and visuality [M]. Livermore：Bay Press, 1999：x.

第三节 从"图像文化"到"视频文化"

如果说 20 世纪是图像的世纪,那么到了 21 世纪,我们便逐渐过渡到视频占主导地位的新纪元。

在电影诞生的那一刻,孤立的图像通过连续性地拍摄,最终被连续性地呈现出来,这也标志着视频的诞生。电视技术的发展把视频这种视觉形式带入每家每户。1930 年,BBC 播出了声像俱全的多幕电视剧《花言巧语的男人》(*The Man With the Flower in His Mouth*),1932 年又转播了"德比"赛马比赛。① 在电视发展的早期,电视的主要内容是转播社会中发生的大事件,而且在播出时间上也受到限制。到了 20 世纪 80 年代,随着电视技术的发展,电视剧、广告等视频形式的内容便开始占领电视。正是在那时,许多媒介文化研究者开始关注到电视作为一种媒介器具已经极大地嵌入人们的社会生活中,人们的时间安排经常会被电视的节目时间安排影响,同时电视在家庭中也创造了一种别样的空间形式,被称为"客厅媒介"。在所有电视节目中,最受欢迎及传播范围最广的便是电视剧,如《达拉斯》(*Dallas*)在 20 世纪 80 年代席卷了全球。如果说单张图像是由符号按照固定的位置组装起来的意义空间,那么由众多图像按照时间秩序组装起来的视频则是一股携带意义的洪流。视频作为一种具有连续意义的视觉形式,更能把受众带入它所想要阐述的语境之中。但旧时的电影或电视有着固定的时空限制,看电影通常在电影院完成,看电视则在家中的客厅或卧室完成。

而到了互联网和手机时代,情况发生了变化,观看视频已经成为我们生活中的一种新的观看方式。无论是步行,还是乘坐公交车、地铁或高铁,我们看到许多人都是通过手机观看视频。无论是看剧,还是观看抖音或快手短视频,这些行为都已经跟随着我们的手机媒介实现了"移动式生存"。正是在这样的技术语境下,媒介技术的发展在一定程度上解放了曾被时空固着的视频。毋庸置疑,视觉文化(无论是图像还是视频)的发展依赖于媒介技术的发展,因为数字影像技术的发展使得照片从其物质形式向数字形式过渡,从而让我们如今能够轻松地在网络上观看、下载、传播及再创造众多的图像。到了网络时代,随着网络带宽的提速,我们已经可以实现实时观看在线视频及在短时间内下载视频。

文化在形成的过程中不可避免地会受到政治经济力量的影响,因此除了技术的发展外,视频商业公司的兴起也为视频文化的崛起创造了条件。世界上最大的视频网站

---

① 郭镇之. 电视传播史 [M]. 北京:北京师范大学出版社,2000:48.

YouTube 创立于 2005 年。从表面上看，YouTube 最初提供的是技术而不是文化：消除非专业用户在网上共享视频时所遇到的技术障碍是 YouTube 最初提供的服务之一。该网站提供了一个非常简单、集成的界面，使人们能够使用标准的网络浏览器和适度的互联网速度，在没有太多技术知识的情况下上传、发布和观看流媒体视频，不限制用户上传的视频数量，同时提供基本的社交功能。① 可以说，在技术意义上，YouTube 提供了一个社区，将用户与视频、用户与用户及视频与视频连接起来，从而形成了一个庞大的视频社区。早期的 YouTube 就像用户的视频储存库，用户可以通过上传视频来展示自己。正因为如此，每个用户的个人界面形成了个人频道，很多内容生产者介绍自己的第一句话便是"欢迎来到我的频道"。

随着 YouTube 上内容生产者生产的内容所带动的潮流文化的变化，YouTube 已经不再是一个简单的视频网站，同时也是一个多种文化在其中生成的场域，而视频则是这些文化生成的介质。用户生成内容（user generated content）占据着 YouTube 视频内容的绝大多数，而其中一部分内容是对传统视频媒体的剪辑与改用，其中一部分则是用户自己记录生活的 Vlog（Video blog）。拍摄 Vlog 的博主被称为 Vlogger，他们主要通过拍摄视频的形式记录自己的生活点滴，并上传到网络上与网友进行分享。从 YouTube 刮起的这股拍摄 Vlog 的文化潮流也深刻地影响到我国较大的视频分享网站哔哩哔哩（Bilibili，简称 B 站）的内容生态。

B 站是国内较大的视频分享网站，同样也是众多亚文化爱好者的聚集中心。B 站上的许多内容生产者（简称"UP 主"）都受到了 Vlog 文化的影响，学习其他优秀 Vlogger 的 Vlog 创作手法，在 B 站上传自己的 Vlog 作品。观看 Vlog 并不只是一个观看过程，更是通过视频的形式认识 UP 主的过程，许多 UP 主的粉丝都通过 Vlog 这样的视频形式来认识 UP 主，并与其形成良好的互动关系。B 站上的 Vlog 风格多种多样，涉及旅游观光、美食制作、健身塑形、学习分享、书籍推荐等，不同的 Vlog 传递着不同的文化，也代表着不同的文化。用户会寻觅自己喜欢的 Vlog，并关注自己喜欢的 UP 主，由此不同的个人频道中也形成了以 UP 主为中心的文化共同体。

除了 Vlog 文化外，B 站上流行的还有弹幕文化。现今，弹幕作为视频网站的一种基本功能已经镶嵌到了视频网站的网页及应用中。当我们打开不同的视频网站或视频应用时，我们能够在视频播放窗口的下方找到弹幕发送窗口，可以说，无论是在功能上还是在形式上，弹幕已经成为视频的一部分。弹幕系统会影响受众的感知交互性，弹幕与视频之间的并行性会提升用户的感知交互体验，而感知交互体验又能进一步激发用户的

---

① BURGESS J, GREEN J. YouTube: online video and participatory culture [M]. Malden, MA: Polity Press, 2009.

即时分享意图及持续使用意向。① 如果说在弹幕文化形成之初，弹幕还是外在于视频的文字符号，那么现在弹幕已经与视频融合在一起，共同形成了一种意义空间。富含弹幕的视频网站不但是一个观看空间，还是一个意义交流与意义再生产的空间。许多观众现在已经不是单纯地为看视频而看视频，而是希望能够看见视频中其他网友所生成的有趣的弹幕，因此有些观众会先看一次视频，等弹幕被"养肥"了以后再看一次视频，以期从弹幕中获得不一样的观看感受与体验。

在视频文化中，观众（受众）的参与是重要的，无论是 Vlog 文化还是弹幕文化，都需要观众参与其中，也只有当观众参与其中，视频文化中的意义之轮才能够转动起来，创造其文化价值与意义空间。

观看 Vlog 或发送弹幕都不需要观众同步到视频的制作过程之中，而观看直播则需要观众的共时性存在。现今，B 站、淘宝、抖音、快手、斗鱼、虎牙等平台都提供直播服务，直播的出现使得观众直接参与视频的生产过程，不同的平台和主播会产出不同的直播视频内容，即不同的平台属性及受众群体共同创造了不同的直播内容与直播文化。

第 48 次《中国互联网络发展状况统计报告》显示，截至 2021 年 6 月，我国网络直播用户规模达 6.38 亿人。不同的直播平台造就了让不同观众相遇的舞台，观众与主播之间的相遇与交流，以及对于平台技术的运用也催化出与直播相关的文化现象。一方面，直播能够制造一种亲密关系，直播平台通过亲密度、礼物和"PK"等技术配置，促使主播与观众之间建立起一种高度商品化、性别化的亲密关系。② 另一方面，直播也是一种游戏化生存，直播平台越来越多地引入游戏机制——"PK"环节、等级和经验值、任务、徽章、排行榜等，以提高用户参与度。③ 主播间"PK"是直播中常见的景象，在"PK"环节主播间能够形成小型交际圈，主播的粉丝也能够进行交流。在直播中，不同的圈层文化可能会相遇与碰撞，并萌生出许多新的文化现象。

可以看见，视频文化的生产涉及平台、视频生产者、受众、渠道等多种因素，与此同时，媒介技术及商业的力量也在形塑和影响着视频文化。

近年来，大量的观众之所以能够转型成为视频平台的内容生产者，除了平台提供了这样一个分享的机会外，媒介技术的发展也是不可或缺的因素。

可以看到，如今手机厂商将一部分设备更新的重头戏投注在摄像头技术的革新上。除了对摄像头下的感光元件及传感器进行更新外，手机厂商也在不断更新着处理图像的算法处理器，这便关涉到计算摄影（computational photography）。计算摄影技术是指用

---

① LIU L, SUH A, WAGNER C. Watching online videos interactively: the impact of media capabilities in Chinese Danmaku video sites [J]. Chinese Journal of Communication, 2017, 9 (3): 1-21.
② 董晨宇，丁依然，叶蓁. 制造亲密：中国网络秀场直播中的商品化关系及其不稳定性 [J]. 福建师范大学学报（哲学社会科学版），2021 (3): 137-151.
③ ZHANG X, XIANG Y, HAO L. Virtual gifting on China's live streaming platforms: hijacking the online gift economy [J]. Chinese Journal of Communication, 2019, 12 (3): 1-16.

于增强数码摄影能力的计算成像技术。① 与传统相机镜头相比，手机摄像机的劣势在于其感光元件的尺寸并不能做到与传统相机等同，因此在成像的过程中会有所局限。但随着手机摄像头传感器的发展，加上计算摄影技术带来算法优化，这种差距正在逐渐缩小。同时，在算法的加持下，多重曝光、延时拍摄、跟焦等在传统照相时代需要专业人员来实现的功能，也可以通过手机上的一个按钮来完成。因此，媒介技术的发展将摄像、摄影技能下放到广大观众之中，从而带来了一个大众摄影时代。正是在这样的背景下，越来越多的观众能够参与视频的生产环节。

视频文化与商业性的技术力量是相互交织作用的，视频文化的兴起同样能够影响商业性媒介技术的生产。随着 Vlog 文化在 B 站盛行，传统的相机生产商也改变了其产品定位和生产策略。索尼、佳能等传统相机生产商顺应着 Vlog 文化潮流生产出便于 Vlogger 拍摄和创作的 Vlog 相机。顺应 Vlog 文化生产出来的相机更加注重和强调自拍、美颜，以及自动对焦、跟焦等功能，同时有一块能够上翻或侧翻的屏幕，以便于使用者在拍摄 Vlog 的时候实时监控自己的状态。

Vlog、直播、混剪、弹幕等视频文化形式从其诞生就与媒介技术、平台等商业性力量有着很深的勾连。直播成为一种带货新形式，把观众拉入一个消费的仪式之中，敦促观众进行消费；除了展示生活方式与生活乐趣外，Vlog 还成了商品展示舞台，即商品依托 Vlog 视频中生活方式的展演成为体现生活品位与风格的器具；广告通过后现代碎片化的"混剪叙事"，看似解构了传统商品中的消费神话，却在生成另一种破碎的消费神话。

上文讲述了创造出视频文化的平台因素、商业性因素及技术因素，那么在视频文化中创作者与观众居于怎样的位置呢？

在视频文化领域，创作者与观众之间的界限已经开始模糊。随着摄影技术的下放，每个拥有手机的观众都有机会成为一名内容创作者。视频文化存在一种向日常生活回归的倾向，更多地将重心向创作者自身转移，或者倾向于我们每个持有手机的普通人。在绘画时代或摄像时代，图像具有一定的特权性，肖像画或摄像的成本并不是每个人都能支付的。但如今我们每个人都有能力通过手机以图像或视频的形式记录自己的生活，并通过平台渠道分享出去，呈现自己生活的点滴与痕迹，并以此来捕获日常生活中的"灵晕"。但有时候这种被呈现的生活又是碎片式的、景观式的，当网络上许多相似的视频被制造出来后，日常生活中的"灵晕"可能会再一次消失在数码复制时代。

总的来说，视频文化是一个被媒介技术、平台、商业性主体、创作者（受众）等因素创造出来的视觉文化新形态。视频文化以视频为中心重构了多组文化关系，在这些新的关系中媒介技术的进化、平台功能的布局与设定、商业性主体的参与、创作者（受众）的能动性等都是应该被考察的要点。

---

① 徐树奎，涂丹，李国辉，等. 计算摄影综述［J］. 计算机应用研究，2010，27（11）：4032-4039.

第四节　抖音与快手：短视频文化的两种日常景观

短视频是指播放时长一般在数秒或数分钟之内的视频产品，能够通过短视频平台或社交媒体平台进行分享、传播。根据第 48 次《中国互联网络发展状况统计报告》，截至 2021 年 6 月，我国网络视频（含短视频）用户规模达 9.44 亿人，其中短视频用户规模为 8.88 亿人。2021 年 3 月，短视频应用的人均单日使用时长为 125 分钟，并且 53.5% 的短视频用户每天都会看短视频节目。从数据可以看出，越来越多的观众参与短视频应用的使用与观看实践。不满足于观看的观众则借助抖音、快手等短视频平台的技术力量，从观看者转变为创作者。正是亿万用户向创作者的转变，才使得抖音、快手等短视频平台中的短视频数量呈现井喷式增长。正如上一节所言，视频文化存在着一种向日常生活回归的倾向，而这种倾向在短视频文化中被淋漓尽致地展现出来。受众的广泛参与及平台功能的加持，使得人生百态在短视频中被呈现出来。

驾驶豪华邮轮的"航海姚哥"、教做家常菜的"阿龙"、四川阿坝藏族羌族自治州卖农产品的"忘忧云庭"、56 岁开始自驾出游的苏敏、展现苗家文化的"阿美"这些原本在现实生活中几乎没有机会相遇的人，在快手这个短视频平台相遇了，与他们相遇的还有数以万计的快手用户。2012 年 11 月，快手从图像制造工具应用转变为短视频社区，成为用户记录和分享生活的短视频平台。快手上聚集着各行各业的从业者，他们用快手记录并分享着自己的生活，创造着未曾见识过的文化景观。快手曾主要以乡土视频、土味视频来获取关注与流量，经常被贴上"土味文化"的标签。新生代农民工是快手主要的用户群体，他们中有的放弃打工，回到家乡专职做网络主播，成为新"留守青年"；有的将自己的打工生活作为一种表演，不再将打工作为赚钱的工具，通过展演打工生活来获得更多的关注与流量。[①] 随着大量新生代农民工在快手上展示自己的生活与见闻，快手文化也逐渐成为草根文化的代表之一。快手不仅为新生代农民工提供了释放自我、交流沟通的"亚文化场域"，其短视频内容同时也给予了乡村景观、民俗文化新的空间，让更多的人能够接触到未曾深入了解过的文化形式，从而为城市文化、乡村文化对话提供了可能性。[②]

如果说快手短视频是草根文化的代表之一，那么抖音短视频则可以说是城市文化生活的一种表达。西安永兴坊的摔碗酒、西安大唐不夜城的"不倒翁小姐姐"、重庆穿楼而过的轻轨、重庆洪崖洞夜景、长沙 IFS 国金中心顶楼的 Kaws 娃娃、厦门鼓浪屿等各

---

① 周敏."快手"：新生代农民工亚文化资本的生产场域[J]. 中国青年研究，2019（3）：18–23，28.
② 杨慧，雷建军. 乡村的"快手"媒介使用与民俗文化传承[J]. 全球传媒学刊，2018，5（4）：140–148.

种城市景观与城市碎片在抖音短视频中得到展示。近年来，抖音作为一个短视频平台，在构建城市形象的过程中发挥着重要作用。抖音上许多短视频都展现着城市中的日常生活，用户将自己在城市中的生活片段或景观通过抖音平台分享出来。这种表达方式将普通人的日常生活体验融入城市形象构建的过程之中。用户通过多维度地参与抖音的城市实践，把自己作为媒介，将数字城市与实体城市融合在一起，共同构建出一座新的城市。此外，抖音还试图将人工智能技术直接植入空间中，开发地标 AR，为全国城市主要地标建筑配备更多的地标 AR 道具。这些技术时代突显用户主体性的技术手段，出现在诸多以城市空间为背景的短视频中，为普通市民从个体生产视角重新定义城市空间提供了可能性，天然地推动着市民个体与城市以各种方式交互融合。[1] 正是在这样的众多个体与空间的深度交互（拍摄、"点赞"、互动）中，短视频不再只是一段城市记录，而且是可以改变城市空间建构的文化诱因与文化实践。

除了反映城市形象外，短视频文化也改变着城市的空间建构。在抖音短视频中流行的景观会被商业性地复制到不同的地方，吸引人们去参观。在装修成老式宿舍的火锅店、被各种灯光装饰的城市繁华地带、城市商厦的空间布局中，都能发现曾在短视频中出现过的空间元素。

除了影响城市空间建构外，短视频文化也影响着用户的行为实践。短视频文化的出现，带动了用户的"打卡"行为与"模仿"行为。"打卡"已经成为许多用户的必做行为，对于他们来说，如果没有剪辑上传或分享拍下来的视频或图像，那么这个参观过程是不完美的。"打卡"与"挑战"逐渐成为短视频内容的一部分，许多用户会参与带有标签的短视频话题挑战活动。抖音上的"打卡"与"挑战"行为在一定程度上促发了模仿行为，对于同一挑战活动，我们可以发现许多具有模仿性质的相似的视频，也正是抖音用户的模仿行为促使挑战活动的短视频内容在短时间内爆炸性增长，以此来形成集中文化效应，塑造迷因传播链。"抖音热点的形成，就是迷因理论所强调的'建立在模仿行为之上的社会交往'模式的实践。"[2]

根据第 48 次《中国互联网络发展状况统计报告》，短视频文化的流行也改变了商业模式，快手、抖音等短视频平台已经成为重要的电商阵地，快手、抖音两大平台根据自身特色，分别朝着信任电商、兴趣电商两种不同路径发展。文化在流行与发展的过程中难免会受到商业性力量的介入，对于兴起于商业性媒介平台的短视频文化来说更是如此，短视频平台需要的是关注与流量。抖音平台的各种便捷性的设定、丰富的音乐库、明星与流量艺人的大量参与、精致的算法推送机制等都需要依靠唱片公司、MCN

---

[1] 潘霁，周海晏，徐笛，等. 跳动空间：抖音城市的生成与传播[M]. 上海：复旦大学出版社. 2020：12.
[2] 常江，田浩. 迷因理论视域下的短视频文化：基于抖音的个案研究[J]. 新闻与写作，2018（12）：37.

（Multi-Channel Network） 机构及其他资本力量的支撑。① 短视频文化的流行也促进了国内 MCN 机构数量的增长，MCN 机构为网络红人的内容生产提供帮助，并且为他们提供更多的曝光渠道和流量支持，同时加速网络流量"变现"过程。MCN 机构成为内容生产、营销、推广等商业环节的重要枢纽。许多成功的主播背后往往有专业团队帮助他们生产内容，隶属同一家机构的主播也会经常联动，以促进各自流量的增长。可以发现，短视频文化以短视频平台为依托，最终构筑了庞大的"文化工业"链条。

短视频文化在构筑"文化工业"链条的同时，也为乡村经济的发展贡献了自身的媒介力量。短视频平台直播卖货的红利能够普及普通的用户，如曲珍在快手上有六七万粉丝，她经常直播，做电商的初心是想帮乡亲们开辟出一条花椒销路，以此来帮助乡亲们脱贫。② 在快手上有许许多多像曲珍一样的用户，他们正在借助于短视频文化的力量改变自身及乡村的经济状况。根据快手发布的《拥抱幸福乡村——2021 快手三农生态报告》，2021 年，每 2 位快手三农创作者中就有 1 位在快手获得收入。2021 年 1 月至 10 月，快手上的农产品订单数超过 4.2 亿个，而且有更多农民在快手上购买农资。由此，以短视频平台为依托，短视频文化在改变城市商业结构的同时，也深刻地影响了乡村的商业形态。短视频文化连接了短视频平台、短视频内容、主播（创作者）、观众（消费者）、物流系统、国家基础设施建设等环节，开辟了一条新的数字消费路径。

短视频文化所彰显的是一种"被看见的力量"，曾经被城市文化隐匿或遮蔽的乡村文化在短视频中被看见并被传播，从而带来了乡土生活的变迁。许多亚文化群体都受到短视频文化的影响，不同的亚文化圈层出现在短视频平台上，个体通过短视频找到属于自己的圈子并组织成"赛博部落"。卡车司机群体、群众演员群体、赶海群体、养花群体、徒步群体、马拉松群体等都在短视频中找到了自己的组织。可以发现，亚文化群体/趣缘群体以短视频平台和内容为媒介再次实现部落化，并且吸引更多的人"观看"文化。

短视频平台的易用性，使得中老年群体也能够通过简单的操作加入短视频创作者的行列。根据 2021 年 8 月 26 日中国人民大学人口与发展研究中心与抖音联合发布的《中老年人短视频使用情况调查报告》，截至 2021 年 4 月，抖音上 60 岁以上的创作者，累计创作超过 6 亿条视频，累计获赞超过 400 亿次。老年人通过抖音展示自己的老年生活，跳广场舞、在公园健身、在厨房做菜等一系列生活片段成为老年文化的缩影，老年人通过短视频分享自己的经验与生活乐趣，也由此结识志同道合的朋友。

短视频在彰显"被看见的力量"的同时，也发生了"渴望被看见"的逆转。被看见意味着有更多的流量，流量则意味着利益，在短视频文化中，许多个体都希望自己被

---

① 常江，田浩. 迷因理论视域下的短视频文化：基于抖音的个案研究 [J]. 新闻与写作，2018 (12)：32 - 39.
② 真实故事计划. 快手人类学 [M]. 北京：台海出版社，2021：254 - 255.

他人看见，渴望被他人看见，这种"被视饥渴症"也是短视频文化的症候之一。许多短视频创作者各出奇招以求博得他人的注视，这样的动因便塑造了短视频文化中的文化奇观。凯尔纳曾对当代文化工业的特点进行论述，他认为"文化工业"在新的领域和空间大量制造媒体奇观，这使奇观现象成为组织当代政体、经济活动和日常生活的基本原则之一。以互联网为基础的新经济将奇观作为商品销售、再生产、流通和促销的主要手段之一，媒介文化也在生产和扩散更多的奇观以吸引观众。[①] 短视频文化所制造的视觉奇观也符合凯尔纳的论断，即为了被关注，有些创作者将惊奇、冒险、怪诞的内容作为短视频的主题，虽然在短时间内博得了关注，但是也产生了不良影响。96岁卖菜饼的老奶奶被他人拍摄后成了"网红"，拍摄者获得了流量，但老奶奶的正常生活受到了影响；全红婵打破世界纪录夺得奥运会冠军后，许多短视频拍摄者和直播"网红"便涌向了她的老家，一直在她家门口直播，以期获得流量；"拉面哥"程运付因为拉面15年不涨价而走红，大批视频创作者来到他所在的村庄，他与村民们原本平静的生活就此被打破。短视频文化制造出来的奇观在我们生活中屡见不鲜。

依托短视频平台的简单易用性，众多用户都能够参与短视频的制作及传播过程，由此兴起了全民使用短视频的风潮，从而塑造了短视频文化，以快手、抖音为主要阵地的短视频文化展现了全国各地的人生百态。随着抖音海外版 TikTok 的迅速发展，我国的短视频文化也传播到了海外。快手、抖音作为短视频社交平台，也为众多亚文化圈层中的人们提供了展示和社交的机会，这极大地丰富了短视频文化的内涵与外延。在短视频文化中，每个参与者都有被看见的权利，短视频文化中"被看见的力量"让乡村文化能够被更多人觉知，从而带动乡村的发展；短视频文化中"被看见的渴望"则催生了短视频中众多的视频奇观，并可能影响到了他人正常的生活。

短视频文化与大众的日常生活深刻地联系在一起，既是一种文化表征，也是一个文化场域，媒介、视觉、用户、商家、主播、空间等因素进入其中后，新的文化便会被孕育出来。上文所捕获的，也只是短视频文化中的沧海一粟。

从媒介文化批判理论出发，到观看的方法，再到对当代视频文化的来临的认识，我们可以发现"视觉"在当代依旧处于中心位置，我们当代的许多文化现象都与"视觉"相连。视觉一直是人类重要的感知方式，视觉文化也与社会变迁保持着紧密的联系。视觉技术在现代的普及、视觉媒介在现代传媒中的主导地位，使得视觉文化成为理解和剖析现代文化和现代主体的形成的最合适的切入点。[②] 视觉不仅是我们身上的一种感官，还是我们探索世界并确定自身与世界的关系的结构。不同的视觉政体的思想观念让我们能用不同的认识论眼光来看待我们与世界的关系，而不仅仅通过"视觉中心主义"的方式。视觉中心主义与媒介技术有着密切联系，暗箱、立体透镜、显微镜、摄影术等媒

---

① 道格拉斯·凯尔纳. 媒体奇观：当代美国社会文化透视 [M]. 北京：清华大学出版社，2003.
② 吴靖. 文化现代性的视觉表达：观看、凝视与对视 [M]. 北京：北京大学出版社，2012：119.

介技术都改变着主体的视觉经验。在当代，视觉媒介技术通过手机或其他移动终端设备深刻地嵌入我们的生活中，摄像摄影技术的下放，AR、VR 的出现都塑造了我们的视觉经验，并且试图从视觉感官影响到其他感官。

媒介技术的发展也使得我们普通人能够更多地参与图像及视频的制作。随着视频文化及短视频文化的流行，一场回归日常生活、关注日常生活的文化运动也在当代显现。在视频文化中，我们更加关注普通人的生活意义与生活价值，也会通过他人的视觉经验觉知生活的美好。与此同时，商业对视频文化也产生了不可忽视的影响，"被看见"的视觉关系也从一种被监视的目光演变为了成名的注目。在渴求他人注目时，我们应该如何在这种新的视觉关系中确立自身的主体性？

在当今，当媒介技术从一种身体的外置物转变为一种与身体共在的技术器官时，主体、媒介与客体三者之间的视觉关系也发生了改变，从媒介文化中探寻这种新型关系的特征是我们对时代、对自身的一种回应。

【思考题】

1. 你觉得当代媒介与视觉处在一个怎样的关系之中？

2. 与从前相比，你觉得我们这个时代观看的方式或观看的理念是否有所改变？如果有改变，这种改变是怎样的？

3. 你是如何理解视频文化的？你认为视频文化对我们的生活产生了怎样的影响？你与视频文化之间呈现了一种怎样的关系？

4. 社会与学界对短视频这一新型的文化样态褒贬不一，你是怎么看待短视频的崛起与发展的？

【推荐阅读书目】

1. 周宪. 视觉文化的转向 [M]. 北京：北京大学出版社，2008.

2. 瓦尔特·本雅明. 机械复制时代的艺术作品 [M]. 王才勇，译. 北京：中国城市出版社，2002.

3. 居伊·德波. 景观社会 [M]. 张新木，译. 南京：南京大学出版社，2017.

第五讲

圈层文化与文化破壁

凯文·凯利曾提出，互联网时代最核心的行为就是把所有东西都连接在一起，任何事物都会在多个层面被接入庞大网络中，缺少了这些巨大的网络，就没有生命、智能、进化。① 随着数字技术的发展，用户彼此间的连接程度不断加深，在算法逻辑与趣缘逻辑的双重演进下，网络群体基于共同兴趣与情感分享不断分化为多个文化圈层。"认同感是圈层内敛的矢量，矢量是一种既有大小又有方向的量，这种内聚力是圈层稳定生存和发展的依托"②，圈内链接的紧密性与一致性必然带来圈内群体与圈外群体的"认知鸿沟"。同时，用户与圈层的关系并非固定不变的，用户个体持续游走于多个文化圈层，亦可被视为多个文化圈层的叠加。由此，文化圈层的形成与特征、各个圈层间的碰撞与交流、"出圈"的文化逻辑与社会价值等都值得我们深入思考。本讲基于B站跨年晚会、河南卫视电视节目等事例，试从媒介文化视角对以上问题进行分析。

第一节 数字时代的文化圈层

"圈层"概念始于地质学领域，指代地壳、地幔、地核等地质分层结构，后由德国学者约翰·海因里希·冯·杜能引入经济学，在其圈层结构理论中首次得到详细论述并用于工业生产布局研究。继而"圈层"又进入人类学、文艺学、社会学等学科中，作为基础性概念被广泛使用。近年来，对于"圈层"的讨论也渗透到传播学理论体系中，成为学科关注的热点，但其具体概念尚未有统一定论。有学者沿袭传统人际关系框架提出圈层应是"社会成员基于不同缘由，以社会关系的远近亲疏作为衡量标准，通过互联网媒介平台集聚与互动，所建立并维系的一个社会关系网络"③，有学者提出应把人类社会中的圈层看作一个动态的场域，它包含圈层内部关系建构、圈层内部关系向外突破及社会化、外部力量向内渗透及被社会化三个维度。④《人民日报》也曾对圈层下定义，认为其指人们信息的接受、文娱产品的选择以及社交，在某一相对固定的群体范围内进行。本讲则基于媒介文化视角，倾向于将圈层视为"来自不同文化圈子、有着不同的社会背景的用户在网络交流的过程中，由于所接受的教育和思想模式的不同，会逐渐进行分化，出现明显的分层现象，在不同的层级中圈内所谈论的话题不尽相同，看待问题、

---

① 凯文·凯利. 失控：全人类的最终命运和结局[M]. 张行舟, 陈新武, 王钦, 等译. 北京：电子工业出版社, 2016.
② 刘明洋, 李薇薇. 社会集合、过渡媒介与文化形态：关于传播圈层的三个认知[J]. 现代传播（中国传媒大学学报）, 2020, 42（11）：148-153.
③ 朱天, 张诚. 概念、形态、影响：当下中国互联网媒介平台上的圈子传播现象解析[J]. 四川大学学报（哲学社会科学版）, 2014（6）：71-80.
④ 邓大才. "圈层理论"与社会化小农：小农社会化的路径与动力研究[J]. 华中师范大学学报（人文社会科学版）, 2009, 48（1）：2-7.

分析问题的角度也会产生变化"①的文化场域。值得注意的是，无论从何种视角对圈层进行界定，在传播学领域，"圈层"既包括圈子化，也包括层级化②，只有将其放在"圈子"和"层级"的横纵坐标上，才能更为全面地剖析圈层的社会意义与文化逻辑。

"圈子"在中国传统社会语境下常常作用于人际关系情境，指"以情感、利益、兴趣等维系的具有特定关系模式的人群聚合"③。同时，"圈子往往容易发展出自我规范——可能是被社会认可的规范，也可能是'潜规则'"④，从而成为"情感和利益交融、交往规则'圈内''圈外'有别的特殊主义社会网络"⑤。此类圈子的相关研究多集中于以血缘、业缘为线索组成的社交网络。在数字时代，"圈子"则多指基于互联网技术以兴趣和情感作为纽带形成的共同体⑥，即"趣缘群体"。网络圈子与网络社区不同。网络中人群汇聚的地方都可以称为社区，网络社区强调的是空间的边界，但社区中人的关系模式可能是多样的。圈子不一定局限于某一特定空间，但其成员的利益诉求、文化特征或行为模式等会有相似之处。相比于严格意义上的群体，即有明确的成员关系、持续的相互交往、一致的群体意识和规范、分工协作并有一致行动的能力这样的关系模式，某些圈子的社会关系又可能相对松散一些。⑦ 小红书、豆瓣甚至淘宝等带有社交属性的网络平台都根据用户的兴趣爱好、情感偏向等划分出无数圈子，如美妆、旅游、手账、萌宠、健身等，将具有相同审美风格、消费意向、关注区间的群体聚集于一处，从而实现信息和文化商品的精准推送。除了文化消费外，以二次元为代表的亚文化群体也借由 B 站、米游社等集合多种动漫和游戏 IP 的平台来获取相应文化资讯，并在使用过程中选择与进入自己喜爱的亚文化领域，并逐步发展至微信、QQ 等强社交应用中，组建起各类分享群/讨论群以明确身份认同。需要注意的是，"圈子"并非具有明确界线而互不冲突的独立群体，其内容和价值形态在一定程度上会产生交集，甚至相互影响。比如在饭圈中，粉丝既可以选择支持某个单一偶像，即"唯粉"，也可以同时喜爱偶像所在的组合，即"团粉"。正是各个圈子的交流与碰撞为参与式文化的创作提供了源源不断的动力。

"层级"指明了"圈层"的内部结构并没有继承网络的去中心化与平面化，而是根据组成圈层的个体所掌握的文化资本量划分出多个等级。在饭圈中同样存在着"不言而

---

① 陈龙. 转型时期的媒介文化议题：现代性视角的反思［M］. 上海：上海三联书店，2019：237.
② 彭兰. 网络的圈子化：关系、文化、技术维度下的类聚与群分［J］. 编辑之友，2019（11）：5.
③ 彭兰. 网络的圈子化：关系、文化、技术维度下的类聚与群分［J］. 编辑之友，2019（11）：5.
④ 李智超，罗家德. 中国人的社会行为与关系网络特质：一个社会网的观点［J］. 社会科学战线，2012（1）：163.
⑤ 龚虹波. 论"关系"网络中的社会资本：一个中西方社会网络比较分析的视角［J］. 浙江社会科学，2013（12）：101-102.
⑥ 蔡骐. 网络虚拟社区中的趣缘文化传播［J］. 新闻与传播研究，2014，21（9）：5-24.
⑦ 彭兰. 网络的圈子化：关系、文化、技术维度下的类聚与群分［J］. 编辑之友，2019（11）：5-12.

喻"的"鄙视链",即"前线粉＞高消费粉＞技术粉＞数据粉＞普通消费粉＞白嫖粉"①。所谓"前线粉",是指拥有时间和金钱,能够长期跟随偶像活动,第一时间获知最新消息或传递偶像近况的粉丝,他们也由此在粉丝群体中拥有部分话语权。而处于最低端的"白嫖粉"则因拒绝付出金钱与劳动而饱受上层粉丝诟病。除了饭圈外,cos 圈(cosplay 爱好者群体)等二次元圈也依据 coser 本人的外貌、摄影师的设备专业程度而生成不同的层级。从各类圈子的分层状况可以看到,无论是数字劳动、金钱投入还是技能支持与文化参与,都表现出资本的渗透与经济逻辑的运转。在层级分布中,有两类群体值得进一步探讨,第一类是拥有较高文化资本的浅层参与者,他们认为自己的浅层参与是受到理性的召唤以避免过于狂热的"奇观化"行为,这并不意味着个体投入能力的缺乏,反而他们是"清醒者"的代表;第二类是有限文化资本的深层参与者,多由不具备经济独立能力却愿意为自己喜爱的事物投入大量精力的青少年组成,他们在资金投入受限的情况下充分利用网络社交平台以发文、评论、转发、投诉等多种形式参与到社会事件中。后者虽然以积极的活动参与度在圈层中占据重要地位,但也是引发群体态度极端化的主要领导者。因此,从普遍意义上看,圈子的层级基本上按照文化资本的持有量进行划分。即使互联网以匿名性和信息的可解除性为每个用户披上了平等性与一致性的外衣,但无论是超越自身能力实现层级跃迁的群体,还是进行自我隐蔽的下沉群体,他们永远也不能完全摆脱他们出身的阶级,甚至他们的境遇与实践(后两者总是与他们的出身密切相关),也正是这些背景关系为他们自己下了定义。②

从以上两个方面出发,研究者可以以更为立体的视角把握圈层的概念,同时也可以看到认同感是组建圈层的基础性要素,无论是以共同爱好为链接的"趣缘群体"还是层级分明的饭圈,都有着统一而明确的目标,圈层即"意味着群体内文化特征和话语体系的同质化"③。尤其是在注意力经济日益蓬勃发展的今天,在庞大的数据流面前追寻"符合自我需求的信息成为必然选择,长此以往,人们会卷入固有的信息圈层,文化和话语体系分众化成为必然,也就必然会产生以此为基础的文化圈层"④。爱米尔·涂尔干曾提出,社会和宗教的文化塑造了社会联结;社会联结进而激发了文化活动的需求和动力。⑤ 而文化圈层诞生的意义也正在于"多元的文化价值和自由表达的权利突破了既有的规则和束缚,传统文化定势被动消解,代表着多元和祛魅的新型文化现象正在以圈

---

① 舍儿. 一文教你识别饭圈鄙视链:演员不如歌手,前线粉技术流不亚于 kol [EB/OL]. (2018 – 05 – 22) [2022 – 05 – 04]. https://www.sohu.com/a/232538203_100129648.

② 皮埃尔·布尔迪约, J. -C. 帕斯隆. 继承人:大学生与文化 [M]. 邢克超,译. 北京:商务印书馆,2002:51.

③ 蒋广学,周培京. 网络信息时代的认同乱象与对治之道:从青年网络圈层文化现象谈起 [J]. 学校党建与思想教育,2020 (21):22.

④ 蒋广学,周培京. 网络信息时代的认同乱象与对治之道:从青年网络圈层文化现象谈起 [J]. 学校党建与思想教育,2020 (21):22.

⑤ 张鲲. 涂尔干的社会信仰说 [J]. 山西师大学报(社会科学版),2015,42 (4):25 – 28.

层为结构发荣滋长"①。由此可见，当前对于文化圈层的讨论以主流文化和亚文化的二分法为主，而亚文化圈层还可以再细分为"汉服圈""洛丽塔圈""JK圈""饭圈""cos圈"等小型趣缘圈层。

认同感是使文化圈层能够正常运转的根本要素。在数字时代，信息的爆炸与冗余使得社会似乎不再拥有稳定而一致的声音，一切事物都充斥着喧闹的讨论。但是算法技术的应用开始对每个用户进行分类整理，从性别、年龄到收入、个人喜好、消费水平，各个名目下都划出不同等级并依照用户情况对其进行标签化。"表面上看，标签只是人与内容连接的依据，人与人之间没有直接互动，但在某种意义上，标签也可以将具有共同兴趣、属性的人连接在一起。"②当趣缘连接到足够多的用户时，与共同爱好相关的信息得以在群体内部流动与分享，同时"在这种互动中循环着的，是一种经过共同的语言、共同的知识和共同的回忆编码形成的'文化意义'，即共同的价值、经验、期望和理解形成了一种积累，继而制造出了一个社会的'象征意义体系'和'世界观'"③。正是在这一过程中，用户得以形成和明确个体认同与集体认同，从而使得身处群体的社会价值得以确定与整合，从无目的、散漫而零乱的"社交群"升级为获取前沿信息、共享专业知识、深入发展兴趣爱好的文化圈层。文化圈层的内容并不停留于网络社交，而是进行线上线下的行为联动，借由真实可感的社会实践行为巩固自我认同，夯实圈层的向心力与凝聚力。而集体认同也在现实与虚拟活动的交织中衍生出两种形态，即"真实集体认同和虚拟集体认同"，"由于现实社会的情境、制度等因素的制约，真实集体认同带有被动性和抵抗性；在网络空间的去中心化和虚拟化环境下滋生的虚拟集体认同带有自主性和服从性"，虚拟集体认同即是"形成圈层集合并组织化的内驱力，形成明确的边界感和归属意识"的主要因素。④

值得注意的是，虽然认同感是支撑文化圈层的核心要义，但这并不意味着其是单一的，即每个用户都必须存有相同的价值观念，恰恰相反，"认同是'只能以复数形式出现的名词'，其存在的前提是其他的认同。没有多样性就没有统一性，没有差异性就没有独特性"⑤。认同所指涉的是"我是谁或我们是谁、我在哪里或我们在哪里的反思性理解"⑥，其代表的是自我肯定的价值方向，而非强制要求圈层内部每个用户思想的一

---

① 刘明洋，李薇薇."出圈"何以发生？：基于圈层社会属性的研究［J］.新华文摘，2021（18）：130.
② 喻国明，曾佩佩，张雅丽，等.趣缘：互联网连接的新兴范式——试论算法逻辑下的隐性连接与隐性社群［J］.新闻爱好者，2020（1）：11.
③ 扬·阿斯曼.文化记忆：早期高级文化中的文字、回忆和政治身份［M］.金寿福，黄晓晨，译.北京：北京大学出版社，2015：145–146.
④ 刘明洋，李薇薇.社会集合、过渡媒介与文化形态：关于传播圈层的三个认知［J］.现代传播（中国传媒大学学报），2020，42（11）：148–153.
⑤ 扬·阿斯曼.文化记忆：早期高级文化中的文字、回忆和政治身份［M］.金寿福，黄晓晨，译.北京：北京大学出版社，2015：140.
⑥ 周晓虹.认同理论：社会学与心理学的分析路径［J］.社会科学，2008（4）：46.

致性。多样性的反思反而会在一定程度上刺激和强化对元认同的理解,从而增强对所属文化圈层的认同。例如,钟爱欧洲宫廷裙风格的"洛丽塔圈"(Lolita 圈,简称"Lo 圈"),圈内人自称为"Lo 娘",她们尤其热爱维多利亚时期和洛可可时期精致而华丽的裙装并引以为豪,然而在外界看来此类服饰多浮夸而绚丽,并不符合日常生活着装的要求,因此"洛丽塔圈"极为强调特立独行的自由精神。虽然部分"Lo 娘"将洛丽塔裙视为展现自我的日常私服,而部分"Lo 娘"仅在参加聚会活动时进行穿着,但她们都将自己与圈外人划分开来,将圈外人称为"地球人"以进行身份区隔和文化对抗。

在自我认同和集体认同的双重保障下,文化圈层得以持续运转并发展壮大,并在其间培养专属于该群体的文化惯习。惯习是"历史的产物,是一种人们后天所获得的各种生成性图式的系统,也正因为这一点,布迪厄称惯习是一种'体现在人身上的历史'",即"外在性的内在化","个体行动者只有通过惯习的作用,才能产生各种'合乎理性'的常识性行为。所以,惯习是'所有选择所依据的不被选择的原则'"。[①] 各个文化圈层,经由长时间的群体互动实践逐步确立和发展自身的惯习或被默认的"规则",如"洛丽塔圈"抵制购买和穿着山寨服装,饭圈抵制无付出的追星行为,"汉服圈"十分注重对"汉服"和"汉元素服装"的区分与识别,等等。惯习作为一种界定圈层边界、规制圈内群体行为的策略,成为普遍意义上的行为指导方略,然而惯习并非固定不变的,也并非不可挑战的。恰恰相反,文化圈层内惯习形成的历史性和专业性的弱势,使其经常受到圈外人士的质疑,而这也成为圈层内外的纠纷与"战争"的导火索,进一步割裂各个圈层间的联系,使其越发走向封闭与孤立。

文化圈层由于其语言体系和文化偏好的同质性而常被视为"共同体"式的存在。然而对于其文化惯习的争论与对抗式解读,促使我们透析圈层的内部矛盾与特征。本尼迪克特·安德森所论述的"想象的共同体"基于"同时性"概念,"一个社会学的有机体遵循时历规定的节奏,穿越同质而空洞的时间的想法,恰恰是民族这一理念的准确类比,因为民族也是被设想成一个在历史中稳定地向下(或向上)运动的坚实的共同体。一个美国人终其一生至多不过能碰上或认识他 2.4 亿多美国同胞中的一小部分人罢了。他也不知道在任何特定的时点上这些同胞究竟在干什么。然而对于他们稳定的、匿名的和同时进行的活动,他却抱有完全的信心"[②],即即使人们在不同的地点从事不同的工作,他们依旧坚信所有人拥有共同的信念,并会为维护这个信念付出努力。正如"中国人不骗中国人"虽是当代网络贸易中基于信任问题而产生的"流行梗",但背后贯穿着对"民族身份"的强烈认同与自我维护。正是基于对他人的身份信任,共同体才得以诞生,并在关键时刻发挥强大的号召力,使每个人都愿意为之奋斗。也有研究者进一步

---

① 杨善华,谢立中. 西方社会学理论(下卷)[M]. 北京:北京大学出版社,2006:168.
② 本尼迪克特·安德森. 想象的共同体:民族主义的起源与散布[M]. 吴叡人,译. 增订本. 上海:上海人民出版社,2011:24.

归纳出共同体的一些基本特征,如紧密的社会约束力,对社会机构的依附和参与,仪式庆典,小规模人口,相似的外表特征、生活方式及历史经验,相同的道德信仰、道德秩序等。① 反观文化圈层,其内部既无法保证对惯习的统一认知与坚守,也无法完全信任圈层内他人的"同时活动",同质与分裂同时成为文化圈层的结构特质。因此,与其说文化圈层是"想象的共同体",不如将文化圈层视为拥有身份边界的外层松散、内层聚合的联合体。

同时,个体所拥有的圈层身份也绝非唯一,"当社会网络的圈层划分精细到一定程度时,每个人都会被贴上一种甚至多种圈层标签。当个人接触到多种圈层时,人内传播体现出圈层碰撞的火花;每个人带有不同的圈层所涵化的话语议题、表述范式和思维习惯"②,在各个圈层中进行着文化逻辑的塑造与再传播。由此,对于文化圈层的研究不应局限于描述某一圈层所呈现出的种种表征,而更应关注圈层间的交流、冲突与融合,以动态视角观察其文化走向与社会影响。

第二节 文化圈层的碰撞、交流与融合

近年来,各个文化圈层间碰撞、融合等互动现象屡见不鲜,如两名歌手打榜大战中"Z 世代"粉丝和年长粉丝的圈层内部纷争;《唐宫夜宴》《洛神水赋》《纸扇书生》等节目是突破传统文化圈层壁垒,与现代审美相结合的视频文化产物。在种种纠缠、对抗、突破的圈层文化实践中,我们既可以清楚地观察各个文化圈层间的区隔,也可以发现圈层内部的分化和再分化,它们就像是生态系统中的细胞,无时无刻不处于裂变、吞噬、联合的运动状态中,并在此过程中相互作用,共同构成文化的有机体。因此,有研究者提出在讨论圈层间的运动问题时,应"建立的最基本认知就是——圈层以动态实体存在"③,本节将从基本运动状态,即圈层碰撞、圈层交流与圈层融合入手思考数字时代的文化圈层问题。

一、圈层碰撞:情感对立与群体极化

文化圈层的构建基于趣缘的集合。数字技术一方面为新趣缘的兴起提供温床,另一

---

① 陈美萍. 共同体(Community):一个社会学话语的演变[J]. 南通大学学报(社会科学版),2009,25(1):118-123.
② 刘明洋,李薇薇. 社会集合、过渡媒介与文化形态:关于传播圈层的三个认知[J]. 现代传播(中国传媒大学学报),2020,42(11):149.
③ 刘明洋,李薇薇. "出圈"何以发生?:基于圈层社会属性的研究[J]. 新华文摘,2021(18):131.

方面也成为受众探索新趣缘的便捷工具。同时，在猎奇心理的作用下，受众不断探索和更新着自身的文化标签，他们自由地游走于多个文化圈层，在其中或停留扎根，或抽身而走，而进入与流出圈层必然伴随着受众情感的投入与淡化。因此，圈层间的碰撞与斗争本质上由个体情感选择与文化认同间的区隔和差异导致，"处于圈层内部的群体会在互动传播中实现认知趋于一致，而在圈层外部的群体由于难以产生某种'共鸣'，就会产生认知鸿沟"①。其中，饭圈因情感偏好引发的各个粉丝群体间的"拉踩"、骂战与攻击尤为显著。

近年来，在社会范围内引发广泛关注的饭圈事件是两名知名歌手的粉丝之间的"打榜之战"。事件起因是2019年7月16日豆瓣上的某个用户提问"周××微博数据那么差，为什么演唱会门票还难买"，该用户列举出自己的调查结果，如微博超话排名靠后、官宣代言的微博转发评论较少，由此质疑该歌手粉丝数量。周姓歌手的粉丝基本由"80后"与"90后"组成，他们成长于大众媒介时代，音响磁带、唱片专辑的广泛应用促生出他们对流行文化及其价值的评判标准与界定，即作品销量与按需消费。如今，周姓歌手的粉丝大多迈入职场，在工作和家庭对个人时间的双重侵占下，繁复的网络追星仪式自然被他们拒之门外，对偶像的支持行为则延续大众媒介时代的文化观念，倾向于与其作品直接相关，如购买音乐专辑、演唱会门票等。然而，另一名蔡姓歌手的粉丝主要为"00后"的"Z世代"群体，他们生为"网络原住民"，对网络社交工具的使用根植于日常生活之中，媒介的使用与接触方式决定了他们与"80后""90后"之间存在代际区隔及文化逻辑差异。网络媒介的便捷性与有限主体性令"Z世代"沉浸于虚拟民主的平台世界，数据流的直观呈现与权力获得的简单快捷使得每个用户仿佛"造物主"般地拥有改变现实的可能性。正是利用这一点，平台与资本将偶像的成功与数据绑定在一起，引导粉丝"自愿"成为情感劳工，进行相关数据的重复性劳动，而文化评判标准也相应为流量逻辑所掌控。由此可见，"在大数据及其影响下的社会、经济、文化变迁中，流量不仅是主宰饭圈文化和粉丝经济的法则，改变着粉丝行为和社群机制，同时也折射了数字时代生产与消费的变革，甚至进一步影响着未来的文化生产和政治生态"②。而这也代表着流量逻辑与作品逻辑的相互割裂，两名歌手的粉丝圈层间的对抗并非仅仅源于偶像的趣缘区隔，更是两种文化逻辑进路下的情感对抗。

豆瓣用户的提问并非出于"引战""拉踩"等恶意目的，真正引起歌手"夕阳红粉丝团"不满的是在当下流行文化中备受推崇与接纳的流量逻辑。为了展示自身圈层的凝聚力与行动力，对抗唯数据论的文化逻辑，周姓歌手的粉丝加入"打榜"的行为实践中，"以彼之矛攻彼之盾"，迅速在微博上号召和聚集粉丝共同做数据，其口号也完美

---

① 刘明洋，李薇薇. 社会集合、过渡媒介与文化形态：关于传播圈层的三个认知［J］. 现代传播（中国传媒大学学报），2020，42（11）：149.

② 胡泳，刘纯懿. 现实之镜：饭圈文化背后的社会症候［J］. 新闻大学，2021（8）：76.

迎合饭圈文化逻辑:"你一票我一票,××奶茶喝到饱。你打榜我投票,新专明天发预告!"虽然其中有着"今天又是被迫营业做数据的一天"的无奈,但"你不做我不做,弟弟妹妹笑话我"等竞争话语成功维持着圈层内部的活跃。而这种"打榜"实践让周姓歌手的微博超话排名于当年7月20日迅速上升至第二,距离第一名蔡姓歌手仅10万之差,这说明以作品为核心的文化逻辑时至今日依旧持有较强的圈层向心力。

将这场代际间的竞争上升到两个不同粉丝圈层间斗争与冲突的是蔡姓歌手的粉丝在维护自身偶像的同时对周姓歌手及其粉丝的情感攻击,首次将两位歌手与各自的粉丝圈层放在对立的位置上进行声讨与对抗。蔡姓歌手的粉丝将周姓歌手和自家偶像分别称为"过气歌手"和"当红新人",认为周姓歌手粉丝的"打榜"行为实属"不自量力",同时号召自家粉丝在刷排名外继续购买自家偶像的专辑,以取代周姓歌手音乐专辑总销量第一的地位。然而,这一举动在鼓励自家粉丝的同时也引起了周姓歌手粉丝的不满与更为强烈的抵抗,促使该群体的矛盾对象发生了偏移,从初始阶段的"流量逻辑"转移到后期的"蔡姓歌手粉丝"群体,集体态度也更加统一与明确,在微博等网络社交平台上触发对于此次事件的情感"极化效果"。由此可见,塞尔日·莫斯科维奇等人所提出的"群体在讨论后比讨论前的立场更极端"① 的"极化效果"成为圈层对立演变为圈层冲突的关键,"二元对立"的话语框架进一步激化和放大了群体间相互排斥的情感,从而促生行为的对抗。

虽然此次事件最终以周姓歌手高达1亿的数据排名第一而结束,但各个圈层间的对比、碰撞与冲突远未停止。群体情感作为付出行为的主要诱因,在圈层内部的讨论中始终处于运动状态,无论是对初始态度的背离还是持续,当其忽视外部客观要素,屏蔽多元化视角与论据的存在时,便会滑向极端的深渊,尤尔根·哈贝马斯所论述的"通过交往所获得的意见一致,归根结底必须以论证为依据。而这种交往实践参与者的合理性,是根据他们是否能按适当的情况论证自己的表达来进行衡量"② 的理性交往活动自然也无从提起。

▶▶ 二、圈层交流:单向介入与双向互动

各个文化圈层出于彼此间的趣缘区隔而长期处于"圈地自萌"③ 的状态,即以"一种维护自我精神世界、抵抗外部伤害的内向型自我防御机制"④ 明确身份标识和自我保护。但随着数字技术推动下信息获取速度的加快,圈层间人员的游走动摇着原本较为稳

---

① MOSCOVICI S, ZAVALLONI M. The group as a polarizer of attitudes [J]. Journal of Personality and Social Psychology, 1969 (12): 125 – 135.
② 于·哈贝马斯. 交往行动理论·第一卷:行动的合理性和社会合理化 [M]. 洪佩郁,蔺青,译. 重庆:重庆出版社,1994:34.
③ 陈龙. 转型时期的媒介文化议题:现代性视角的反思 [M]. 上海:上海三联书店,2019:238.
④ 陈龙. 转型时期的媒介文化议题:现代性视角的反思 [M]. 上海:上海三联书店,2019:240.

定的结构基础。同时，传统的文化再生产方式如同人文写作、同人漫画创作等愈加难以满足扩充本圈层文化的需要，由于其传播空间被局限于固定的网站、栏目、书刊等小范围聚集地，且创作者皆以个体意愿为基准，因此作品数量、文笔质量、更新速度等都难以预测，以个人为中心的文化再生产由于其不稳定性、传播有限性与小众化特征而无法成为圈层文化推陈出新的主动力。在内部群体流失与个体创新能力有限的双重压力下，打破圈层的封闭状态，在交流中寻求新的文化动力以吸纳和巩固自身的趣缘群体，成为数字时代各个文化圈层维持生存的重要举措。

为了快速打开新的文化消费市场，吸引更多潜在用户，部分文化品牌选择了对其他圈层的单方介入，如盲盒文化的代表品牌泡泡玛特。作为以文化 IP 为核心竞争力的文化产品，为了提高盲盒在日常生活中应用的普适度，泡泡玛特选择和美妆、钟表、饮食等多领域联名，如小奥汀、芬达、卡西欧、娃哈哈等推出带有泡泡玛特玩具实物或图片包装的产品，试图在盲盒圈外吸引更多的消费者。但泡泡玛特一味对外进行文化 IP 的输出与塑造，如与肯德基联名的"肯德基中国 35 周年 DIMOO 盲盒"一经发售便引起哄抢，人们过度消费超出自己需求的食物以获取盲盒，甚至出现"代吃"服务，即"我吃套餐，你来抽盒"的畸形消费行为。当热潮退去，除小部分群体满足了自身对潮玩的收集欲外，剩下的只有对盲盒"饥饿营销"的反感与对其文化价值的质疑，这场对盲盒形式单一复制的消费狂欢对其圈层文化本身并无任何创新意义。

由此可见，单方的文化输出仅仅是对自我的重复，于促进圈外群体对本圈层文化的理解并无裨益，圈层交流应是文化间的双向互动，在交往过程中增进认同、开发自身潜力、吸纳新的知识，以实现文化再生产。2022 年 1 月 5 日，米哈游科技（上海）有限公司在其开放世界冒险游戏《原神》的新剧情中首发《神女劈观》宣传影片，讲述巾帼英雄消灭妖魔解救百姓的故事，该宣传影片包含念白与唱段，是以京剧为基础改良而来的现代歌曲，而演唱者为上海京剧院荀派花旦演员杨扬。随着《神女劈观》在 B 站上播放率的持续走高，二次元文化与传统戏曲文化间的双向互动正式开启。截止到 2022 年 8 月 13 日，《神女劈观》的官方版本在 B 站上的播放量达 2 555.1 万次，紧随其后的是不同戏曲门派以此为基础进行的二次创作视频。如粤剧演员曾小敏翻唱的粤剧版《神女劈观》以 417.3 万次的播放量位居第二，淮剧国家一级演员陈澄带来的淮剧版二次创作，葛瑞莲的扬剧版，陈丽俐的婺剧版，郑潇的梅派京剧版，甚至秦腔、滇剧等各派艺术家齐聚一堂，从本派戏曲唱腔出发对《神女劈观》进行多种风格演绎。此类源于专业戏曲演员的二次创作被统称为"国家队"翻唱，但在圈层交流的过程中，"国家队"所代表的并不仅仅是一种艺术水平，而是能够以更具普适性和接受度的媒介呈现方式为大众提供评鉴赏析高水平文化作品的机会，从而达到传播我国传统戏曲文化的目的，正如有网友称在看《神女劈观》二次创作视频的 10 天里，他听过的戏曲种类就比过去 10 年听过的都多。二次元文化圈层由此与戏曲文化形成"传播—反馈—再传播"

的互动循环效应，跳出"自说自话"的圈层壁垒，以二次元极富感染力与情感想象的虚拟故事为载体，融合传统艺术，形成相互呼应、互为补充、相辅相成的圈层文化共生共创的生态模式。

因此，圈层交流的结果应指向对内部群体文化可接触范围的扩大与文化鉴赏能力的提高，以开发自身潜力，不断吸纳新的知识，有效地实现文化再生产，为原文化圈层的成长与突破提供新的价值点。

三、圈层融合：文化脱域与协同进化

在《部落时代：个体主义在后现代社会的衰落》中，米歇尔·马费索利指出"我们时代的部落不再是涂尔干意义上强调宗教价值的原始部族，而是后现代美学层面上的聚群方式"①。如果说，现代性的特征是"社会"，那么后现代性的特征是"社交"。与"社会"相联系，现代性内含"机械结构"，后现代性则内含"复杂或有机结构"。前者存在于政治—经济组织中，后者则存在于大众中。② 后现代是"一个共通感或移情的时代，人们相互之间感触到共通的情感"③，在后现代社会中，大众以去理性的方式借助于情感将彼此联结起来，形成情感部落。而基于趣缘联结的文化圈层正是后现代社会的产物，其将具有各类情感偏好的用户聚集在一起，形成数字时代的"新部落"。按照马费索利所提出的"新部落"概念进行理解，文化圈层可被视为"一种隐喻，用来解释当代社会的去个性化过程……部落不是稳定的群体，因为部落中的人可以自由地从一个部落流动到另外一个部落"④。与传统爱好相对集中且固定的影迷、球迷、戏迷等不同，文化圈层中的用户流动与转移成为常态，"脱粉""退圈""萌新报到"等无不每时每刻在各个圈层中上演着，而这恰恰为"文化脱域"的形成提供了基本保障。

"脱域"概念由安东尼·吉登斯在其《现代性的后果》中提出，他认为"脱域"是指"社会关系从彼此互动的地域性关联中，从通过对不确定的时间的无限穿越而被重构的关联中'脱离出来'"⑤。"现代性的动力机制派生于时间和空间的分离和它们在形式上的重新组合，正是这种重新组合使得社会生活出现了精确的时间—空间的'分区制'，导致了社会体系（一种与包含在时—空分离中的要素密切联系的现象）的脱域（disembedding）；并且通过影响个体和团体行动的知识的不断输入，来对社会关系进行反思性定序与再定序。"⑥ 但是吉登斯所论述的社会关系较为泛化，可拥有多种类型，

---

① MAFFESOLI M. The time of the tribes：the decline of individualism in mass society [M]. London：Sage, 1996：6.
② 王宁. 自目的性和部落主义：消费社会学研究的新范式 [J]. 人文杂志, 2017 (2)：103-111.
③ 王宁. 自目的性和部落主义：消费社会学研究的新范式 [J]. 人文杂志, 2017 (2)：108.
④ 王宁. 自目的性和部落主义：消费社会学研究的新范式 [J]. 人文杂志, 2017 (2)：108.
⑤ 安东尼·吉登斯. 现代性的后果 [M]. 田禾, 译. 南京：译文出版社, 2011：18.
⑥ 安东尼·吉登斯. 现代性的后果 [M]. 田禾, 译. 南京：译林出版社, 2011：14.

如文化关系、社会关系、经济关系等。有研究者又将脱域划分为"深层脱域"与"浅层脱域":"深层脱域"指吉登斯笔下的脱域,"浅层脱域"则是指行动者的部分关系从其在场空间中分离出来。"文化脱域"正是"浅层脱域"的一种理想类型,是指个体所接受的文化熏陶从其身体所处的在场化空间环境中脱离出来,嵌入异地的空间中。[①] 只有个体文化脱离原场域进入新的实践空间中,圈层才得以获取新的文化生产方式,实现初步融合。

当前已有的文化圈层融合实践多停留于短暂且片面的临时状态,如新冠病毒感染疫情防控期间,为助力湖北农产品销售,央视主持人与直播界知名带货主播开展合作,在直播期间,央视主持人除自己的"押韵段子"外,还将带货主播的话语特点如"人间唢呐,一级准备"等贯穿其中,使得整场带货宣传既展现出主持人的专业水平与文化高度,也兼顾销售话语的接近性与趣味性,吸引观看受众达上亿人次,各类商品也相继售罄。但此类圈层的融合仅是昙花一现,其文化影响停滞于当次实践活动,并未对所属圈层带来持续效应,"直播间"作为临时性的空间场域随着人员的各自回归而重新陷入"喊麦式"的商业行为中。

不可忽视的是,仍有部分圈层坚持融合多方文化特征,不断推陈出新,以创造出具有时代性的新的文化圈层,其中河南电视台的"国潮"系列文化节目独树一帜。河南卫视的圈层融合之路始于2021年河南春晚的《唐宫夜宴》,因服饰妆容以唐俑为参考的女性舞蹈演员将诙谐的现代审美融入古代宫廷乐舞中而走红网络,随后又推出《元宵奇妙夜》《端午奇妙游》等结合我国传统节日的"奇妙游"系列,所包含的《洛神水赋》《龙门金刚》《鹤归来兮》等文化节目一经播出便广受好评。传统文化与现代艺术审美的圈层相结合,其重心并非说教般的文化传播,而是"文化理解",在受众已有的对我国历史文化知识掌握的基础上,以数字技术加持下的新的拍摄手法与展现形式,对选取的文化片段进行精加工,从而实现创造性的艺术演绎,加深大众对优秀传统文化的理解,丰富文化记忆,强化民族"基因",于真正意义上实现自身圈层的突破与多个圈层的交流融合。圈层"破壁"也由此成为数字时代文化进步与创新所要面临的重大问题。

接下来的两节将以B站跨年晚会与河南卫视优秀文化节目等案例为分析重点,分别从亚文化圈层与主流文化圈层两个方向入手,探究圈层"破壁"的内在逻辑与发展方向。

[①] 朱镕君. 走出乡土、文化脱域与城乡融合:农村教育精英的社会流动张力研究[J]. 教育研究与实验,2021(6):11-19.

第三节 B站：二次元的"文化破壁"

B站创立于2009年，其从2010年起便在每年除夕前后播放特制的拜年系列视频，内容以ACG［缩写自Animation（动画）、Comics（漫画）与Games（游戏）］文化为核心，多为动漫和UP主自制节目，但于真正意义上举办跨年晚会则始于2019年。在"二零一九最美的夜"B站跨年晚会直播当晚，其在线人数峰值达到8 203万人次①，结束后热度依旧不减，晚会的"高口碑吸引了源源不断'补课'的网民，如今其弹幕量已突破256万条。晚会播出后，B站股价应声上涨。1月2日，2020年美股首个交易日开盘后，B站股价一度上涨15%，市值增加近7.3亿美元"②。而此次晚会也成为B站主动"破壁"，走向文化圈层融合的关键一役。本节将借由B站自2019年以来的跨年晚会等经典案例，从圈层历史、圈层符号、圈层文化记忆三个方面入手对其破壁实践进行整体分析。

▶▶ 一、圈层历史：从"固圈"到"破圈"

B站是以动画、漫画、游戏等二次元文化为主的弹幕视频网站，除了播放版权电影、动漫外，其内容多为自媒体创作和分享的视频。B站在建设初期有着明确的圈层界线与自我保护机制，即独特的会员答题注册系统和投币打赏系统。普通用户进入B站仅能观看视频，只有通过严格的二次元文化答题考核才可注册为普通会员，"拥有评论、点赞、分享、发射弹幕、上传视频等权限，而且B站成员还要严格遵守该场域制定的条约，积极参与场域内的各项议题讨论和活动"③。判断UP主的受欢迎程度主要看其作品的点赞量、投币数和收藏量，其中投币是B站独有的无须任何消费行为的打赏机制，每位用户都可为视频投1个或2个币，但对同一视频只能投一次，且投币完成后不可再做更改，因此"投币"在一定程度上可被视为"点赞"的上层表现机制，以更为积极明确的态度肯定UP主的作品。由此，B站通过对用户的主动筛选将二次元文化与其他文化区隔开来，其无片头广告的视频形式和无须充值的打赏体系进一步净化圈层内部的文化交流，以建构起封闭且纯粹的网络亚文化社区，巩固用户对本文化圈层的身份认同与

---

① 澎湃新闻. 跨年晚会，卫视为什么输给了B站？［EB/OL］. (2020-01-10)［2022-07-02］. https://m.thepaper.cn/newsDetail_forward_5482633.
② 付晓光，林心可. 圈层文化的大众化路径探析：bilibili 2019年度跨年晚会分析［J］. 新闻与写作，2020 (2)：86.
③ 谷学强. 破壁与融合：二次元场域空间下传统文化的生产与重构［J］. 学习与实践，2019 (4)：122.

群体归属感。

根据移动开发者服务平台袤博科技（MobTech）的统计数据，截至 2019 年 7 月，B 站 18—24 岁的用户占比为 45.8%，在校生用户占比为 52.2%，成为极具代表性的中国青年高度聚集的文化娱乐社区。① 以 B 站为基础平台，不仅二次元文化得以存续发展，弹幕文化、鬼畜文化、丧文化等多个亚文化分支也在其中孕育壮大。但是，B 站并不满足于深耕亚文化领域，其早在 2014 年便开始布局破圈，"将二次元向游戏品类拓展，实现手游独家代理的过程中，也逐渐将平台扭亏为盈，自此将游戏联运变为平台的重要收入来源"②。2015 年，《那年那兔那些事儿》（简称《那兔》）的播出成为 B 站二次元文化与主流文化融合的首次试水，"该动画熟练运用 ACGN 的媒介和文化语法，先将各个国家比拟为不同的动物，再将动物进行萌化和拟人化处理，在演绎国家历史的同时，成功地用二次元偶像询唤着作为个人主体的'我'和作为国家主体的'我兔'，实现了个体身份和国族身份的整合和重叠。《那兔》作为一部军事题材的爱国主义动画，巧妙塑造了一个具有国族身份的二次元动漫偶像，并将二次元群体和网络民族主义群体整合为一个数量庞大、持续性强的粉丝群体——'兔粉'"③。《那兔》由此成为"青年亚文化与官方意识形态'双向破壁'"④ 的代表作品，也成为 B 站主动破除圈层壁垒，寻求二次元文化与主流文化圈层间动态融合的第一步。其后，B 站相继推出《我在故宫修文物》《人生一串》《生活如沸》等纪录片，都广受大众好评，虽然二次元文化于影像中退隐，但其贴合青年群体价值观与情感偏好的叙事内核得以保留，并融入现实主义作品，展现人生百态中诙谐幽默的一面。正如 B 站董事长陈睿所说："年轻一代的网民并不像我们想象的只喜欢幻象的世界，他们不仅喜欢看武侠、玄幻，也同样热爱美好的现实。"⑤

B 站已"通过资本和产品运营迭代，实现跨越式发展与升级，现今已裂变出 7 000 多个子圈层、15 个内容分类社区、200 万个文化标签，并以聚焦优质内容生产和社区生态圈的营造逐步构建其企业文化"⑥，而其从"固圈"到"破圈"的思路转型本质上是亚文化进化生存的必由之路，通过积极探索与主流文化间的共通点，以"融合"对抗"收编"，改变亚文化圈层长期以来所处的文化弱势与被动地位，从而为未来的发展博取更大的话语空间与文化接受度。

---

① Mob 研究院. Z 世代大学生图鉴 [EB/OL]. （2019-09-11）[2022-07-26]. https://www.mob.com/mobdata/report/72.
② 赵寰，侯清鹏. 融合与反哺：B 站破圈的后喻文化解读 [J]. 新闻与传播评论，2021，74（6）：46.
③ 胡泳，刘纯懿. 现实之镜：饭圈文化背后的社会症候 [J]. 新闻大学，2021（8）：74.
④ 林品. 青年亚文化与官方意识形态的"双向破壁"："二次元民族主义"的兴起 [J]. 探索与争鸣，2016（2）：69-72.
⑤ 搜狐网. B 站陈睿：年轻人喜欢幻想的世界，但更热爱现实的美好 [EB/OL]. （2018-11-29）[2022-07-26]. http://www.sohu.com/a/278602776_115479.
⑥ 赵寰，侯清鹏. 融合与反哺：B 站破圈的后喻文化解读 [J]. 新闻与传播评论，2021，74（6）：45.

▶▶ 二、圈层符号：青年话语与情感认同

有研究认为 B 站的"破圈"文化实践是把传统文化及其符号移植到二次元文化的意义系统进行表达，是一种对传统文化符号的外部拼贴，这种拼贴主要是运用现代化的媒介技术去创新传统文化在新时代传播中的表达形式，对传统文化及其符号在青年话语系统内部的拼贴，反映出青年群体以主流群体及其话语表达参与文化审美的尝试。[①] 然而，从 B 站自 2019 年的跨年晚会中的节目选取与编排可以看到，二次元并非主流文化的外层包装，而是于亚文化圈层的青年话语框架中重塑主流文化的叙事方式与内容。

在"二零一九最美的夜"B 站跨年晚会中，《哪吒》成为开场后的第一首正式表演曲目。《哪吒》是同年上映电影《哪吒之魔童降世》的主题曲，与传统文化"内敛""含蓄"的艺术追求不同，以"我命由我不由天"的动画主旨为精神内核，其张扬激昂的词曲是对青年群体摆脱父权制下"大家长"的个性桎梏，追求"自由"与"热血人生"的积极回应，也是对青年自我"主体性"的承认与支持。紧随其后的《华夏》曲风呈现出嘻哈与古风的结合，"尘埃岂能掩芳华，炎黄浩瀚沐苍霞，上下五千岁月似流沙，不枉魂魄入华夏""欲纵快马过天山，又揽长弓南海畔，日照金銮峨眉顶，月映丝路过楼兰"等歌词在兼具文学美感的同时也借由嘻哈歌曲的形式直抒胸臆，简单直接地表明对中华民族与祖国的文化自信与骄傲。在承接《哪吒》营造的热血情感氛围上，《华夏》一经演绎便成功引发受众的情感共鸣，从满屏的"此生无悔入华夏，来生还在种花家"弹幕便可窥见一斑，同时其古风歌词还成为"作文范文"，引来无数网友的主动学习。相较于其他地方卫视跨年晚会一味追求潮流偶像和网络音乐的组合，B 站显然站在了圈层破壁的前端，没有对各类文化元素进行简单堆砌，而是充分发挥自身亚文化圈层的多样性与丰富性的优势，选取既符合当代青年审美又包含主流价值观的视听文化符号，如《亮剑》中楚云飞的扮演者演唱《中国军魂》，古典民乐 UP 主共同演奏《新九九八十一》，洛天依与方锦龙破次元合奏《好一朵美丽的茉莉花》等，坚持以青年话语逻辑解读和重塑传统文化，避开传统长辈说教式的文化灌输，从"同辈"的视角出发，以平等对话、共同经历、尊重多元为价值取向，破除亚文化和主流文化间的圈层壁垒，实现"双向耦合"。正如部分研究者所说，"虽然亚文化群体对圈层外的议程有准入机制，但是在核心价值观的传播上，群体兴趣所带来的文化壁垒不是不可逾越的，亚文化与主流文化也并非完全互斥。亚文化群体抗拒刻板说教，但他们拥有炽热的爱国之心。网民并非从内容上抵触主旋律本身，而是更习惯以自己的特有方式表达主旋律，抗拒不符合网络文化习惯的宣传形式。B 站很好地处理了说什么和怎么说、信息本身和信

[①] 吴佩婷. 主体·拼贴·创新：青年在场视角下 B 站青年的传统文化传承样态［J］. 当代青年研究，2020 (6)：39-45.

息的组织形态之间的二元关系"①。

从青年话语逻辑出发进行的跨圈层文化实践的最终落脚点是对情感认同的唤起与强化，在情感渲染下促进互动共享，为文化创造的实现提供精神原动力。亨利·泰弗尔和约翰·特纳在于1986年提出的社会认同理论中阐释了个体对所在群体成员身份的认识影响着个体的社会知觉、社会态度及社会行为。②而情感认同作为社会认同的重要组成部分，是在社会互动中形成的固有情感链接。正如特纳所提出的，情感作为人类的共性，在早期社会成为交流的媒介，从而在社会运动理论中被视为社会动员的一种工具，这种工具的使用基于情感的传递性和社会性。③ B 站的跨年晚会主要从两个方面对情感认同进行引导与缔结：第一是内容覆盖范围的拓展与多样化，跨年晚会的主体内容依旧以 ACG 文化为主，但经典曲目和时下流行双管齐下，既借由《海德薇变奏曲》《十面埋伏》《沧海一声笑》、《火影忍者》主题曲"NARUTO Theme"、《素颜》等于短时间内唤醒多代人的集体记忆，也通过"Manta"《莲》《水星记》、新裤子乐队《我们的时代》等网络音乐迎合"Z 世代"的喜好，以在增强受众黏性的同时普及各个世代的流行文化，奠定彼此间建立"共情"的认知基础；第二则是受众多重反馈中的情感共振与身份认同，即弹幕文化的互文效应对圈层破壁的助力。B 站本身即拥有彼此间互动意愿强烈、文化趋同的用户群体，在他们的带动下，密集的弹幕成为情感投射的"回音壁"，不论是歌曲《倔强》演唱时满屏的"我和我最后的倔强"，还是《原神》音乐组曲中多彩的"愿薪火相传，美德不灭"，弹幕的发送、点赞、观看等行为都成为受众自我身份再确认过程的一部分。在用户与用户、用户与官方等多元主体的信息反馈和互文中，相同的情感经历得以集合，而不同的或另类的话语空间则被挤占、压缩，甚至相互对抗，"沉默的螺旋"在此处所放大的情感倾向成为培育认同感的舆论场域。

因此，正是在青年话语逻辑与情感认同的作用下，文化符号得以突破原有圈层，展现多样态的时代魅力。B 站也在此基础上向着文化融合与文化创造持续迈进。

▶▶ 三、圈层文化记忆：多元融合与文化创造

费孝通曾在1997年提出"文化自觉"的概念，"这四个字可以代表我对人文价值的再思考"④，其意义在于"每个文明中的人都需要对自己的文明进行反省"⑤。虽然文

---

① 付晓光，林心可. 圈层文化的大众化路径探析：bilibili 2019 年度跨年晚会分析[J]. 新闻与写作，2020 (2)：87.
② TAFEL H, TURNER J C. The social identity theory of intergroup behavior [M]//Political Psychology. Brandon：Psychology Press，2004：276 - 293.
③ 刘秀梅，董洪哲，韦雨生. 情感认同与互动共享：基于 SIPS 模式的民俗节庆短视频传播研究[J]. 中国编辑，2020（8）：81 - 86.
④ 费孝通. 费孝通文集：第 14 卷[M]. 北京：群言出版社，1999：186.
⑤ 范丽珠，陈纳. 找回自知之明：费孝通文化自觉论再阐释[J]. 西北师大学报（社会科学版），2021，58 (2)：96.

化自觉的提出基于对主流意识形态的反思，但其作为内在的精神力量亦为亚文化的发展方向提供指导，促进其"对文明进步的强烈向往和不懈追求"成为"推动文化繁荣发展的思想基础和先决条件"①。值得注意的是，文化自觉并非否定原有文化。在近年文化破圈的呼声中，部分圈层并没有坚持自身定位，而是为了获得青年群体，尤其是"Z世代"的认可与喜爱，一味迎合流行文化的价值品位，如批量选用年轻偶像，以吸引粉丝的关注。然而，饭圈相对于整个文化生态圈来说，甚至是相对于青年群体来说，其体量依旧处于弱势，对某一圈层的单方介入仅是"兵来将挡，水来土掩"的一时之策，既缺乏对他者的基础认知，也没能参悟对方文化圈层的话语逻辑与情感痛点。

　　文化破壁的实现应是建立在文化自觉基础上的反思与再创。作为亚文化圈层的代表，B站跨年晚会的举办始终以"真正属于青年人的晚会"为目标，弹幕中也不乏"小破站懂我"的正向反馈，在其节目编排中虽可明显看到其向传统文化圈层的靠拢，如河南坠子、粤剧、相声等地方经典，但动漫主题曲、民谣、游戏配乐等小众文化展演依旧是主要组成部分，以坚守和维护本圈层的基础受众与文化取向。《夜航星》《少女光波Biu》《千与千寻》等表演将二次元文化意象以具象化、物化的方式存储与传播，在建立情感连接的同时唤起圈层内部的文化记忆，将受众凝聚为记忆共同体，并借由氛围营造与文化认同，于潜移默化中将二次元文化意象传递给不同时代的人们。而《万神纪》《黄种人》《西游·问心》等以中华优秀传统文化为基底，结合中西乐器、流行唱法、舞蹈剧情进行的多元符号融合的表演则是亚文化圈层自我反思与文化范式调整的结果，以达到培育文化自觉的目的。文化自觉的重要内涵虽集中于"对传统文化如何进行全面剖析，如何与时代契合、发展并深入挖掘文化特色"，但其"不仅是传统文化与现当代文化的接榫，还可以转化为一种文化创造"②。将更为广泛而丰富的文化种类创造性地以青年人喜闻乐见的形式进行传播，从而实现圈层进步与文化内涵的拓展才是"破壁"的终极意义所在。

　　B站跨年晚会善于将交响乐与中国民乐相结合，通过演奏日常生活中传唱度及辨识度较高的音乐，在建立情感连接的基础上添加新的记忆元素，这一传播方式自2019年跨年晚会成功举办以来便一直延续至今。但B站并没有止步于此。在2022年的跨年晚会上，B站首次引入歌剧、音乐剧等新形式，并用其对流行音乐进行改编，如我国著名女高音歌唱家郭森除了演唱经典名曲《夜后咏叹调》外，还用美声演唱了"Bad Guy"《热爱105度的你》。歌剧、音乐剧等因其专业性、鉴赏性和可接触性门槛较高，常被视为"高雅文化"，因而被区隔于普罗大众的基础社会性认知以外，B站试图在"高雅文

---

① 云杉. 文化自觉 文化自信 文化自强：对繁荣发展中国特色社会主义文化的思考（上）[J]. 红旗文稿，2010，183（15）：5.
② 刘秀梅，董洪哲，韦雨生. 情感认同与互动共享：基于SIPS模式的民俗节庆短视频传播研究[J]. 中国编辑，2020（8）：82.

化"和"亚文化"之间寻找到一个可以调和的空间,在此处可以颠覆人们对所谓"高雅"与"低俗"的自我想象,促使不同类型的优秀文化都能被接纳。美声版的流行音乐即是B站进行文化创造的第一步,以语言、艺术形式、音乐等要素建构起数字时代亚文化圈层中新的文化认同,这些具有新奇性、欣赏性的节目热点在增强认同感的同时也为圈层成员添补新的文化记忆,为后续的破壁实践奠定情感基础。

需要注意的是,"文化记忆"的目的是强化集体成员的身份认同。这种记忆必然具有排他性,因为身份认同的形成和维系必然在不同程度上借助对"他者"的区分和认知。① 因此,新文化记忆的创建与圈层壁垒的破除在文化交流的层面上也是对"亚文化"污名化的反驳与抗争,即借由多元优秀文化的融合与节目实践展现ACG文化本身的多面性与多样态,将青年群体所热爱、所归属的小众文化圈层从"反主流文化"的谣言中解放出来。由此可见,圈层破壁并非圈层消解,文化融合也并非文化"收编"与"吞噬",而是挖掘不同时代语境下圈层文化新的文化潜力与发展前景。

第四节 中华传统文化的"出圈之旅"

近年来,在网络技术的推动下,多元文化愈加进入社会话语场域,并在一定程度上挤压我国传统文化的展演空间。不难发现,其中部分圈层文化的诞生源于对国外文化的引进与改造,这促使部分研究者担心在"全球化"概念的掩盖下,"文化帝国主义显得更加隐蔽和中立化,但文化霸权仍然无处不在,并深刻影响着第三世界国家的文化生态和社会结构"②。同时,我国传统文化传播由于长久以来为政治话语和宏大叙事框架所构建,也面临着愈加固化的"刻板印象"和与"Z世代"之间的代际鸿沟。因此,在面对海外强国软实力的文化介入与本国受众的审美转移时,我国传统文化亟须寻求自身文化创作思路的突破与转型。而河南卫视自2021年开始制作的《唐宫夜宴》等系列电视节目,似乎为我们提供了破题方向。

一、平台破壁:跨媒体传播与多维互动

河南卫视如今为中华传统文化电视节目创新的佼佼者,其"出圈"之路始于2021年春晚的《唐宫夜宴》。《唐宫夜宴》是一部时长6分钟的舞蹈作品,"由14位女性舞蹈演员组成,其服饰妆容以现存唐俑为参考资料,并选取唐朝乐师进宫奏乐为场景主

---

① 吴盛博. 文化记忆理论的演变及现实意义[J]. 外语学刊,2021(6):123-126.
② 谷学强. 破壁与融合:二次元场域空间下传统文化的生产与重构[J]. 学习与实践,2019(4):119.

题,从乐器准备、敛容整衣、穿廊入殿、夜宴演奏等各个阶段详细刻画中国古代社会的宫廷乐舞生活场景",但"与以往强调统一化、标准化的传统歌舞类节目有所不同的是,《唐宫夜宴》通过特写镜头、长镜头的交替使用,拍出演员极富现代感、活泼性甚至有诙谐之趣的乐舞者形象"①,以营造全新的观赏体验。但是在节目播出之初,《唐宫夜宴》并未受到普遍关注,有网友评论"这台春晚连省内很多人都不清楚"。直至2021年2月12日,《唐宫夜宴》被上传至微博,经由网民们观看后自发传播与网络"大V"转发评论后,其点击量、评论量、转发量不断攀升,一跃至微博热搜排名首位。虽然其原视频由于版权问题不能被完整获取,但经剪辑后的短视频得以在抖音、B站等平台上"片段式传播"。其后,随着河南卫视对节目版权的开放,新一轮的平台传播正式开始。由此可见,跨平台的媒体联合与传播成为助推《唐宫夜宴》出圈的重要因素。

尼克·斯尔尼塞克曾提出平台兴起的社会意义,他认为"从最普遍的层面来说,平台是数字化的基础设施,使两个或两个以上的群体能够进行互动。它们将自己定位为将不同用户聚集在一起的中介,这些用户包括客户、广告商、服务提供商、生产商、供应商,甚至实物……平台不是从根本上建立一个市场,而是提供基础设施来调解不同的群体"②。面向青年群体的B站,面向都市白领群体的抖音,各类平台都在一定程度上丰富了河南卫视的受众,扩展了电视节目的群体面向,使得《唐宫夜宴》为更多人所熟知,而非仅局限于某一地。中心与地方、平台与平台的圈层壁垒早已被网络技术消弭,主流媒体的权力被分散至互联网平台,相较于国家级媒体凭借政治经济及公信力优势率先实行跨平台扩张,如新华社等抖音号、微信公众号的开通与运营,地方媒体在相对弱势的媒体生态环境下不得不顺应"去中心化"的传播趋势,最大限度地破除区域和自身平台的局限性,以跨平台、多端口、全媒体的方式传播。③

同时,平台破壁既代表着对传统文化自身传播壁垒的打破,也意味着接受与融入整个文化生态圈的多维互动,面临着来自其他地方、央视、受众、网络平台的多方审视与交流。特别是在数字时代,"伴随电子尤其是数字媒体的使用,空间区隔及其相互间的连接会不断翻新,空间因此处在不断的重构或再生过程中。可以说,数字化生活的一大特征是空间的叠加和交织,前、后台的区分难以固定,中心与边缘相互渗透并颠覆"④,任何平台或媒体都无法独善其身,只生存于自己的文化圈层中而拒绝一切外界的评论与批判。虽然《唐宫夜宴》饱受好评,但一段6分钟的舞蹈显然不能满足大众对现代艺术手法下传统文化节目的精神需要。为此,河南卫视紧急调整并重新录制了《元宵奇妙

---

① 曾一果,李蓓蕾. 破壁:媒体融合下视频节目的"文化出圈"——以河南卫视《唐宫夜宴》系列节目为例 [J]. 新闻与写作,2021(6):30.
② 尼克·斯尔尼塞克. 平台资本主义 [M]. 程水英,译. 广州:广东人民出版社,2018:50.
③ 曾一果,李蓓蕾. 破壁:媒体融合下视频节目的"文化出圈"——以河南卫视《唐宫夜宴》系列节目为例 [J]. 新闻与写作,2021(6):30-35.
④ 潘忠党,於红梅. 阈限性与城市空间的潜能:一个重新想象传播的维度 [J]. 开放时代,2015(3):145.

夜》，让《唐宫夜宴》表演者们作为元宵晚会的串场嘉宾游览河南博物院、洛阳应天门、开封清明上河园等多个河南地标性建筑，观众跟随她们的脚步欣赏《水月洛神·芙蓉池》《包青天》等节目。河南卫视在线上则继续利用微博、抖音、快手等多个社交媒体平台进行跨平台联动，持续巩固自身的社会影响力与地方文化传播效果。正是在与受众的相互反馈与交流中，河南卫视得以承继《唐宫夜宴》带来的网络热度，免于昙花一现，其对传统文化破圈的认识也持续深入，从而创造出更多新颖的文化体验。

▶▶ 二、技术破壁：传统文化的现代性表达

数字技术一直是文化创新的主要手段，不论是亚文化还是主流文化，各类节目的编排与制作都无法脱离科技支持与网络传播。因此，技术破壁是传统文化出圈的必由之路。在一般意义上，传统文化节目对技术的应用主要集中于两个方面，即视觉观感的打造与氛围烘托。如《唐宫夜宴》《元宵奇妙夜》等系列节目充分运用 VR、AR 等技术使得现实空间与虚拟场域相结合，唐朝乐师们或漫步于古代的千里江山、亭台楼阁，或穿梭于莲鹤方壶、妇好鸮尊、贾湖骨笛等国宝文物间。视觉观感的打造以其拟真性与艺术性而将受众带入节目情境中，以达到身临其境的传播效果。在《七夕奇妙游》的开场表演《龙门金刚》中，飞天神女打开时空虫洞，金刚从佛门中走来的视觉特效，以及伴随着舞蹈所出现的各类金刚法相的不怒自威，打造出庄严肃穆又气势恢宏的视觉盛宴，促生受众对传统文化的直观体验。而氛围烘托则主要指表演中对光、电、影的利用，特别是在《洛神水赋》中，舞蹈演员身处水下，拍摄背景较暗，虽衣着色彩丰富，但其"飞天""腾空"等舞蹈姿势神性的突显与梦幻感的营造完全依靠灯光的布局与影像后期的艺术加工，因此创造出"翩若惊鸿，婉若游龙""洛神下凡"的绝美意境。正如凯尔纳所说，媒介制造感性幻象，这种幻象又通过调用受众感官而被接受和认同。[①]

值得注意的是，传统文化节目的创制正在努力突破对技术的基础性理解，即将其简单视为增加视觉效果的手段，更注重将技术作为一种叙事方式，使得其在节目中的应用从对受众身体维度上微观知觉的强烈刺激，走向对文化维度上宏观知觉的刺激，于潜移默化中完成故事的串联与人物情感的表达。河南卫视自《清明奇妙游》始舍弃了传统晚会的舞台现场与主持人，转而选择河南省内的代表性文化建筑进行实景拍摄，并首次采取漫画与动画相结合的形式进行背景故事的叙述与转场。河南卫视对传统文化节目的制作不再一味追求技术的包装，而是开始重视技术叙事对文化实践的积极作用。从"本

---

① 总结自凯尔纳《媒体奇观：当代美国社会文化透视》（清华大学出版社2003年版），第2—14页。他认为，在多媒体文化的影响下，奇观现象变得更加有诱惑力了，把生活在媒体和消费社会的子民们带进了一个由娱乐、信息和消费组成的新的符号世界，媒体和消费深刻影响着人们的思想和行为。因此，他总结"人类的体验和日常生活是由媒体文化和消费社会的奇观所塑造和传递的"。他还列举了广告、娱乐圈、体育圈、电影、电视、戏剧舞台、时装界、高雅艺术领域、建筑领域、流行音乐等奇观文化现象对人的多重感官刺激、影响与引导。

质上说，技术实践应理解为人们在生活世界的实践活动中，通过把过去—现在—未来的，技术的、自然的、社会的、个人的、认知的、利益的、政治的、情感的等要素'接合'（articulation）起来，生产、体验和重构'技术物及相关活动的意义'的文化实践过程"①，但是当前传统文化圈层仍将目光局限于其表层意义，而技术叙事，即"行动者挪用异质要素建构技术杂交体的过程中，把要素参与和展开的时间性按次序组织起来的方式"②为圈层破壁提供了可行路径。

舞蹈诗剧《只此青绿》选段《青绿》在 B 站 2021 年跨年晚会和 2022 年央视春晚上的播出引发了大众对"国潮"的新讨论。《青绿》表演的技术处理没有一味追求大气磅礴的效果，而是追求克制和内敛，其舞台布景选用与《千里江山图》一致的旧色背景，配以变换的诗文，将受众领入画中世界。俯拍、特写、慢动作等镜头的交替使用所针对的不是演员个人技艺的展示，而是舞蹈整体立意的演变过程，而灯光的明暗更迭、冷暖对比也烘托出情感节奏的起伏，特别是在最后幕布落下，其上映出《千里江山图》的画影，而舞蹈演员们坐落其间，仿佛融入画卷自成山峦，在打造唯美艺术体验的同时将之上升到"心中若能容丘壑，下笔方能汇山河"的大国气概，完成"从感觉经验到集体表象（社会记忆）过渡的叙事机制"③。正如叙述学研究者所提出的"叙事的过程也是传递历史意识的过程"④，不论是视频制作还是灯光舞美，技术作为叙事手段传达的更是作品背后的文化表征、意义和认同，并在一定程度上重构观者对社会的理解。

奇观式的数字技术确实在迎合青年群体的文化偏好上取得了一定进展，也成为传统文化现代性表达的标准答案。然而，夸张性、炫耀性的技术手段的使用并非技术破壁的唯一方式，只有将技术视为传统文化表达自身符号意义的叙事手段，从感官知觉转向文化知觉，切实做到贴合节目自身的历史意识与文化精神，才是消弭代际隔阂、凝聚集体记忆与社会认同的核心路径。

▶▶ 三、美学破壁："国潮美学"与数字人文

河南卫视"奇妙游"系列节目的弹幕开场便是满屏的"恭喜你发现宝藏"，网友讨论下一个"奇妙游"系列节目何时播出，也对历史古迹进行赞叹与解读，但更多的是表达"××卫视学着点""这才是我们应该看的节目"等对比与赞美。由此可见，河南卫视的异军突起与 B 站跨年晚会对青年群体注意力的博取和收视空间的争夺无疑都在变相促使央视和其他地方卫视进行节目改革。究其本质，河南卫视的节目和其他地方卫视的节目最重要的差别在于艺术审美与仪式表达。传统主流文化节目编排以央视春晚为代

---

① 陈玉林. 技术叙事研究：技术实践哲学的研究路径 [J]. 科学技术哲学研究，2010，27（4）：66.
② 陈玉林. 技术叙事研究：技术实践哲学的研究路径 [J]. 科学技术哲学研究，2010，27（4）：66.
③ 陈玉林. 技术叙事研究：技术实践哲学的研究路径 [J]. 科学技术哲学研究，2010，27（4）：66.
④ 陈玉林. 技术叙事研究：技术实践哲学的研究路径 [J]. 科学技术哲学研究，2010，27（4）：67.

表,坚持"家国"叙事,即"代社会主流文化召唤民众,建构起春晚的'国家美学'"①,而以《唐宫夜宴》《只此青绿》为代表的新兴传统文化节目则将中华历史与现代艺术相结合,开创出新的"国潮美学"。

"国家美学"主要的特征在于宏大叙事和集体主义。② 以央视春晚为例,作为一年一度的重大媒介仪式,娱乐与休闲功能早已退出央视春晚的核心要义。相较于轻松愉快的联欢晚会,央视春晚的目的在于传递主流意识形态、巩固和增强人们对于国家和民族的集体记忆,建构中华民族共同体,其带有显著教导意味的美学理念引发了青年群体的审美疲劳理念。宏大叙事与集体主义下个人性格特征的泯灭与对"喜悦"情绪一成不变的营造方式使得节目中对传统文化的表达缺乏重点与亮点。一曲演罢,真实的个体、有名有姓的演员完全消弭在集体之中,任何一个舞者都如同一颗螺丝钉,只有严丝合缝地契入变幻的队列中,才有其存在价值;只有高度配合的步伐和身姿,才能表现出主办者所期待的气势恢宏的集体主义美感。③ 但红红火火、一片祥和的"热闹"过后只剩平淡的虚无。

文化应重在创新与发展,而非固守"传统"止步不前。河南卫视的《唐宫夜宴》系列节目之所以成为其代表性文化作品,且至今广受好评,就在于其在"展示本土风貌的同时将数字人文关怀和当代人的情感结构及审美意识融入媒介展演中,其舞蹈编排包含游子思乡、友人相伴等多个故事内容,并通过精心的舞美设计,将这些故事以符合现代人审美趣味的视觉方式讲述出来,从而得到了现代观众特别是青年观众的认可"④。"国潮美学",字面上的理解是"国家"与"潮流"的结合。从具体案例来看,河南卫视及故宫博物院出品的文化作品与央视春晚一样都以中华传统文化为基础,但完全突破"大而美""合家欢"的传统美学风格。它们坚持以真实的国家历史资料为创作基础,没有迎合"白幼瘦"等所谓的时代风尚,而是以更具人情味、现代性、感染性的艺术方式对古典文化进行美学破壁,以"文化探索""情感交互""个性展演"为方针,用"引领"取代"说教",实现现代艺术与传统文化的结合,打造出新的美学风格,即"国潮"。

随着我国人民的物质需求得到满足与生活水平持续提高,受众的审美品位与精神需求水平也随之提高,因此传统文化不应再被归类为只有少数精英才能欣赏的"高雅文化",也不应再采取高高在上、拒人于千里之外的带有等级观念的表达形式,普罗大众

---

① 马中红,任希. 国家美学与社群美学的分野与对话:以"央视春晚""B站拜年祭"为例[J]. 美学,2020(6):106.

② 马中红,任希. 国家美学与社群美学的分野与对话:以"央视春晚""B站拜年祭"为例[J]. 美学,2020(6):104-111.

③ 马中红,任希. 国家美学与社群美学的分野与对话:以"央视春晚""B站拜年祭"为例[J]. 美学,2020(6):104-111.

④ 曾一果,李蓓蕾. 破壁:媒体融合下视频节目的"文化出圈":以河南卫视《唐宫夜宴》系列节目为例[J]. 新闻与写作,2021(6):34.

迫切需要一种"众生平等"的"纯粹审美"。"国潮美学"中的"潮"并非某种属于单一人群的流行趋势，而是无关种族与阶级，不同世代的人皆能理解的潮流类属，即每一个人都能在"国潮"中触摸与理解传统文化的魅力。而这也恰恰是舞蹈诗剧《只此青绿》的制胜之处。《只此青绿》以拟人化的手法将《千里江山图》中的重峦叠嶂具象化到每一位舞蹈演员的身姿之上，从发饰、配色、服装纹理到每一个精心策划的舞蹈动作，再辅以古拙大气的配乐，都试图更为细腻精妙地表现祖国山水之美。在B站跨年晚会上的选段《青绿》中，当舞台一片黑暗，聚光灯独落在领舞孟庆旸的脸上时，观众可以看到她眼底的水光，此刻观众纷纷表示"看哭了""一眼万年""是不是我们的基因里有啥秘密开关，一看这种就想哭"。《青绿》以极富感染力的艺术表达实现了赫伯特·马尔库塞的"个体的感官的解放"①，即将受众的审美感性从社会制度、层级等约束中解放出来，实现情感的共振与精神的感化。

综上所述，传统文化节目的美学破壁基于对历史的深度解读和对现代生活的情感连接发展出了独特的"国潮美学"，在这一观念下传统文化作品的创作既要带有数字时代的人文关怀，也要有更为纯粹真实的美学表达，由此才能充分发挥艺术的感召力以进一步凝聚中华民族之魂。

【思考题】

1. 如何理解文化圈层在社会传播中的作用？
2. B站跨年晚会对传统文化传播有哪些影响？
3. 如何从文化记忆视角出发理解传统文化节目的现代化转向？

【推荐阅读书目】

1. 尼克·斯尔尼塞克. 平台资本主义 [M]. 程水英，译. 广州：广东人民出版社，2018.
2. 陈龙. 转型时期的媒介文化议题：现代性视角的反思 [M]. 上海：上海三联书店，2019.

---

① 赫伯特·马尔库塞. 审美之维 [M]. 李小兵，译. 桂林：广西师范大学出版社，2001：132.

第六讲

性别政治与赛博女性主义

"女性主义"的概念诞生于西方发达资本主义国家的白人妇女权利运动，虽然其理论内涵呈多样化发展态势，但其核心要义依旧在于强调与建构女性的主体意识，实现两性在互相尊重、承认并包容差异的基础上进行平等对话与和谐发展。如今，西方女权运动已历经百年，从争取妇女选举权到反性骚扰、反性别暴力，其内容不断丰富，而大众媒介作为话语权力的生产主体，始终是女性主义角力的主阵地。在网络技术愈加发达的当下，媒介，尤其是数字媒介，与女性主义研究更为紧密地联系在一起。

第一节 媒介与性别认同

女性是被建构出来的。波伏娃提出"我们可以用女人自己的女性意识去解释女人，但这不比说她是一个雌性更令人满意。因为她是在取决于社会（她是其中一员）的环境中，取得这种意识的"[①]。而在男权主导的社会下，女性被以他者的身份建构为"第二性"，而媒介恰恰是这一建构过程中至为重要的环节。女性主义研究对传播体系的理解与探索根植于人类历史中的两性权力关系，即男性对女性的压抑。

恩格斯曾经以人类学家巴赫芬和摩根的观点为基础，认为原始人类生活于母系社会之中，妇女占据绝对领导地位，"在一切形式的群婚家庭中，谁是某一个孩子的父亲是不能确定的，但谁是孩子的母亲却是知道的。即使母亲把共同家庭的一切子女都叫做自己的子女，对于他们都担负母亲的义务，但她仍然能够把自己亲生的子女同其余一切子女区别开来"[②]。然而，母系社会在某个时期被父权颠覆，并在"工具的发展导致的分工和私有制的出现"[③] 的社会发展过程中被排除在历史之外，导致"女性的具有世界历史意义的失败"[④]。在农业社会，妇女一方面依附于男性以获取生存的可能和希望，另一方面也遭受男性严格的道德规训与束缚，从而形成"男尊女卑"的思维模式与价值判断体系。父权制得以确立并日益巩固，以"在家庭单位中制度性地强化男性对妇女和子女的权威"[⑤] 为核心实现对女性的压迫与物化。

随着工业革命的到来与资产阶级的兴起，女性开始加入生产队列之中，拥有获得劳动报酬的机会，并开始要求和争取与男性同等的政治经济权利。第一次女权主义浪潮诞生于18世纪末至20世纪初的妇女运动，其旨在为西方资本主义国家的妇女争取选举权、受教育权和基本人权。第二次浪潮自20世纪60年代到70年代，开始直指父权制

---

① 西蒙娜·德·波伏娃. 第二性 [M]. 陶铁柱，译. 北京：中国书籍出版社，2004：43.
② 恩格斯. 家庭、私有制和国家的起源 [M]. 北京：人民出版社，1972：38.
③ 严利华，石义彬. 女性主义视域中的大众传媒批判 [J]. 当代传播，2009（3）：32.
④ 恩格斯. 家庭、私有制和国家的起源 [M]. 北京：人民出版社，1972：54.
⑤ 曼纽尔·卡斯特. 认同的力量：第二版 [M]. 曹荣湘，译. 北京：社会科学文献出版社，2006：195.

带来的性别不平等,并探讨女性受压迫的根源问题,其中贝蒂·弗里丹的《女性的奥秘》(*The Feminine Mystique*)一书成为对女性形象刻板编码的有力抨击,不但揭示了媒介企图让人们相信女性的最高价值和唯一使命就是她们自身女性特征的完善所打造的"幸福的家庭主妇"的伪"神话",还对弗洛伊德带有妇女偏见的观点进行了批判。伴随着后现代主义,女权运动于 20 世纪 80 年代迎来了第三次浪潮,这个时期的女性主义者认为女性不是一个跟男性具有相同特征的群体,而是在种族、阶级、性取向等方面都存在着巨大差别的群体。致力和男性及其他反抗各种压迫的群体结成联盟以克服早期女性主义运动的排他性,同时明确提出"政治的是个人的",强调政治主张必须根植于对压迫性意识形态的个人的、实体的反抗是第三次浪潮时期女性主义运动的重点。① 在数字时代,网络技术的广泛应用将世界范围内的女性主义者更为紧密地联合起来,这个时期女性主义运动的典型特征是利用社交媒体维护女性的利益,如 2017 年席卷全球的"#MeToo"运动,即通过社交媒体反抗性骚扰、性暴力等侵犯女性人身权利的行为。

总体来看,西方女性主义运动在争取妇女的政治经济权利方面取得了一定的成果,但是"作为一种深层的社会观念和文化心理,女性在两性关系上的不平等地位作为一种历史的记忆,沉淀于女性的自我意识的深处……男权意识不仅掣肘着女性的主体行为,也制约着社会对女性的角色期待和价值评价,这在传媒中以不同的方式表达出来"②。

女性主义运动在历史发展过程中派生出了自由女性主义、激进女性主义、马克思主义女性主义、社会主义女性主义和后现代女性主义。

自由女性主义作为女性主义理论的起点而源远流长,其思想来源可追溯至启蒙运动,自由女性主义主张两性间的公正与平等,女性应获得与男性同样的法律与社会地位,二者在理性上毫无差异,而女性之所以遭受压迫是因为其缺乏受教育和参与公平竞争的机会。早期代表人物玛丽·沃斯通克拉夫特和哈莉耶特·泰勒·米尔都是这一思想的支持者,他们坚信在本体论意义上,男女是完全相同的。玛丽·沃斯通克拉夫特在《女权辩护》一书中提出"每个人的性格从来都是由个人或者阶级所从事的活动塑造成的;例如人的能力不是出于必要而得到磨炼,那就一定会保持在愚蠢迟钝的状态中。这一论点也可以公平地应用到女人身上"③。

激进女性主义形成于 20 世纪 60 年代末 70 年代初,其主要维护与代表受过高等教育的白人中产阶级妇女,强调女性的优越感,肯定女性气质的独到之处,同时引入了"父权制"概念,认为它是性别不平等的根源。凯特·米利特最早将父权制引入女性主义理论,她在《性政治》一书中明确指出,"如果我们把男权制的政府看作由占人口半

---

① 朱丽亚·T. 伍德. 性别化的人生:传播、性别与文化 [M]. 徐俊,尚文鹏,译. 广州:暨南大学出版社,2005:55-56.
② 严利华,石义彬. 女性主义视域中的大众传媒批判 [J]. 当代传播,2009(3):32.
③ 玛丽·沃斯通克拉夫特. 女权辩护 [M]. 王瑛,译. 北京:中央编译出版社,2006:53.

数的男人支配占人口另一半的女人的制度的话,那么男权制的原则似乎就具有两重性:男人有权支配女人,年长男子有权支配年少男子"①。因此,激进女性主义认为应超越阶级、种族等界限将所有女性联合起来共同斗争以推翻父权制,实现妇女解放。但这过度强调了男女差异,没能看到两性间同一性的存在,导致其内部理论出现分歧,部分激进女性主义者开始寻求新的解决之道。也正是在这一理论背景下,马克思主义进入女性主义研究者的视野,并于20世纪60年代形成马克思主义女性主义。

马克思主义女性主义又分化成两条相互对立的路径。第一条路径是关注经济对妇女权利的影响,以恩格斯的《家庭、私有制和国家的起源》、奥古斯特·倍倍尔的《妇女与社会主义》为代表,他们认为男女间的不平等主要由经济的不平等决定,"妇女解放的第一个先决条件就是一切妇女重新回到公共的事业中去;而要达到这一点,又要求消除个体家庭作为社会的经济单位的属性"②,但这过分夸大了经济因素的作用,"妇女解放依然只是一种理论上的理想,是社会主义理论的附属品,它并没有融入该理论体系中"③;由此第二条路径即探讨非经济因素对女性的影响与作用,朱丽叶·米切尔提出四种结构分析理论,认为对妇女的压迫主要由生产、生育、性关系和儿童的社会化四种结构决定,只有同时对其进行改变,才能实现妇女解放。在《妇女的等级》中,米切尔认为传统马克思主义者的错误就在于用经济因素来代替另外三个因素,因此提出用"废除家庭"这一抽象的口号来号召妇女进入生产领域。虽然经济因素现在仍然是首要的,但是在某些特定关头,另外三个因素也有可能代替经济因素直接起作用。④

随着对马克思主义中妇女观点反思的进一步深入,20世纪70年代社会主义女性主义应运而生,其是民主社会主义思想在两性关系领域的应用,它把性别压迫和剥削看作阶级压迫的副产品,认为两性平等主要取决于资本主义向社会主义的转变。⑤ 资本主义制度作为将妇女边缘化的主要动因,其建立初始便以父权制为基础对性别等级进行固定与制约,无论是社会分工还是家庭分工,女性都处于被剥削的地位并被持续"异化","女性的类能力在异己的对象世界里得不到对象化和确证,所以女性的类本质彻底丧失"⑥。因此,只有实现共产主义才能无视性别,人才成为其本身,女性才得以充分展示自我,成为真正意义上"完整的人"。

受后现代主义思潮影响,20世纪80年代诞生了后现代女性主义。后现代女性主义并没有试图建立解决一切问题的宏大体系,而是看到女性群体内部的文化差异,由此否

---

① 凯特·米利特. 性政治[M]. 宋文伟,译. 南京:江苏人民出版社,2000:34.
② 马克思,恩格斯. 马克思恩格斯选集:第四卷[M]. 2版. 北京:人民出版社,1995:72.
③ 李银河. 妇女:最漫长的革命:当代西方女权主义理论精选[M]. 北京:生活·读书·新知三联书店,1997:14.
④ MITCHELL J. Women's estate[M]. New York:Pantheon Books,1971:100-101.
⑤ 田雨. 女权主义的划界、反思与超越[D]. 长春:吉林大学,2006:95.
⑥ 李庭. 从"两性平等"到"两性和谐":人类解放视野下的女性主义研究[D]. 长春:吉林大学,2020:95.

认存在普遍的、统一的"妇女",提出充分尊重每一个独立的个体,对无论男女都应给予充分的发展空间。它将重点放在建立一套属于女性自身的话语理论上。正如皮埃尔·布迪厄所说任何语言"总是涉及被授予特定社会权威的言说与在不同程度上认可这一权威的听众之间结构复杂、枝节蔓生的历史性权力关系网",语言的生产关系结构取决于两个言说者之间的符号权力关系"①,因此掌握话语即掌握权力,后现代女性主义者认为"男人是这个世界的话语……我们所要求的一切就是用我们自己的声音……迄今为止所有的女权主义文字一直是在用男人的语言对女人耳语……我们必须去发明,否则我们将毁灭"②。基于这一目标,安妮·莱克勒克提出,这种女性话语,如"我身体的快乐,既不是灵魂和德行的快乐,也不是我作为一个女性这种感觉的快乐。它就是我女性的肚子、我女性的阴道、我女性的乳房的快乐。那丰富繁盛会令人沉醉的快乐,是你完全不可想象的"③。虽然话语的建构对女性解放有一定的积极作用,但后现代女性主义重精神轻肉体的思想倾向忽视了现实生活中身体在场对女性权利保障的重要意义,并由此引发来自女性主义内部和外部的双重批评。

此后,在多种社会运动思潮与现实生活实践的积累与影响下,女性主义又衍生出生态女性主义、精神分析女性主义、后殖民女性主义等流派,向着多元化方向持续发展。然而,女性主义虽分支众多,但核心都指向女性对自我性别的认知与接纳,摆脱父权的特殊凝视与偏见,以成为"完整的人"为目标。值得注意的是,性别认同的建构"不是一个普遍的生物本质,而是女性和男性如何被谈论的问题"④。在法国哲学家米歇尔·福柯的后结构主义思想和特雷萨·德·劳瑞蒂斯的女性主义电影理论的启发下,凡·祖伦明确提出"人类是由他们/她们所参与的不同的社会实践和话语建构的",而"社会性别可以被视为一种特殊的话语,即一系列涉及生物性别差异的文化描述和定义,它们可以相互重叠而彼此矛盾"⑤。由此,性别认同正是指作为主体的人对自我社会性别的认同,即在"强调必须对女性角色予以高度评价的同时,同样确信这种评价不仅仅来自外部,也同样来自妇女本身……妇女也必须学会自我评价"⑥。

性别认同的本质是对自我归属问题的探索。基于此,这不能被视为单一的、根本的、普遍意义上的对男性气质和女性气质的划分。南希·乔多萝在对"尽母职"如何与女性相联系并进行代际传递的研究中提出"女性的尽母职造成了具有'重人际关系'

---

① 李猛. 布迪厄 [M] //杨善华. 当代西方社会学理论. 北京:北京大学出版社,1999:287.
② KOURANY J A, TONG R, STERBA J P. Feminist philosophies [M]. Lebanon: Prentice Hall, 1992: 362 - 363.
③ 李银河. 女性权力的崛起 [M]. 北京:文化艺术出版社,2003:186.
④ 克里斯·巴克. 文化研究:理论与实践 [M]. 孔敏,译. 北京:北京大学出版社,2013:307.
⑤ 祖伦. 女性主义媒介研究 [M]. 曹晋,曹茂,译. 桂林:广西师范大学出版社,2007:45.
⑥ 珍尼特·希伯雷·海登,B.G. 罗森伯格. 妇女心理学 [M]. 范志强,周晓虹,等译. 昆明:云南人民出版社,1986:341.

的内在自我意识的女人和具有相反内在自我意识的男人"①，即"性别认同"是这一问题的答案。但是乔多萝所论述的性别认同基于三个前提："一个是心理分析前提，即每人的内心都具有一种自我意识，它是在幼年期通过与父母的互动形成的，在随后的人生中保持相对稳定。另一个前提是男女两性的'内在自我'有显著的差异，但是在所有的女人中基本相同，在所有的男人中也基本相同……第三个前提是这个内在自我影响到人的一举一动；没有任何一种行为，无论是多么微不足道的行为，能够不带上这个人的男性气质或女性气质的性别认同的痕迹。"② 由此可见，乔多萝对于性别认同的界定既落入了本质主义陷阱，也没能看到男性中心主义的根深蒂固。同时，随着工人阶级妇女、有色人种妇女、女同性恋群体声音的壮大，单纯从资本主义异性恋白人女性经验出发探讨女性权益是不全面的，甚至是对其他女性群体的变相"霸权"。认同也并非稳定静止的，而是伴随着个体实践而处于动态变化之中，正如西蒙娜·德·波伏娃在《第二性》里所指出的"女人并不是生就的，而宁可说是逐渐形成的"③。因此，"性别认同"应是运用"多元和综合建构的社会认同概念取代单一的'女性'和'女性气质的性别认同'的概念；它应当把性别当做其他许多概念中的一种，同时关注阶级、种族、民族、年龄和性倾向问题"④。围绕性别认同的实践活动应是一种联盟性的活动，而非"围绕着一个共同的利益和身份认同所展开的统一行动"⑤。

不可否认的是，媒介作为建构性别认同的重要手段，"不仅再现了社会性别的状况和地位，还反映了社会的文化传统、社会价值观念、社会道德准则和社会榜样"⑥，以短视频、电影、电视为代表的现代媒介，将视听影像作为主要手段，再现与"创造"出更加多元化的女性角色。但是无论技术发展至何阶段，现代媒介依旧会从本质主义出发对女性群体进行简单的、同质化的价值规训，并企图以此定义统一的性别标准，其手段包括但不限于对女性角色的选取、性格的设定、衣着体态的要求。凯斯·戴维斯等人在研究中提出，媒介用特别塑造的形象来告诉女人如何成为"完美的母亲、情人、妻子、主妇、迷人的附属品、秘书——无论女人扮演何种角色，她都非常适合制度的需要"⑦。已有的女性主义媒介研究普遍认为男性与女性没有在媒介中得到平等的对待。

---

① CHODOROW N. The reproducing of mothering: psychoanalysis and the sociology of gender [M]. Berkeley: University of California Press, 1978: 38.
② 李银河. 妇女：最漫长的革命——当代西方女性主义理论精选 [M]. 北京：中国妇女出版社, 2007: 142.
③ 西蒙娜·德·波伏娃. 第二性 [M]. 陶铁柱, 译. 北京：中国书籍出版社, 2004: 251.
④ 李银河. 妇女：最漫长的革命——当代西方女性主义理论精选 [M]. 北京：中国妇女出版社, 2007: 148-149.
⑤ 李银河. 妇女：最漫长的革命——当代西方女性主义理论精选 [M]. 北京：中国妇女出版社, 2007: 149.
⑥ 杨桃莲. 学者自我表露差异中的性别认同：基于新浪微博文本的考察 [J]. 新闻大学, 2017 (4): 65.
⑦ DAVIES K, DICKEY J, STRATFORD T. Out of focus: writing on women and the media [M]. London: The Women's Press, 1987: 4.

在新闻报道中，在涉及经济、政治、法律、重大社会事件等主流题材中，男性处于报道的核心位置，而民生新闻则以女性为报道主体；在电视节目中，以"美食""家庭""消费""对话访谈"为主题的节目也以女性为主体，反之男性身体的镜头前在场被淡化和消解；在影视综艺中，对于女性身体性征的突出与强调似已成为行业惯例，尤其是在好莱坞电影中，女性作为弱势方需要被男性英雄"拯救"的逻辑将两性特征极化，并被置于二元对立的角度进行展演。由此可见，媒介对于男性的性别编码侧重于展现社会权力与地位，对于女性的性别编码则偏向于强调外貌、家庭责任与道德品质，两者间的差异将女性定型为男性的"附属物"，使其进一步边缘化与被动化。

查尔斯·霍顿·库利曾于"镜中我"理论中提出"自我感觉决定于对想象的他人的意识的态度"[①]。媒介对女性的社会定位与形象塑造在一定程度上成为现实生活中女性群体的模仿和想象对象，成为映射理想自我与性别认同的"镜子"，由此使得其中蕴含的父权压迫于无意识中渗透到社会主流价值与文化思想体系中，将扭曲的意识形态正规化，营造"习惯即真理"的性别话语场域。正是为了抵制这种"传统习俗"手段，反抗令女性不适的男性中心主义，帮助妇女建构突显个人价值的性别认同，媒介成为女性主义研究的主要批判对象，而性别批评理论也在这一过程中逐渐走向成熟。

性别批评理论在后现代主义思潮的影响下出现，认为媒介中的社会性别应"取消男女两极、以承认性别具有交互与越界的可能的社会文化立场考察性别建构的开放性话语方式"[②]。朱迪斯·巴特勒曾指出，提出性别批评理论的目的是"揭露和改善主体被塑造并遭受歧视的残酷性"，但"这并非唯一的目标，还有社会和经济的正义问题，这些问题最初并不与主体的塑造问题相关。因此，至关重要的是对权力关系领域进行反思，并能形成一个评判的政治标准，不可以忘记的是，这一评判将永远是为权力而斗争"。[③]结合媒介文化传播实践，性别批评理论表现出三种特征：第一，对性别问题上二元思维批评模式的超越；第二，性别批评融入了复合式的批评视角；第三，性别批评在女性文学身份疆界和叙述疆界方面有所开拓，研究者应站在社会文化立场上去理解性别问题，揭示其内在机制和运作方式，且不能不考虑文化指涉的多样性。[④]虽然当前的性别批评多基于文学作品，但新闻作品、影视作品等同样可被视为"在媒介文本里对意义进行编码的过程"[⑤]。各类媒介内容为女性生产和再生产着集体记忆、欲求、希望和恐惧，与

---

① 查尔斯·霍顿·库利. 人类本性与社会秩序 [M]. 包凡一, 王源, 译. 北京：华夏出版社, 1989：118.
② 刘思谦, 屈雅君, 等. 性别研究：理论背景与文学文化阐释 [M]. 天津：南开大学出版社, 2010：82.
③ 转引自 S. 劳雷尔·韦尔登, 王宏维, 胡玲. 差异与社会结构：艾利斯·扬的社会性别批判理论 [J]. 国外理论动态, 2013 (4)：39.
④ 乔以钢, 张磊. 性别批评的构建及其基本特征 [J]. 天津社会科学, 2007 (4)：106-111.
⑤ 祖伦. 女性主义媒介研究 [M]. 曹晋, 曹茂, 译. 桂林：广西师范大学出版社, 2007：58.

早先时代中的迷思发挥着类似的功能。① 而对性别迷思的追寻"不仅仅根植于我们不可避免地要寻找表达基本关注、核心价值、深层忧虑的途径这个看似合理的期待中；也同样根植于如何公开表达解决这些问题的尝试期待中"②。因此，在如今的媒介化社会中，要以持续发展的眼光重新审视数字时代的性别问题与挑战，既要看到女性媒介形象展演的历史变迁，也要重视性别身份带来的政治诉求和各种社会诉求。这也是下面章节所要讨论的重点。

第二节 媒介化社会的性别展演

今天，媒介越发深刻地嵌入人们的日常生活，它的"效力开始渗透到曾经与之相分离的领域，并且以自身的逻辑改变这一领域既有的系统规则，使之不得不适应'媒介逻辑'"③。而媒介化既意味着媒介与其他社会领域之间关系的结构性转型，也意味着不同社会角色之间社会交往和关系的变动模式，包括个人与组织、个人与媒介、社会与媒介关系的变革。④ 它蕴含着这样一种逻辑："作用于人类社会形态的媒介形式，其意义远胜于其内容，媒介塑造的文化形态越来越社会现实化，甚至直接出现了媒介所造就的行动场域和社会场域。"⑤ 在这一逻辑的支配下，媒介化社会"无论是在形式上还是在实质上都在规范着其他社会场域的运转和变迁"⑥，女性群体的性别展演自然也越发为媒介所桎梏，媒介中的"形象、声音和景象帮助建构日常生活的结构、主宰业余生活、影响政治观点和社会行为，以及提供给人们赖以打造他们身份的各种材料"，并灌输给我们"什么意味着男人或女人的典范"。⑦

---

① 祖伦. 女性主义媒介研究 [M]. 曹晋，曹茂，译. 桂林：广西师范大学出版社，2007：50.
② SILVERSTONE R. Television, myth and culture [M] //CAREY J. Media, myths, and narratives: television and the press. London: Sage, 1988: 20-47.
③ 戴宇辰. 媒介化研究：一种新的传播研究范式 [J]. 安徽大学学报（哲学社会科学版），2018（2）：150.
④ 胡翼青，郭静. 自律与他律：理解媒介化社会的第三条路径 [J]. 湖南师范大学社会科学学报，2019，48（6）：128-135.
⑤ 胡翼青，杨馨. 媒介化社会理论的缘起：传播学视野中的"第二个芝加哥学派"[J]. 新闻大学，2017（6）：97.
⑥ 胡翼青，郭静. 自律与他律：理解媒介化社会的第三条路径 [J]. 湖南师范大学社会科学学报，2019，48（6）：134.
⑦ KELLER D. Media culture: cultural studies, identity, and politics between the modern and the postmodern [M]. New York: Routledge, 1995: 1.

▶▶ 一、传统媒介与女性刻板印象

媒介与女性刻板印象的纠葛由来已久,这既是"女性主义媒介学者带进传播研究的最初议程"①,也是社会对女性的基本要求的符号表现。在《媒介研究:文本、机构与受众》中,利萨·泰勒与安德鲁·威利斯提出,"刻板印象"是"选择并且建构简化的、泛化的符号,用它们来对社会群体或是群体中某些个体进行区分。用来建构刻板形象的原始符号一般代表了相关群体的价值观、态度、行为和背景。刻板形象隐含着的事实是,被选择的符号对涉及的群体进行了普遍的预设"②。刻板印象将某一群体的成员进行同质化约,且这种简化往往是对负面性格特征的放大与偏见。根据以往的女性主义研究,媒介常将女性置于妻子、母亲、色情工具等位置上,在女权运动兴起前这些刻板形象被视为自然的与合理的,正是这一社会认知引发了研究者对媒介进行性别展演时所应承担责任的关注与思考。塔克曼等曾对媒介提出期许:"我们的社会,如同任何其他社会一样,必须将社会遗产代代相传。在像今天社会变迁如此急剧的时代,社会持续的需要和支配性的价值传承可能迫在眉睫。于是,个体就需要熟悉过去,但是人们也必须准备面临变迁,这个变迁在性别角色上尤其显著。"③ 然而,媒介对女性群体的刻板化建构似乎与此功能背道而驰。

在对女性杂志的研究中,麦克罗比通过对《杰基》进行文本分析,提出少女杂志所包含的浪漫代码、个人生活代码、时装和美丽代码、波普音乐等有助于确定一种以未来作为妻子和母亲角色为基础的少女意识形态,而受众不可避免地要屈从于这种意识形态的力量。④ 卜卫也在研究中提出,杂志中的女性美被传统地界定为男性眼光中的性感尤物,女性被切割成"零件",活在男性文化所主宰的审美活动中;而作为审美的主体,男性对女性容貌、身材的期待实质上形成了对女性的一种控制。⑤ 蔡骐等人进一步指出我国女性杂志的编写倾向,他们认为无论是纪实性的妇女杂志如《家庭》《知音》,还是时尚类的妇女杂志如《时尚》《瑞丽》,它们都复制了既定性别意识、性别关系和性别认同。前者以平凡人的辛酸文字为主料,将女性的理想气质定义为男性所需要的"温柔"与"风情",女性的理想品格则是牺牲自己而退守家庭。与之相较,宣扬提升女性成熟气质的时尚类杂志打造的是一个物质生活充裕、追求浪漫格调的繁华世界,其

---

① 祖伦. 女性主义媒介研究 [M]. 曹晋, 曹茂, 译. 桂林: 广西师范大学出版社, 2007: 21.
② 利萨·泰勒, 安德鲁·威利斯. 媒介研究: 文本、机构与受众 [M]. 吴靖, 黄佩, 译. 北京: 北京大学出版社, 2005: 37.
③ TUCHMAN G, KAPLAN D, BENET J. Hearth and home: images of women in the mass media [M]. New York: Oxford University Press, 1978: 3.
④ 多米尼克·斯特里纳蒂. 通俗文化理论导论 [M]. 北京: 商务印书馆, 2001: 226-227.
⑤ 卜卫. 解读《女友》杂志的性别论述 [M] //荒林, 王红旗. 中国女性文化 1. 北京: 中国文联出版社, 2000: 90.

中充斥着的关于各种名贵物品的信息①，导致"女人们只能通过花钱的方式来为自己的女性气质寻求确信"②。

随着媒介的视觉化发展，隐藏在妇女杂志文本背后的意识形态得到进一步揭示，电视节目的制作与播出不但没有弥合对女性性别形象的误解，反而对女性与男性做了进一步区隔。电视上有时会展现非传统的女性，如中国粉丝文化史上里程碑式的综艺节目《超级女声》（2005）中几名歌手的"中性风"形象，但是大多数的女性形象依旧延续了既有模式。其中，最富代表性的便是电视新闻女主播的性别展演。帕蒂丽夏·霍兰德针对英国 BBC 新闻的研究发现，"新闻播报已经成为一个适合妇女表演的工作，因为'她们令人赏心悦目'"③，但这并不是说女性新闻播报员是观众凝视的对象，凡·祖伦对这一结论进行了更为贴切的解释，即"新闻播报员就像一位关怀他人，从不会令人失望的母亲，在你情绪激动一天以后，为你摆上一桌美味佳肴。女主播就该如此：既平易近人，又从容优雅"④。霍兰德对 BBC 新闻的研究时值 BBC 电视服务业的竞争期，而随着电视机构竞争的全球化及对观众注意力的争夺，女性主持人的美貌作为一种盈利元素被利用的情况越加常态化，通常是在"观众娱乐的心态中被观看、被欣赏和被评价；占有视觉效果先机的强势媒体电视则是为其主持人宣传造势，专门打造出根据女主持人或女记者风格、特质而精心度身定造、最能展示其魅力和亲和力的栏目"⑤。如今，中央电视台的女性主持人以其专业能力、职业精神和独特的人格魅力为观众所熟知，但其依旧属于群体中成功的个案，男主播在新闻行业仍占据主导地位。类似"男性适合硬新闻报道""女性更适合软新闻报道"等主观设定是以将两性视为对立面为基础的社会分工，在一定程度上影响并构建了日常生活中对女性的职场偏见，成为一种既似有形又似无形、"暴力最强者的选择，体现了对自身利益最大化的追求，而不是对正义的追求。暴力最强者甚至可以选择并修改正义观念本身"⑥。

在电影场域，性别展演带有更为浓厚的"再现"与"重构"色彩。劳拉·穆尔维在其 1975 年发表的《视觉快感与叙事电影》中运用精神分析学说对好莱坞电影内容与放映机制进行了深入研究，她指出好莱坞电影不过再现了父权制社会中男性和女性之间的不平等的社会秩序："好莱坞风格（包括一切处于它的影响范围之内的电影）的魔力充其量不过是来自它对视觉快感的那种技巧娴熟和令人心满意足的控制，这虽然不是唯

---

① 蔡骐，黄金. 女性主义媒介研究初探 [J]. 湖南师范大学社会科学学报，2004，33（3）：123-127.
② 约翰·斯道雷. 文化理论与通俗文化导论：第二版 [M]. 常江，译. 北京：北京大学出版社，2009：189.
③ HOLLAND P. When a woman reads the news [M] //BAEHR H, DYER G. Boxed in: women and television. London: Pandora, 1987: 133-150.
④ 祖伦. 女性主义媒介研究 [M]. 曹晋，曹茂，译. 桂林：广西师范大学出版社，2007：80.
⑤ 转引自张艳红，石义彬. 我国当代女新闻工作者职业地位批判 [J]. 西南民族大学学报（人文社科版），2008（7）：172.
⑥ 吴思. 血酬定律：中国历史中的生存游戏·序言 [M]. 北京：中国工人出版社，2003：6.

一的，却是一个重要的方面。在丝毫没有受到挑战的情况下，主流电影把色情编码成主导的父权秩序的语言"①。而这种维护父权的观看机制即"观淫癖"与"恋物癖"。"观淫癖与恋物癖是好莱坞电影用以建构（被假设为男性的）观众的机制，目的是迎合其潜意识需求"，穆尔维提出，"电影依赖这种本能，使观众从本质上成为一个观淫者……，电影中的所有女性的躯体都被'恋物癖化'了"，而"如果观众是一个女人，她不得不假定自己处于男性的位置从而参与到'观淫癖'和'恋物癖'这两种机制中去"②，不再作为女人观看女人，而是通过男人的视角观看女人，由此在对女性视角进行压抑的同时增强对男权的认同与维护。除了放映机制外，电影内容中的女性也处于被动状态，为男性凝视规则所建构，这通常"创造了两种对立的女性形象：要么好要么坏，而且时常把这两种极端放在一起，夸张地展现这两种女人命运的差异。好女人漂亮、恭顺、忠诚，专注于家庭，从属于男人，她们通常被表现为受害者、天使、牺牲品或忠诚的助手"③。虽然电影中女性形象的打造也在随着经济的发展而不断变化，如《霹雳娇娃》中惩奸除恶的女性组织，《穿普拉达的女王》中永远精致优雅、工作能力强的米兰达，《瞒天过海美人计》中各怀绝技、共同实施完美复仇的八位女性，这似乎打破了"家庭主妇""柔弱无力"等刻板印象，开辟了一条通往女性多样化展演的道路，但是"如果我们仔细地考察一下这些所谓的非传统的女性形象，我们就会发现一个好女人可以强大而成功，但她必须符合某些传统的关于女性魅力的观念，换句话说，她得漂亮、善解人意并且与一个或更多的男人关系密切"④。《霹雳娇娃》中查理的天使们无论是在打斗中还是在日常生活中都性感迷人；《穿普拉达的女王》中米兰达的事业如日中天，但她依旧因为与爱人离婚而黯然神伤；《瞒天过海美人计》中黛比作为总策划在寻找队友时说问题不是用"he"，而是用"him"，因为她认为一旦有男人参与进来就没有女人说话的份儿了。黛比明确反对招募男队友，但最后成功实施复仇计划还是依靠了男性好友。在如今的电影媒介中，女性看似拥有了更多展现个人魅力的空间，摆脱了"好女人"的刻板印象，但实际上仍然保留和再现了传统女性形象。

二、网络媒介与女性形象重构

以互联网为基础的数字技术的应用与革新将每个人视为"节点"，通过网络让世界

---

① 劳拉·穆尔维. 视觉快感与叙事电影［M］//克里斯蒂安·麦茨，吉尔·德勒兹，等. 凝视的快感：电影文本的精神分析. 北京：中国人民大学出版社，2005：3.

② 罗伯特·C. 艾伦. 重组话语频道：电视与当代批评［M］. 麦永雄，柏敬译，等译. 北京：中国社会科学出版社，2000：264.

③ 朱丽亚·T. 伍德. 性别化的人生：传播、性别与文化［M］. 徐俊，尚文鹏，译. 广州：暨南大学出版社，2005：191.

④ SIMONTON A F. Women for sale［M］//LONT C. Women and media: content, careers, criticism. Belmont, CA: Wadsworth, 1995: 143-177.

上的人们联结起来，形成一张由节点共同组成的、去中心化的信息之网。第四次女性主义运动便是基于网络媒介对各个地区人们的连接发展起来的，其"以在线话语行动主义为主要形式，有'共同发声、全球参与和关注交叉性'等特征"①，如2012年由英国女性主义作家劳拉·贝茨在博客上发起的"每日性别歧视项目"，鼓励女性说出自己遭遇的性别歧视。在不到一年的时间里，这一行动就扩散到18个国家，收到了数万份来自不同肤色、年龄、宗教、阶层和职业的女性的回应，她们讲述自己在家庭、学校、职场、公共空间和大众传媒中遭遇的性别歧视②；2017年的"#MeToo"运动是近年来影响最大的女性主义话语行动，突显了社交媒体时代主题标签"#"的强大动员能力③，它将同一个话题下的信息汇聚起来，提高信息传播和组织的效率，使互不关注的用户也能形成一种类似"兴趣小组"的关系，从而交流和分享信息④。借助主题标签，女性"个人声音"汇集成表达共同诉求的"集体声音"，增强叙事者的权威性，从而为受害者提供自我披露的安全空间。⑤ 由此可见，相较于传统媒介的女性形象"单向输出"模式，网络媒介使女性个体形象重构与自我陈述成为可能，这在一定程度上打破了女性"被动再现"的形象框架，帮助其"主动展现"真实的性别状态与性别诉求，更为平等有效地争取妇女权利。

　　网络媒介在凝聚"集体声音"的同时也开放文本生产的多种渠道，促进女性自主选择和创建自己的性别形象。传统的女性形象由男性界定，他们倾向于以"良家妇女""淑女风范"等所谓的"完美性想象"来评判一位女性是否符合其道德审美标准。网络媒介中的女性群体借助或真实或虚构的视觉文本展开自我反思，进而树立当代社会的"新女性"形象。《甄嬛传》热播后，《芈月传》《那年花开月正圆》《延禧攻略》等"大女主"剧一时间好评如潮，甄嬛、芈月、魏璎珞等在剧中获得较高身份地位的女性被视为"独立自主"的代表，她们的容貌服饰、抗争经历和情感生活等都随着影视剧的开播成为社交媒体平台讨论的热门话题。女主角的名字本身也成为一种象征性文本，成为现实生活中女性标榜自身能力与生活哲理的形容词。而现代都市女性群像剧，如《欢乐颂》《北京女子图鉴》《三十而已》，则进一步细分女性形象，突出当代女性的痛点，跳脱"母亲""妻子""唯爱情论"等传统男性凝视的框架，展现女性成长、职场、家庭生活等场域的亮点与困境，"知性""洒脱""飒爽"等更为中性的词语开始流行，更为多样的女性评价体系逐步建构起来。正如阿尔都塞在其政治语言学概念中将语言描

---

① RETALLACK H, RINGROSE J, LAWRENCE E. Fuck your body image: Twitter and Instagram feminism in and around school [M]//COFFEY J, BUDGEON S, CAHILL H. Learning bodies. Singapore: Springer, 2016: 85-103.
② BATES L. Everyday sexism [M]. London: Simon and Schuster, 2014.
③ 冯剑侠. #看见女性劳动者#：新冠疫情中的女性自媒体与话语行动主义 [J]. 新闻记者, 2020 (10): 32-44.
④ 邵健, 章成志, 李蕾. Hashtag研究综述 [J]. 现代图书情报技术, 2015 (10): 40-49.
⑤ DIXON K. Feminist online identity: analyzing the presence of hashtag feminism [J]. Journal of Arts and Humanities, 2014, 3 (7): 34-40.

绘为"权力的盔甲"——"统治者最有效的权力之一是确立词汇的强制性定义的权力"①。女性甚至开始从自身角度出发对男性压迫进行批判，如《赘婿》中的"男德学院""妻子三竿起，夫君煲好汤"的训诫虽荒诞但也嘲讽了女性长久以来遭受的性别不公与社会对女性的刻板印象。此外，在全球范围内，女性主导了70%～80%的购买力和消费影响力，中国41%的国内生产总值源于女性消费。女性经济俨然已成为新的经济增长点。② 因此，女性经济能力的提升推动着性别文化消费的扩张，尤其是"她综艺"的勃兴既展现了当代社会多样态女性形象，又在相关问题的讨论中丰富与传播了女性价值观念。从选秀节目来看，《创造101》《创造营2020》《青春有你2》等以青年女性为主体的节目虽以女团为标准进行模式化的形象打造与气质消费，但也出现了微胖女孩、走中性风格路线的女孩等打破以"白、幼、瘦"为代表的男性审美框架的女性。《乘风破浪的姐姐》则将注意力明确聚焦于30岁以上的女艺人，虽为选秀，但在舞台之外的生活部分展现出的中青年女性面临的职业规划、家庭责任和身体健康等问题无一不引起女性受众的广泛共鸣。此外还有《妻子的浪漫旅行》《花样姐姐》《我最爱的女人们》等全方位关注中青年女性日常的"她综艺"。此类以婚恋观、家庭观、育儿观等为主题"讲述女性故事，以获得女性受众的心理投射和情感认同"的女性展演模式已成为"节目生产者在利益驱动下的必然结果"。③ 虽然其中的部分内容依旧复制与延续了传统观念中对女性"家庭身份"的偏重与"爱情追求"的行为设想，但这确实在一定程度上"帮助人构成一种与现实生活相逆反的环境，这有助于传播幻觉感受，促使人们用主观经验去取代客观经验"，从而"通过虚构和幻想足以唤起对抗精神疾患的力量"，引领性别价值的转型与进步，帮助重构数字时代的女性形象。④

▶▶ 三、男性气质与女性气质

在性别展演的相关议题研究中，对男性气质和女性气质的区分与讨论从未停止，对两者的界定与划分是从本质论视角出发的二元对立模式，即将个体划分为男女两个范畴，每一范畴对应相应的规则、权利和义务，由此简化人们的社会知觉。⑤ 性别气质的范畴化只是社会化之一，这意味着男人和女人实际上在做什么并不重要，重要的是社会制度坚持把男人和女人的所作所为'规定'出不同的范畴，产生对两性行为的不同期望和评价。二元对立将男女气质放在彼此的对立面上进行比较和定义，如男性的刚强对应女性的柔顺，男性的掌控对应女性的服从，等等。非此即彼的划分标准使得性别特征

---

① MARCUSE H. An essay on liberation [M]. Bonston: Beacon Press, 1969: 73
② 安晓燕. 创作样态、话语传达与支配力量：浅谈国内"她综艺"的生产 [J]. 中国电视, 2020 (2): 74-78.
③ 安晓燕. 创作样态、话语传达与支配力量：浅谈国内"她综艺"的生产 [J]. 中国电视, 2020 (2): 77.
④ 叶舒宪. 文学治疗的原理及实践 [J]. 文艺研究, 1998 (6): 80-87.
⑤ 佟新. 社会性别研究导论：两性不平等的社会机制分析 [M]. 北京：北京大学出版社, 2005: 51.

不可男女共有,并由此衍生出"女汉子""母老虎"等暗含贬义的形容某人与其性别不符的词汇。但是,研究者认为,人类发展面临的问题之一是行为的确定性问题。从某种程度上说,人类通过建构男性气质和女性气质的刻板印象能够较为有效地实现社会管理,并将劳动性别分工合法化,形成一套社会性别关系秩序。① 正如 R. W. 康奈尔所提出的,"男性气质不只是头脑中的一个概念或一种人格身份,它也在世界范围内扩展,融入组织化的社会关系之中"②。"男性气质这个概念是与其他概念存在天然关系的,如果没有'女性气质'相对照,它就不会存在。……女性气质(feminine)是指女性应当具有同情心、令人感到亲切、对他人关心等亲和取向的一系列性格和心理特点。"③

由此可见,所谓的性别气质实则是对性别刻板印象的美化与概念化,其"建构是一种父权制意识形态作用的结果,它通过社会化过程得以延续和再生产","内含性别歧视和偏见,这种偏见既可以指向女性,也可以指向男性,女性相对于男性处于更不利的社会地位"。④ 但在激进女性主义者看来,父权制以男性和女性生理学上的某些事实为基础,建构出一套"男性气质""女性气质"的身份与行为,旨在赋权男性⑤,稳固男性在两性关系中的主导地位,同时将女性对男性的顺从与弱势视为不言自明的"自然"状态。从这一意义上看,性别气质划分的背后是政治权力的争夺与博弈,即生产与维护男性对女性的绝对统治。作为美国激进女性主义的代表,凯特·米利特在其《性政治》中揭示了由男人实践着的"性政治":"我们的车队、工业、技术、大学、科学、政治机构、财政,总而言之,我们这个社会一切通往权力的途径都掌握在男人手里。这种认识十分重要,因为政治的本质是权力。"⑥ 由此可知,对典型的性别气质的划分与塑造是将两性关系向有助于进一步巩固父权制的社会化进程方向引导。

除了政治功能外,性别气质还将性别与消费联系在一起,从经济层面对两性进行再度细分与区隔,并以此左右社会生活与文化的建构。所谓性别化消费,是指"消费社会将某种商品与某一性别建立起内在关联,赋予了商品性别气质,人们购买商品不仅是购买其商品的实用功能,还在购买其性别化的符号意义"⑦。性别化消费主要从三个方面对性别气质进行强调:"第一,性别气质被消费品符号化后,通过消费品的生产和消费不断再生产出两性气质。第二,性别化消费通过对女性美的不断建构,将女性客体化。第三,现代社会中随着女性越来越在经济上独立,职业女性亦成为市场营销人员最感兴趣的人群"⑧,职业女装等相关市场的兴起从符号方面对女性进行职场与家庭责任划分,

---

① 佟新. 社会性别研究导论:两性不平等的社会机制分析 [M]. 北京:北京大学出版社,2005:25.
② R. W. 康奈尔. 男性气质 [M]. 柳莉,张文霞,张美川,等译. 北京:社会科学文献出版社,2003:38.
③ 祝平燕,夏玉珍. 性别社会学 [M]. 武汉:华中师范大学出版社,2007:39.
④ 佟新. 社会性别研究导论:两性不平等的社会机制分析 [M]. 北京:北京大学出版社,2005:26.
⑤ 祝平燕,夏玉珍. 性别社会学 [M]. 武汉:华中师范大学出版社,2007:39.
⑥ 凯特·米利特. 性政治 [M]. 宋文伟,译. 南京:江苏人民出版社,2000:34.
⑦ 佟新. 社会性别研究导论:两性不平等的社会机制分析 [M]. 北京:北京大学出版社,2005:188.
⑧ 佟新. 社会性别研究导论:两性不平等的社会机制分析 [M]. 北京:北京大学出版社,2005:188.

同时借由外在的物质包装对"工作中的女性应如何装扮"进行模式化定义。

在媒介化社会,男性和女性的形象越加难以用传统性别气质的二分法进行定义与阐释,甚至在部分文化作品中女性对男权的反叛成为受众喜闻乐见的主题。例如,2019年的美剧《致命女人》讲述了不同年代的三个女人所经历的故事,生活在20世纪60年代的贝丝·安是典型的家庭主妇,她每天妆容精致,温柔贤惠,万事以丈夫为中心,然而顺从的贝丝在遭受丈夫多次欺骗与背叛后选择了反抗。在"独立"计划实施的过程中,贝丝的每一步都体现出其"勇敢""果决""胆大心细"等在传统意义上被认为是男性专属的性别气质,此类特质和她原本的"贤良恭顺"相融合,在突破既有性别气质框架的同时也展现出女性在生活中有多样选择的可能性。部分女性主义者期望脱离霸权式的气质固定,突显女性的自我价值,然而这本身就是一种悖论,即强调女性的独到之处显然会再次落入两性二元对立的本质论陷阱中,进一步强化男性的霸权气质。摆脱这个困境的唯一方法便是彻底抛弃性别气质的二元定义,拒绝将气质按照性别划分。只有摘掉性别的有色眼镜,才能看到每个人身上所具有的个体品质及其在社会生活中的贡献与作用。

第三节 性别政治与身份建构

性别并非诞生之初便与政治相联系,而是在其社会化过程中,生理上的性别差异逐渐演化出社会性别,即男人、女人与跨性别人。随着生产力的发展与财富的累积,以个体为中心的损益观在产品盈余的状态下得到增强,男性的体力优势在生产方式进步的过程中得以升值,而女性的生育价值与生理优势难以突显,促使社会性别的分化进一步加大。也正是在这一过程中,性别价值的差异与层级划分使得性别群体分层,建立起力量悬殊的性别阶层。"政治"在多个性别阶层不平等的价值压迫与对立中,与性别议题相纠缠,从而发展为当今女性主义媒介研究的一大议题。

一、性别政治与"去政治化"

当前女性主义媒介研究大多涉及性别的阶层与权力关系。米利特最早用"政治"来论述性别问题,即"一群人用以统治另一群人的权力结构关系和机制"[①],并在她的《性政治》一书中对亨利·米勒、诺曼·梅勒和劳伦斯三名男性作家的小说中对女性的

---

① MILLETT K. Sexual politics [M]. Urbana: University of Illinois Press, 2000: 23.

歧视性塑造进行了揭露与批判，指出劳伦斯作品中中产阶级男性与女仆的性关系具有不平等的剥削性质。① 米利特的研究从文学批评入手，虽未深入挖掘性别政治的时代意涵，但注意到了两性间存在着的压迫与控制关系及其中多个主体间的阶级位置。正是生理性别、社会性别及对性别气质等的规范程度的合力决定了性别阶层的划分，并导致了性别政治的产生。"性别政治探讨的是性别阶层之间、相同或不同性别阶层的性别个体之间压迫与解放、统治与反抗、支配与被支配的权力斗争关系"，在种种关系的冲突与互动之中，"性别成为权力的场域。性别政治的实质就是权力关系。性别政治主要包括性别压迫和性别解放两个维度，但同时也关涉到性别权力关系与其他权力关系的复杂纠葛"②。不同的性别阶层在政治领域展开了对权力的争夺与较量，从普遍意义上看，"居于统治地位的性别阶层（主要是男性性别阶层）与居于被统治地位的性别阶层（主要是女性性别阶层）之间是统治与被统治、支配与被支配的二元对立关系。所以，性别阶层化使得社会性的性别压迫成为可能，性别政治化使得性别压迫成为现实"③。当男性性别阶层与女性性别阶层被放在对立位置上时，由此产生的不平等的权力关系博弈，即性别政治实践，开始在社会生活中运转，并渗透到日常实践的各个角落。

值得注意的是，性别政治实践的逻辑起点，即个体对性别价值差异的认知与对性别阶层的划分，已经延续了上千年。在中国古代，女性被"三从四德"等伦理教诲束缚，"男主外，女主内"的社会分工理念一直延续到当代。虽然五四运动的爆发及近现代保障妇女权利法律的修订在一定程度上起到了解放思想、推动性别平等的作用，但是并没有从根本上动摇性别政治实践的持续嵌入与发展。因为性别压迫并非以类似法律条文等直接明显的手段展示出来，而是以"去政治化"的形式隐蔽在社会文化中而留存至今。性别压迫的特点即"去政治化"：既不从政治的角度看性别现象，也不看性别现象的政治性，认为性别与政治无涉。它主要是通过强化性别的自然属性和弱化性别的政治属性进行的。④ 一方面，强化性别的自然属性的方式有多种，如生物决定论认为人类在进化过程中生理结构的不同决定了社会分工的差异，社会分工的不同自然导致性别阶层的产生，男强女弱等二元对立结构都是人类演进的结果；又如传统习俗论，"女子无才便是德"等伦理道德的训教与经典思想混为一谈，成为祖宗流传下来的"规矩"，被后人奉为圭臬，性别压迫便披上了"传统"的合理性外衣。另一方面，弱化性别的政治属性即将性别问题从政治领域剔除，"政治公私领域的划分学说中，曾经占主流的观点是，政治属于公共领域范畴，家庭属于私人领域，家庭内部的事，属于私领域，完全与政治无涉"⑤。家庭暴力、婚内出轨、殴打子女等行为由于被划归到家庭事务范围内而难以

---

① MILLETT K. Sexual politics [M]. Urbana: University of Illinois Press, 2000: 244.
② 段成利. 论性别政治的终结 [D]. 杭州: 浙江大学, 2013: 6.
③ 段成利. 论性别政治的终结 [D]. 杭州: 浙江大学, 2013: 15.
④ 段成利. 论性别政治的终结 [D]. 杭州: 浙江大学, 2013: 15–16.
⑤ 段成利. 论性别政治的终结 [D]. 杭州: 浙江大学, 2013: 16.

被社会重视，其至处于"大事化小，小事化了"的状态，被简单归咎于个体的道德问题或夫妻间的情感纠纷，而这一现象背后的普遍性与女性群体"集体无意识"下的沉默没有被关照到。自女性群体争取选举权和被选举权以来，现代社会不断完善自身法律体系以保障妇女权利，我国在2015年的第十二届全国人民代表大会常务委员会第十八次会议上通过并于次年正式实施了《中华人民共和国反家庭暴力法》，以维护女性在家庭场域的相关权益，但这只是揭露性别政治问题的一步，其具体效果仍待观察。

在性别政治和"去政治化"的两极纠缠中，我们需要注意到女性解放道路漫漫的本质原因是男性对自身既有权力和优势地位的维护。在这一意义上，女性被视为争夺权力的敌人，其得到的越多，男性则必然丧失越多的性别优势与利益。二元对立框架将性别权力关系、性别价值、性别气质等问题都引向了"非此即彼"的逻辑思维，在加深男女性别政治矛盾的同时，也在一定程度上将人们对性别问题的思考引入本质论的陷阱中。然而，这种二元对立的性别身份是如何被建构和确认的？对于"性别身份"的统一性与内在一致性的理解和规范又是如何形成的？下面将会就这两个主要问题展开讨论。

▶▶ 二、性别身份与"异己"

基于性别的刻板印象长盛不衰，即使在匿名性较强的网络社会，性别身份也会成为评判言论合理与否的影响因素之一，甚至成为攻击他人的一种语言手段。对"性别身份"的理解之所以先行于对"身份"的理解，是"因为只有依照大家能够理解的辨识性别的标准予以性别化，'个别的人'才能被理解"[①]。"传统上社会学的讨论试图从能动性的角度理解人的概念；能动性具有本体上的优先性，先于使人能够得到社会能见度与意义的各种不同的角色和功能。在哲学话语里，对'普遍的人'的分析阐述建立在这样的假定上：无论在什么社会语境'之内'，这个社会语境与作为人的定义结构——不管是意识、是语言的能力或是道德思辨——的联系可以说都是外在的"[②]，因此哲学对于"身份"的讨论大多基于人的内部特征展开，但是巴特勒认为"人"的"一致性"与"连续性"，不是有关人的一些逻辑或分析的要素，而是社会所建构与维系的理解规范。由于"身份"通过生理性别、社会性别与性欲等稳定化的概念确立，因此在文化中出现的那些"不一致的"或"不连续的"性别化存有——看起来是人，但不符合人

---

① 朱迪斯·巴特勒. 性别麻烦：女性主义与身份的颠覆[M]. 宋素凤，译. 上海：上海三联书店，2009：22.
② 朱迪斯·巴特勒. 性别麻烦：女性主义与身份的颠覆[M]. 宋素凤，译. 上海：上海三联书店，2009：22-23.

所定义的文化理解体系里的性别化规范——使得"普遍的人"这个概念受到了质疑。①在她看来,"可理解的"性别是那些建立和维系生理性别、社会性别、性实践与欲望之间的一致与连续关系的性别②,即所谓的普遍意义上对"性别"的理解是由律法及管控性的实践生产出来的,它们设置了一系列规范以生产具有一致性的身份。异性恋正是这种规范下的产物,"对性欲的异性恋化,需要并创建了'阴柔'和'阳刚'两个明确区分而不对称的二元对立关系,在其中两者又被理解为'男性'和'女性'的外现属性"③。由此,二元论作为维护异性恋身份内在一致性的标准规范而存在,其简单明确的性别身份划分及由此衍生出来的职责划分对传统社会的稳定与发展确实起到了积极作用。

通过异性恋文化矩阵理解性别身份,在规定一致性的同时也设定了某些"身份"不能存在,一旦出现便被视为对规范的违背与对文化的叛逆,如同性恋和跨性别者。然而,在异性恋制度下,性别二元论并非性别平等论,其只对男性与女性的性别身份与边界进行了区分,并未将两性放在同等地位进行考量,正如维蒂格所说"在强制性异性恋的情境里,性别范畴一直都是女性的(男性向来不受到标记,因此与'普遍的'等同)"④。"伊利格瑞的性差异理论认为,我们永远无法在西方文化的传统再现体系里,以'主体'的模式来理解女人,因为她们代表的正是再现的恋物崇拜,因此实际上是无法被再现的。"⑤无法被再现的女性与异性恋以外的性别身份一样成为不可能"存在"的"他者",男性作为主体借助于对他者的打压来维护自身边界,捍卫权力和地位。

塔什曼曾在其《大众传媒对妇女的象征性歼灭》中提出,美国传媒中的女性"被符号化为单纯的装饰物,需要保护或被打发到家庭的保护范围之内。总之,她们是象征性歼灭的对象"⑥。"女性被象征性歼灭的过程,即意味着男性和女性已被媒介遵循用于再造传统的性别角色的文化陈规塑造出来。男性通常被表现为占优势的、活跃的、积极进取的和有权威的……女性通常被表现为次要的、被动的、唯命是从的和边缘性的……在按照这些方法塑造性别的过程中,大众传媒肯定了性别角色的自然特性和社会性别的

---

① 朱迪斯·巴特勒. 性别麻烦:女性主义与身份的颠覆 [M]. 宋素凤,译. 上海:上海三联书店,2009:23.

② 朱迪斯·巴特勒. 性别麻烦:女性主义与身份的颠覆 [M]. 宋素凤,译. 上海:上海三联书店,2009:23.

③ 朱迪斯·巴特勒. 性别麻烦:女性主义与身份的颠覆 [M]. 宋素凤,译. 上海:上海三联书店,2009:23.

④ 朱迪斯·巴特勒. 性别麻烦:女性主义与身份的颠覆 [M]. 宋素凤,译. 上海:上海三联书店,2009:24.

⑤ 朱迪斯·巴特勒. 性别麻烦:女性主义与身份的颠覆 [M]. 宋素凤,译. 上海:上海三联书店,2009:25.

⑥ 转引自多米尼克·斯特林纳提. 女权主义与大众文化 [M] //陆扬,王毅. 大众文化研究. 上海:上海三联书店,2001:200.

不平等。"① 女性由于大众传媒的忽略、谴责或贬低而作为"他者"被排除在权力与话语体系之外，男性以其独白式的自我阐发积极构建与维护主体权力。而二元对立体系"有效地遮掩了男性的单义、霸权话语——阳具逻格斯中心主义——使得女性这个具有颠覆多元性的场没有发声的余地"②。"象征性歼灭"并非美国独有的性别文化现象，而是在父权制建立霸权地位的国家中都有所表现。大众媒介对女性本体价值的忽视，对生理性征的突出与强调在一定程度上将女性的"性别（gender）"等同于"性（sex）"，"是把女人这个范畴与她们身体外在的性化特征混同，是拒绝给予女人自由和自主权，就好像这些理当是男性所享有的一样"③。从这一性别身份的认知出发，性别成为"两性政治对立的语言指标。在这里性别是单数的，因为事实上并没有两种性别。只有一个性别：女性；'男性'不是一个性别，因为男性不是男性，而是普遍的"④。由此，女性从二元对立论中的"他者"演变为男性的"异己"，对女性权力与声音的忽视不能再用"排他性"进行简单概括，女性作为男性的"异己"并不被视为拥有主体性，始终是被压抑的一方。

值得注意的是，性别出于制度需要必须具有内在一致性，它"不是一个名词"，"也不是一组自由流动的属性"，其"实在效果是有关性别一致的管控性实践，通过操演（performatively）生产而且强制形成的"⑤。因此，女性想要摆脱作为男性"异己"的身份，获取主体性，必须在生产实践过程中努力重构性别定义，并获得具有普遍意义的成果，只有这样才有可能建构新的性别身份。而话语作为"一切形式的社会规范"成为生产性别身份的重要手段，它"以某种特定的方式规定和控制着人们谈论的话题以及主体的位置"⑥，不仅有助于某些有不同称呼的东西的建构，诸如"社会身份"、社会"主体"的"主体地位"等，还有助于建构人与人之间的社会关系，更重要的是有助于建设知识和信仰体系。⑦ 由此可见，理解和把握话语在性别身份建构中的作用是女性寻求改变并争取性别平等的关键。

▶▶ 三、话语秩序与女性的身份困局

福柯认为，话语是为了一定目的而说出的论证性言语，话语的形成、散播、转换、

---

① 多米尼克·斯特林纳提. 女权主义与大众文化［M］//陆扬，王毅. 大众文化研究. 上海：上海三联书店，2001：201.
② 朱迪斯·巴特勒. 性别麻烦：女性主义与身份的颠覆［M］. 宋素凤，译. 上海：上海三联书店，2009：25.
③ 朱迪斯·巴特勒. 性别麻烦：女性主义与身份的颠覆［M］. 宋素凤，译. 上海：上海三联书店，2009：27.
④ 维蒂格. 观点：普遍或特殊？［J］. 女性主义议题，1983（2）：64.
⑤ 朱迪斯·巴特勒. 性别麻烦：女性主义与身份的颠覆［M］. 宋素凤，译. 上海：上海三联书店，2009：34.
⑥ 胡春阳. 话语分析：传播研究的新路径［M］. 上海：上海人民出版社，2007：136.
⑦ 诺曼·费尔克拉夫. 话语与社会变迁［M］. 殷晓蓉，译. 北京：华夏出版社，2003：60.

合并等过程势必搅动一系列的社会文化因素，因此，他主张把话语彻底历史化，通过揭示社会文化规范对话语范式的影响来重新理解和解释文本。① 从这一意义出发，男性正是利用话语才得以对女性进行"符号灭绝"，如西蒙娜·德·波伏娃所说："定义和区分女人的参照物是男人，而定义和区分男人的参照物却不是女人。"② 诺曼·费尔克拉夫提出，"话语实践具有意识形态的介入成分，因此它们体现了有助于维持或重建权力关系的那些意义。权力关系原则上可以受到任何类型的话语实践的影响，即便是科学的话语和理论的话语也是如此"③。这为话语秩序的改变奠定了基础，因为"一个话语秩序可以被看作矛盾的、不稳定的平衡——它构成一种霸权——的话语方面，话语秩序的表达和重新表达因此在霸权斗争中是一个关键。而且，文本的话语实践以及文本的生产、分配和消费（包括解释）是霸权斗争的一个方面，它以不同的程度不仅……致力于现存的话语秩序的再造或改变，而且也通过现存的社会和权力关系达到这种再造和改变"④。

网络时代的社交媒体平台由于其所提供的较为平等的话语准入机会而被女性主义者寄予厚望。她们期望借助网络平台中女性的文本生产，促进社会对性别问题的关注与女性群体力量的凝聚，从而达到增强女性话语权、挑战和撼动男性话语秩序的目的。女性话语权是女性群体的利益、主张、资格及其自由力量的综合体现，它包含着对女性言说及其主张所具地位和权力的隐蔽性认同，取决于一种话语有效的社会环境、表达机制与主体资质，直接表现了女性对自我现实状态的把握及相应主观心态的流露。⑤ 在当前社会语境下，女性得以编辑自我话语，用亲身经历来叙写"家暴"等在传统观念中是羞耻的、需要遮掩的事件，促使此类事件从以家庭为单位的小范围内部事件变成值得正视与反思的社会问题。在 2020 年新冠病毒感染疫情暴发期间，各个省市的医院组织起医护队伍驰援武汉，虽然女性医护人员在整个疫情医疗卫生系统中所占比例较大，但是主流媒体对她们的报道依旧站在男性中心主义立场上，关注她们"在头发、面容、双手等外貌上的'损坏'和作为母亲、妻子、女儿等性别角色上的'牺牲'"，"专业技能和劳动价值却被淡化和琐碎化"，"更强调的是女性医护人员作为女性的性别特质而不是作为劳动者的职业身份"。⑥ 对此，女性自媒体开始积极发声，指出当时报道存在的女性刻板印象，并利用社交媒体平台表达不满，呼吁关注女性医护人员的劳动权利诉求，其中"#看见女性劳动者"的主题标签在微博上引起了上亿次的阅读与关注，并由此引发

---

① 胡春阳. 话语分析：传播研究的新路径［M］. 上海：上海人民出版社，2007：136.
② 西蒙娜·德·波伏娃. 第二性［M］. 陶铁柱，译. 北京：中国书籍出版社，2004：序言.
③ 诺曼·费尔克拉夫. 话语与社会变迁［M］. 殷晓蓉，译. 北京：华夏出版社，2003：84.
④ 诺曼·费尔克拉夫. 话语与社会变迁［M］. 殷晓蓉，译. 北京：华夏出版社，2003：86.
⑤ 陈慧. 性别政治视阈下女性话语权建构探究［J］. 广西社会科学，2010（11）：137-140.
⑥ 冯剑侠. #看见女性劳动者#：新冠疫情中的女性自媒体与话语行动主义［J］. 新闻记者，2020（10）：37.

了为一线女性医护人员捐赠生理期卫生用品的"姐妹战'疫'安心行动",使得女性劳动者应有之权益被重视且部分地被付诸实践,这是女性话语建构的成功案例之一。

值得注意的是,便利性导向下网络媒体信息也在逐渐走向标签化与简单化,易于获取的同时也衍生出"剩女""厌女""女拳主义"等女性负面话题,同时网络匿名也成为侮辱性、造谣性言论的保护伞。真正意义上的性别平等应是女性和男性双方的共同意识觉醒与思想进步合力的结果,而非女性单方面的抗争。社交媒体平台虽然在一定程度上为女性思想解放与传播提供了助力,但对于男性而言,这也为其霸权渗透和巩固带来了多维空间。互联网时代之前的女性主义媒介研究发现,在混合性别的审议中,男性总是倾向于打断女性的发言;男性总是抢到更多的发言机会;女性干预男性发言的要求更容易被忽略①,而互联网在一定程度上复制了这一模式。有研究者发现,在混合性别的论坛中,女性发帖的数量更少。同时,女性被视为次要群体成员,当次要群体成员说出某个问题而主导群体不想解决时,他们会故意忽视,转移注意力或以居高临下的方式认为其不重要。② 在当前的舆论场域,小红书、豆瓣等带有社交性质的应用虽然被视为女性集合地,女性用户和女性发帖数量都占优势,但正如上文所提到的,先进性别文化的生成绝非自说自话,培养男性对两性平等观念的正视与理解是不可或缺的。然而,在以微博为代表的混合性别社交媒体平台,男性依旧占据着主导地位。传统的话语秩序被复制到了网络社群中,女性对自我性别文本词汇的界定、对文本消费的支持与反思所建构的是一个相对脆弱的话语环境,甚至易于被扣上"女拳师"的帽子。这在"普信男"案例中可见一斑。"普信男"源于脱口秀演员的段子"为什么看起来那么普通,他却可以那么自信",其诞生语境是对小学同学的吐槽,但伴随着舆论发酵,"普信男"逐步脱离了其原语境,"自信"的语义被"自负"取代,主要指无法认清现状、怀有强烈自负心理的男性。然而,这一网络热词的戏谑性却引起部分男性网友的不满与反击,甚至转变为对演员本人的人身攻击,将事件上升到"性别对立"的高度。与之相较,针对女性的带有侮辱性字眼的网络词汇如"绿茶婊"等也曾引发网络混战,但是在混战中大部分男性网友站在底层视角加入讨伐女性的队伍中,这一修辞成为"都市底层男青年与转型期性别秩序混乱中急于重塑性别位置的女性的网络抗争实践。通过颠覆性、贬低化的亵渎和插科打诨的符号暴力,即通过使用'绿茶婊'来污名化'屌丝'无力消费的女性群体,并以此实现其阶级身份的正当性与正义感"③。在"普信男"案例中,男性网友激烈的抗争行为与反击性话语似乎同样在借由对女性叙说词汇的打压来维护和巩

---

① FRASER N. Rethinking the public sphere: a contribution to the critique of actually existing democracy [M] // CALHOUNC. Habermas and the public sphere. Cambridge: MIT Press, 1993: 109 – 142.
② HERRING S, JOHNSON D, DI BENEDETTO T. This discussion is going too far![J]. Gender Articulated: Language and the Socially Constructed Self, 1995: 67 – 96.
③ 曹晋,徐婧,黄傲寒. 新媒体、新修辞与转型中国的性别政治、阶级关系:以"绿茶婊"为例 [J]. 新闻大学, 2015 (2): 58.

固自身的"正确性"与"权力合法性",将戏谑式的话语拔高到两性对立的层级以建构"被无差别攻击"的"弱势状态",从而确立"维护自身权益"的合理性。究其本质,"普信男"案例所展现的是父权制下男性借由性别压迫对"良好自我形象"的维护和对网络话语权力的垄断与巩固,并进一步挤压女性的言论空间,迫使她们服从男性气质的威压。

综上,社交媒体平台重建性别话语秩序的能力似乎并不理想,而女性群体试图借由网络话语实践反击男性霸权的行为也收效甚微,甚至可能招致部分男性的反抗与更具贬低性的道德规训。但反抗与进步也正是在压迫和不平等中诞生的,当面对数字技术带来的更为开放的话语空间时,从整体论角度思考如何更好地为女性群体发声、突破男性霸权的桎梏、促进性别文化的积极发展是未来女性主义媒介研究所面临的主要挑战。

第四节 赛博女性主义与后人类

数字技术的普及与应用在一定程度上成为性别平等的政治目标得以实现的关键要素,其匿名性与开放性使"网络空间没有性别"被认为是平权的一大进步。线上身份与线下身份的可能不一致性弱化甚至消解了网络空间中生理性别与社会性别间的联系。正是这种身份的虚拟与身体的流动使得女性脱离了物理空间中"他者"的凝视,打破了性别先行的思维定式而得以自由表达自身观点。尤其是社交媒体平台的创建与壮大,一度被视为"最大程度地发扬了互联网所倡导的'自由、自主、自治'精神,在反击种族主义、倡导社会公益以及组织民主运动等方面发挥着重要作用"①。因而部分女性主义者认为剖析数字技术升级与赛博空间对现实世界中女性赋权和性别身份重构的深层联系,描摹其核心内涵,有助于为女性主义运动的进一步开展提供方向性指导。

在这一社会语境下,赛博女性主义脱身于传统的技术女性主义,以突破二元对立的分析框架、模糊性别边界为特征,成为思考当代社会性别、身体与技术交叉关系的新理论方向。

一、赛博格与赛博女性主义

"赛博格"(Cyborg)一词最早是由美国国家航空航天局的科学家曼弗雷德·克林斯和内森·克兰于1960年提出的,他们将"控制论的"(Cybernetic)和"有机体"(Organism)拼接成"赛博格"(Cyborg),旨在通过现代科学技术手段提高航空航天人

---

① 黄雅兰,陈昌凤. 自由的困境:社交媒体与性别暴力[J]. 新闻界,2013(24):58.

员的身体素质与生理机能,增强他们在外层空间环境中的生存能力。1985年,哈拉维在《赛博格宣言:20世纪晚期的科学、技术和社会主义女性主义》中更新了"赛博格"的定义,认为其是指一种控制生物体,一种机器和生物体的混合,一种社会现实的生物,也是一种科幻小说的人物。① 在她看来,人们进入20世纪晚期后便都成了赛博格,"是理论化和编造的机器有机体的混合物"②。因此,赛博格的重要特征是对边界的消解,人既然能够与机器合二为一,那么性别的生理判断标准也会随之改变。

"赛博"的希腊语原意是"舵手""控制者",于1984年威廉·吉布森的科幻小说《神经漫游者》中首次出现,常与"空间"概念相联系,被合称为"赛博空间",指称与现实世界相区别的虚拟空间。自20世纪90年代人类社会步入网络时代以来,"赛博空间"便成为"网络空间"的同义词,彼此间可以相互指代。然而,随着互联网向大众日常生活的渗透,现实世界和虚拟世界的边界逐渐模糊,两者相互糅合,赛博空间由此被拓展为现实与虚拟相融合的世界。由于"赛博"和"赛博格"同样强调对边界的突破,所以两者在一定意义上具有相似性。因此,不论是"赛博女性主义"还是"赛博格女性主义",其本质是一致的,即通过强调性别边界的虚无与混合,发起对二元论的挑战,从而寻求性别平等的解决路径。

哈拉维在《赛博格宣言:20世纪晚期的科学、技术和社会主义女性主义》中宣告了"赛博格女性主义"的诞生,她提出"在人类和机器的关系中,分不清谁是制造者和谁是被制造的。在分解为编码实践的机器中,也分不清什么是心智、什么是身体"③,由此"赛博格作为一个全新的主体,是人与动物、有机体与机器、自然与非自然等界限瓦解后形成的新主体"④,这意味着男性与女性可以相互转化、相互融合,彼此间边界的突破带来了无性别世界的诞生与发展。这一对性别主体的颠覆超越了传统二元论思想,动摇了父权制赖以生存的认识论基础。哈拉维的赛博格女性主义思想正是从"赛博格"这一意义出发的,"如果说先前不但需要'妇女'这样的概念,而且还要把它分成'白人妇女'和'有色人种妇女'的话,那么现在,一切依托于性别、种族等的划分都变得不再根本,能够用来代替它们进行阐述的概念,只有赛博格——不但包括'白人妇女''有色人种妇女',也包括'女性化的男人'"⑤,她看到了在数字技术的影响下女性身份的支离破碎,以及在跨性别者等多元性别身份发展中性别边界的淡化,"拒绝任

---

① 唐娜·哈拉维. 类人猿、赛博格和女人:自然的重塑 [M]. 2版. 陈静,译. 郑州:河南大学出版社,2016:314.
② 唐娜·哈拉维. 类人猿、赛博格和女人:自然的重塑 [M]. 2版. 陈静,译. 郑州:河南大学出版社,2016:316.
③ 唐娜·哈拉维. 类人猿、赛博格和女人:自然的重塑 [M]. 2版. 陈静,译. 郑州:河南大学出版社,2016:377.
④ 金春枝. 赛博女性主义对性别二元论的突破及其价值体现 [J]. 求索,2021(2):71.
⑤ 洪晓楠,等. 第二种科学哲学 [M]. 北京:人民出版社,2009:232.

何一种单一本质的立场，她强调通过亲缘性建立的联合体"①。由此，"赛博格"被视为女性主义的象征，它能够重建女性的身体、身份、社会关系和政治理想，为女性提供与男性平等的话语权，从而实现女性解放。②

1991 年，一群自称是"VNS Matrix"的艺术家发表了《赛博女性主义宣言》，赛博女性主义由此兴起，欧洲成为其主要的活动中心，代表学者为塞迪·普朗特。普朗特的关注点在于女性与电子技术之间的关系，她提出"女性在数码机器产生的过程中并不是仅起到微不足道的作用……她们是数码机器的模拟者、组装者和程序设计员"③，以改变传统观点中女性与科学技术之间的消极关系。但赛博女性主义的含义仍处于发展状态，1997 年召开的第一次赛博女性主义国际会议认为不应对赛博女性主义下定义，而应使之保持开放，以避免陷入本质主义之中。正如维丽娜·库宁所说，"我欣赏多焦点和多声音的赛博女性主义者观点，并没有一个被认为是（或不是）赛博女性主义者的稳定定义"④。虽然赛博女性主义有着多种阐释角度，但它"始终将性别当成基本要素，它将女性主义当成自己的出发点，而将关注的焦点转移到当代技术上来，探索性别、身体、身份、文化和技术的互动"⑤。赛博女性主义同时注意到赛博空间与现实社会中性别权力结构的相似性与差异性，肯定了上一节所论述的网络社交平台对传统性别话语秩序的复制，即赛博空间并非自由之地，它蕴含的性别不平等正是赛博女性主义的改变目标。正如菲斯·威尔丁所提出的，"由于通信技术和技术科学正对我们的现实生活产生巨大的影响，社会现实生活正处于不断变化之中，女性主义必须密切跟随这些变化以便增强自身探索赛博空间的潜能。赛博女性主义者的主要任务就是使用女性主义的理论洞见和策略工具与赛博空间中存在的性别主义、种族主义和军事主义相斗争"⑥。赛博女性主义认为，解析赛博空间中的性别歧视是将互联网作为政治工具的前提，只有在这一基础上才能正确利用数字技术探索与促进性别平等。当前赛博女性主义的基本观点主要围绕以下四点：第一，数字技术对虚拟空间与现实空间进行融合，在此背景下大众的生存方式与日常习惯发生了变化；第二，技术对女性身体的可塑性增强，如变性手术、整容手术，网络中的虚拟替身也成为女性的身份之一；第三，数字技术对女性社会关系进行了重塑，赋予了女性职场、家庭等方面的问题更为广泛的可见性；第四，数字技术对女性的话语进行赋权，促使女性可以对男性霸权发起和构成挑战与反抗。但是，以上观点并非固定不变，会随着技术的发展而在不同时期具有不同的侧重点与内涵。

---

① 李芳芳. 赛博格与女性联合体的重组 [J]. 科学技术哲学研究，2012，29（4）：103.
② 金春枝. 赛博女性主义研究 [D]. 长沙：湖南师范大学，2018.
③ PLANT S. Zeros + ones: digital women and the new technoculture [M]. New York: Doubleday, 1997: 37.
④ KUNI V. Frame/work [M] //REICHE C, KUNI V. Cyberfeminism: next protocols. New York, 2004: 135.
⑤ 黄鸣奋. 赛伯女性主义：数字化语境中的社会生态 [J]. 吉首大学学报（社会科学版），2008，29（5）：93.
⑥ GILLIS S. Neither cyborg nor goddess: the (im) possibilities of cyberfeminism [M] //GILLIS S, HOWIE G, MUNFORD R. Third wave feminism: a critical exploration [C]. New York: Palgrave Macmillan, 2007: 168–181.

究其根本,"赛博格女性主义"在一定意义上可以被视为"赛博女性主义"的同义概念,两者的研究目的相同,即都对数字技术为女性带来性别平等的可能性进行探索与论证,且路径一致,即都将研究重心放在以互联网为代表的数字技术上。由此,本节不再使用"赛博格女性主义"一词,而是把它纳入"赛博女性主义"理论体系中进行统一讨论。

二、电子人和后人类

"电子人"是哈拉维提出的重要概念,"我还是宁愿做一个赛博格,而不是一位女神"① 的宣言明确提出这一新的身体形式对性别边界的突破与对传统性别二元论的挑战。

"电子人"即赛博格,指人与机器相结合的身体。这一概念来源于英国科学社会学家约翰·德斯蒙德·贝尔纳于1929年首次提出的"机械化的人"的设想:"这个人通过假肢和基因工程变成了能够在真空中生存的生物,并具有高级感官。个人能够像'天使'一样与其他人进行心灵感应,最后形成一个集体的大脑。'多重个体'在功能上是不朽的,能感知'难以想象的虔诚',并能通过与他人的交往获得一种集体的意识,即'本真意义上的狂喜状态'。"② 对电子人的探讨与研究由此开始,虽然电子人诞生在前互联网时代,但是数字技术的普及与发展为电子人存在的可能性、类型的多样性提供了更为广阔的空间。当前电子人主要有三种形态:一是观念电子人,仅仅存在于人的主观世界,代表了对于改造身体的某种构想;二是功能电子人,以在实践中依恋、依靠、依赖相关的机器为特征,代表了增强身体功能的实际努力;三是植入电子人,其特点是不仅在观念上认同人机共同体,而且在实践中努力将机器同化入自己的精神世界。③ 哈拉维的"电子人"概念对应的正是"观念电子人",即对于"创造新的社会生态的努力"④。

女性主义者曾指出"技术是有性别的","科学"与"男性"常常被认为是对等的,即"科学的=客观的=男性的"⑤。男性在通过对技术的掌握来强化自身领导权的同时将女性与科学相隔绝,进一步强调女性的"低等级"。在哈拉维看来,正是技术反映出

---

① 唐娜·哈拉维. 类人猿、赛博格和女人:自然的重塑[M]. 2版. 陈静,译. 郑州:河南大学出版社,2016:386.
② 转引自小伊斯特瓦·希克斯勒-罗尼. 后人类的崇高[M]//曹荣湘. 后人类文化. 上海:上海三联书店,2004:96.
③ 黄鸣奋. 新媒体时代电子人与赛博主体性的建构[J]. 郑州大学学报(哲学社会科学版),2009,42(1):166-171.
④ 黄鸣奋. 新媒体时代电子人与赛博主体性的建构[J]. 郑州大学学报(哲学社会科学版),2009,42(1):168.
⑤ 李银河. 妇女:最漫长的革命——当代西方女权主义理论精选[M]. 北京:生活·读书·新知三联书店,1997:180.

作为主体的男性对客体的控制欲和统治欲造成了当代人类的困境。[①] 因此，重要的并非新科技的发明如心脏起搏器、人工骨骼等对人体的改造与健康提升，而是有关女性身份与性别政治的新观点与隐喻的出现。如果女性接受科学技术的改造，生育痛苦甚至生育功能本身都可被机器替代，那么女性和男性之间的生理差异将被无限缩小，性别分工丧失了其肉体依据也就无所谓劳动力限制与经济价值剥削了，性别歧视自然也就不复存在了。赛博格所蕴含的身份隐喻为人与技术关系的探索提供了一种新的思路，这一隐喻"作为一个勾画出社会现实和身体现实的虚构之物以及一种富有想象力的资源，这种资源暗示了一些非常有成果的结合。……赛博格是后性别世界里的生物"[②]。"后性别"是对男女性别二元对立的超越，性别概念本身得以消解，取而代之的是"主体立场的生产与实践方式的多元化和多样化"[③]。哈拉维对电子人及"后性别"影响下更为平等的社会生态的憧憬在克里斯托夫·霍洛克斯看来是一种"受控机体理论"，"受控机体的后人类形象瓦解了自然与人工、身体与机器之间的界线。哈拉维宣称这会对指派为'自然的'或'人工的'性别身份提供全新的变动的混杂性"[④]。正是基于人与机器边界的消弭，电子人得以超越身份认同成为新的主体，颠覆二元论基础上父权制对女性的压迫与消极影响，同时彻底摆脱父权主义的思维模式，建立真正实现性别平等的"乌托邦"。

在当前的社会实践中，数字技术虽然搭建起相对自由的赛博空间，但对人类身体的改造仍处于初级阶段，因此赛博女性主义倡导从提高女性在科技领域的参与度开始，逐步将女性与科学联系起来，不仅要推动女性在科技领域的学习与创造，也要在话语实践中充分表达女性在科技领域取得的成果，使其为更多人所见，力图通过增强女性在科技领域成果的可见性，增强女性在科技学习与实践中的可参与性。需要注意的是，哈拉维思想中女性与科学的联系是"期望用女性经验平衡技术中的男性思维方式"[⑤]，可见她虽然主张电子人对男女性别差异的抹除，但还是依据简单的二分法将思维方式进行性别分类，从而混淆与忽视了人类个体在本质上便是差异性与多样性并存的。性别平等的目的应在于为男女提供平等的科学参与机会，使每个人都能自由地获取知识、发展知识，不将性别作为评判真理的标准。

因此，哈拉维的"电子人隐喻是后现代的女性主义政治对科学、技术在20世纪晚

[①] 杨纪平. 堂娜·哈拉维和玛丽·雪莱的对话：《弗兰肯斯坦》的赛博女性主义解读[J]. 小说评论，2011(S1)：208-212.

[②] 唐娜·哈拉维. 类人猿、赛博格和女人：自然的重塑[M]. 2版. 陈静，译. 郑州：河南大学出版社，2016：315-317.

[③] 戴雪红. 科学、技术与性别的博弈：论唐娜·哈拉维女性主义认识论的当代价值[J]. 科学技术哲学研究，2018，35（2）：66.

[④] 克里斯托夫·霍洛克斯. 麦克卢汉与虚拟实在[M]. 刘千立，译. 北京：北京大学出版社，2005：107-108.

[⑤] 杨纪平. 堂娜·哈拉维和玛丽·雪莱的对话：《弗兰肯斯坦》的赛博女性主义解读[J]. 小说评论，2011(S1)：211.

期资本主义社会对影响两性关系的变化所进行的反思"①，其设想确实在一定程度上对打破传统二元论有着积极意义，但仍然有所局限。值得注意的是，除了摆脱性别束缚外，哈拉维的电子人设想还将对人类的思考转向"建构性的认识论与控制论、人工智能、免疫学与脑科学研究的'后人类'（posthuman）的科技批判"②。美国学者威廉·基伯逊等人认为，这种从自然人到电子人的进步是历史进程中的必然，人类必须接受这个现实。尽管今天的多数人会继续把能够繁殖的"机器人或电子人当作进化的强大潮流中的一件稀奇事，然而它却是不可避免的结果"③。未来，"这种电子人时代的到来并不是不切实际的。它是自然界的下一个进化阶段。我们完全可以设想：人类一定会在不久以后就能够在他们的头脑中携带百万个字节的计算系统，进行直接的脑对脑的交流和沟通"④。但是，"后人类"并非简单的人与机器的相加，其意义更在于"提出一种思维方式的质变，思考关于我们自己是谁、我们的政治体制应该是什么样子、我们与地球上其他生物是一种什么样的关系等一系列重大问题；我们的共同参照系的基本单元应该是什么，从而引进一种全新的思维方式"⑤。

哈拉维的电子人宣言构建了一个美好的"乌托邦"，但是在具体的实践过程中，哈拉维站在发达资本主义国家的立场上对科技进步与女性参与保持积极乐观的态度，而忽视了男权中心主义的反抗与发展中国家/地区技术资源的紧缺。正如上一节所提到的社交媒体平台对性别话语权力关系的复制，新闻报道中依旧存在的性别偏向与女性较弱的可见性，都成为赛博女性主义前进道路上的阻力。虽然我国保障妇女权益的相关法律法规在日益完善，但是针对女性问题的探索并没有就此弱化，尤其是近期部分地方政府对产假时间的延长在一定程度上掀起了更为广泛的对于女性生理关照与就业偏见的讨论浪潮。女性如何平衡家庭与工作这一问题进一步激化，而不再独属于女性群体，这成为引发当代社会整体反思的契机。没有对具体女性问题的思考与改变，就没有后性别社会的形成。当前数字技术的发展还不能满足哈拉维对于电子人设想的实现需求，可见赛博女性主义仍有很长的路要走。

【思考题】

1. 国际女性主义浪潮与我国女性主义运动有哪些异同？
2. 如何理解波伏娃的"女人不是天生就是女人的，而是变成女人的"？

---

① 都岚岚. 赛博女性主义述评［J］. 妇女研究论丛，2008（5）：68.
② 戴雪红. 科学、技术与性别的博弈：论唐娜·哈拉维女性主义认识论的当代价值［J］. 科学技术哲学研究，2018，35（2）：66.
③ DODGE M, KITCHIN R. Mapping cyberspace［M］. London：Routledge，2003：204.
④ GIBSON W. Count zero［M］. London：Harper Collins，1986：138.
⑤ 罗西·布拉伊多蒂. 后人类［M］. 宋根成，译. 郑州：河南大学出版社，2016：2.

3. 为什么说哈拉维的赛博女性主义是"超脱了乐观的肯定与悲观的否定的"理论？

【推荐阅读书目】

1. 祖伦. 女性主义媒介研究［M］. 曹晋，曹茂，译. 桂林：广西师范大学出版社，2007.

2. 西蒙娜·德·波伏娃. 第二性［M］. 陶铁柱，译. 北京：中国书籍出版社，1986.

3. 朱迪斯·巴特勒. 性别麻烦：女性主义与身份的颠覆［M］. 宋素凤，译. 上海：上海三联书店，2009.

4. 唐娜·哈拉维. 类人猿、赛博格和女人：自然的重塑［M］. 2版. 陈静，译. 郑州：河南大学出版社，2016.

5. 张舍茹，陆道夫. 西方女性媒介文化研究［M］. 广州：暨南大学出版社，2013.

第七讲

媒介文化与青年亚文化

美国芝加哥学派关于青年犯罪现象的研究和英国伯明翰学派关于青年亚文化现象的研究开启了学术领域对青年亚文化现象的关注。本讲在回归青年亚文化及其风格形成的基础上,分析传播媒介对青年亚文化发展的影响,思考互联网与赛博亚文化兴起的内在关系,进而介绍从亚文化到后亚文化的亚文化发展历程,最后探讨在数字媒介时代,我国青年群体的亚文化实践特征与新的转向。

第一节　青年亚文化及其风格的形成

要了解亚文化,首先必须了解什么是主流文化。加拿大学者迈克尔·布雷克在《越轨青年文化比较》中认为,在任何复杂的、分层化的社会中,都并存着几种文化,主导价值所属的文化通常被称为主导文化,而围绕在主导文化周边的是一些亚文化。布雷克指出,亚文化可以被定义为"一个意义系统、表达方式或生活风尚,而这些与占主导地位的意义系统相对应,由处于从属结构地位的群体发展起来"[①]。因为亚文化从属于主导文化,所以在布雷克看来,亚文化往往是主导文化的"子集"。但他强调"在任何复杂的、分层化的社会中,都有几种文化并存,它们在主导价值体系所允许的范围内发展。主导价值体系也都不是同质不变的;而是处于不断修正和适应统治思想及价值观的状态中。在阶级社会中,主要的文化形式都是阶级文化,亚文化可以定义为这些较大的文化集合中的'子集'。那么,亚文化拥有这些较大的阶级文化(学者们有时称之为'母文化')的某些元素,但也同它们相区别。例如,劳动阶级的黑人亚文化,都拥有城乡工人阶级文化的某些成分,但也有黑人文化的特殊成分。黑人工人阶级是不同于白人工人阶级的。亚文化也与整个主导文化有关联,因为它具有渗透性,特别是通过大众媒介,因此是不可避免的。一种亚文化的地位必然要牵涉到阶级文化的地位,亚文化可以是阶级文化的延伸,也可以是与之背道而驰的"[②]。

布雷克的亚文化理论显然受到了葛兰西"文化霸权"理论的影响,强调亚文化与主导文化之间是一种协商、谈判和对抗的动态关系。亚文化从属于主导文化,是在与主导文化的斗争中发展出来的文化,由"处于从属结构地位的群体发展起来",用来反映从属群体企图解决与主导群体之间矛盾的方式,譬如青年亚文化群体通过摇滚乐表达对主导文化的不满。布雷克进一步指出,从属群体的亚文化必然发展出新的群体意识,这

---

① 迈克尔·布雷克. 越轨青年文化比较［M］. 岳西宽,张谦,刘淑敏,译. 北京:北京理工大学出版社,1989:11.
② 迈克尔·布雷克. 越轨青年文化比较［M］. 岳西宽,张谦,刘淑敏,译. 北京:北京理工大学出版社,1989:8.

些群体要有自己独特的行为、活动和价值观念，要不然，这些亚文化就无法和主导文化有所区别，也不能引起社会关注。

需要明确的是，亚文化的发展与青年群体有着直接关联。20世纪二三十年代，美国芝加哥学派的社会学家R.E.帕克等人首先注意到了青年人的犯罪亚文化现象。与我国古代思想家墨子一样，帕克认为人类虽是群居动物，在发展过程中也形成了某种正向的社会秩序和伦理观，但是"人之初，性本恶"。因此，社会强加于个体的要求通常是不相适应和不和谐的，特别是一个儿童如果长期受到各种训诫，到了成年时期就会"表现为反叛"："在他下半辈子中，则很可能以某种休假为消遣，以逃避他终于学会去适应的那老一套的社会秩序，但他的内心并没有得到满足。"① 帕克主要讨论了家庭、社会与青少年犯罪之间的关系，他认为青少年犯罪并不是"个人的问题"，而是"群体的问题"，特别是对于独生子女来说，家庭和社会环境在其成长过程中具有重要作用。独生子女的父母会更溺爱孩子，容易导致孩子日后产生犯罪行为。

帕克所处的时代正是美国从传统农村社会向现代城市社会转型的过渡时代，急剧的社会变迁使得传统的社会秩序和道德观念日益削弱，各种各样的青少年犯罪行为由此滋生："我们就是生活在这样一个个性化和社会解体的时代里。一切事物都处于动荡的状态之中——一切事物似乎都在进行变革。社会显然只不过是由一些像星座似的社会原子所组成的结构。习惯只能在相对稳定的环境中才能形成，即使这种稳定性，只不过主要表现为事物在变革中的相对经常的形式而已。……任何形式的改变，只要是对社会生活常规的任何可以衡量出来的改变，都会导致习惯的破坏；而任何对习惯的破坏，都会导致组织本身的破坏，因为习惯是社会组织赖以生存的基础。每次影响社会生活和社会常规的新发明，都会在同等范围内产生瓦解性的影响。每一项新发现、新发明、新思潮都会引起动荡，甚至某种新闻也常常会变得危险……"②。

为了透析各类青少年犯罪现象，以帕克为首的芝加哥学派开始了青少年犯罪亚文化研究。1947年，芝加哥学派学者米尔顿·戈登发表了《亚文化概念及其应用》，提出将社会边缘人的范畴表述为"边缘亚文化群"。③ 怀特在《街角社会：一个意大利人贫民区的社会结构》中以自己的参与式观察为基础，详细描绘了科纳维尔地区"街角青年"的基本生活状态和基本的群体结构。怀特希望通过对"街角青年"群体组织和结构的考察，进一步认识该组织所在地区的社会整体情况，因为在他看来，"如果我们能够熟悉这些人，并理解了小人物与小人物之间、大人物与小人物之间，以及大人物与大人物

---

① R.E.帕克. 社区组织和未成年人犯罪[M]//R.E.帕克，E.N.伯吉斯，R.D.麦肯齐. 城市社会学：芝加哥学派城市研究. 宋俊岭，郑也夫，译. 北京：商务印书馆，2012：92.
② R.E.帕克. 社区组织和未成年人犯罪[M]//R.E.帕克，E.N.伯吉斯，R.D.麦肯齐. 城市社会学：芝加哥学派城市研究. 宋俊岭，郑也夫，译. 北京：商务印书馆，2012：98.
③ 米尔顿·M.戈登. 美国生活中的同化：种族、宗教和族源的角色[M]. 马戎，译. 南京：译林出版社，2015：57.

之间的关系，那么，我们就会知道科纳维尔的社会是如何组织的。在这一认识的基础上，就有可能解释人们的忠诚以及政治和非法团伙活动的重要意义"①。

芝加哥学派所提出的"亚文化"概念及田野观察方法在英国伯明翰学派的研究中得到了沿用，青少年亚文化研究是重点关注领域。但是，伯明翰学派不太赞同用"青年文化"这个词语，他们认为"青年文化"这个词语掩盖了"青年在不同阶层之间的差异，青年文化的阶级基础，与父辈文化、主导文化之间的联系"② 等问题。在斯图亚特·霍尔、安德鲁·威利斯等人看来，"亚文化"其实是现代社会主导文化结构下的一种系统或者结构，而英国社会最基本的文化结构是一种"阶级结构"，亚文化就是在阶级文化这个"更大的文化网状系统中的这个或那个部分内的更小、更为地方化、更具有差异的结构"，青年亚文化的形成既与社会主导结构有关，同时又从它们之中独立出来，形成了区别于它们父辈文化的"独特形式和结构"："亚文化围绕独特的行为和群体的'核心关切'而成形。它们可能结合得或松散或紧密。一些亚文化只是在父辈文化中被松散地界定的分支或'环境'：它们没有自己独特的'世界'。另外一些则发展出了一种清晰而连贯的身份和结构。在这里我们一般只处理有相对稳固边界与独特形式的'亚文化'（不管它来自中产阶级还是工人阶级），这种边界与形式是以独特的行为、核心关切以及领土空间聚合起来的。当这些被牢固定义的群体同时通过年龄和代际得到区分时，我们就称它们为'青年亚文化'"③。对青年亚文化产生原因的解读主要有两种："世代解释"与"结构解释"。"世代解释"认为代际的年龄差距产生的代沟会塑造不同文化类型。这种解释一度是社会学领域的主流声音，但"世代解释"很难被用来理解为什么在同一时空与社会背景下青年文化并不是同质性的文化。"结构解释"则强调导致青年亚文化现象产生的深层的阶级、性别和种族等社会结构性因素。

值得注意的是，无论青年亚文化如何形成，拥有何种群体形态，在伯明翰学派看来，它们通常都具有以下四种共同特征：

首先，青年亚文化往往都有一定的"反叛性"。霍尔、约翰·克拉克就指出第二次世界大战后英国青年文化最重要的特征就是"反叛性"，"亚文化"因此经常被称为"反文化"（counter-culture）。第二次世界大战后在英美出现的嬉皮士、光头党、朋克、摩登族和同性恋等亚文化群体，都具有强烈的反叛气质，他们采取公开的"意识形态或政治化的形式"，反对"主流价值观和主导体制"，他们攻击家庭、教师、媒体、婚姻

---

① 威廉·富特·怀特. 街角社会：一个意大利人贫民区的社会结构 [M]. 黄育馥，译. 北京：商务印书馆，2005：12.
② 约翰·克拉克，斯图亚特·霍尔，托尼·杰斐逊，布雷恩·罗伯特. 亚文化、文化和阶级 [M]//陶东风，周宪主编. 文化研究（第9辑）. 北京：社会科学文献出版社，2010：2.
③ 约翰·克拉克，斯图亚特·霍尔，托尼·杰斐逊，布雷恩·罗伯特. 亚文化、文化和阶级 [M]//陶东风，周宪主编. 文化研究（第9辑）. 北京：社会科学文献出版社，2010：8.

等，认为正是它们再生产了"支配性的文化"①。亚文化希望通过反叛让自己的文化取代主导文化，在20世纪60年代的美国，"反文化"演变为一场激烈的政治和社会运动。

其次，"风格"（style）也被认为是青年亚文化群体的一个重要特征，在《亚文化：风格的意义》中，迪克·赫伯迪格认为青年亚文化群体对主导文化的反抗的形式是多种多样的，并非一定是直接的"政治对抗"，而经常是通过一种风格来抵抗主导文化，如"额上一绺卷发的梳理方式，设法弄到一辆踏板车、一张唱片或某种款式的服装"，最终都能"以一种反抗蔑视的姿态，以一种微笑或嘲笑，建构出了一种风格"。②这些都可以代表一种拒绝或抵抗的文化倾向。赫伯迪格认为这种拒绝是有价值的，它对原有秩序具有了颠覆性的力量。在赫伯迪格看来，亚文化对文化霸权的挑战，通常都不是直接由亚文化生产出来的，而是间接地表现在风格之中，他详细解读了雷鬼音乐、嬉皮士、无赖青年等青年亚文化的风格特点，分析各种亚文化风格形成的原因及其所表达的意义。

再次，伯明翰学派在讨论青年亚文化时还突出了一个关键词"收编"（incorporated）。霍尔、赫伯迪格及约翰·斯道雷都认为青年亚文化的最终命运将不可避免地走向被"收编"——"从对抗到缓和，从抵抗到收编，这样的过程构成了每一个接踵而至的亚文化的周期"③。在赫伯迪格看来，任何一个青年亚文化群体都难逃此命运。青年亚文化被"收编"主要涉及两种情况：意识形态和商业化力量。其一，由于青年亚文化触犯了主流社会的规范，主流意识形态会通过各种手段压制青年亚文化的发展，如将青年亚文化视为一种"违法犯罪"而加以控制或者"收编"；其二，更普遍的形式则是商业和市场对青年亚文化的"收编"。早期亚文化往往都具有反叛和抵抗特征，但是商业经常不知不觉地渗透到亚文化中，改变亚文化的抵抗性质，许多亚文化最终被吸收到主导文化之中，成为主导文化的一种形式，如爵士乐、摇滚乐最初都是边缘化的"亚文化音乐"，但后来逐步和商业、市场及时尚紧密结合在一起，成为西方音乐的主导文化。安吉拉·默克罗比甚至认为，早期的亚文化就已经渗透着政治、经济和商业化因素，但是许多亚文化团体并不承认自己的文化包含商业色彩，譬如嬉皮士文化自身不愿意承认金钱与毒品交易在其中所发挥的重要作用，可它们始终渗透在嬉皮士文化中却是不争的事实。同样，朋克文化也受制于商业，"它的进身之阶正是通过小规模的青年企业，影迷杂志为新浪潮新闻记者提供了练笔之处，给无名的朋克乐队设计唱片封面，为年轻的艺

---

① 约翰·克拉克，斯图亚特·霍尔，托尼·杰斐逊，布雷恩·罗伯特. 亚文化、文化和阶级 [M]//陶东风，周宪主编. 文化研究（第9辑）. 北京：社会科学文献出版社，2010：13.
② 迪克·赫伯迪格. 亚文化：风格的意义 [M]. 陆道夫，胡疆锋，译. 北京：北京大学出版社，2009：3-4.
③ 迪克·赫伯迪格. 亚文化：风格的意义 [M]. 陆道夫，胡疆锋，译. 北京：北京大学出版社，2009：125.

术设计师提供了一个崭露头角的机会"①。斯道雷在考察 20 世纪 60 年代美国的摇滚乐时也详细介绍了西方摇滚乐如何从反抗主流文化霸权转变为美国支柱性的文化产业,在各地举办的摇滚音乐会反映了"反主流文化社区规模的壮大"的同时,那些唱片公司则在"庆贺摇滚市场规模的壮大":"蒙特利流行音乐节已经被音乐产业视为新天才人物的展示会,而伍德斯托克音乐节则是一次成功的市场研究演习。"② 正是在此过程中,亚文化的抵抗精神逐渐丧失。并且,青年亚文化群体自身也在不断分化,这种分化有可能产生新的亚文化,但也有可能削弱原亚文化的抵抗力量。

最后,布雷克在讨论青年亚文化时还突出了它的"时尚性"特征。齐奥尔格·西美尔认为,时尚是"阶级分野的产物",不同社会阶层之间在服饰、举止和言行等方面都有很大差别,这些差别当然不是先天的,而是人为制造的。在西美尔看来,时尚主要由社会较高阶层创造,社会较高阶层通过时尚将他们自己和较低阶层区分开来,但是一旦这种时尚被较高阶层创造出来,较低阶层就会去模仿较高阶层的言行、举止和趣味。西美尔认为,"较低的社会阶层总是向着较高的社会阶层看齐,他们在那些服从时尚兴致的领域很少遇到抵抗,因为单纯的模仿是最容易达到的。相同的过程也在上层阶级中的不同层次间运行,尽管这些层次间的差异如同少女与少妇之间的差异一样并不总是能够被察觉到的。的确,我们常常可以观察到:一个阶层越是接近其他的阶层,来自较下层的对模仿的寻求与较上层的对新奇的向往就会变得越加狂热"③。这样,"时尚"就"一方面意味着相同阶层的联合,意味着一个以它为特征的社会圈子的共同性,但另一方面在这样的行为中,不同阶层、群体之间的界限不断地被突破"④。时尚加剧了社会分野,但有时也使社会区分变得模糊,因为一种时尚在全国范围内的流行会引发所有人的模仿,使得阶层之间的差异难以区分;这时精英分子为了把自己和大众进一步区别开来,"就会抛弃这种时尚,重新制造另外的时尚"⑤。布雷克也指出,在亚文化中,时尚主要从社会底层模仿上层的形象、行为和品位开始,亚文化群体就是通过时尚与其他阶层区别开来的,尽管有些时尚并不是他们所独创的,但是亚文化群体将某些时尚作为自己群体的标志。布雷克认为,时尚主要由三种元素构成:一是"形象",由服装、发型、珠宝饰物和手工制品等表现构成;二是"品行",由表达、仪态和步法组成,即行动者所穿着的及如何穿着;三是"行话",即一种特殊的词汇,以及它被如何传送。⑥ 社会底层即通过这三个方面模仿上层。

---

① 安吉拉·默克罗比. 后现代主义与大众文化 [M]. 田晓菲,译. 北京:中央编译出版社,2000:174.
② 约翰·斯道雷. 斯道雷:记忆与欲望的耦合:英国文化研究中的文化与权力 [M]. 徐德林,译. 桂林:广西师范大学出版社,2007:103.
③ 齐奥尔格·西美尔. 时尚的哲学 [M]. 费勇,吴蓉,译. 北京:文化艺术出版社,2001:74.
④ 齐奥尔格·西美尔. 时尚的哲学 [M]. 费勇,吴蓉,译. 北京:文化艺术出版社,2001:73.
⑤ 齐奥尔格·西美尔. 时尚的哲学 [M]. 费勇,吴蓉,译. 北京:文化艺术出版社,2001:74.
⑥ 迈克尔·布雷克. 越轨青年文化比较 [M]. 岳西宽,张谦,刘淑敏,译. 北京:北京理工大学出版社,1989:16.

除具有区分阶级的用途以外，时尚还成为工作与闲暇的分界点。由于工作被强化，闲暇便成了工人们普遍接受工作伦理的副产品，资本主义文化工业和大众消费的一个副产品便是创造出了一个"半神秘的精英"。在广告等大众媒介的影响下，"半神秘的精英"热衷于购买各种新潮服饰，而这自然引起了底层亚文化群体的模仿。同时，布雷克还提出，许多时尚往往会从一个地区转移到另一个地区，当时尚到达陌生地区时，就会被作为某个亚文化群体的主要标志，对时尚的再消费与再传播将重复上演。

第二节 大众媒介与青年亚文化的发展

大众媒介与青年亚文化的关系是复杂而重要的，特别是新兴媒介及其文化的发展总是与青年人的参与有着直接关系。曼纽尔·卡斯特在讨论互联网在美国兴起时便指出，尽管军事资金与市场对美国早期电子工业起到"决定性"作用，但不可忽视的是，青年人在美国网络媒体的崛起过程中扮演了相当重要的角色。20世纪70年代早期的美国网络技术研发与20世纪60年代由美国校园文化发展出来的自由文化、个人创新和企业精神有关，"此处所指的60年代校园文化，乃是突破既有行为模式的社会价值，不论是整个社会或企业界。这里强调个人化的手段、互动、网络化，以及即使显然没有商业价值，却毫无止境地追求新技术突破，这些都与企业界谨慎小心的传统没有连续性的关系。通过我们社会的物质文化，信息技术革命半意识地传播着60年代运动滋生的自由意志主义精神（libertarian spirit）"①。

由此可见，富有创造力和想象力的青年学生不断追求技术突破，成为新兴媒介得以迅速发展的主要原因。文森特·莫斯可也认为新媒介及其文化的发展主要与青年人有关："今天的电脑预言家告诉我们，赛博空间中的主要差异之一存在于年轻人和年长者之间，前者被电脑所吸引并且擅长使用电脑，而后者则竭尽全力去适应和跟上步伐，虽然他们主张这种特定差异是独特的（泰普斯科特认为赛博空间的代沟首先是一个历史问题），但是，在20世纪的头二十年里，年轻人（尤其是年轻的男孩子们）依然被描绘成是一群真正理解了技术及其未来的人。"②青年人是新兴媒介的主要使用者，这在全世界都一样。鹈饲正树等人基于数据调查指出，时至2000年3月，在日本共有5 700万部手机的普及，主要的使用者是年轻人，甚至第二次世界大战后日本新兴的漫画、卡

---

① 曼纽尔·卡斯特. 网络社会的崛起 [M]. 夏铸九，王志弘，等译. 北京：社会科学文献出版社，2001：6-7.
② 文森特·莫斯可. 数字化崇拜：迷思、权力与赛博空间 [M]. 黄典林，译. 北京：北京大学出版社，2010：121.

拉OK、都市偶像剧等流行文化都与年轻人密切相连。①

　　大众媒介与青年人之间的关系并非永远处于积极状态。研究者在探索青年人与大众媒介之间的正向互动时，也将这一群体所遇到的种种社会问题归咎于大众媒介的影响，如芝加哥学派的代表人物帕克就视报纸和电影为"道德败坏的东西"，他认为媒体新闻是引起社会动荡和青少年犯罪的主要因素②。这一论点并非毫无依据。20世纪60年代，美国传播学者乔治·格伯纳和他的同事在美国"国家暴力起因与防治委员会"的资助下，于宾夕法尼亚大学安南堡传播学院开展了关于电视与暴力之间的关系研究。通过长期的观察与实验，格伯纳提出了著名的"涵化理论"（Cultivation Theory），即认为电视是一种潜移默化的"意识形态工具"，具有培养功能，正是电视的"涵化功能"影响了青少年对世界的认知。格伯纳等人指出，美国电视上充满了暴力场景，这些暴力镜头对青少年产生了严重影响。根据他们的调查，美国青少年一天平均有7小时都是在电视机前度过的，电视取代了父母、学校、教堂和社区的教育方式，成为影响青年人理解世界的最重要的工具。③ 其后，丹尼尔·贝尔在分析美国社会变化对青少年的影响时，也把大众媒介尤其是电影的出现看成是影响美国城镇生活的一件大事。他认为"青少年不仅喜欢电影，还把电影当作了学校。他们模仿电影明星，讲电影上的笑话，摆演员的姿势，学习两性之间的微妙举止，因而养成了虚饰的老练"④。尼尔·波兹曼更是对新兴媒介毫无好感，他认为电视娱乐至上的态度其实是"娱乐至死"，致使无数青少年"童年的消逝"："娱乐不仅仅在电视上成为所有话语的象征，在电视下这种象征仍然统治着一切。就像印刷术曾经控制政治、宗教、商业、教育、法律和其他重要社会事务的运行方式一样，现在电视决定着一切。在法庭、教室、手术室、会议室和教堂里，甚至在飞机上，美国人不再彼此交谈，他们彼此娱乐。他们争论问题不是靠观点取胜，他们靠的是中看的外表、名人效应和电视广告。"⑤

　　伯明翰学派则采取了较为保守的态度，他们认为大众媒介"是一个复杂的领域"，他们将媒体与青年的关系看成是一个统治阶级和从属阶级之间进行"对抗的场所"。用比尔·奥斯歌伯的话来说，霍尔等人受到威廉斯思想的影响，避免从精英的角度评价大

---

①　鹈饲正树，永井良和，藤本宪一：战后日本大众文化［M］. 苑崇利，史兆红，秦燕春，译. 北京：社会科学文献出版社，2010：13.
②　R.E.帕克. 社区组织和未成年人犯罪［M］//R.E.帕克，等. 城市社会学：芝加哥学派城市研究. 宋俊岭，郑也夫，译. 北京：商务印书馆，2012：107.
③　GERBNER G. The hidden side of television violence［M］//曹晋，赵月枝. 传播政治经济学英文读本（下）. 上海：复旦大学出版社，2007：220.
④　丹尼尔·贝尔. 资本主义文化矛盾［M］. 赵一凡，蒲隆，任晓晋，译. 北京：生活·读书·新知三联书店，1989：115.
⑤　尼尔·波兹曼. 娱乐至死［M］. 章艳，译. 北京：中信出版社，2015：112.

众媒介，而是认为"受众与消费者也能够在其中开拓出富有意义的文化和生活模式"①。霍尔和赫伯迪格在综合了威廉斯的文化主义、巴特的结构主义和葛兰西霸权理论的基础上提出：一方面，可将大众媒介视为主导意识形态的"共谋工具"，是统治阶级实施文化霸权的"一个关键场所"；另一方面，则可将大众媒介看作"被抵抗和被挑战的角斗场"。霍尔在"编码/解码"理论中，分析了主流意识形态如何借助大众媒介，最终将青年亚文化的反抗"安置在意义的统治架构内"，他也指出从属阶层可以通过谈判、协商的办法与主流意识形态进行抗争；同样，赫伯迪格在考察青年亚文化与媒体关系的过程中，也突出了大众媒介与主导意识形态的"共谋关系"，他视大众媒介为主流意识形态收编青年亚文化的主要工具，认为在一种惊世骇俗的亚文化出现时，总是伴随着媒体"歇斯底里的反应"，"这种歇斯底里是一种典型的自相矛盾：它在恐惧与迷恋之间摇摆，在愤怒与兴奋之间徘徊"：在多数情况下，亚文化在风格方面的创新首先会引起媒体的关注。随后，越轨的或是"反社会的"行为——恶意破坏、说脏话、好勇斗狠、"残暴的行为"、法官与新闻界"发现"，而这些行为被用来"解释"亚文化最初违反服装规范的现象。事实上，要么是越轨行为，要么是对一种特殊样式的服装的确认（或者更为典型的情况是上述两种情况的结合），都为道德恐慌提供催化剂。②

赫伯迪格认为，大众媒介对于青年文化的态度是矛盾的，那些具有反抗精神的青年人在媒体上经常被看作"野兽"，但同时也是"家庭的""失业的""最新潮的"，而统治阶级经常就是通过媒体来"收编"青年亚文化的，这种"收编"在赫伯迪格那里呈现出两种特有的形式：其一，亚文化符号（服装、音乐等）转化为大量生产的物品（商品的形式）；其二，统治集团（警察、媒体、司法系统）对越轨行为进行"贴标签"和重新界定（意识形态的形式）。这将改变亚文化的反抗性，将亚文化"收编"到主导文化可控的范围之内。伯明翰学派后期代表人物安吉拉·默克罗比也指出，大众媒介经常反映出主流意识形态的价值观，"道德恐慌"成为主流媒体记者笔下常见的名词。通过宣传道德恐慌，大众传媒与社会控制之间达成了"共识"，大众传媒通过宣传道德恐慌来躲避"日常生活中遇到的复杂社会问题"和"通过恐吓家长来达到控制青年人的目的。"③ 正因为如此，批评青年人爱惹麻烦和犯错误成为媒体常干的事。默克罗比进一步提出，媒体之所以要充当"卫道士"，也有同行间商业竞争的影响，对于利益的争夺要求各家媒体对新的社会问题永远敏感和关注。同时，社会要求媒体扮演"道德家的角色"，媒体对青少年犯罪进行耸人听闻的报道往往极有影响力，这在很大程度上是因为这是政府所需要的，这"可以给社会的统治阶级提供机会以引入一系列的社会控制规

---

① 比尔·奥斯歌伯. 青年亚文化与媒介 [M]. 陶东风, 胡疆峰. 亚文化读本. 北京：北京大学出版社, 2011：335.
② 迪克·赫伯迪格. 亚文化：风格的意义 [M]. 陆道夫, 胡疆锋, 译. 北京：北京大学出版社, 2009：115-116.
③ 安吉拉·默克罗比. 后现代主义与大众文化 [M]. 田晓菲, 译. 北京：中央编译出版社, 2000：234.

范，包括严厉的行政和立法制度"①。

正是通过"贴标签"等措施，大众传媒制造了青年人的"刻板形象"，利萨·泰勒和安德鲁·威利斯在讨论媒体制造的青年人"刻板印象"时，介绍了赫伯迪格所提到的两种青年人的媒介形象："惹麻烦的青年人"和"爱玩乐的青年人"。泰勒和威利斯指出，媒体特别喜欢报道青少年犯罪案件，尤其是庸俗报刊"经常将专栏中的青少年案件写得耸人听闻"，他们以英国的《每日镜报》和《太阳报》为例，介绍报纸如何污名化青少年，将工人阶级青少年塑造为"难以理解的、危险而且不可控制的群体"，而且还把罪犯个人化，将"制造罪犯和犯罪的社会背景隐藏起来，这意味着社会是公平的，没有分裂。因此可以推断'疯狂'的青少年犯了错，而不是更广大的社会"②，这是报纸污名化青少年的常见手段。罗兰·巴特在讨论神话（myth）时，指出神话的作用是赋予"历史意图一种自然正当化的任务"③。大众媒介的功能之一便是让"惹麻烦的青年人"的刻板形象变得自然化；"爱玩乐的青年人"的形象通常在服装、音乐、酒类等广告中容易找到，他们与"'惹麻烦的青年人'倾向于表现工人阶级青年的形象相反"，被描述成时尚的、享乐的和充满活力的，他们通常是无产阶级青年群体，而广告在其中所起的作用就是试图掩盖和跨越阶级、种族和性别的差别，即"通过掩盖这些差别，广告就能够让资本主义体系里最重要的神话发挥作用：任何个人都能通过努力工作及对金融投资持正确的态度，来赢得富裕和成功"④。

在霍尔等人看来，大众媒介不仅是统治阶级维系霸权统治的工具，也是青年人与统治阶级进行反抗的主要场域。赫伯迪格、默克罗比都在他们的著作中介绍了青年人如何借助主流的文化工业和大众媒介，通过盗用、拼贴和组装等方式制造出新的文本、人工制品及偶像，颠覆主流意识形态的意义结构，创造出新的风格和意义。例如，在《亚文化：风格的意义》中，赫伯迪格介绍了摩登族如何将本来是交通工具的踏板摩托车符号变成他们所需要的各种符号，从而"抹杀或者颠覆原有的直接的意义"⑤。借助艾柯的结构主义符号学理论，赫伯迪格称这样的反叛是"符号的游击战"（semiotic guerrilla warfare）。

伯明翰学派理论的后期传人约翰·费斯克十分赞赏这种"符号的游击战"，他甚至认为在大众媒介和日常生活的所有领域，青年人的这种"符号的游击战"是无处不在

---

① 安吉拉·默克罗比. 后现代主义与大众文化［M］. 田晓菲，译. 北京：中央编译出版社，2000：239 - 240.
② 利萨·泰勒，安德鲁·威利斯. 媒介研究：文本、机构与受众［M］. 吴靖，黄佩，译. 北京：北京大学出版社，2005：47.
③ 罗兰·巴特. 神话：大众文化诠释［M］. 许蔷蔷，许绮玲，译. 上海：上海人民出版社，1999：202.
④ 利萨·泰勒，安德鲁·威利斯. 媒介研究：文本、机构与受众［M］. 吴靖，黄佩，译. 北京：北京大学出版社，2005：50.
⑤ 迪克·赫伯迪格. 亚文化：风格的意义［M］. 陆道夫，胡疆锋，译. 北京：北京大学出版社，2009：129 - 130.

的。无论是逛超级商场、看肥皂剧，还是听音乐、看好莱坞电影，青年人随时都会采用"符号的游击战"来抵制统治阶级的文化霸权，如常看电视的青少年在格伯纳等人看来是比较危险的，容易引起暴力犯罪，但费斯克认为青少年的看电视行为"并不是单一的活动"，他们在看电视的同时还可以做很多其他的事情："他们可以轻松地和时常地调换频道。孩子们尤其喜欢换台，也喜欢在其他媒体之间换来换去，也就是说，他们是积极的媒体转换者。他们的注意力从屏幕转换到伙伴，转到书本，转到游戏，然后又方便地转回来。"① 同样，费斯克指出电视新闻通常是不能让人得到快乐的，因为它的目的是维系统治阶级的霸权，但是青年观众能够根据自己的需要对电视提供的新闻进行颠覆性的解读，从而消解原有的意义。

总之，伯明翰学派的霍尔等人试图改变那种认为青年人被大众媒介完全操控的观念，强调"青年人在使用文化制成品和媒介文本时是积极的、具有反抗精神的。青年亚文化能够创造性地与媒介及文化工业接触，可以被视为能够盗用商品并创造出意义，形成对统治权力结构的一种象征性挑战"②。另外，青年人在大众传媒中的形象也应是多种多样的，并且随着社会发展而不断变化。布雷克指出，青年文化并非"铁板一块"，而是一个复杂的"万花筒"，青年群体中也存在着阶级、年龄结构、种族和性别差异，存在着不同的生活方式。因此，对于青年文化的研究应采用更为多元的视角，这一点恰恰为伯明翰学派其他的亚文化理论家所忽视。

第三节 从反主流文化到赛博文化

20世纪六七十年代的青年反文化运动虽然在短暂的爆发后逐渐衰退，但是对于美国未来社会的影响是巨大的，特别值得注意的是这场运动对互联网发展所起到的积极推进作用。前面已经提到，卡斯特曾经指出，美国互联网的发展最早就是从校园开始的。在《数字乌托邦：从反主流文化到赛博文化》中，弗雷德·特纳进一步全面梳理和考察了20世纪六七十年代的美国反文化运动与今天互联网发展之间的内在关系。在书里，特纳介绍了从越战开始到20世纪90年代信息技术所代表的文化发生的历史巨变，他指出在20世纪60年代，计算机还被大部分青年人看作一项"反人性的技术"，代表了"集中式的官僚机构"，但是到了20世纪90年代，情况就发生了变化：曾是冷战时期技术专家治国象征的机器又成了其转变的象征。"在越战结束20年，以及美国反主流文

---

① 约翰·费斯克. 理解大众文化 [M]. 王晓珏，宋伟杰，译. 北京：中央编译出版社，2001：180.
② 比尔·奥斯歌伯. 青年亚文化与媒介 [M] //陶东风，胡疆锋. 亚文化读本. 北京：北京大学出版社，2011：338.

化运动开始消弭之际,计算机反而把反主流文化运动时期曾提到的个人主义、协作社区,以及精神共融的梦想变成了现实。信息技术所代表的文化含义变化得如此迅速,这是怎么发生的呢?"①

特纳回顾了美国计算机发展的历史,梳理了美国主流文化(军事工业研究文化的遗产)和反主流文化(反主流文化的遗产)之间的关系。他发现,美国早期反主流文化的年轻人如布兰德,他们远离城市,在山上和森林里建立"乌托邦"的公社社会,以此反抗美国的主流文化;但是随着美国青年反文化运动的衰落,布兰德等人开始远离政治,转而拥抱新兴的媒介技术,并"将这些作为社会变革的主要来源",他们试图通过信息技术让年轻人重新聚集到一起。在此背景下,布兰德创办了《全球概览》,目的就是将崇尚技术的各种年轻人汇集在一起:"这些网络纵横科研、嬉皮士、生态学,以及主流消费文化领域。而到了 20 世纪 90 年代,美国国会、跨国企业(例如壳牌石油),以及各种计算机软硬件制造商的代表也被纳入其中"②,特纳将他们的转变和做法称为"新公社主义",布兰德后来还创办了"网络化论坛"(network forum),不同背景和身份的人成了这个论坛的会员,这些论坛"反过来又催生了新的社会网络、新的文化类别及新的词汇",特纳认为个人化的计算机、新兴的虚拟社区和赛博空间正是在此基础上慢慢建立起来的,赛博空间逐渐成为"一个如 60 年代末众多社员所踏进的西部田园般的数字世界"。③ 赛博空间是当年反主流文化人士重新聚集的共享空间,计算机和通信技术也催生了一个"新经济时代",而且颇有意味的是,特纳看到,在赛博空间,当年的反主流文化人士与今天的主流政治人士和商界领袖走到了一起:"但'全球网络'的历史告诉我们,这一切皆有可能。20 世纪 60 年代的反主流运动者决定远离政治,转而投奔技术、意识及创业精神,将这些作为新社会的准则。他们当年的乌托邦梦想跟 20 世纪 90 年代共和党的理想非常接近。虽然纽特·金里奇他身边的人对 20 世纪 60 年代反主流文化运动者的享乐主义嗤之以鼻,但他还是很认同他们对技术的崇拜,对创业的认同,以及对传统政治的摈弃。"④

曾经的反主流文化人士竟然与主流政治、商业社会紧密联系在一起,这的确令人惊讶。特纳以生动的叙述告诉人们,今天的赛博空间在某种意义上是 20 世纪 60 年代反主流文化的延续,他指出在互联网诞生之初,有些话语风格与 20 世纪 60 年代公社主义的话语风格惊人相似。

---

① 弗雷德·特纳. 数字乌托邦:从反主流文化到赛博文化 [M]. 张行舟,等译. 北京:电子工业出版社,2013:Ⅵ.
② 弗雷特·特纳. 数字乌托邦:从反主流文化到赛博文化 [M]. 张行舟,等译. 北京:电子工业出版社,2013:引言Ⅸ.
③ 弗雷特·特纳. 数字乌托邦:从反主流文化到赛博文化 [M]. 张行舟,等译. 北京:电子工业出版社,2013:引言Ⅹ.
④ 弗雷特·特纳. 数字乌托邦:从反主流文化到赛博文化 [M]. 张行舟,等译. 北京:电子工业出版社,2013:引言Ⅻ.

特纳以布兰德及其创办的《全球概览》为例，介绍新公社运动是如何将反主流文化与技术文化汇聚到了一起，从而建立一个"数字乌托邦世界"。不过，特纳也发现，新公社主义社会并非一个公平、平等的世界。相反，新公社主义社会是一个差异化和等级化的世界，因为集合在《全球概览》中的反主流文化人士，其实几乎都是白种人，他们通常都比较年轻，受教育程度高。在特纳看来，以反主流文化面目出现的《全球概览》其实复制了"主流社会的地位等级制：在它的内容当中、在当时公司和政府的权力高墙当中，有色人种、女性、穷人，基本上不存在"；而且在新公社主义社会中，早期的反主流文化人物布兰德本人也树立了"极大的权威"，他成了各种群体和人物之间联系的纽带，同时也成了"这许多相互联系的群体的管理者和象征"。① 反主流文化与技术文化就这样走到了一起。

在《数字乌托邦：从反主流文化到赛博文化》的第四章"让'全球'数字化"中，特纳进一步讨论了新兴的互联网与反主流文化的关系，他援引布兰德的话，即"一切都归功于嬉皮士"（We Owe It All to the Hippies），个人计算机革命和互联网的发展被认为是直接源于反主流文化，旧金山湾区的计算机程序员据说接受了反主流文化中的"去中心化和个人化的理念"，并将这一理念融入"新的机器"当中。到了 20 世纪 80 年代，WELL（全球电子链接）所创造的"虚拟社区"也体现了反主流文化的乌托邦理想："在其用户眼里，WELL 绝不仅仅是计算机会议系统，而是在新的'虚拟社区'复兴基于共同思想的反主流文化理想的一种途径。反过来说，在许多 WELL 用户眼中，社区存在于由 20 世纪 60 年代的公社成员所开拓的美国乡村大地的数字演化物里，即'电子边疆'。WELL 上的这种说法延续了新公社主义者的社交观念，同时又促使新的社会经济交流方式融入 WELL 成员生活之中"。在特纳等人看来，WELL 创造了一个新的"神性世界"，在这个世界中，"用对话引导脱离肉体的'精神'，创造环境，使得个人既能建造自己的新社区又能自我改造"，特纳认为 WELL 的出现表明了反主流文化迅速演变为"由计算机网络连接起来的个人和组织世界——'赛博文化'"。② 甚至今天每当人们谈论起信息技术和网络经济的时候都会提到当年新公社主义运动时候人们的理想。不过，特纳认为新公社主义运动本身存在着种种问题，并没有人们想象的那么自由和毫无等级，虽然互联网时代的新兴技术仿佛让信息工人感到新公社主义运动的复兴，计算机和网络经济似乎重建了"个人与个人之间的乌托邦"，信息工人可以像当年新公社成员那样生活得无拘无束，但实际上，信息工人要通过大量学习才能跟上新技术，他们常常为寻找下一位客户而疲于奔命，他们跟同事的关系往往是"紧张而短暂的"，大部分信息

---

① 弗雷德·特纳. 数字乌托邦：从反主流文化到赛博文化 [M]. 张行舟，等译. 北京：电子工业出版社，2013：101.

② 弗雷德·特纳. 数字乌托邦：从反主流文化到赛博文化 [M]. 张行舟，等译. 北京：电子工业出版社，2013：156.

工人没有时间陪伴家人，没有时间和邻居聊天，没有时间照顾自己的身体和自己生活的社区，他们通常都是在无休止地工作。而且这些信息工人的工作环境非常糟糕，信息技术所依赖的塑料键盘、硅片、电脑屏幕、无线光缆及围绕着这些的工厂都是有毒物质，它们无一不损害着工人们的身体健康。在这一点上，特纳对互联网文化的批评与传播政治经济学者莫斯可等人对互联网文化的批评惊人的一致。

第四节 数字时代的"后亚文化"

弗洛伊德认为，在童年和少年时代，孩子们生活在父亲的权威中，他们的问题基本由父母和学校解决，而无须自己面对。随着年龄渐长，青年们需要逐步学会独立克服各种困难，如职业、经济、爱情问题，甚至是婚姻问题。然而，思考这些问题对于少年来说还为时过早，而成年人早已通过丰富的阅历解决了这些问题，只有青年既需要面对这些问题却又一时间无法处理恰当，因此青年与家庭、学校和社会之间产生矛盾是必然的。为了解决成长问题，青年通过反叛行为创造了属于自己的"亚文化"。布雷克认为，青年亚文化不仅是一种"风格"，还包含了青年解决社会问题的想法，"反映出从属群体企图解决产生于广泛社会关系中的各种结构矛盾的方式"[①]。不过，布雷克强调，这只是青年自己在想象中解决社会问题，而不是在现实中解决社会问题。青年还没有能力在现实中解决广泛的社会问题，处理各种复杂的社会冲突，所以他们把解决的方式寄托在"想象层面"。但正是在想象中，青年仿佛找回了"自我"和发现了真理，仿佛成功解决了在现实生活中不能解决的各种问题，所以亚文化的反抗本身就带有一定的"虚妄性"。这也正是20世纪六七十年代各种学生运动如火如荼进行，强烈反抗主流社会，并希望建立一个充满激情和理想的新型社会与新文化秩序，却始终没能成功的症结所在。

随着全球消费社会的形成和互联网数字化时代的来临，20世纪80年代后的青年亚文化在发生背景、构成形态和文化风格上都与20世纪六七十年代英美国家的青年亚文化迥然不同。这里介绍两本重要的著作：一本是安迪·班尼特、基思·哈恩-哈里斯主编的《亚文化之后：对于当代青年文化的批判研究》；另一本是大卫·马格尔顿和鲁珀特·魏因策尔主编的《后亚文化读本》。这两本著作都用"后亚文化"一词取代"亚文化"，以概括20世纪80年代之后青年亚文化出现的新风格和新特征。

在《后亚文化读本》中，马格尔顿和魏因策尔指出，"后亚文化"一词最早出现在

---

① 迈克尔·布雷克. 越轨青年文化比较 [M]. 岳西宽，张谦，刘淑敏，译. 北京：北京理工大学出版社，1989：11.

1987年，被用来概括伯明翰学派形成以后的青年文化现象。以霍尔为代表的伯明翰学派在讨论英国青年亚文化现象时，用得最多的概念就是"抵抗""风格""收编"，以探讨第二次世界大战后青年亚文化如何与主流文化进行对抗，如何在对抗中发展出自己的亚文化风格，以及最终又是如何被主流意识形态和市场"收编"的。但是，班尼特、萨拉·桑顿等后亚文化理论家认为"抵抗""风格""收编"等词语已经无法说明当代社会中的许多青年文化现象，他们倾向于采用布迪厄和巴特勒的"习性""区隔""亚文化资本"，以及"表演""部落"等概念。①

班尼特等人认为，在全球消费语境下和数字媒介时代，青年更多的是通过一种松散的联系让自己同其他文化群体形成某种"区隔"或"差异"，而不是直接表现为阶级对抗；在伯明翰学派的菲尔·科恩看来，青年亚文化的一个主要标志就是与其他文化形成明显差异，但是后亚文化群体与其他阶层之间的界限没有那么明显，它们并没有形成什么"独特的风格"，霍尔等人所强调的代际、性别、种族等方面的区别在后亚文化群体中也不那么显著。后亚文化理论家注意到，这是当代社会环境变化对青年文化造成的影响。在他们看来，当代社会的一个重要变化就是全球化和后现代社会导致了"文化的碎片化和多样化"，主流文化本身就已经被分解为多元化和多样化的生活方式，因此主流文化和亚文化之间的区别已经不那么明显："随着公共文化已经失去其正当理由和权威，适合于对文化多样性模式进行改编的范围已经扩大，那种认为各种文化对象、文化实践或者文化肖像可以与主流文化产生独特认同以至被改编或转变的观点，看来已经站不住脚了。换一种方式说，在一个所谓主流文化已经分解为多元化的生活方式感性特征和偏好的世界里，曾经被人们所接受的'亚'文化与'主流'文化之间的区别，已经不能再说还适用了。"②

在这种情况下，后亚文化理论家认为所有的文化实践都在不断地被改写，"核心"（core）和"亚文化"的概念变得不再重要，各种各样的青年文化团体只是通过兴趣、爱好聚集在一起，他们之间的联系是松散的和多样化的。与反抗性削弱相对应的是，"混杂性"成为后亚文化的主要风格。亚文化构成了对"霸权的挑战"，主要通过亚文化群体特立独行的风格体现出来，他们以惊世骇俗的举止打破"正常化"秩序，挑战"团结一致的原则"，驳斥"共识的神话"。但后亚文化并没有明显的风格，或者说经常是多种风格的混杂，有全球的流行时尚，有旧时尚的复兴，各种各样的风格并存。后亚文化理论家马格莱顿从"锐舞"中第一次注意到"亚文化区分"的失效，他发现锐舞之所以"出名，是因为在同一个舞池混杂了各种各样的风格，吸收了一系列以前相互对

---

① MUGGLETON D, WEINZIERL R. The post-subcultures reader [M]. New York: Berg, 2003: 5.
② 大卫·钱尼. 碎片化的文化和亚文化 [M]//安迪·班尼特，基思·哈恩-哈里斯. 亚文化之后：对于当代青年文化的批判研究. 中国青年政治学院青年文化译介小组，译. 北京：中国青年出版社，2012: 57.

立的亚文化"①。这种锐舞是后工业化时代才有的"舞吧文化",它消解了诸如"阶级、种族和社会性别等结构性的区分,因为舞池里的大众已经全部消融在舞厅体验当中了"②。如果说"亚文化"是现代社会的产物,那么"后亚文化"则是后现代社会的产物。在伯明翰学派的理论里,青年亚文化有固定的空间场所,但后亚文化没有固定的空间和场所,它们所处的空间是"碎片化"的和"流动化"的,时刻处于变动之中:"仔细考察这些理论和方法论的应用,会发现存在一个无法避开的问题——如何定义青年文化活动发生的那个'空间'?换句话说,青年文化活动出现在'哪儿'?伯明翰当代文化研究中心的方法以及他们的先辈将亚文化的可视性(visibility)强调为一种可以确认的空间(对于他们的成员来说,可以从外部以不同的方式确认),一种可以被'看见'和分析的空间。各种后亚文化的方法几乎很少确认青年文化行为发生的具体场所的可辨认性(the identifiably)。青年文化的流动性和碎化性特征非常明显,以致他们只有勉强可以辨认的、短暂的空间,对于这些空间的模糊性,只有诸如生活方式、新部落及场景等术语提供了一种相宜的、不透明的和含混的空间反应"③。

后现代社会的流动性和碎片性特征,让后亚文化失去了可辨认性和可视性的空间。此外,在全球消费语境下,对物质的追求与享受已经渗透到日常生活的方方面面,消费快感已取代政治诉求成为青年群体的首要关注对象。在这一时代背景下,后亚文化群体往往以共同的生活方式和趣味为中心开展社交活动,结成"新部落",而不再是通过明确的政治和文化观念走到一起:"新部落群体是松散的、不断变化的通常比较短暂的联盟,以'部族成员共同的生活方式和趣味'为中心,以情感而不是以对某种意识形态或信仰的拥护为纽带……"④ 桑顿以音乐俱乐部为例指出,"俱乐部文化是趣味文化(taste cultures)。人们通常因音乐方面的共同趣味和对共同媒介的消费而聚集在一起,最为重要的是,人们选择与自己趣味相同的人聚集在一起。参与俱乐部文化,反过来也建构了更多的吸引力,使参与者适应社会生活,了解这种文化的喜好和厌恶(经常到了信仰的地步),了解文化的意义与价值,从而建立进一步的亲密关系。因此,俱乐部和锐舞容纳了边界变动不居的特定共同体,这些共同体可能在一个夏天形成又解散,也可能坚持好几年"⑤。

---

① 安迪·班尼特,基思·哈恩-哈里斯.序言[M]//安迪·班尼特,基思·哈恩-哈里斯.亚文化之后:对于当代青年文化的批判研究.中国青年政治学院青年文化译介小组,译.北京:中国青年出版社,2012:14.
② 安迪·班尼特,基思·哈恩-哈里斯.序言[M]//安迪·班尼特,基思·哈恩-哈里斯.亚文化之后:对于当代青年文化的批判研究.中国青年政治学院青年文化译介小组,译.北京:中国青年出版社,2012:15.
③ 安迪·班尼特,基思·哈恩-哈里斯.序言[M]//安迪·班尼特,基思·哈恩-哈里斯.亚文化之后:对于当代青年文化的批判研究.中国青年政治学院青年文化译介小组,译.北京:中国青年出版社,2012:19.
④ 保罗·斯威特曼.游客还是旅客?"亚文化"、自反性身份和新部族社交[M]//安迪·班尼特,基思·哈恩-哈里斯.亚文化之后:对于当代青年文化的批判研究.中国青年政治学院青年文化译介小组,译.北京:中国青年出版社,2012:103.
⑤ THORNTON S. Club cultures:music,media and subcultural capital[M]. Cambridge:Polity Press,2003:15.

总之，在全球消费语境下，后亚文化群体往往以共同趣味和相同的生活方式结成新联盟。"新部落"成员之间的关系松散，他们的交往注重自我认同和个性发展，强调共享的交流体验，而不像摩登族、光头党等传统亚文化群体那样强调对团体的效忠和认同意识。除了全球化消费和后现代社会的来临导致文化环境的改变外，以互联网为代表的新媒介亦对后亚文化新的存在状态和文化风格的形成产生了重要影响，其所具有的混杂性、流动性、松散性和部落化特征被网络进一步放大、增强。

互联网为后亚文化群体提供了一个全新的虚拟空间场域，在这里，地球被缩小为"赛博空间"，人与人之间的距离不再受地理位置的约束，人们借由一条细细的网线便可相互链接、交流、互动；个体信息也不再真实可感，匿名性原则促使阶层、种族和社会性别模糊不清，任何人都可跨越身份界限，重塑自我所期望的个体形象与认同。所以，班尼特在《虚拟亚文化？青年、身份认同与互联网》中提出："亚文化理论以及由此而来的亚文化批评，首先是与前数字化时代（pre-digital age）联系在一起的"，而数字时代的到来，打破了固定化和风格化的社群观念，互联网的"去中心化"使得青年文化群体无须必然关注"风格一致的问题"，相反，"青年文化群可以被越来越多地看作带有'共享观念'的文化群"，而且这种"共享观念"不是发生在街道、俱乐部等实际物理空间，而是发生在互联网"促成的虚拟空间"。不仅如此，互联网也促成个体身份的多元分裂，一个网络空间的"腐女"，在现实生活中可能是正襟危坐的"办公女郎"；一个在日常生活中腼腆内向的"优雅淑女"，在互联网上可能是性格奔放的"阳光女孩"。班尼特指出，在互联网空间，年轻人可以从"他们日常生活中的社会经济和文化束缚中解放出来，以跨地域的可交流的青年文化话语为基础，自由自在地结成新的联盟"①。

班尼特认为，互联网为青年提供了一种"创造型策略的虚拟亚文化"。由于互联网具有更强的互动性，因此相比于传统媒体，它为青年开启了种种创造的可能性，这些可能性就表现为青年人有了更多的文化参与机会。

在研究"俱乐部文化"时，桑顿在布尔迪厄的文化资本理论的基础上提出了针对青年亚文化群体的"亚文化资本"（subcultural capital），桑顿认为当代年轻人以"俱乐部文化"为主建构了自身的亚文化区隔，这种亚文化区隔还延伸到了俱乐部以外的场合。

在一些相关的观察者眼中，亚文化资本赋予其拥有者一定的地位。亚文化资本通过多种方式影响了年轻人的身份。就像影响成年人一样，"亚文化资本能够被客观化（objectified）或具体化（embodied）……正如文化资本具体体现在'良好'的行为举止

---

① 安迪·班尼特. 虚拟亚文化？青年、身份认同与互联网[M]//安迪·班尼特，基思·哈恩-哈里斯. 亚文化之后：对于当代青年文化的批判研究. 中国青年政治学院青年文化译介小组，译. 北京：中国青年出版社，2012：195.

和文雅交谈中，亚文化资本具体体现在'内行人'身上，内行使用（但不过度使用）当前流行的俚语和打扮，看起来好像你是天生就会表演最新的舞蹈风格。"①

桑顿认为"文化资本"主要由经济资本、文化资本和社会资本构成②，媒介在这些资本的转换过程中发挥主要作用。正是借助媒介传播和日常消费，"亚文化资本"可以转换为"经济资本"，俱乐部的那些组织者、服装设计师、新闻记者等人都是依靠亚文化资本谋生，而且这种亚文化资本不像文化资本那样受到阶级的限制（class-bound）。

第五节　数字媒介时代我国青年群体的亚文化实践

20世纪60年代的欧美青年亚文化是在新左派运动的时代语境下发展起来的，"中产阶级的孩子们"集体起来反对父辈们的统治秩序。而我国当代青年亚文化是在改革开放的时代语境下发展起来的，这与西方青年亚文化发展的时代语境有本质的差异。因此，本节将结合我国改革开放以来的社会实践与历史进程，剖析本土青年亚文化的发展脉络与风格特征，以为理解当代青年的情感结构提供可行路径。

一、代际更迭与改革开放后我国的青年亚文化

在20世纪60年代的西方青年眼中，以中产阶级为主体的西方资本主义社会正变得越来越腐朽堕落，充满了拜金主义的享乐思潮，因此急需通过一场新社会运动对其加以改造和更新，从而建立一个"崭新的世界"。但是，作为中产阶级的后代，"中产阶级的孩子们"本身便是第二次世界大战后欧美高福利、高消费的受益者，所以在程巍等人看来，他们的革命并没有从根本上动摇父辈们的统治秩序。当然这场运动于文化发展绝非毫无助益，它重要的贡献在于让那些曾经遭到排斥的亚文化和另类生活方式变得"名正言顺"：他们的革命纲领（如果有一个纲领的话）从不涉及暴力夺取政权和改变所有制，而是"解除压抑"——就是说，只涉及文化和生活方式，是一场旨在摧毁文化和生活方式领域的传统等级制的民主革命，使那些遭到贬斥的亚文化和与传统格格不入的生活方式变得名正言顺。而迫在眉睫的局势使他们想借助于一场大规模的街头革命来迅速实现这一通常需要耗费时日才能实现的目标。当一场漫长的革命被压缩在短短数月或数年内完成时，就会把解决各种社会矛盾本来的平滑过渡激发成跌宕起伏的剧变。即便革命最终成功了，也通常会产生漫长的革命所无法避免的那些溢出物——尖锐的社会对

---

① THORNTON S. Club cultures：music, media and subcultural capital [M]. Cambridge：Polity Press, 2003：27.
② THORNTON S. Club cultures：music, media and subcultural capital [M]. Cambridge：Polity Press, 2003：26.

立、剧烈的纵向社会流动，以及由此导致的社会心态失衡、到处蔓延的挫折感和"被连根拔起"的无归属感，等等。这或许正是1968年那代人如今在享受革命的成果时，又对这一革命感到内疚的原因。①

与此不同的是，我国当代青年亚文化是在改革开放的社会语境下发展起来的。周晓虹在讨论我国当代青年文化的文化反哺性质时也特别强调"当代中国青年文化本身就是这个时代的产物"：每一种文化，尽管都有一代代人相沿成习的价值和规范传统，但作为活生生的生活方式为每一代人所接受之时，都可能成为一个被重新理解和重新发现的过程，这是既包含社会的主流文化又与主流文化明显有别的青年亚文化形成的前提。换言之，每一代人不仅必须学习自己的文化，而且也可能重新建构自己的文化。②他认为1978年以来形成的当代中国青年文化，与以往的青年文化相比有着完全不同的性质，"它是当代中国青年在改革和开放的大潮下形成的全新的行为方式，不这样看，就无法公正地评价当代中国青年文化，同样也无法正确地理解当代中国青年文化在我国现代化进程中的巨大历史作用"③。因此，拥抱改革开放——拥抱全球化、拥抱消费社会和多元主义是我国当代青年亚文化的主要价值取向。

欧美"中产阶级的孩子们"生活在第二次世界大战后的富裕世界里，舒适的环境反而使他们对资产阶级父辈的奢靡产生了逆反和厌恶情绪。而改革开放初期，中国涌现出一批青年亚文化群体，他们的反叛意识恰恰是由当时物质的相对匮乏与生活水平的低下引起的。改革开放后最初一代年轻人的烦恼和反叛情绪也经常源于此。摇滚乐《一无所有》真实地表达了那个时代青年因物质和精神的双重匮乏所引发的反叛情绪：我曾经问个不休／你何时跟我走／可你却总是笑我／一无所有／我要给你我的追求／还有我的自由／可你却总是笑我／一无所有／噢……你何时跟我走／噢……你何时跟我走／脚下的地在走／身边的水在流／可你却总是笑我／一无所有……

张闳认为，《一无所有》让刚刚感受到改革风气的"一群痛苦、失落、迷惘又无奈的青年们，终于找到了一种释放自己能量的渠道"。这对主流文化形成了一种强烈的冲击：《一无所有》称得上是一声最响亮和最狂暴的呐喊。这个嘶哑、粗犷和破碎的声音，将流氓腔和反叛精神混合在一起，形成了威力强大的声音冲击波，向着神圣声音的圣殿发出挑战的号叫。随身携带的吉他，发出"吭啷吭啷"的快节奏的声音，剧烈的摇滚节奏如同工业机械发出的噪声，严重冲击了主流文化风格明丽的抒情性。从颓废的、歇斯底里式的和玩世不恭的声音中，我们可以感受到一种内在的紧张感和撕裂感。这是20世纪80年代愤怒的青年声嘶力竭的声音与他们情感饥渴和焦虑的证明。④

---

① 程巍. 中产阶级的孩子们：60年代与文化领导权[M]. 北京：生活·读书·新知三联书店，2006：38.
② 周晓虹. 文化反哺：变迁社会中的代际革命[M]. 北京：商务印书馆，2015：410.
③ 周晓虹. 文化反哺：变迁社会中的代际革命[M]. 北京：商务印书馆，2015：410.
④ 张闳. 欲望号街车：流行文化符号批判[M]. 北京：中国人民大学出版社，2012：54.

摇滚乐中"一无所有的青年"显然与霍格特等人笔下第二次世界大战后欧美的"自动点唱机少年"的形象完全不同。"自动点唱机少年"虽然是工人阶级的后代，但生活已经比较富裕，无所事事地在酒吧听自动点唱机里的好莱坞流行歌曲是他们的一种新生活方式，但"一无所有"的中国青年在改革开放初期大多对咖啡和欧美流行音乐很陌生。正是由于物质和精神的"双重匮乏"，他们很快喜欢上了西方的新鲜事物，开始追逐全球时尚潮流和物质享受，而不是总想着反叛资本所建立的霸权秩序。同时期，欧美日韩及中国港台地区的多元价值观念和流行时尚如潮水般地涌入，不仅为中国内地（大陆）的年轻人所接受，也像周晓虹所说的那样，主要是由年轻人带动的："在日常生活中，这种由年轻一代所带动的变化更是无所不在：从喇叭裤、牛仔裤、披肩发开始，年轻一代的服装和发式日益趋向个性化、时装化和多样化，而年长一代的服装则日益趋向年轻化；邓丽君的《何日君再来》、朱逢博的《窗前的灯光》和李谷一的《乡恋》这些属于孔老夫子鄙夷的'郑声'，在引发成人社会和意识形态的不安之后，开始在整个社会中流行开来，而接踵而至的崔健更是在那些'一无所有'的年轻一代中间引起了共鸣和震撼。"① 以《一无所有》为代表的摇滚亚文化与改革开放初期社会主流的文化风格形成了鲜明对照，成为改革开放一代青年亚文化群体的独特标识。

就"代际更迭"的角度而言，《一无所有》是改革开放初期的"年轻一代"用震耳欲聋的摇滚亚文化反叛父辈文化的一种激进形式。如今，改革开放已历经四十余年，青年亚文化本身也在不断地发展和变化：《一无所有》是改革开放初期"年轻一代"的迷茫、困惑、反叛和玩世不恭的生动写照；随着改革开放进程的加快，"80后""90后"等真正"改革开放一代"——"独生子女一代"登上历史舞台后，我国当代青年群体的亚文化表达就具有了更加鲜明的自我特征。周晓虹以"超级女声"为例叙述了这群青年人的成长环境和生活方式，他们自青年时代便生活在相对富裕的社会环境中，全球化浪潮和互联网的兴起也让他们的交往和生活方式发生了深刻变化，"他们是形单影只、独来独往的一代，也是精神上自我对话、自我成长的一代"：新的时代，新的生活方式，造就了新的一代，这一代人开始被人们描述为"自我的一代"，"作为第一代独生子女，他们以自我为中心发散至他人的思维方式是从小即被内化了的，这成为他们与集体主义意识强烈的上一辈人之间最大的也是最根本的区别"。② 其实，"80后"和"90后"一代的个人主义不仅是他们生活的时代造就的，在某种程度上还是他们的父辈和祖辈对1978年前那种完全牺牲个人的所谓集体主义的厌恶与反叛促成的。

整体上，"80后"和"90后"在某种意义上是"物质主义一代"——崇尚消费社会和追逐物质享受。这跟20世纪60年代欧美青年亚文化"反物质主义"的价值观很不同。随着城市化、全球化和网络技术的迅猛发展，丰富多样的网络文化开始影响"80

---

① 周晓虹. 文化反哺：变迁社会中的代际革命［M］. 北京：商务印书馆，2015：99.
② 周晓虹. 文化反哺：变迁社会中的代际革命［M］. 北京：商务印书馆，2015：136.

后""90 后",并成为他们生活的一部分甚至全部。而"95 后"和"00 后",即"Z 世代",又被称为"网络原住民",他们与互联网一同成长,沉浸在网络世界里,并通过各种亚文化实践生产出丰富多样的网络亚文化。总体上看,改革开放四十余年来,我国社会迅速发展,各种各样的青年亚文化也在这一历史进程中不断涌现,如"录像厅少年""御宅族""暴漫""丧文化""涂鸦文化""饭圈文化""嘻哈文化""电竞亚文化""星座文化""土味文化"等。然而,值得注意的是,由于我国幅员辽阔,地区及城乡间存在较大差异,改革开放四十余年来所涌现的青年亚文化的内外环境复杂而混乱,各种文化形态的内容与风格间也存有较大的话语壁垒与认知鸿沟。因此,我们应该将我国当代青年亚文化置于更加具体的社会语境和历史脉络中加以考察,只有这样才能准确地理解其精神内核和价值内涵。

▶▶ 二、我国青年亚文化的风格特征

自改革开放以来,在城市化、全球化、互联网兴起的时代背景下,我国城乡社会迅速发展,在不同时期,甚至在同一时期,涌现出了很多多元异质的青年亚文化类型,如从早期的"迪斯科""卡拉 OK",到后来的"超级女声""动漫",再到全球互联空间中涌现的"御宅""电竞"等亚文化形态。上述形形色色的青年亚文化虽然分属多元化的语境和多层次的协商关系结构,但在整体上具有四个共同特征:叛逆性、区隔性、参与性和反哺性。

叛逆性是我国当代不同类型青年亚文化的共同特征。无论是早期的"迪斯科""摇滚",还是后来的"超级女声",抑或是互联网环境下的"恶搞文化",我国当代青年亚文化具有强烈的反叛气质。这些反叛多针对父辈文化和主流文化。摇滚乐《一无所有》对当时的主流文化及社会秩序造成了巨大冲击;"超级女声"以"想唱就唱"表达自我,反抗父辈和主流社会对她们个性的规训、约束;"网络恶搞"则用戏谑恶搞的形式反叛主流的、精英的文化。"借助于日新月异的新媒介,青年大众不仅有颠覆主流文化权威的想法,亦有了更多实践的机会实现自己的想法。他们可以用拼贴、戏仿、反讽等方式,解构由主流媒介建构的'神话'。"①

当然,不同时期,甚至同一时期,不同类型的青年亚文化之间有很强的区隔性——代际区隔、审美区隔和趣味区隔。例如,20 世纪 90 年代初,以一副反叛、个性形象出道的流行歌手周杰伦是我国青年亚文化群体崇拜的对象,他所演唱的《双截棍》《七里香》均表达了青年人对主流文化的批判和反叛。但"Z 世代"显然不认同。2019 年周杰伦的粉丝群体和另一名歌手的粉丝群体之间爆发了"打榜之争",这便深刻地反映了不同世代间的青年亚文化群体在审美和趣味上的代际差异。随着多元化网络"趣缘群

---

① 曾一果. 恶搞:反叛与颠覆 [M]. 苏州:苏州大学出版社,2012:55.

体"的形成,不同粉丝群体之间存在着壁垒森严的亚文化区隔,在这种情况下,如何"出圈"和"破圈"成为亚文化研究的重要课题。

参与性亦是数字时代我国青年亚文化所呈现出的重要特征,青年群体越来越乐于参与自己喜欢的社群。亨利·詹金斯曾以电视粉丝为考察对象提出了"参与式文化"(participatory culture)概念,他认为电视粉丝不再是一个"单纯的迷",他们积极参与文本的阅读、重写、创作及批评,积极挪用文本,并以不同目的重读文本,把观看电视的经历转化为一种丰富复杂的参与式文化。① 在互联网时代,青年群体有了更多参与各种形式的亚文化的机会,而也正是在不断的文化参与过程中,"粉丝亚文化突破了饭圈自身的空间边界,与主流文化圈层及其他圈层实现了双向乃至多向的'破壁','二次元'的虚拟世界与'三次元'的现实世界因而有了多层级化的交流、碰撞和互渗"②。

反哺性则在代际更迭中体现了我国当代青年亚文化对父辈文化和主流文化的反哺。周晓虹指出,在改革开放过程中,我国新兴的青年亚文化就对父辈文化进行了反哺。"年长的一代"最初对新兴的青年亚文化是排斥的,但渐渐地,他们会改变看法,部分地接受年轻人新潮的思想观念和文化时尚。"他们的审美理想、生活情趣也日益和年轻一代,并进而和这个变动着的社会一致起来;甚至连'迪斯科'这种由年轻一代引进的节奏感极强的舞蹈,年长一代在视若洪水猛兽、咬牙切齿地痛斥之后,很快也表现出了丝毫不亚于年轻一代的热情。"③ 近年来中老年女性喜欢的"广场舞",在某种意义上是青年群体对老年群体的一种文化和审美反哺。

▶▶ 三、我国当代青年亚文化的文化转向

改革开放以来,在城市化、全球化和网络发展的过程中,我国青年亚文化也在不断发生裂变和转向,整体而言,我国当代青年亚文化的文化转向主要表现在以下四个方面。

首先是技术转向。拥抱新技术成为青年人特别是亚文化群体的"文化基因"。青年人对于新技术往往会无条件接纳,新技术也在不断形塑新的青年形象。特别是互联网兴起之后,青年人大多转向媒介化、数字化生活。按照兴趣结成网络新部落成为青年人的基本生活方式,他们形成自己的文化圈层和"次元壁"。"以互联网为主体的新媒介对青年亚文化发展的影响比此前几乎所有的媒介都要广泛、深刻和迅捷得多——这不仅影响青年亚文化的多样性和传播方式,也影响它所提供的亚文化文本的存在形式和功能模

---

① 亨利·詹金斯. 文本盗猎者:电视粉丝与参与式文化 [M]. 郑熙青,译. 北京:北京大学出版社,2016:22.
② 曾一果. 从"圈地自萌"到"文化出圈":社交媒介环境下"饭圈"文化的自我突破 [J]. 人民论坛·学术前沿,2020(19):6-13.
③ 周晓虹. 文化反哺:变迁社会中的代际革命 [M]. 北京:商务印书馆,2015:99.

式，还有亚文化生存、生长的整个生态环境和文化语境，从而促成了青年亚文化的盛行。"① 在新媒介技术的支持下，我国当代青年亚文化的表达方式和风格都发生了很大变化，"火星文""表情包""拼贴"和多媒介的杂糅手段都可体现在某种青年亚文化的文化行动和实践中。

其次是价值转向。伯明翰学派在讨论第二次世界大战后欧美青年亚文化时都突出了一个关键词——"收编"。赫伯迪格声称："从对抗到缓和，从抵抗到收编，这样的过程构成了每一个接踵而至的亚文化的周期。"② 但改革开放之后，在全球化、互联网和城市化的时代语境下，我国的青年亚文化与主流文化之间形成了一种更为复杂的、不断变动的"协商关系"，早期单纯的"亚文化抵抗"被日益多元化的诉求取代。也就是说，我国当代青年亚文化被镶嵌在全球与本土、个体（社群）与国家、城市与乡村不断交织碰撞的"多层次的协商关系结构"中，而非形成单纯的抵抗和收编关系模式。一方面，在主流文化的召唤、治理下，亚文化会向主流文化靠拢和转变，从而被收编到主流文化秩序之中；另一方面，也有主流文化主动突破"次元壁"，挪用亚文化的符号，将主流社会的价值观和文化理念渗透到亚文化中，以获得青年亚文化群体的认同。前者以 B 站为例，已经连续举办三年的 B 站跨年晚会是亚文化融入主流文化的典型。后者以共青团中央为例，共青团中央于 2013 年开通官方微博、微信，于 2016 年入驻知乎网络问答社区，于 2017 年入驻 B 站和 QQ 空间，于 2018 年入驻抖音、微视短视频平台；今日头条、网易云音乐及各大直播平台也都出现了共青团中央的身影："只要青年在的地方，无论千山万水，团团都赶来见你。"由此可见，主流文化也经常希望通过主动地"破壁"来赢得当代青年群体的文化认同。

再次是商业化转向。"意识形态收编"和"商业收编"是第二次世界大战后欧美亚文化被"收编"的两种主要途径。当青年亚文化触犯了主流社会的规范时，意识形态会通过各种手段压制青年亚文化的发展，如将青年亚文化视为一种"违法犯罪"而加以控制或者"收编"。一种更普遍的形式则是商业和市场对青年亚文化的"收编"。早期亚文化往往都具有反叛和抵抗特征，但是商业经常不知不觉地渗透到亚文化之中，从而改变亚文化的反抗性质，爵士乐、摇滚乐最初都是边缘化的"亚文化音乐"，后来却都和商业、市场及时尚紧密结合在一起，成为西方主流的流行音乐。斯道雷曾经讨论了20 世纪 60 年代美国西海岸的摇滚乐如何从反抗主流文化霸权转变为美国资助性的文化产业。③ 不过，上文已提出，改革开放以来我国青年亚文化与市场之间的关系并非简单的"收编"与被"收编"关系，一种亚文化本身可能就是被资本和消费社会创造出来

---

① 马中红. 总序 [M] //曾一果，颜欢. 网络占星：时尚的巫术. 苏州：苏州大学出版社，2021：6.
② 迪克·赫伯迪格. 亚文化：风格的意义 [M]. 陆道夫，胡疆锋，译. 北京：北京大学出版社，2009：125.
③ 约翰·斯道雷. 斯道雷：记忆与欲望的耦合——英国文化研究中的文化与权力 [M]. 徐德林，译. 桂林：广西师范大学出版社，2007：100-105.

的，特别是近年来，电竞、"饭圈"和"cos 圈"等青年亚文化都显示了新媒介和商业资本对青年亚文化形态和风格形成的巨大影响，为了商业利润，资本和商业会主动策划与创作一些让青年喜爱的流行亚文化。

最后是审美转向。欧美第二次世界大战后"新左派"知识分子主导的青年亚文化运动往往借助反文化和艺术革命推动社会变革，其反霸权、反主流的文化实践也主要表现为艺术和文化革命———一种极端的、反叛的现代主义艺术实践。20 世纪 60 年代的标记就是政治和文化的激进主义。"文化激进主义除了在风格和布局中的形式革命外，则基本上是叛逆性的，因为它的冲动来自愤怒；正因为如此，人们在 60 年代的文化情绪（sensibilities）中看到了文化现代主义的一个关键方面的枯竭。"① 当然，这样的激进美学和政治诉求紧密地联系在一起："流行音乐有一个新的目的，那就是从快感中产生一种乐观主义的政治，把被动的消费转变为一种主动的文化。这样的野心产生于作为超级明星的披头士。……在 1967 年街头的声音中，他们创造着自己的风格，披头士赋予这些声音一种形式，一种美学的形式。"②

改革开放以来，在城市化、全球化等多重力量的介入下，"80 后""90 后""00 后"等我国当代青年创造了具有多重美学趣味的审美亚文化，不同类型的亚文化之间包含了现代性与反现代性、地方性与全球性、先锋与保守、乡村与城市之间的多重审美张力，这与欧美第二次世界大战后的青年亚文化主要是一种"激进主义美学"不同。从当下来看，我国的青年亚文化也存在着一种整体性的审美转向，即除了借鉴欧美日韩的青年亚文化创造新的审美风格外，还结合社会主义主流文化和我国自身的文化传统创造新的审美范式。

总之，互联网是我国当代青年亚文化开展文化实践和不断创新发展的主要空间，多样化的亚文化社区和部落在互联网上产生和形成，并跟主流文化形成了复杂的反叛和连接关系。在主流意识形态的管理和引导下，这些青年亚文化也有从小众向大众、从另类向共同参与和共同分享的方向变化。在这样的情况下，青年群体的诉求日趋多元化，抵抗有时也会转变为一种娱乐消遣。

综上所述，改革开放四十多年来，我国当代青年亚文化在整体上是在拥抱城市化、全球化和消费社会这样的时代语境下出场的。因此，尽管我国当代青年亚文化表现出了与主流文化的偏离情绪，但在改革开放的共同基调上，它跟整个社会的主流价值观其实是一致的。

2020 年之后，全球政治、经济环境发生了比较大的变化，特别是新冠病毒感染疫

---

① 丹尼尔·贝尔. 资本主义文化矛盾 [M]. 赵一凡, 蒲隆, 任晓晋, 译. 北京: 生活·读书·新知三联书店, 1989: 169.
② 西蒙·福里斯. 摇滚与记忆中的政治 [M]. 王逢振, 等编译. 六十年代. 天津: 天津社会科学院出版社, 1999: 165.

情的暴发，似乎将全球带入了一个"新的不确定性时代"中，在此情境中，我国当代青年亚文化似乎也正在发生更加深刻的裂变。

【思考题】

1. 数字媒介对我国青年亚文化的发展产生了哪些影响？
2. 如何理解"反叛"在青年亚文化中的作用？
3. 我国当代青年亚文化的核心诉求是什么？

【推荐阅读书目】

1. 迪克·赫伯迪格. 亚文化：风格的意义［M］. 陆道夫，胡疆锋，译. 北京：北京大学出版社，2009.
2. 周晓虹. 文化反哺：变迁社会中的代际革命［M］. 北京：商务印书馆，2015.
3. 迈克尔·布雷克. 越轨青年文化比较［M］. 岳西宽，张谦，刘淑敏，译. 北京：北京理工大学出版社，1989.

第八讲

文化资本与粉丝文化

粉丝文化的研究始终围绕着三个方面展开：粉丝的定义、粉丝的实践方式与情感内核、粉丝文化的结构与运行逻辑。在粉丝文化的三次理论浪潮中，虽然部分文化研究者注意到粉丝文化不是既成的和固有的，但多数研究依旧带有本质主义倾向，将粉丝及其所属社会结构以二元对立的方式进行区分，如"积极的文本参与者"与"歇斯底里的迷狂者"，"主流文化的收编"与"亚文化的抵抗"，等等。为了克服二元论对研究视角的限制，引入布迪厄的社会学范式就显得尤为必要。作为法国著名的社会学家，布迪厄一生都致力批驳和扬弃各种各样的二元论思想①，他对客观结构和行动者直接体验的共同关注使我们得以从整体性角度出发对粉丝文化的构成内核与文化逻辑进行梳理和剖析。尤其是在饭圈盛行的今天，粉丝文化在何种社会环境下发生了怎样的转变，展现出哪些新样态，都是急需关注的重点问题。由此，本讲将围绕布迪厄最为重视的文化资本理论与粉丝文化进行分析和探讨。

第一节 场域、文化资本与媒介文化

作为法国著名的思想家与社会学家，布迪厄深受法国传统认识论与马克思主义的影响，他于20世纪60年代提出了研究社会问题的关系论原则，认为"概念的真正意涵来自各种关系。只有在关系系统中，这些概念才获得了它们的意涵"，并指出"现实的就是关系的"，即"在社会世界中存在的都是各种各样的关系——不是行动者之间的互动或个人之间交互主体性的纽带，而是各种马克思所谓的'独立于个人意识和个人意志'而存在的客观关系"。② 从布迪厄的视角出发，对社会现象与生活的考察应被置于关系之中，只有梳理和剖析各个事物/事件间的社会关系才能从根本上还原与理解现实样貌，避免流于表面的发现，以及忽视对内部结构的把控。将社会现实的实质理解为社会关系，在对各种社会关系的理解中形成各种概念，是布迪厄超越古典社会学或传统思维方式的出发点③，即抛弃古典社会学将主观和客观对立的二元阐释法，坚持在社会现实关系中探寻概念意义的生成依据。

二元论的思维方式并非无中生有。布迪厄指出，社会学的任务就是在"揭示构成社会宇宙（social universe）的各种不同的社会世界（social worlds）中那些掩藏最深的结

---

① BOURDIEU P, CHAMBOREDON J C, PASSERON J C. The craft of sociology: epistemological preliminaries [M]. Berlin: Walter de Gruyter, 1991: 254.
② 皮埃尔·布迪厄, 华康德. 实践与反思：反思社会学导引 [M]. 李猛, 李康, 译. 北京：中央编译出版社, 2004: 132-133.
③ 刘少杰. 国外社会学理论 [M]. 北京：高等教育出版社, 2006: 342-343.

构,同时揭示那些确保这些结构得以再生产或转化的'机制'"①之后,也看到社会世界是以"初级的客观性"和"次级的客观性"两种方式存在的。"初级的客观性"即指物质的客观性,以它为思想核心形成的"社会物理学"将世界视为是外在于主观意志的,可以通过外部测量、统计、实验等纯客观的方法进行研究;"次级的客观性"则指精神的客观性,由此发展出的"社会现象学"强调个人主观意志、情感体验等能动性行为会对社会世界产生决定性影响,即具有资格、能力的社会行动者通过"日常生活里有组织的、富于技巧的实践"持续不断地建构他们的社会世界,而社会现实就是这些"持续不断的权宜行为所成就的"。②社会物理学和社会现象学的对立将社会生活分裂开来,但它们实质上是"从不同的原则分析出来的两种层面的客观关系,但二者在现实生活中是统一在一起的"③。针对二元论问题,布迪厄认为主要原因"在于它们都是形形色色的纯粹理论理性的产物",为此他提出了"实践"概念,以"强调人类具体实践的各种特点"。④也正是在"实践"概念的基础上,超越社会物理学和社会现象学主客观之分的场域理论得以建构。

"场域"可以被定义为在各种位置之间存在的客观关系的一个网络,或一个构型。正是在这些位置的存在下和它们强加于占据特定位置的行动者或机构之上的决定性因素之中,这些位置得到了客观的界定,其根据是这些位置在不同类型的权力——占有这些权力就意味着把持了在这一场域利害攸关的专门利润的得益权——的分配结构中实际的和潜在的处境,以及它们与其他位置之间的客观关系。⑤场域理论对现代社会的特征进行了较为形象的概括,即"社会现实世界中并不存在统一的规则,它会分化成一些独立的小世界。每个世界有其独特的实践逻辑,它们彼此之间不能通约。每个相对自治的小世界就是一个布尔迪厄所说的场域。他把场域看作一个争夺的空间,每个行动者占据一定的位置,处于错综复杂的关系网络之中"⑥。由此可见,场域是"一种人为的社会构建,是经历漫长的自主化过程后才逐渐形成的产物",同时,布迪厄提醒研究者在对场域进行考察时"要特别注意研究场域的历史生成过程"⑦,以免落入主观主义的窠臼。场域有着多种类型,如经济场域、艺术场域、文化场域等,每个场域都遵循其特有的运行逻辑。其中,文化场域作为社会场域的重要组成部分,并非完全封闭的小世界,其边界处于变动与模糊的状态,与其他各个场域不时发生着碰撞与交融。而粉丝文化场域很

---

① 转引自皮埃尔·布迪厄,华康德. 实践与反思:反思社会学导引[M]. 李猛,李康,译. 北京:中央编译出版社,2004:6.
② GARFINKEL H. Studies in ethnomethodology[M]. Englewood Cliffs:Prentice Hall,1967:11.
③ 刘少杰. 国外社会学理论[M]. 北京:高等教育出版社,2006:343.
④ 杨善华,谢立中. 西方社会学理论(下卷)[M]. 北京:北京大学出版社,2006:161.
⑤ 皮埃尔·布迪厄,华康德. 实践与反思:反思社会学导引[M]. 李猛,李康,译. 北京:中央编译出版社,2004:133-134.
⑥ 刘海龙. 媒介场理论的再发明:再思《关于电视》[J]. 当代传播,2020(4):16.
⑦ 转引自杨善华,谢立中. 西方社会学理论(下卷)[M]. 北京:北京大学出版社,2006:169.

好地诠释了这种开放性模型,粉丝本身便是极具异质性的个体,他们出于各种各样的偏好而聚集在一起,但是"追星"并非粉丝日常生活实践的核心要素,他们一边与以自我为中心的社会生活有着千丝万缕的关系交互,一边与自己的偶像保持着物质或情感上的联系,甚至这种联系本身就并非单一的存在,他们可以同时"粉"多个明星,也可以随时放弃与转移,"唯粉"与"纯粉"等以保持长期单一向度的情感关系为标准的称呼也由此诞生,以在粉丝群体内部进行身份识别与区分。

除了开放性外,文化场域还具有复合嵌套性。"在历史、信仰、价值观的影响下,同一国家、民族或区域的文化场域下会存在多个子文化场域,各子场域之间相互作用、相互影响,呈现出多元复合嵌套的特征。"① 同时,在每个子文化场域,人们都共同实践着一套独属于该场域的操作行为或操作技能,即惯习。一个场域由附带一定的权力(或资本)形式的各种位置之间一系列在历史上形成的关系构成,而惯习则由"积淀"在个人身体内的一系列历史关系构成,其形式为知觉、评判和行动的各种身心图式。② 惯习与习惯并不相同,在布迪厄看来,"习惯是由传统传递下来的缺乏能动性和创造性的行为方式"③,而"惯习是一种生成性结构,它塑造、组织实践,生产着历史"④,这也是两者最大的差异所在,惯习以其生成性而不断吸纳所在场域的新元素,进行积极调整与自我重塑。也正是在这一过程中,人们将惯习接纳内化为"第二天性",即"外在性的内在化",但究其根本,惯习是历史和实践的产物,而非"无意识"的行为,因此在对文化场域内的群体行为进行考察时须注意与分辨惯习的存在,这正是"所有选择所依据的不被选择的原则"。⑤ 由此,惯习成为研究文化场域内部结构的关键要素,其形成的背后勾连情感结构、行为方式、社会规制等种种关系。需要注意的是,不仅是惯习,"资本"还是理解场域运行逻辑必不可少的一环。布迪厄提出,社会世界是一部积累的历史,如果我们不把它简化成行动者之间瞬间机械平衡的不连续系列,如果我们不把行动者仅仅看成是可以互换的粒子的话,那么我们必须把资本的概念和伴随这一概念的积累物及其全部效应重新引入社会世界。⑥ 只有将"场域""惯习""资本"这三个概念综合起来思考与分析,才能突破静态结构思维,以动态的眼光把握历史斗争的内部结构。

资本,"是积累的劳动……当这种劳动在私人性,即排他的基础上被行动者或行动者小团体占有时,这种劳动就使得他们能够以具体化的或活的劳动的形式占有社会资

---

① 李奕,刘军平. 基于文化场域的跨文化传播能力提升路径研究[J]. 学习与实践, 2021(3): 126.
② 杨善华,谢立中. 西方社会学理论(下卷)[M]. 北京:北京大学出版社, 2006: 167.
③ 刘少杰. 国外社会学理论[M]. 北京:高等教育出版社, 2006: 354.
④ 杨善华,谢立中. 西方社会学理论(下卷)[M]. 北京:北京大学出版社, 2006: 167.
⑤ 杨善华,谢立中. 西方社会学理论(下卷)[M]. 北京:北京大学出版社, 2006: 168.
⑥ 包亚明. 文化资本与社会炼金术:布尔迪厄访谈录[M]. 上海:上海人民出版社, 1997: 189.

源"①。但是，研究者对于资本的讨论不能局限于经济领域，否则易于陷入唯经济主义，应避免将经济交换简单地归类于利益驱使下的自我行为，以及忽视和否认其他社会形式在利益问题中的作用。从这一观点出发，布迪厄将资本划分为三种类型：一是经济资本。这种资本可以立即并且直接转换成金钱，它是以财产权的形式被制度化的。二是文化资本。这种资本在某些条件下能转换成经济资本，它是以教育资格的形式被制度化的。三是社会资本。它是由社会义务组成的，这种资本在一定条件下也可以转换成经济资本，是以某种高贵头衔的形式被制度化的。② 然而，无论是哪种资本类型，它都"需要以客观化的形式或具体化的形式去积累，资本是以同一的形式或扩大的形式去获取生产利润的潜在能力……因此资本包含了一种坚持其自身存在的意向，它是一种被铭写在事物客观性之中的力量，所以，一切事物并不都具有同样的可能性或同样的不可能性。在特定的时刻，资本的不同类型和亚型的分布结构，在时间上体现了社会世界的内在结构，即铭写在这个世界的现实中的一整套强制性因素，这些强制性因素以一种持久的方式控制了它所产生的作用，并决定了实践成功的可能性"③。正是资本的力量，使得社会世界超越机会均等的幻想，转而强调规律性的原则与社会阶级。

在以上三种资本类型中，文化资本既是布迪厄最为关注的问题，也是与当代媒介文化现象联系最为紧密的理论之一。文化资本是指"一种属于文化正统的趣味、消费方式、社会属性、技能和判断的价值形式"④。这一概念最早是由布迪厄在研究社会阶级与学术成功的相关性时提出的一种假设，即"出身于不同阶级和阶级小团体的孩子在学术市场中所能获得的特殊利润，是如何对应于阶级与阶级小团体之间的文化资本的分布状况的"⑤。在 20 世纪 60 年代的资本主义国家中，大众普遍将文化资本的获得与占有归因于个人的自然能力，即用天赋来解释文化资本的占有量。从经济学方向对人类文化资本进行分析，也仅关注金钱方面的投资、回报率、利润等问题，而忽视阶层差异、家庭环境、文化习惯等实践因素的影响，所以"无法解释不同的行动者或不同的社会阶级，为什么分配在经济投资和文化投资上的比率会如此地差异悬殊，这是因他们没有能力去系统地思考不同的利润的可能性的结构，这一结构是各种各样的市场提供给那些行动者或阶级的，这一结构的差异在于，财产的数量与构成情况的各不相同。更主要的是，因为经济学家没有把学术投资策略与整体教育策略联系起来，没有把学术投资策略与再生产策略的体系联系起来，因而他们必然会通过某种悖论，无可避免地遗漏最隐蔽的、最具社会决定性的教育投资，即家庭所输送的文化资本"⑥。为了全面解析文化资本的内

---

① 包亚明. 文化资本与社会炼金术：布尔迪厄访谈录 [M]. 上海：上海人民出版社，1997：189.
② 包亚明. 文化资本与社会炼金术：布尔迪厄访谈录 [M]. 上海：上海人民出版社，1997：192.
③ 包亚明. 文化资本与社会炼金术：布尔迪厄访谈录 [M]. 上海：上海人民出版社，1997：190.
④ 陶东风，等. 文化研究（第 5 辑）[M]. 桂林：广西师范大学出版社，2005：268.
⑤ 包亚明. 文化资本与社会炼金术：布尔迪厄访谈录 [M]. 上海：上海人民出版社，1997：193.
⑥ 包亚明. 文化资本与社会炼金术：布尔迪厄访谈录 [M]. 上海：上海人民出版社，1997：193 - 194.

部架构，布迪厄进一步对文化资本进行区分，认为其主要以三种形式存在：一是具体的状态，以精神和身体的持久"性情"的形式；二是客观的状态，以文化商品的形式（图片、书籍、词典、工具、机器等），这些商品是理论留下的痕迹或理论的具体显现，或是对这些理论、问题的批判，等等；三是体制的状态，以一种客观化的形式，这一形式必须被区别对待，因为这种形式使文化资本成为一种完全原始性的财产，而文化资本正是受到了这笔财产的庇护[①]（如教育资格的认定与相关条款）。在《继承人》中，布迪厄等人对法国大学生群体的调查研究更为详细地解释了文化资本在教育领域的作用，大学提供的教学课程与评分标准只是表面上的平等，而正是"来自家庭环境的一整套爱好和知识造成了大学生之间的差异"，无论是职业规划、学习行为，还是艺术实践，"在决定一个大学生群体与其学业关系的所有方面，都表现出他们所属的阶级与整个社会、与社会成功及与文化的根本关系"[②]。正是通过大学生所处的社会阶级、家庭背景、文化传统等种种文化资本，外在的财富转化成为一个人的内在部分，转化成为惯习，而且相比于经济资本，文化资本更为顽固和可继承，这一点尤其体现在其积累进度上，拥有越多的文化资本越易于积累新的文化资本。

虽然"文化资本"是由布迪厄在教育问题上所提出的，主要用于解释文化资本的积累在阶级再生产中的重要作用，但其对理解当代社会的种种文化现象也带来了启发。特别是在粉丝文化研究中，布迪厄在《区分》中对"生活品位""文化消费"的讨论在一定程度上为"打榜""周边收集""粉圈"等行为的理解提供了新的思考方向，并就此衍生出"亚文化资本"等新的理论。作为"亚文化资本"的提出者，桑顿曾在其《俱乐部文化：音乐、媒介和亚文化资本》中坦言，他的灵感直接来源于布迪厄，并认为"同文化资本一样，亚文化资本赋予了它的所有者在青年人当中的地位，同时它也是可以被具身化和客体化的"[③]。不论是文化资本还是亚文化资本，布迪厄等人的研究主要基于传统媒介，然而在数字时代，以互联网为技术基础的新媒介的普及应用与注意力经济的发展，不仅重塑了文化资本向经济资本的转换方式，也将文化资本的可获取性进一步扩大。"因为网络世界中生产工具的普及，业余生产者越来越多"[④]，使得文化资本的消费品类更为多样且鱼龙混杂，获取渠道也更为丰富，但由此带来的信息冗余也使得鉴定已有的和即将积累的文化资本价值更为困难。尤其是随着自媒体的发展，个人对社会现象、文化作品、艺术鉴赏等内容的解读林林总总，有各说各话之嫌，学习资源、教辅方案等讲解视频、学习应用软件的出现似乎增强了不同家庭背景下文化资本积累均等化的可能性，但是其社会效果还有待进一步考察。因此，对于当代大众，特别是"Z世

---

① 包亚明. 文化资本与社会炼金术：布尔迪厄访谈录 [M]. 上海：上海人民出版社，1997：192 – 193.
② 皮埃尔·布迪厄，J. -C. 帕斯隆. 继承人：大学生与文化 [M]. 邢克超，译. 北京：商务印书馆，2002：24.
③ THORNTON S. Club cultures: music, media, and subcultural capital [M]. Cambridge: Polity Press, 1995: 27
④ 张雷. 媒介革命：西方注意力经济学派研究 [M]. 北京：中国社会科学出版社，2009：167.

代"在数字媒介应用下的文化资本积累,并不能简单地进行亚文化和主流文化的二元划分。为了克服二元论,布迪厄提出研究者可以"首先,建构各种客观结构,即分析由各种社会位置所构成的空间,了解社会有效资源的分配情况,因为正是这种分配确立了施加在各种社会互动和社会表象之上的外在约束。其次,再重新引入行动者的直接体验,揭示从内部构建其行动的各种知觉和评价的范畴"①,从而摒弃先入为主的刻板印象,更为客观全面地看待文化走向。

同时,文化资本还有助于深度揭示文化实践背后的社会内涵。当前我国的社会分层研究主要从三个取向进行阶级区分:职业、国家社会主义和社会利益群体。② 相较之下,文化似乎被视为平等的乌托邦,个人的文化实践无所谓高低贵贱,自然也不会有层级存在。然而,社会阶级的区分并非停留在经济层面,其影响渗透到政治地位、身份认同,甚至是文化品位等各个方面。布迪厄曾提出,社会阶级结构可以内化为独特的阶级惯习,而特定阶级会选择进入不同品位的场域,并选择不同的生活方式来表达自己的阶级身份。生活方式成为生活实践展现出来的阶级关系,不同阶级之间便通过"品位"出现了区分。③ 换言之,文化偏好不是表面上平等的个体差异,而是在一定程度上划分出了身处不同社会位置的群体,"文化资本与主体在社会结构当中的位置有着对应的关系"④。因此,在考察数字时代媒介文化现象的过程中,我们应注意到其背后蕴藏的社会距离与阶级身份。下面将从文化资本的三个状态,即具体化、客观化和体制化出发,结合相关理论对粉丝文化进行整体论述。

第二节　数字媒介时代的文化参与

文化资本的具体化状态是指在这一状态中文化资本"是与身体相联系的,并预先假定了某种实体性、具体性。文化资本的积累是处于具体状态之中的,即采取了我们称之为文化、教育、修养的形式,它预先假定了一种具体化、实体化的过程。这一过程因为包含了劳动力的变化和同化,所以极费时间,而且必须由投资者亲力亲为"⑤。在传统意义上,通常强调文化资本的精神要素,将其视为"人在思想意识中的知识储备和能力蕴含"⑥,然而布迪厄看到了文化资本的实存性与经验性,即它们就存在于身体活动之

---

① 杨善华,谢立中. 西方社会学理论(下卷)[M]. 北京:北京大学出版社,2006:170.
② 仇立平. 回到马克思:对中国社会分层研究的反思[J]. 社会,2006(4):23—42,206.
③ 刘欣. 阶级惯习与品味:布迪厄的阶级理论[J]. 社会学研究,2003(6):33—42.
④ 杨小柳,周源颖. "亚文化资本":新媒体时代青年亚文化的一种解释[J]. 中国青年研究,2018(9):93.
⑤ 包亚明. 文化资本与社会炼金术:布尔迪厄访谈录[M]. 上海:上海人民出版社,1997:194.
⑥ 刘少杰. 国外社会学理论[M]. 北京:高等教育出版社,2006:359.

中，并通过社交行为、言谈举止、技术应用等系列形式表现出来。在数字媒介时代，网络技术的普及使得文化资本的积累更具主动性和多样性，而文化参与正是当代受众传播文化、生产文化甚至创造文化的重要实践方式，同时也成为文化资本具体化的代表。为了把握文化参与的时代特征，我们需要在历史维度上对其进行追溯。因此，下面将从詹金斯的"参与式文化"理论开始，结合粉丝文化中的文化生产实践对文化参与进行阐释。

一、"文本盗猎者"与"参与式文化"

文化参与在广义上泛指受众对文化产品的传播、评论、再生产等所有自发的互动式文化实践。在当代，这类实践行为的产生主要依托于数字媒介的应用与普及，各类互联网平台的搭建成为支撑受众进行文化参与的技术保障。1988年，詹金斯在其《星际旅程归来，重读，重写：作为文本盗猎者的迷写作》中，首次提出了"参与式文化"这一概念，并以它为理论核心，展开了一系列粉丝文化研究。参与式文化被詹金斯概括为"一种消费主义的新样式"[1]，而消费模式则会随着新媒介技术的深刻变革而改变，"这些技术使普通公民也能参与媒介内容的存档、评论、挪用、转换和再传播"[2]。詹金斯在访谈中明确提出文化参与过程中数字技术的重要性，即技术"最重要、最令人兴奋的影响，就是帮助人类获得了更多文化生产和流通手段的机会。这就是我所说的参与式文化的核心"[3]。由此，对参与式文化理论的把握也可以根据媒介技术发展状况划分为两个阶段，即传统媒介阶段和数字媒介阶段。

在传统媒介阶段，詹金斯于1992年出版的《文本盗猎者：电视粉丝与参与式文化》成为这一时期的代表性研究。他将视线集中于"媒体粉丝圈"，并对其边界进行了固定，"此群体形式多变，但仍大致可辨：他们是一群电影和电视剧的狂热爱好者，自称'媒体粉丝圈'。这一群体并不只爱单一的文本，甚至不只爱好一个类型，他们爱好多种文本——英美连续剧、好莱坞类型电影、漫画、日本动画、流行小说——但同时又对特定文本持排斥态度，尤其是肥皂剧和大多数商业言情小说。这个群体大部分是女性，大部分是白人，大部分是中产阶级，但对不符合这些描述的其他人也持开放欢迎的态度"[4]，通过重点研究该粉丝群体与《星际迷航》《星球大战》《蝙蝠侠》等以电影、电视剧、杂志、漫画等传统媒介为载体的文化作品的互动行为，发现粉丝在阅读和观看

---

[1] JENKINS H. Quentin Tarantino's *Star Wars*?: digital cinema, media convergence, and participatory culture [M] // DURHAM M G, KEUNER D M. Media and cultural studies: keywords. Oxford: Blackwell, 2006: 554.

[2] JENKINS H. Quentin Tarantino's *Star Wars*?: digital cinema, media convergence, and participatory culture [M] // DURHAM M G, KEUNER D M. Media and cultural studies: keywords. Oxford: Blackwell, 2006: 555.

[3] 常江，徐帅. 亨利·詹金斯：社会的发展最终落脚于人民的选择——数字时代的叙事、文化与社会变革[J]. 新闻界，2018（12）：6.

[4] 亨利·詹金斯. 文本盗猎者：电视粉丝与参与式文化[M]. 郑熙青，译. 北京：北京大学出版社，2016：1.

他们所喜爱的文化后不仅享受其内容,获得感官上的愉悦,也在拼贴、改编和再生产,从个人视角出发享受多重解读的可能性。詹金斯由此对"文本盗猎者"的概念进行阐释与延伸。

"文本盗猎者"最初由法国哲学家米歇尔·德·赛尔托在研究受众的媒介产品消费行为时提出,即将读者"主动积极的阅读行为称作'盗猎'———一种在文学禁猎区内毫无礼节的洗劫,读者只掠走那些对自己有用或者有快感的东西"①。在"盗猎"的比喻下,赛尔托将读者和作者的关系视为"持久的对文本所有权、对意义阐释的控制权的争夺关系"②,即"读者绝非作者……他们是旅行者;他们在属于别人的土地之间迁徙,就像游牧民在并非自己写就的田野上一路盗猎过去,掠夺埃及的财富以获得自我的享受"③。这种读者与作者的对抗关系建立在"对语言控制权"的维护与遵守的社会基础上,读者始终处于被动状态,他们应"接受权威所规定的意义,任何偏离被文本固定的意义都会得到负面评价,认为是没有能够正确理解原作者的意图"④。赛尔托的研究中对读者阅读权力的压制显然失之偏颇,但正是这一相对极端的观点启发了后续媒介文化研究者对受众反馈价值的重新审视,促进了个体艺术作品阐释权的解放。詹金斯突破赛尔托对读者搬运文本行为的轻视,认为那仅是"从有限的文本材料中抢救出针头线脚以表现自我的社会经验"⑤,詹金斯提出"恰恰相反,消费者在浩如烟海的媒体文化中的挪用具有高度选择性。媒体的矿藏尽管腐坏,但仍包含可采掘提炼的宝物,尽可以拿来另作其用"⑥。因为每一个基于原文本进行再创作的文化作品都指涉"一个巨大的文本间网络","这一网络不仅将原电视剧和其他商业作品联系起来,同时也联系着粉丝群体的文化传统",所以粉丝们在"进行相关文化活动都可以随意地在这个网络中取材",从而丰富个体阐释的多维视角。⑦ 这些多重阐释的可能性正是粉丝在解读再生产的文化作品时的核心乐趣所在。

由此,基于对受众的能动性与自主性的强调,詹金斯延伸了"文化盗猎者"的概念,提出"盗猎"行为的积极意义与文化参与趋势,即"粉丝作为文本盗猎者并不孤独,他们将盗猎发展成了一种艺术形式"⑧,是在与文本的互动过程中对媒介文化资源

---

① DE CERTEAU M. The practice of everyday life [M]. Berkeley:University of California Press,1984:174.
② DE CERTEAU M. The practice of everyday life [M]. Berkeley:University of California Press,1984:174.
③ DE CERTEAU M. The practice of everyday life [M]. Berkeley:University of California Press,1984:174.
④ 亨利·詹金斯. 文本盗猎者:电视粉丝与参与式文化 [M]. 郑熙青,译. 北京:北京大学出版社,2016:23.
⑤ DE CERTEAU M. The practice of everyday life [M]. Berkeley:University of California Press,1984:175.
⑥ 亨利·詹金斯. 文本盗猎者:电视粉丝与参与式文化 [M]. 郑熙青,译. 北京:北京大学出版社,2016:25.
⑦ 亨利·詹金斯. 文本盗猎者:电视粉丝与参与式文化 [M]. 郑熙青,译. 北京:北京大学出版社,2016:37.
⑧ 亨利·詹金斯. 文本盗猎者:电视粉丝与参与式文化 [M]. 郑熙青,译. 北京:北京大学出版社,2016:26.

进行汲取与再生产的。站在参与性受众的立场上，"并不存在读者和作者之间的明显界限。粉丝并非仅消费业已创造出来的故事，他们会创造自己的同人志作品和小说、同人画、歌曲、视频、表演等等"①。这些共享的内容衍生为世界文化的一部分，超越了影视剧原本的文化内涵。"生产者和消费者、观众和参与者、商业制品和手工制品，所有这些本应明显的界限都模糊了，如此形成的粉丝圈成为扩散于整个地球的文化和社会网络……粉丝圈在这里成了一种参与式文化，将媒体消费变成了新文本的生产，或者毋宁说是新文化和新社群的生产"②。

随着媒介技术的发展，尤其是以互联网为代表的数字技术的应用与普及，参与式文化也进入了新的阶段，即数字媒介阶段。各类网络平台的搭建与社交功能的融入，使得受众参与文化作品更为便捷，途径也更加多样，受众随时随地都可在网络的作用下与拥有共同爱好的他者进行交流和互动，这使得受众逐渐生活在一个越来越相互连接的社会中，也使得粉丝之间的联系更为紧密。

詹金斯在 2006 年出版的《融合文化：新媒体与旧媒体的冲突地带》中提出"聚焦于有关参与的相互竞争和相互矛盾的观点，这些观点正在塑造着新的媒体文化"③。融合文化被认为是"新媒介和旧媒介碰撞、草根媒介和公司媒介交汇、媒介生产者的权力和媒介消费者的权力以不可预测的方式互动"④ 的文化新形态。但需要注意的是，"融合并不依赖于任何特定的传送机制。更确切地说，融合代表着一种范式转换——这种转换表现在，以前是媒体独有内容，现在是内容横跨多媒体渠道流动，各种传播体系的相互依赖日益加深，获取媒体内容的方式日益多样化，自上而下的公司媒体和自下而上的参与文化之间的关系也更为复杂"⑤。因此，詹金斯在比较乐观的同时又保持着谨慎，他看到了所谓的"电视民主化"背后依然是经济杠杆的操纵，即使是数字技术带来的信息发布/传播平台的革新，其使命也并非对大众的话语进行赋权，而是经济利益和意识形态对舆论场的双重操控。而参与式文化中粉丝的行为实践从根本上带有商业要素，粉丝购买力与消费欲使它"本身就是对商业文化的一种替代"⑥。但也正是这些"鼓舞人心的消费者"让詹金斯看到了其所蕴含的民主潜能与政治权力，即"这些粉丝社群

---

① 亨利·詹金斯. 文本盗猎者：电视粉丝与参与式文化 [M]. 郑熙青，译. 北京：北京大学出版社，2016：44.
② 亨利·詹金斯. 文本盗猎者：电视粉丝与参与式文化 [M]. 郑熙青，译. 北京：北京大学出版社，2016：44.
③ 汪金汉. 从"文本盗猎"到"公民参与"：詹金斯的"参与性"媒介受众研究 [J]. 福建师范大学学报（哲学社会科学版），2016（2）：195.
④ 杨玲. 媒介、受众与权力：詹金斯的"融合文化"理论 [J]. 山西大学学报（哲学社会科学版），2011，34（4）：67.
⑤ 亨利·詹金斯. 融合文化：新媒体和旧媒体的冲突地带 [M]. 杜永明，译. 北京：商务印书馆，2012：353.
⑥ 亨利·詹金斯. 融合文化：新媒体和旧媒体的冲突地带 [M]. 杜永明，译. 北京：商务印书馆，2012：357.

不只是通过创造和传播新思想（对所喜欢的文本进行批判性的阅读）来实施政治影响，而且还通过利用新的社会结构（集体智慧）以及新的文化生产模式（参与文化）来实施政治影响"①。

此后，詹金斯在其 2009 年出版的《面对参与式文化的挑战：21 世纪的媒介教育》一书中，进一步明确了参与式文化的主要特征：第一，艺术表达和公民参与门槛相对较低；第二，强烈支持创造和共享创造作品；第三，在这种文化中，经验丰富人士将他们的经验通过一些非正式的方式传递给初学者；第四，在这种文化中，个体认为自己的贡献是有价值的；第五，个体建立起与他人的社会联系，比较在意别人对自己创作内容的看法和评价。② 同时，参与式文化主要表现在以下几个方向：第一，联盟，指围绕各类媒介形式所形成的线上社区中具有正式或非正式身份的会员们；第二，表达，生产创意文本；第三，协作解决问题，通过正式或非正式的团队完成任务和发展新的知识；第四，信息流通，搭建信息流动平台。③ 在"人人互联"的社会语境下，詹金斯指出文化参与的关键是要积极分享与创作，以实现"一种可称为'集体智慧'（collective intelligence）的交流，能够营造出一种乐观、和谐、开放的文化氛围和紧密、参与性的社会联系"④。

综上，从对参与式文化的概念论述与案例分析中可以看出，詹金斯始终从受众的角度出发，细致地剖析媒介技术变迁对受众参与文化生活的影响。在一定程度上，"参与性文化的历史也是参与性受众的历史"⑤。粉丝文化作为参与式文化的重要组成部分，也随着数字媒介的发展而产生了新的实践形式与情感连接。

二、弹幕文化与参与鸿沟

在数字时代，网络社交平台、网络视频平台、网络社区平台等多元话语场域的丰富为受众文化参与开辟了更为广阔的空间。詹金斯强调粉丝群体的主体性与积极性，乐观地认为媒介技术的发展进一步突出与强调粉丝的自我赋权，借由各种文化参与行为的集合，促进融合文化的生成。用户生产内容模式似乎一时间成为推动大众文化进步的关键途径。但是，詹金斯"并没有强调这种参与式表现已然改变了文化生产的含义，即参与含义的双重性。参与含义的双重性是指文本的内容生产和娱乐话题的产业性生产（话题

---

① 亨利·詹金斯. 融合文化：新媒体和旧媒体的冲突地带 [M]. 杜永明，译. 北京：商务印书馆，2012：357.

② JENKINS H, PURUSHOTMA R, WEIGEL M, et al. Confronting the challenges of participatory culture: media education for the 21st century [M]. Cambridge: MIT Press, 2009: 5-6.

③ JENKINS H, PURUSHOTMA R, WEIGEL M, et al. Confronting the challenges of participatory culture: media education for the 21st century [M]. Cambridge: MIT Press, 2009: 9.

④ 张培. 网络社区中的文化参与和文化控制：以豆瓣电影社区评分为例 [J]. 新闻爱好者，2017（1）：60.

⑤ 汪金汉. 从"文本盗猎"到"公民参与"：詹金斯的"参与性"媒介受众研究 [J]. 福建师范大学学报（哲学社会科学版），2016（2）：193.

营销);粉丝个体文化资本的生产与对象文本影响力的生产"①。商业性在参与式文化中的卷入程度不断加深,它在增强文化产品的趣味性和影响力的同时,也为受众建立起无形的交流壁垒,即受众并没有在参与的过程中聚集成更为庞大的社群,对原文本进行升华与再创作,反而陷入一种"自说自话"的个体狂欢中。弹幕正是当前粉丝文化领域以个体"想象在场"为特征的代表性文化参与实践。

"弹幕"一词来自日语,原为战争术语,指同一时间内发射出大量的子弹。② 后来,日本动画弹幕网站 niconico 上用户发出的评论可实时出现在视频内容上的形式③成为如今视频"弹幕"的词义源头。这种文字互动形式将原本存于视频下方的评论搬上屏幕,使得受众可以实时参与视频播放的环节。这种文字互动形式被我国各类网络视频媒介引入和开发,成为 B 站、爱奇艺、腾讯视频等视频应用软件中的"弹幕"功能。而"弹幕"的语义也随着功能的普及逐渐泛化,即"不论评论数量多少,只要符合流动性、覆盖性(overlaid comment)的特征,都统称为'弹幕'"④。

在数字时代,对弹幕功能的认知与使用已经被潜移默化为一种日常实践,其之所以被认为是参与式文化的一种,除了在于为受众提供直观、实时的话语渠道外,更在于它的对话性。弹幕既可以是个人评价的叙写,也可以是对他人话语的回应,因此视频弹幕中也不乏各类讨论、争执,甚至是冲突。这种匿名性的平等交流方式,超越了赛尔托"盗猎"所描述的积极的阅读行为,弹幕更是在"盗猎"的基础上,在"承认原作者意义阐释"的同时,"允许读者将自己的阐释转为显性的文本,供不同文本之间进行意义沟通",受众"通过发送弹幕参与文本意义的解读,在文本的裂缝中展开对话……消解文本的唯一性和确定性",从而为文化意义的多样性开辟充足发展的空间。⑤ 在参与过程中,"受众自己生产绝大部分的传播内容,享受拥有话语权的自由度和进阶为'传媒英雄'的成就感"⑥。但是,由于字数限制和在屏幕上"飞出"的效果设定,弹幕的内容简短,情绪强烈,呈现出碎片化的特征。

碎片化的弹幕一方面简化了受众的思考过程,另一方面用充斥屏幕的方式营造他人"可视化"的在场,"使视频观众不再去质疑其他受众的在场性,受众自身的安全感得到了保障,即使那些弹幕可能只是由少数几个人的重复发送而已——视频菜单中在线人数的统计可能会加强多人发送弹幕的幻觉"⑦。弹幕的"在场"幻想促使受众身处一种"想象的共同体"中,受众觉得在这里有和自己观念相符的人,抑或是自己的思想被广

---

① 韩素梅. 弹幕视频与参与式文化的新特征[J]. 新闻界, 2016 (22): 55.
② VENZON A C. The United States in the First World War: an encyclopedia [M]. London: Routledge, 1999: 64.
③ 吕鹏, 徐凡甲. 作为杂货店的弹幕池:弹幕视频的弹幕研究[J]. 国际新闻界, 2016, 38 (10): 28 - 41.
④ 丁依宁. 受众的表演与想象:弹幕使用族群研究[J]. 新闻春秋, 2015 (4): 87.
⑤ 别君华. 参与式文化:文本游牧与意义盗猎:以 bilibili 弹幕视频网为例[J]. 青年记者, 2016 (23): 44.
⑥ 李勇强, 卞芸璐, 乔露. "后影院时代"电影的网络传播及受众研究[J]. 当代电影, 2011 (7): 92.
⑦ 吕鹏, 徐凡甲. 作为杂货店的弹幕池:弹幕视频的弹幕研究[J]. 国际新闻界, 2016, 38 (10): 32.

泛接受，从而减少了现实生活中的孤独感。然而，究其根本，弹幕仍是个人的狂欢，即使受众在观看视频中"实际没有任何交流，他们却在不可逆时间中继续表达着对循环时间中弹幕数量的飞涨的膜拜"①。正如巴赫金所提出的"狂欢式"，它没有舞台，不分演员和观众，所有人都是狂欢的一分子，"在场的人们无不被狂欢节的氛围浸染着，并自觉加入其中"②，对短时快感的追求使得弹幕文化本身易陷入虚无主义中无法自拔。詹金斯对参与式文化的赞赏是要对同人文、画作、漫画等具有整体意义的、高度投入的文化作品进行再创新，而如今的弹幕文化相较于此显然沦为"快餐式"产品，甚至难以用"作品"进行概述。在数字技术下，更高的受众参与度换来的却是对文化本身的漠视与实际交流的自我封闭，这成为当代文化参与实践领域需要反思的问题。

不论是弹幕文化还是网络社区，互联网所打造的参与式空间并没有加快底层群体文化资本积累的速度，其实际上受到商业、政治力量与精英的把持，仍存在着严重的参与鸿沟。③ 参与鸿沟有两种形式：阶层鸿沟和技术鸿沟，即新媒体技术使用的分布"受制于已有的社会结构和资源分布的不平等：具有更多经济资源和更高教育程度的人有着显著的首先采用的优势；年轻人，即便在排除了资源优势之后，也依然有着比中、老年人更显著的优势"④。

对于阶层鸿沟来说，"新媒体技术的扩散与传播环境的参与式革新，并未翻转社会之内与国际的旧有的权力关系和阶层差异。人们在社会结构的位置决定了他们采纳新媒体的概率以及使用和参与的深度、广度，他们在使用中的选择发生于这个结构性的格局当中，并进一步强化了这一格局"⑤。在数字场域的文化参与过程中，有的人只是进行表层参与，而弹幕等功能更是在一定程度上加剧了这种浅尝辄止的参与行为，而有的人会在原文化资本的基础上持续深入，"力求收获的工作是针对自身（自我进步）的一种工作，这种努力预先就假定了必须要有个人性的投入"⑥，从而发展出新的技能，实现文化资本的快速积累。

对于技术鸿沟，互联网企图以去中心化和低准入门槛抹平经济差异带来的不适，营造"人人皆可获取知识"的乌托邦世界。然而，身处经济弱势与年龄弱势的社会群体依然被排除在数字技术之外，文化参与又推动着这一鸿沟的加剧，即对参与技能的把握。由此可见，文化参与在本质上仍与文化资本有着千丝万缕的联系，思考文化资本在参与过程中的作用与影响也许是未来研究者必须面临的问题。

---

① 吕鹏，徐凡甲. 作为杂货店的弹幕池：弹幕视频的弹幕研究 [J]. 国际新闻界，2016，38（10）：32.
② 陈志娟，丁靓琦. 狂欢与理性：青年群体弹幕使用研究：以网络综艺类节目《创造101》为案例 [J]. 中国青年研究，2019（11）：95.
③ 岳改玲. 新媒体时代的参与式文化研究 [D]. 武汉：武汉大学，2010.
④ 潘忠党，於红梅. 互联网使用对传统媒体的冲击：从使用与评价切入 [J]. 新闻大学，2010（2）：11.
⑤ 谢新洲，赵珞琳. 网络参与式文化研究进展综述 [J]. 新闻与写作，2017（5）：30.
⑥ 包亚明. 文化资本与社会炼金术：布尔迪厄访谈录 [M]. 上海：上海人民出版社，1997：194-195.

第三节　疯狂的粉丝与饭圈文化的形成

文化资本的客观化以文化商品的形式存在，布迪厄认为"文化商品既可以呈现出物质性的一面，又可以象征性地呈现出来，在物质方面，文化商品预先假定了经济资本，而在象征性方面，文化商品则预先假定了文化资本。因此，生产手段的占有者必须找到一种方式去显现具体化的资本，这种具体化的资本是该资本拥有者得到特别显现或服务的先决条件"[①]。随着数字技术卷入经济领域，"转发量""点赞量""评论量"等网络流量数据作为新的资本形式成为文化商品的一种，而粉丝也在这一社会语境下集结转型为更具组织化的饭圈。在明确的身份认同感的召集下，饭圈围绕所崇拜的偶像结成"共同体"，文化资本是"作为斗争中的一种武器或某种利害关系而受到关注或被用来投资的"，粉丝"正是在这些斗争中施展他们的力量，获取他们的利润，而行动者的力量的大小、获取利润的多少，是与他们所掌握的客观化的资本，以及具体化的资本的多少成正比的"[②]。由此，本节从饭圈文化入手，剖析流量逻辑下粉丝的情感劳动与畸变。

一、饭圈经济与偶像文化工业

克里斯·罗杰克曾提出，"随着上帝的远去和教堂的衰败，人们寻求得救的圣典道具被破坏了。名人和奇观填补了空虚，进而造就了娱乐崇拜，同时也导致了一种浅薄、浮华的商品文化的统治"[③]。近年来《偶像练习生》《创造101》《青春有你》等青年偶像的选秀节目的批量播出及网络"打投"方式更是将娱乐崇拜推向了新的高度，而粉丝也正是在这一过程中迎来了从"追星"到"造星"的角色转换，形成了新的饭圈文化。

饭圈在一般意义上常被视为热爱或支持某个明星的粉丝群体，是指某个或某几个偶像的粉丝们组成的共同体圈子。饭圈是一个统称，在网络中，以不同的偶像为中心会形成不同的饭圈，它们彼此之间界限清晰，甚至时有冲突。[④] 然而，结合饭圈诞生的社会语境便知它并非"粉丝文化"的同义词。2014 年被称为饭圈文化元年，是"爱奇艺、优酷、腾讯进军影视行业之年，三大互联网平台依靠大数据思维改变了影视文化产业的

[①] 包亚明. 文化资本与社会炼金术：布尔迪厄访谈录 [M]. 上海：上海人民出版社，1997：198-199.
[②] 包亚明. 文化资本与社会炼金术：布尔迪厄访谈录 [M]. 上海：上海人民出版社，1997：200.
[③] 克里斯·罗杰克. 名流：一个关于名人现象的文化研究 [M]. 李立玮，闵楠，张信然，译. 北京：新世界出版社，2002：内容提要.
[④] 彭兰. 网络的圈子化：关系、文化、技术维度下的类聚与群分 [J]. 编辑之友，2019 (11)：5-12.

游戏规则，于是'流量'和'流量明星'概念出现，并随之产生了饭圈文化独有的'做数据''打榜''应援''集资'等组织行为"，同时"以'超级星饭团''爱豆'为代表的饭圈粉丝追星应援 APP 在网络上线，自此饭圈文化群体有了专属的社交媒体平台"①，为饭圈的形成提供了更具专业性、组织性的技术支持。由此可见，饭圈文化自诞生起便与经济资本相勾连。而从文化背景上看，饭圈文化则"与东亚地区的政治文化传统有很大关联。作为有组织的经济系统，'饭圈'可以被视为'后援会'这样具有浓厚东亚色彩的政治团体在文化产业领域的复制。'后援会'最早可以追溯到'二战'前后的日本政治家组织，政治家们为了在选举中获得优势，需要凝聚自己的支持力量，而要维系这些支持力量，离不开金钱和利益的掺入。后援会因其组织性、系统性、经济性，成员之间相互协作、高度忠诚等特点，形成了日本政治的一大特色，深刻影响了日本战后数十年的政治生活，其运转模式也逐渐渗透到了诸如文化产业等领域之中。后来流行于整个东亚和东南亚地区的各种明星'后援会'，都是脱胎于此"，同时"传统儒家的'家文化''群体文化'以及'忠诚文化'"②也深深嵌入饭圈文化的思想内核之中。

由此，有研究者认为"中国的饭圈文化是粉丝文化伴随着互联网对文娱产业的介入和偶像工业生态改变所发展出的新样态，是粉丝群体以网络社交平台为主要空间，围绕特定明星所展开的生产和消费行为，以及由此所形成的特定的圈层传播模式和群体内部的运作机制"③。相较于以往结构松散、来去自由、极具流动性的粉丝群体，饭圈是借助网络强大的连接性，"逐渐发展成的有组织、专业化的利益圈层"④。对外，各个饭圈规划出明确的圈层边界，标明核心偶像，以强调和保持内部人员的纯粹性与团结性；对内，各个饭圈则建立起严密的组织机制，对人员进行职责、分工与层级划分，成为在"统一的意志之下从事协作行为的持续性体系"⑤。饭圈中有组织的经济行为与利益纠葛表明其文化外衣下的经济驱力。因此，饭圈更应被视为一种经济现象，饭圈经济即基于追星"粉丝"文娱社群等利益圈层所衍生的系统性经济活动，具有组织化、专业化、规模化、商业化等特征。⑥

饭圈经济在资本和流量逻辑的引领下大行其道，甚至引发恶劣影响，如《青春有你 3》赞助商将投票二维码设置于瓶盖内，粉丝为了"打榜"而大量抢购牛奶，之后却只留下瓶盖来扫码，把牛奶全部倒掉；粉丝为助力偶像出道而进行裸贷筹款。这些社会事件的背后是市场经济与互联网的合谋。在"去中心化"话语框架下，每个人都有自我选

---

① 胡泳，刘纯懿. 现实之镜：饭圈文化背后的社会症候［J］. 新闻大学，2021（8）：66.
② 张亚光. "饭圈经济"的概念、理论与批判［J］. 中国文艺评论，2021（10）：22.
③ 胡泳，刘纯懿. 现实之镜：饭圈文化背后的社会症候［J］. 新闻大学，2021（8）：66.
④ 张亚光. "饭圈经济"的概念、理论与批判［J］. 中国文艺评论，2021（10）：21.
⑤ 郭庆光. 传播学教程［M］. 北京：中国人民大学出版社，1999：100.
⑥ 张亚光. "饭圈经济"的概念、理论与批判［J］. 中国文艺评论，2021（10）：20-25.

择、自我决定的权利，因此能够自由地为喜爱的偶像付钱，而经济和情感上的支持行为将粉丝从原本的"追逐者"升级为"掌控者"。饭圈经济投入的多少与偶像市场价值的大小相挂钩，促使粉丝将偶像的成功与否内化为自己的责任，这种身份角色的转变"刚好符合了'Z世代'青年人对自我权利和自我价值的关注与标榜"①。同时，《偶像练习生》《创造101》等多个选秀节目持续推出、批量生产长相精致、身材完美、唱跳能力俱佳的青年偶像，其比赛机制、投票方式、评比选项都大同小异，以近乎工厂流水线的程序化方式不停地向粉丝们投放可"支持"的对象。因此，偶像工业的发展进一步压榨和剥削着粉丝们的金钱与时间，文化商品也不再限于专辑、代言商品、偶像周边等物品，转发量、点赞量、评论量都被包装成"对偶像的爱"的衡量标准，被用来展示己方偶像能力的强大，以及作为对抗其他偶像的粉丝的数据武器。而围绕饭圈经济，一条隐形且周密的产业链也逐渐形成，在娱乐企业、经纪公司、职业粉丝的"合谋"下，当粉丝们热泪盈眶、撕心裂肺地为偶像应援买单时，幕后"玩家"却可能正进行着利益的瓜分。②

二、情感劳动与情感经济

2019年7月，周姓歌手的粉丝与蔡姓歌手的粉丝之间的"打榜大战"由一个提问"周××微博数据这么差，为什么演唱会门票还难买"所引发。为了支持偶像，周姓歌手大量粉丝涌入微博超话进行"打榜"，成功将他在"明星势力榜"上的排名刷至第一，超越原本属于榜首的蔡姓歌手。然而，对于偶像个人来说，所谓的榜单"第一"实则难以对其事业构成根本影响，这场始于守护、终于狂欢的数据战争本质上只是粉丝自主实践的情感劳动。

"情感劳动"理论来源于马克思主义理论家麦克尔·哈特和安东尼奥·奈格里的《帝国》③，是奥利兹奥·拉扎拉托所提出的"非物质劳动"的重要延伸。拉扎拉托曾指出，"非物质劳动是指生产商品的信息内容与文化内容所付出的劳动"，其形式是集体性的，它也可以被认为仅存在于网络和交流的形式中。④ 因此，"非物质劳动"并非指生产过程与物质材料无关，而是指产品的非物质性。⑤ 非物质劳动主要涵盖三种类型：第一，已被信息化和已经融汇了通信技术的一种大工业生产，这种生产被视为一种服务，并逐渐与物质劳动相融合；第二，带有分析的创造性和象征的任务，同时也是创

---

① 张亚光. "饭圈经济"的概念、理论与批判 [J]. 中国文艺评论, 2021 (10)：23.
② 杨洪涛. 须防青少年"入戏"饭圈文化太深 [N]. 中国艺术报, 2020-06-05 (2).
③ HARDT M, NEGRI A. Empire [M]. Cambridge, MA：Harvard University Press, 2000.
④ 刘芳儒. 情感劳动（Affective labor）的理论来源及国外研究进展 [J]. 新闻界, 2019 (12)：72-84.
⑤ 杨馨. 情感劳动的传播政治经济学批判：以L后援会为个案 [J]. 新闻记者, 2020 (9)：14-24.

性、知识性的劳动；第三，情感的生产与控制、虚拟的或实际的人际交往。① 而"情感劳动"正是非物质劳动中最为重要的组成部分，其主要包括情感的生产，以及对生产过程的控制，得到的产品也是无形的情感，包括轻松、友好、满意、激情，甚至是联结感与归属感。② 正是在情感劳动的过程中，粉丝得以"不断地肯定自己，发挥自己的才智，以喜爱和激情作为驱动力，构建社群网络，获得极度自洽的认同感。在此过程中，劳动实践是一种主体性生产，在劳动过程中不断地获得自己的本质力量的确证"③。在"打榜"的劳动实践中，第一名的荣誉并非直接作用于偶像本身，而是作用于粉丝有所付出与贡献之后的自我满足感，粉丝再次明确自己对该偶像的价值认同与情感偏好。正如哈特所提出的，"情感劳动生产的最终形式将走向社会网络、组织形式和生命权利"，因此"娱乐工业以及与此类似的各种文化工业都聚焦于情感的创造和操纵"。④

情感劳动通常被认为"是一种生命权利的生产，是不可量化的，其更注重劳动过程中的主观性"⑤，然而粉丝出于爱的劳动意愿却经常为经纪公司、品牌方等偶像的直接利益相关者所把控，刷转发量、控评等都成为粉丝情感劳动的"计算"手段。在数据逻辑下，新浪微博等网络社交应用基于庞大的用户基础，摇身一变成为"数字权威"的代表，各类排行榜既是"平台租赁给粉丝的'生产工具'，也是刺激粉丝之间相互竞争的'生产成果'，它们甚至可以将粉丝的'绩效'直接与明星的商业价值挂钩"⑥，使得情感劳动逐步迈向情感经济，实现文化资本向经济资本的转换。

詹金斯在《融合文化：新媒体和旧媒体的冲突地带》一书中最初提出"情感经济"理论是为了指代"一种新的市场营销理论架构"，"在这一产业中，人们试图了解消费者决策的情感基础，认为它是影响消费者收视和购买决策的一种推动力量"，即"量化受众愿望的需求、度量联系以及将忠诚度商品化"。⑦ 随着数字时代受众媒介角色的改变，从单一的接收者到更为灵活多样的参与者，受众的生产力也被统筹到情感经济的量化表格之中。布若威根据对工厂的观察，曾提出资本家通过转移矛盾、制度设计等多种途径建构与工人之间的"同意"，其中包括引进先进的生产技术，提高生产效率，从而将新技术，即资本投资解释为利润的来源，遮蔽了对剩余劳动的剥削；精心设计"赶工超额"游戏，使劳工在乏味的工作过程中可以享受"赶工竞赛"带来的乐趣。⑧ 而情感

---

① 麦克尔·哈特，安东尼奥·奈格里. 帝国：全球化的政治秩序［M］. 杨建国，范一亭，译. 南京：江苏人民出版社，2008：284.
② HARDT M. Affective labor［J］. Boundary 2, 1999 (26)：89－100.
③ 刘芳儒. 情感劳动（Affective labor）的理论来源及国外研究进展［J］. 新闻界，2019 (12)：82.
④ HARDT M. Affective labor［J］. Boundary 2, 1999 (26)：5－18.
⑤ 刘芳儒. 情感劳动（Affective labor）的理论来源及国外研究进展［J］. 新闻界，2019 (12)：82.
⑥ 杨馨. 情感劳动的传播政治经济学批判：以 L 后援会为个案［J］. 新闻记者，2020 (9)：20.
⑦ 亨利·詹金斯. 融合文化：新媒体和旧媒体的冲突地带［M］. 杜永明，译. 北京：商务印书馆，2012：111.
⑧ 林颖，吴鼎铭. 网民情感的吸纳与劳动化：论互联网产业中"情感劳动"的形成与剥削［J］. 现代传播（中国传媒大学学报），2017, (6)：21－25.

经济对粉丝的操控正是以此为架构，利用他们对偶像的情感形成"自愿性服从"，即"为爱发电"，从而催生竞争心理，使得各家粉丝为了"守护"自己的偶像而不惜投入大量时间与金钱，也粉饰和正当化了辱骂、举报、投诉等过激行为。由此可见，强调主观性的情感劳动在数字逻辑的异化下已发生畸变，具有组织性的饭圈在一定程度上演变为"数据工厂"，而粉丝的行为，无论是理智的还是疯狂的，都转化为情感经济的一部分，源源不断地为偶像背后的商业资本增殖与服务。

三、情感剥削与亲密关系资本化

马克思曾指出，"人是有形体的、赋有自然力的、有生命的、现实的、感性的、对象性的存在物，这就等于说，人有现实的、感性的对象作为自己的本质、自己的生命表现的对象"①。由此可见，"感性"实际上是一种感性的活动和实践，正是人们通过感性的活动，将力量、才能和欲望投射到现实的对象世界，才进而改造了自然世界，揭开了人类历史的发展序幕。② 吉尔·德勒兹则在继承了马克思对感性的理解的基础上，结合斯宾诺莎的"情感"概念进一步指出，情感"就是某人的存在之力的连续流变"③，"从根本上说，它们是所有身体/物体之间彼此相合的媒介"④，即构成人与人彼此连接，产生心灵与思想共鸣的桥梁。因此，在德勒兹看来，从来就没有意识对身体的压制，人就是由欲望组成的，情感的存在就是欲望的流动，它与尼采所言的权力意志一脉相承，就是出于生命的潜能不断地对更好的身体状态的追寻。⑤ 而情感的"文本对象成为被投注的巨大的公告牌，这种投注，是脱离了它既定的语境（意识形态机器）的"⑥，换言之，情感使得"身体脱离了意识形态定义之下的好与坏，它们自主地选择那些让它们愉悦的东西。这是一种没有被赋予意义的愉悦，是身体自主的选择"，它也成为"让人从异化的日常经验中脱离出来的契机"⑦。然而，情感经济将情感与资本相联结，使其转化为劳动的一种，而数字时代的到来进一步对"生产"行为进行了量化，迫使用户/粉丝遵守流量逻辑，将情感投入度与数字反馈相对应，从而建立起新的评价制度。

---

① 马克思. 1844年经济学—哲学手稿［M］. 刘丕坤，译. 北京：人民出版社，1979：121.
② 林磊. 从感性直观到情动感性："情感劳动"的哲学谱系研究［J］. 现代传播（中国传媒大学学报），2020（10）：71-75.
③ 吉尔·德勒兹. 德勒兹在万塞讷的斯宾诺莎课程（1978—1981）记录［M］. 汪民安，郭晓彦. 生产：第11辑：德勒兹与情动. 姜宇辉，译. 南京：江苏人民出版社，2016：8.
④ 吉尔·德勒兹. 德勒兹在万塞讷的斯宾诺莎课程（1978—1981）记录［M］. 汪民安，郭晓彦. 生产：第11辑：德勒兹与情动. 姜宇辉，译. 南京：江苏人民出版社，2016：21.
⑤ 林磊. 从感性直观到情动感性："情感劳动"的哲学谱系研究［J］. 现代传播（中国传媒大学学报），2020（10）：71-75.
⑥ GROSSBERG L. Is there a fan in the house？：the affective sensibility of fandom［M］//LISA A. LEWIS. The adoring audience：fan culture and popular media. New York：Routledge，1992：57.
⑦ 林磊. 从感性直观到情动感性："情感劳动"的哲学谱系研究［J］. 现代传播（中国传媒大学学报），2020（10）：75.

劳伦斯·克罗斯伯格指出,"粉丝对于某些实践与文本的投入使得他们能够对自己的情感生活获得某种程度的支配权,这又进一步使他们对新的意义形式、快感及身份进行情感投入以应对新的痛苦、悲观主义、挫败感、异化、恐惧及厌倦"①,因此他们在"喜爱—数字劳动—数字反馈—快感/满足—喜爱"的逻辑闭环中,借助各式劳动行为不断确认自己对偶像的支持与关爱。在这一过程中,粉丝建立的"共同体"不再存于"想象"之中,而是由各类数字佐证的"真实存在"。斯蒂芬·海纳曼曾提出:"幻想是人类拥有的一种与困难情境协商的方式。当欲望被禁止,而对完全满足的渴望却仍然存在时,断裂产生了。幻想就在这个断裂上搭起了一座桥梁。幻想让我们能够缩小我们需要的或想要的东西,与我们能得到的东西的距离。"②但是,数字让欲望无须被幻想,而是以更为直接可视的方式拉近粉丝与偶像的距离,鞭策粉丝持续进行情感劳动。对粉丝的情感剥削也正是在持续的"生产性劳动"中发生的,而"不论劳动者是否萌生了'阶级意识',只要他为某种资本产生了剩余价值,他就受到了剥削"③。资本通过对粉丝进行情感剥削来完成数据美化,无论偶像真正拥有的影响力有多大,他们都可在粉丝不分昼夜、不分时空的"轮博""打榜""刷经验"等情感劳动中获得意想之内的收获。

粉丝与偶像间情感距离的拉近在淡化明星的"神性"的同时也营造出了"家人式"的新型亲密关系,正如伊娃·易洛斯所提出的,"情绪样式是社群内预设的文化逻辑和实践技术,产生于对人际关系的想象"④。当代粉丝类型不仅包括"妈妈粉""姐姐粉""阿姨粉"等,还包括由泥塑文化对两性关系的调换与性别气质的碰撞等跨性别亲密关系的建立而形成的粉丝类型。"泥塑"源自"逆苏"的谐音,是指男性艺人显现突出的女性气质。泥塑文化以《偶像练习生》为代表,其中面容精致、妆容齐全的男性青年偶像以模糊的性别特征诱使女性粉丝对其进行同性想象,进而出现了女性粉丝称男性偶像为"女儿""老婆"的现象。拟态亲密关系具备三种特性:一是情感性,正如许多前人学者已经指出的那样,情感性是粉丝社群非常重要的一个特征。粉丝对偶像的情感投入,诸如迷恋、喜爱、关心等,是构建一种拟态亲密关系的基础。二是控制性,即某种控制、规训偶像成长道路的意识与倾向。三是亲密性,偶像与粉丝之间的关系已经深入若干私人领域,包括偶像的衣食住行、教育、工作安排、恋爱及成长道路。⑤流量逻辑在用数字编织亲密关系的同时,也于无形中"放大"了粉丝的权利,使粉丝认为自己与偶像间的天平开始向自己倾斜,自己为偶像做出的贡献越多,就越有权利干涉偶像的

---

① 劳伦斯·克罗斯伯格. 这屋里有粉丝吗?:粉都的情感感受力[M]//陶东风. 粉丝文化读本. 北京:北京大学出版社,2009:145-146.
② 斯蒂芬·海纳曼. "我将在你身边":粉丝、幻想和埃尔维斯的形象[M]//陶东风. 粉丝文化读本. 北京:北京大学出版社,2009:155.
③ 杨馨. 情感劳动的传播政治经济学批判:以L后援会为个案[J]. 新闻记者,2020(9):19.
④ 尹一伊. 粉丝研究流变:主体性、理论问题与研究路径[J]. 全球传媒学刊,2020(1):62.
⑤ 朱丽丽,韩怡辰. 拟态亲密关系:一项关于养成系偶像粉丝社群的新观察:以TFboys个案为例[J]. 当代传播,2017(6):72-76.

事业与生活，在偶像未来发展的道路上更有"发言权"，即亲密关系的资本化。随着资本成为衡量粉丝与偶像亲密关系的标尺，情感非但没有逃离日常生活的异化，反而被更深地卷入数字对人的异化过程中，粉丝也成为饭圈经济中不可或缺的免费情感劳动力。

第四节　饭圈文化的批判性反思

在 20 世纪 90 年代，粉丝群体在大众认知中被严重地污名化和病理化，几乎等同于一群"疯狂无脑的尖叫女孩"①。虽然亨利·詹金斯、贝肯·史密斯、刘易斯等人都极力为粉丝群体正名，肯定粉丝群体的创造力和自主参与行为，但不可避免的是粉丝群体易于产生和导致冲突事件，甚至有可能为社会带来危害性影响。数字时代网络舆论场域的混杂与匿名化使得话语指向更为模糊，甚至一句玩笑话也可能引来粉丝间的骂战。2020 年 2 月，某艺人的粉丝因不喜他人以自家偶像为原型创作的文学作品而有组织地针对多名作者和发布网站采取辱骂、人身攻击、举报等过激行为，导致同人文网站无法访问，相关作品被下架；2021 年 7 月，某艺人因涉嫌强奸而被逮捕，其部分粉丝组建聊天小组扬言"劫狱救哥哥"；2021 年 8 月，某艺人因行为不当而被全网封杀，却有部分粉丝为其行为开脱。种种新闻事件的发生暴露出明星对粉丝之引导力的强大，也显现出媒介素养培育在数字时代的缺位。北岛曾评介："'粉丝文化'基本是一种'小邪教'，充满鼓动和煽动性。'教主'骗财骗色，而教徒则得到不同程度的心理满足……'粉丝'是一场商业化的阴谋。"② 这一言论虽然有点偏激，但也说明了社会应重视饭圈文化蓬勃发展过程中存在的问题。饭圈作为"具有聚合性的行动力、文化召唤力和凝聚力的族群"③，它聚集的不仅是粉丝的行动力，还是粉丝的精神、思想与情感，正是在实践与思想的双向引导中，粉丝得以获得身份认同和群体归属的再确认。而在这一过程中发生的"网络暴力""人肉搜索"等违背公序良俗的行为，究其本质是流量逻辑与商业资本合谋下对粉丝的"异化"。

"异化"理论由法兰克福学派引入文化研究领域，而其源头则是马克思对异化劳动的论述。在《1844 年经济学—哲学手稿》中，马克思提出，"劳动所生产的对象，即劳动的产品，作为一种异己的存在物，作为不依赖于生产者的力量，同劳动相对立"④。而异化劳动的根源正在于"资本主义私有制的存在"，"为了快速积累财富，强制性分

---

① JENKINS H. Textual poachers: television fans and participatory culture [M]. New York: Routledge, 1992.
② 刘悠扬. 北岛："粉丝文化"是一种商业化阴谋 [N]. 深圳商报，2011-07-22（C03）.
③ 吴炜华，张海超. 社会治理视阈下的"饭圈"乱象与文化批判 [J]. 当代电视，2021 (10): 5.
④ 马克思. 1844 年经济学—哲学手稿 [M]. 刘丕坤，译. 北京：人民出版社，1979: 44.

工成为披着合理性外衣的不二选择,但只要分工还不是出于自愿,而是自然形成的,那么人本身的活动对人来说就成为一种异己的、同他对立的力量,这种力量压迫着人,而不是人驾驭着这种力量"①。同时,异化也随着生产技术水平的提高而不断加深,大机器生产的出现将其推向了新的高峰。机器的广泛应用节省了人力必要劳动时间,但资本也成为掌控劳动的权力,把劳动过程并入资本增殖的环节,不断矮化劳动的主体性,使之趋向中介化发展,进而是劳动者与劳动产品疏离,并最终带来劳动者的全面异化②。如今,数字技术发展下"数字劳工"的出现似乎代表着异化在当今时代的进阶,无论是被困于算法的外卖骑手还是在数据中挣扎的粉丝群体,他们所从事的都是被科技模式化的固定行为,他们作为人类个体的创造力和想象力在机器大脑面前都被强行压制,"异化了的人相信他已经成为自然界的主人,然而都变成物和环境的奴隶"③。

除马克思的思想以外,卢卡奇的"物化"概念也是"异化"理论体系的重要组成部分。在代表作《历史与阶级意识:关于马克思主义辩证法的研究》中,卢卡奇将"黑格尔唯心辩证法框架下的精神异化进行了历史唯物主义的改造,因而把异化问题归结为物化,即在资本主义的框架内,人与人的关系转变为物与物的关系,这也是物化理论名称的由来。用物化理论来看,资本主义把人类历史转化为自然而然的自在事物,从而奠定自身统治人的合法性"④。然而,卢卡奇错误地理解了异化和对象化之间的关系,简单地将两者相等同,他在随后的新版序言中对此进行了更正,"在实践中(因此也在劳动中)客观物的任何外化都是一种对象化,每一种人类表达方式包括说话都使人类的思想和情感对象化,那么很清楚,我们这里指的是人与人之间的一种普遍的交往方式。既然如此,对象化就是一种中性现象;真和假、自由与奴役都同样是一种对象化。只有当社会中的对象化形式使人的本质与其存在相冲突的时候,只有当人的本性由于社会存在受到压抑、扭曲和残害的时候,我们才能谈到一种异化的客观社会关系,并且作为其必然的结果,谈到内在异化的所有主观表现。但《历史与阶级意识》并未认识到这种两重性。这正是它在其基本哲学史观点上出现很大偏差的原因"⑤。因此,相对于对象化的普遍存在,异化则是"一种在一定的社会条件下实现的特殊的变种"⑥,直指人类的生存危机。

---

① 马克思,恩格斯. 德意志意识形态 [M]. 北京:人民出版社,2003:29.
② 毕照卿. 资本、机器与劳动:《1857—1858年经济学手稿》异化理论的核心问题 [J]. 思想教育研究,2019(5):65-70.
③ 复旦大学哲学系现代西方哲学研究室. 西方学者论《1844年经济学—哲学手稿》[M]. 上海:复旦大学出版社,1983:64.
④ 国吉. 法兰克福学派异化理论研究 [D]. 吉林:吉林大学,2021:29.
⑤ 卢卡奇. 历史与阶级意识:关于马克思主义辩证法的研究 [M]. 杜章智,任立,燕宏远,译. 北京:商务印书馆,1999:19-20.
⑥ 卢卡奇. 历史与阶级意识:关于马克思主义辩证法的研究 [M]. 杜章智,任立,燕宏远,译. 北京:商务印书馆,1999:34.

法兰克福学派在马克思和卢卡奇的思想基础上对"异化"进行了深入批判,希望以此实现人类的解放,"我们自己创造出的物和环境在多大程度上变成了我们的主人,这是马克思所未能预见到的;可是没有什么比下述事实更加突出地证明他的预见了:在今天,全人类都成了它自己创造出的核武器的囚犯,成了同样是它自己创造出的政治制度的囚犯。心惊胆跳的人类正焦急地盼望知道是否它能从自己所创造的物的力量中拯救出来,从它所任命的官吏的盲目行动中拯救出来"①。阿道尔诺认为,要用"文化工业"这个概念取代"大众文化"这个概念,因为发达资本主义的大众文化不再是为民众服务的文化,而是自上而下带有欺骗性的工业文化。② 马尔库塞在继承霍克海默和阿道尔诺启蒙辩证法的基础上,将技术视为意识形态的一种,技术并非不偏不倚的中立项,而是用便利麻醉人类,使其失去警惕与自主思考能力从而被资本高效控制的手段。哈贝马斯则看到资本对大众交往的侵蚀,情感的退位与精致利己主义的上场导致人们被异化后的自我封闭与社交冷漠。

如今,数字时代的到来似乎为法兰克福学派的批判理论提供了更为广阔的社会空间,以饭圈为代表的新的社会组织形式,在权力与资本的诱惑与控制下正将异化推向新的发展阶段。饭圈文化中粉丝积极参与情感劳动都将传统异化理论中的情感淡漠转向另一个极端,即情感狂热。情感被异化为一种可利用的工具,在饭圈中既可以激励个体从事数字劳动或进行资金支持,也可以成为对抗"圈外人"或"不服从者"的道德武器。例如,"白嫖"一词便被用来代指饭圈中没有为偶像做出金钱或数据等方面的实质贡献的粉丝,"白嫖党"被视为饭圈的最底层,这种带有侮辱性的字眼表现出有所贡献的粉丝对"白嫖党"的不满和对自我贡献行为的肯定。斐迪南·滕尼斯曾经在《共同体与社会》中提出,关系亲密、守望相助、富有人情味的生活共同体③已逐渐淡出视野,留下的是等级分明的圈层阶级制度。究其本质,是因为情感与资本的链接将"追星"行为剥离出原本相对单纯、行为自由的情感场域,将它划归为资本运转机器的一部分,强迫粉丝成为明星积累私人财富的劳动力。

情感异化一方面表现为在自我狂热下对他人的强迫,另一方面则表现为强迫劳动背后依旧是民主虚无与资本集权。饭圈中存有各种组织类型,如数据组、控评组、财务组、打投组等,即使分工明确,每个粉丝都对自己的偶像有所贡献,结成联盟,大多数人也仍无法接触到该圈子的决策层,"他们只是通过开放途径卷入造星运动之中,增加或减少明星的流量,而偶像始终是与他们权益无关的他者,他们的时间、精力和投入其

---

① 复旦大学哲学系现代西方哲学研究室. 西方学者论《1844年经济学—哲学手稿》[M]. 上海:复旦大学出版社,1983:68-69.
② 韩红艳. 批判与革命:马克思主义文化理论的内涵:从经典马克思主义到法兰福学派的文化理论研究[D]. 上海:复旦大学,2012.
③ 吕鹏. "饭圈"的拓扑结构及其参与社会治理的思考[J]. 人民论坛(学术前沿),2020(19):40-45.

中的智力创造被无条件占用"①。粉丝基于参与式实践及集体力量的投入，自认为对明星进行了"收编"，可以左右明星的未来发展方向，但实际上"娱乐工业时刻没有放松反'收编'，他们成了'饭圈'文化理想的'盗梦者'，并得以通过粉丝互动把握资本的前进方向"②。饭圈自形成之时起便代表着粉丝与偶像及其背后资本的不对等关系，资本奴役和异化粉丝的情感，进行持续的财富收割。

值得警惕的是，情感异化下粉丝言语行为的偏激更意味着资本对人类精神思想的腐蚀。偶像的容貌、声音、身材等都成为粉丝欲求的对象，数字技术将双方拉入同一网络空间，使得粉丝丧失了对现实生活与虚拟世界的区分能力，偶像的一切行为都被视为"美好的"和"值得模仿的"，独立的思想消失了，批判的思想消失了，创造的思想消失了。在这里借用马尔库塞"单向度的人"的概念，粉丝倾向于对标偶像行为建构自身的价值观，尤其是在当下饭圈呈现出低龄化特征的社会语境下，情感异化给青少年良好精神思想的培育、媒介素养的提升带来了艰巨的挑战。

【思考题】

1. 相较于国外粉丝活动，我国饭圈文化实践有何独特性？
2. 如何理解情感劳动在数字经济中的地位与作用？
3. 布迪厄的文化资本理论在数字技术时代语境下出现了哪些新样态？

【推荐阅读书目】

1. 皮埃尔·布尔迪厄. 实践理论大纲[M]. 高振华，李思宇，译. 北京：中国人民大学出版社，2017.
2. 亨利·詹金斯. 融合文化：新媒体和旧媒体的冲突地带[M]. 杜永明，译. 北京：商务印书馆，2012.

---

① 孟威. "饭圈"文化的成长与省思[J]. 人民论坛（学术前沿），2020(19)：55.
② 孟威. "饭圈"文化的成长与省思[J]. 人民论坛（学术前沿），2020(19)：56.

第九讲

媒介记忆与身份认同建构

"记忆是什么?""我们如何记忆?""记忆在人脑中存于何处?""记忆与回忆有何不同?""如何理解记忆与人类行为的关系?"等问题似乎由来已久,人类文明的发展从来离不开记忆,正是记忆让人成为人,人必须依赖记忆而生存。倘若缺少了记忆的存在,人们既不能完成自我建构,也无法与他人交流。随着当代实验心理学与神经认知科学对记忆研究的引入,人们对记忆有了更多的新认识,但对记忆的困惑也随之增加。人文社会科学的探索在此时不可缺位。这是因为对记忆的最初讨论便源于哲学家们的深思。

第一节 记忆、文化记忆与媒介记忆

古希腊人开创了许多门艺术,其中就包括"记忆术"。"记忆术"是西方文明中不可缺少的一部分,它回应了在印刷术发明之前人们将纷繁复杂的社会经验、文化知识及个人体验记在脑中的期望。

对记忆的哲学反思从未停止,古典哲学家奥古斯丁赋予了记忆无与伦比的地位,他认为回忆让身处痛苦中的人也能感到幸福[1];在休谟的学说里,记忆是一种"自明意识","记忆的主要作用不在于保存简单的观念,而在于保存它们的次序和位置"[2]。也就是说,在休谟看来,记忆具有表象的特征;在约翰·洛克看来,在有智慧的生物中,记忆的必要性,仅次于知觉。记忆是很重要的,如果缺少了它,我们其余的大部分官能便失了效用。因此,如果没有记忆的帮助,我们在思想、推论和知识方面,便完全不能越过眼前的对象。洛克认为,人的心灵中的观念只有两种——已知的记忆和当下的新知,"记忆中并没有天赋的观念"[3];在昂利·柏格森的系统认知中,记忆是"绵延",是生命得以存在的本质,是创造性得以实现的基本条件。柏格森将"绵延"作为记忆研究的基础,指出"我们通过重复而自动获得的种种记忆十分稀少,属于个别现象。与此相反,记忆对事实的记录,类型独具的形象,却在绵延中随时产生"[4]。

近年来,就"记忆"进行的研究受到了文化学、心理学、媒介学、政治哲学和文学等多学科领域的关注,学者们的不同研究视角赋予了这一具有生理、文化、社会意义的概念诸多新的内涵,记忆研究成为一个饶有兴味的当代学术问题。譬如,当代心理学家认为,记忆就是对于先前事件或经历的内部记录和表征,但心理学家无法回答记忆存

---

[1] 奥古斯丁. 忏悔录 [M]. 周士良, 译. 北京:商务印书馆, 2010:205-208.
[2] 休谟. 人性论(上册) [M]. 关文运, 译. 北京:商务印书馆, 1980:21.
[3] 约翰·洛克. 人类理解论(上册) [M]. 关文运, 译. 北京:商务印书馆, 1959:59.
[4] 昂利·柏格森. 材料与记忆 [M]. 肖聿, 译. 北京:华夏出版社, 1999:66.

在的前提及它是如何运行的，也无法说明记忆的本质是什么；认知科学家也有他们的见解，他们认为，记忆是个体存储信息并依据当前目标重建过去经验的一种认知能力。但是，问题在于认知科学家能通过实验清晰地看到记忆发生作用的脑部位电波图，却不能清晰地解释说明记忆的本质究竟是什么；而信息论者则将记忆归结为一个建构过程，是我们在编码、存储、提取一系列过程中组织和形成的信息，有正确的信息也有错误的信息。正如王汉生和刘亚秋所阐释的，对记忆的研究不仅是为了"对抗遗忘"，还是为了更好地理解现在[1]。从全球来看，在社会科学领域，近几十年出现了"记忆潮"的研究热象。

一、集体记忆与社会记忆

西方社会记忆研究的历史大致可以分为三个阶段：1920—1930 年代的理论奠基时期、1980 年代的"记忆潮"时期，以及当代正在进行中的"世界性记忆时期"（cosmopolitan memory）。

20 世纪 80 年代"记忆潮"的出现，与西方特别是欧洲所经历的第二次世界大战、东欧剧变等历史事件关系密切，记忆研究的重要部分就是对创伤记忆的研究。纳粹对犹太人的大屠杀深刻影响了欧洲的集体记忆和记忆研究，"只要提到记忆就必定要提到大屠杀"[2]。在这个视角下，学者们开始对欧洲各国在苏联时期的国家创伤（national trauma）事件进行研究，如波兰的卡廷惨案和乌克兰的 1932—1933 年大饥荒记忆。丹尼尔·莱维和纳坦·施茨纳德的开创性研究以"世界性记忆"概念为记忆研究提供了新思路。[3] 安德烈亚斯·胡伊森也将"大屠杀"作为跨国记忆符号来研究[4]，迈克尔·罗斯伯格则展示了大屠杀话语是如何促成非殖民化话语的[5]。我国学者李红涛和黄顺铭关注与南京大屠杀相关的集体记忆，探究南京大屠杀创伤记忆的建构与形塑过程，试图分析国家权力、地方记忆社群及不同的媒体在塑造南京大屠杀在当代中国的集体记忆中所发挥的作用。[6] 在此类创伤记忆的研究中，记忆理论不断得到丰富。随着记忆理论的深入展开，越来越多的学者开始关注记忆建构与民族身份认同之间的联系，这使得记忆研究有了更广阔的文化与社会维度的面向。

---

[1] 王汉生，刘亚秋. 社会记忆及其建构—一项关于知青集体记忆的研究 [J]. 社会，2006（3）：46-48.
[2] MÜLLER J. Memory and power in post-war Europe: studies in the presence of the past [M]. Cambridge: Cambridge University Press, 2002.
[3] LEVY D, SZNAIDE N. The holocaust and memory in the global age [M]. Philadelphia: Temple University Press, 2006.
[4] HUYSSEN A. Present pasts: urban palimpsests and the politics of memory [M]. Stanford, CA: Stanford University Press, 2003.
[5] ROTHBERG M. Multidirectional memory: remembering the holocaust in the age of decolonization [M]. Stanford, CA: Stanford University Press, 2009.
[6] 李红涛，黄顺铭. 记忆的纹理：媒介、创伤与南京大屠杀 [M]. 北京：中国人民大学出版社，2017.

在记忆的社会文化研究领域，莫里斯·哈布瓦赫于 1925 年提出的"集体记忆"[1]确证了记忆是个体的，更是社会的，是回溯的，更是建构的，这为当代的文化记忆研究完成了最早的理论奠基。哈布瓦赫将个体的记忆置于集体的框架中，重视传播在记忆建构中的意义，认为"集体记忆"并非个体记忆的简单组合相加，而是由社群共同建构和创造的。在心理学对记忆研究的传统中，心理学家通常关注的是个体维度的记忆。但随着记忆研究的深入，当代心理学家也开始转而关注"集体记忆"的生成。如有心理学家的研究表明了集体记忆与个体的关系：虽然集体记忆由"集体创造"，但承载记忆的只能是个人，对个体记忆的研究应该是系统地探索集体记忆的核心。因此，集体记忆归根到底不在"世界中"，而在个体的"头脑中"，是一种"共享的个体记忆"。作为一种"共享的个体记忆"，集体记忆心理学研究的目的是揭示一种记忆是如何为广大的社群成员所共享的。集体记忆的心理学研究基于社会互动主义视角和拓展思维，从个体接受的视角出发，旨在探讨不同文化符号被个体建构与维持的心理机制。[2] 在心理学研究领域，个体特征、事件性质、对话中角色的差异及权力关系都会影响集体记忆的形成。[3] 在这一视角下，集体记忆可以被分为"世界中（in the world）的记忆"和"头脑中（in the head）的记忆"。其中，"世界中的记忆"指向该研究所具有的社会学研究传统，此种研究将集体记忆视为"由社会维护的公开可用的符号组成"，突出强调这些符号形成的社会结构性条件及由此产生的"公共叙事"。

随着心理学研究的引入，我们意识到，个体要想成为群体中的一员，就要参与群体交流的公共叙事，孤立的个体是无法形成记忆的，因为记忆是在与他人的交往和交流中才得以形成与稳定的。正如乔治·赫伯特·米德、杜威等学者的观点，个体在交流中应将自己放在一个与对方共享的位置上，这种能力是人类得天独厚的禀赋。交流是让双方去参与一个共同的世界，而不是共享不同个体意识间的秘密。它涉及的是建立一个环境：在其间，"每个人的活动都要受到伙伴关系的调节和修正"，意义并非私有财产。相反，意义是"参与的社区"，是"行动的方法"，也是"使用事物的方式。这种使用方式将事物作为实现终极共享的手段"，是"可能的互动"。[4] 我们知道，实用哲学的代表人物杜威的目标是大规模地重振交流的活力，以矫正直接的共同体经验的消亡。杜威所强调的共同体经验的重要性，在记忆研究领域就表现为：不只集体记忆依赖一定的社会框架，个体记忆同样也由社会框架来支撑和定义。这也就是哈布瓦赫所坚信的，"集体记忆"与"社会框架"两个概念是必然联系在一起的。在共享的社会框架之外没有记忆，而且这些框架的转变或者崩塌会诱发个体记忆的改变甚至遗忘。在这种视角下，

---

[1] 莫里斯·哈布瓦赫. 论集体记忆 [M]. 毕然, 郭金华, 译. 上海：上海人民出版社, 2002.
[2] 葛耀君, 李海. 从个体到集体：心理学视角下的集体记忆 [J]. 心理科学进展, 2021 (11)：2073-2080.
[3] 葛耀君, 李海. 从个体到集体：心理学视角下的集体记忆 [J]. 心理科学进展, 2021 (11)：2073-2080.
[4] 约翰·杜翰姆·彼得斯. 对空言说：传播的观念史 [M]. 邓建国, 译. 上海：上海译文出版社, 2017：序论 29.

记忆不仅仅是一种个体认知现象,它还是个体与个体间、个体与文化间的互动关系,体现出记忆个体作为社会成员和历史推动者的社会本质结构。

如此说来,我们不难理解集体记忆与建构认同之间的关系,共享的记忆或纪念仪式所营造的时间和空间上的归属感成为群体和国家认同的基石。18世纪末的政治和社会革命及民族国家的建立都需要从记忆中寻找认同和合法性,因此,皮埃尔·诺拉提出了"记忆之场"概念,用来追溯法国民族国家的历史记忆和认同中形成的"历史的加速度"(acceleration of history)所导致的生活记忆与历史的断裂。她指出,我们越来越依赖外在的场所来保存和唤醒记忆的碎片。① 本尼迪克特·安德森也强调了新的记忆形式(以印刷媒体为代表)对民族国家观念形成的重要性,他将印刷文字的传播、资本主义商业和宗教世界观的衰落结合起来,用来解释作为普遍调解原则的国家认同历史化趋势的出现。在他的论述中,世事及对过去感兴趣的关联出现,使得我们可以对国家产生想象。报纸和小说领域保证了命运共同体的感知,可以让那些素未谋面的人产生共享的文化。同时,他还强调博物馆、纪念碑等的建立为民族记忆提供了具体的可供共同追忆的场所,从而为建构"想象的共同体"提供了基础。② 阿姆斯特朗和克雷格比较了美国20世纪60年代的石墙暴动和发生在旧金山、洛杉矶和纽约的其他运动,指出只有石墙运动同时满足两个条件:行动者是否认为此运动值得纪念(commemorable)和行动者是否具有足够记忆能力将事件转化为记忆载体(commemorative vehicle)。只有满足这两个条件,某个社会运动才会被社会记住并被构建为某群体的中心认同。③

即使集体记忆的建构与身份认同、民族国家认同等之间的关系已经过不少学者的反复论证,但仍然无法回避的是,"集体记忆"自20世纪20年代提出以来,也遭受了诸多质疑。苏珊·桑塔格认为,"严格地说,不存在集体记忆这样的东西,所有记忆都是个体的,不可复制的,随个体而死亡(没有个体就没有记忆)。被称为集体记忆的东西,不是记忆而是'约定'(stipulating)"④。她和其他怀疑"集体记忆"说法的学者一样,不能想象记忆可以不用器官作基础,或者可以独立于个体的经验。她用来取代集体记忆的是"意识形态"这个概念,而意识形态则是影响和操纵人的信念、情感和意见的一套"煽动性的意象"(provocative images)。⑤ 记忆必然带有意义的整合,而集体记忆则是集体意义的整合。桑塔格之所以认为"集体记忆"只不过是"意识形态"的另

---

① 皮埃尔·诺拉. 记忆之场:法国国民意识的文化社会史[M]. 2版. 黄艳红,等译. 南京:南京大学出版社,2017.
② 本尼迪克特·安德森. 想象的共同体:民族主义的起源与散布[M]. 吴睿人,译. 上海:上海人民出版社,2011:206-238.
③ 钱力成,张翮翾. 社会记忆研究:西方脉络、中国图景与方法实践[J]. 社会学研究,2015(6):215-237,246.
④ SONGTAG S. Regarding the pain of others [M]. New York: Picador, 2004: 85-86.
⑤ 阿莱达·阿斯曼,陶东风. 个体记忆、社会记忆、集体记忆与文化记忆[J]. 文化研究,2020(3):48-65.

一个名称而已,是因为她觉得群体是通过在一些方面达成一致来定义自己的,这包括哪些事实是重要的、哪些故事应当被赋予崇高意义,以及群体应该共享什么样的价值观念。桑塔格指出,意识形态制造了庞大的图像档案,这些具有代表性的图像,囊括了所有具有重要意义的思想,并催生出可预期的思想和感情。① 基于"集体记忆"指向的模糊性,阿莱达·阿斯曼更倾向于用三个不同的术语来替代"集体记忆":社会记忆、政治记忆和文化记忆。他所言的社会记忆是指在一个既定社会中,那些被经验和沟通传达出的(或者被压制的)过去。社会记忆是持续变化的,因为它总是随着个体的死亡而消失;政治记忆具有同质性和自给自足的封闭性,并不是碎片化和多元化的,相反,它被整合成一种统一叙事,这种叙事带有明显的感情色彩并且传达出一种清晰的、鼓舞性的讯息,通过物质和视觉符号及展演行为固定下来,如遗址和纪念碑、纪念仪式能够激活个体记忆,并提高集体的参与性;相较于政治记忆,文化记忆的象征符号有着更加复杂的结构,它需要有更多的个体形式的参与,比如阅读、书写、学习、审视、批判及鉴别②。阿莱达·阿斯曼还根据记忆所涉及的不同载体、媒介和时间长度等,以德国的战后记忆为例,分析了在大屠杀罪恶的主导性记忆框架下德国作为受难者的记忆如何在个体与集体之间得到重塑,从而区分了个体记忆、社会记忆、政治记忆和文化记忆这四种维度(模式),分析了记忆建构过程中不同维度之间的互动和转变。③ 可以看出,阿斯曼的分析并不否认"集体记忆"这一概念的存在,恰恰相反,阿斯曼的分析正是通过确证集体记忆可以被分为不同的维度来做进一步的理解,而且给出了这四种不同维度的记忆相互转换的具体路径。

沿着阿莱达·阿斯曼的分析路径,我们首先关注到与集体记忆有关的"社会记忆"这一概念。实则,美国记忆研究学者杰弗瑞·奥利克和乔伊斯·罗宾斯在提出"社会记忆"这一概念时,是希望这一概念能够囊括其他纷繁复杂的记忆的概念谱系,他们试图通过对这一概念的界定来进行记忆的社会性研究。对于社会学家而言,研究记忆并非对主观想法的内部特征进行哲学反思。社会学家关注的记忆研究是,记忆涉及的是思想在社会中如何运行,其运行不是社会安排的简单调停,而是社会安排的建构——正是通过社会,人们才可能获得记忆。也只有在社会中,人们才能回忆、识别并使记忆"地方化"。但由于社会记忆的问题涉及世事、观念、叙述与史实性,社会记忆的研究与哲学仍有着密切的关系。④

---

① SONGTAG S. Regarding the pain of others [M]. New York: Picador/Farrar, Straus and Giroux, 2003: 85-86.
② 阿莱达·阿斯曼,王蜜. 重塑记忆:在个体与集体之间建构过去 [J]. 广州大学学报(社会科学版),2021(2):6-14.
③ 阿莱达·阿斯曼,王蜜. 重塑记忆:在个体与集体之间建构过去 [J]. 广州大学学报(社会科学版),2021(2):6-14.
④ 杰弗瑞·奥利克,乔伊斯·罗宾斯,周云水. 社会记忆研究:从"集体记忆"到记忆实践的历史社会学 [J]. 思想战线,2011(3):9-16.

在政治记忆研究中，我国学者周海燕在研究我国大生产运动时期的政治记忆时发现，利用政府文件、工作报告、新闻报道、大会动员、劳模表彰、标语宣传、街头诗歌、秧歌剧、活报剧、大合唱、戏剧表演、木刻创作、小说、剧本乃至拍摄电影、纪录片等多种方式，通过若干历史事实有意识地不断选择、重构，"南泥湾精神"以及它所依托存在的一系列传奇故事，与此前的南昌起义、井冈山会师、万里长征，以及此后的人民解放战争三大战役、"百万雄师过大江"等一起，成为共和国历史和社会记忆不可或缺的组成部分。①

正如生物记忆是在与他人的交往中得到建构和拓展的，文化记忆也是在与文化制品和文化活动的互动中得到建构和拓展的。虽然被重新建构为社会记忆的东西并没有一定的固定形式，而是依据具体的时空条件（通过谈判参与等）而定，但文化记忆的媒介具有稳定性和持久性。"一个时代与过去的关系在相当程度上取决于它们和文化记忆的媒介的关系"②，阿斯曼同时指出文化记忆的载体依赖可以传递的、代代相传的文化客体、符号、人工制品和媒介、社会化的仪式实践等（它们比个体寿命更长），也依赖机构；它的环境是通过这些符号创造自己身份的群体，这是因为群体总是参与改变、更新、重新激活其文化的工具；支撑物则是使用这些符号、参与这些符号的个体。③

▶▶ 二、媒介记忆与记忆的媒介化

理解了记忆研究的源流，下一步我们不能忽视记忆研究与媒介的关系，尤其是文化记忆似乎始终是无法脱离媒介的。这也就是说，记忆的传递离不开媒介的中介作用，从最初的"结绳记事"到语言、文字、印刷术的发明等，记忆与媒介的关系越发紧密。通过语言这种常见媒介的编码，个体记忆会被置换、共享、确证、纠正及怀疑，最后，但也同样重要的一点是，它会被书写下来，这样就使得记忆得以保存，即使生活在不同时空的人们也能知晓。几千年来，在记忆与沟通技术之间的关系发展上，具有划时代意义的是从口头表达到书面文字的重大过渡。麦克卢汉将电子通信对于印刷文化的效果加以理论化，这些转变包括一定历史阶段内从手写到两百年前的印刷文化，以及从口头表达到一千年前的书面记载。在文字出现之后，记忆储存变得更加容易和稳定。这使我们注意到记忆的另外一个维度：记忆的外化。除了语言与文本外，个体记忆与实物图像也密不可分。照片作为记忆的重要载体，不仅触发个体的回忆，而且倾向于表征这些回忆。④

---

① 周海燕. 记忆的政治 [M]. 北京：中国发展出版社，2013：6.
② 阿莱达·阿斯曼. 回忆空间：文化记忆的形式和变迁 [M]. 潘璐，译. 北京：北京大学出版社，2019：229.
③ 阿莱达·阿斯曼. 个体记忆、社会记忆、集体记忆与文化记忆 [J]. 陶东风，译. 文化研究，2020（3）：48-65.
④ 阿莱达·阿斯曼，王蜜. 重塑记忆：在个体与集体之间建构过去 [J]. 广州大学学报（社会科学版），2021（2）：6-14.

雅克·勒高夫根据记忆与媒介的关系，将记忆的历史划分为五个阶段：第一个阶段是记忆的"前历史"（prehistory）时期，此时人们还没有发明文字和书写，记忆主要靠口耳相传（orality）。第二个阶段是记忆的"古典"（antiquity）时期，人们进行记忆的手段逐渐从口耳相传过渡到了书写（writing）。第三个阶段是记忆历史的中世纪时期，强调了"记忆的基督教化和记忆技术（memory technology）的发展"，记忆被区分为宗教仪式化的循环性记忆和普通人的记忆（lay memory）。第四个阶段以现代印刷媒体（printing press）的出现为标志。印刷媒体的出现使人们第一次感受到标准化的记忆和共同体的存在。第五个阶段为20世纪至今，即在电子媒介发展影响下的时代，收音机、电视等的发明不仅改变了人们记忆的内容，还改变了人们记忆和看待世界的方式。①扬·阿斯曼与阿莱达·阿斯曼根据记忆的时间跨度及意涵区分了沟通记忆和文化记忆。前者指存在于日常沟通领域的短时记忆并通过群体中的代际传播得以存续，具有有限的时间跨度（三代、四代左右）。后者是超越日常生活领域与个体生命周期的长时记忆，包括久远的神话传说、集体舞蹈和庆典，以及被图片、文字等外在媒介保存下来的过去的事件和信息。伊维塔·泽鲁巴维尔分析了日历和纪念日对记忆的作用，他认为，日历定义了一个社会的基本时间结构，而这个结构同时促使也限制了人们想象过去的方式和能力。保罗·康纳顿注意到了记忆的身体维度，论述了记忆在纪念仪式和身体习惯中的操演（performance）和体化（incorporation）过程。②纵观记忆与媒介演进的关系可以发现，媒介在记忆的社会化过程中发挥着至关重要的作用。对于个体记忆而言，媒介或许尚可存在部分缺位，但对于记忆在社会中的广泛流传及历史传承，媒介都是不可或缺的。

尤其到了当下的媒介化社会，媒介与记忆的关系再度发生改变，这首先源于"媒介化"实则是一种社会关系的深度改变。实际上，"媒介化"最早是用来描述"人际关系"问题的。随后，经由肯特·阿斯普、尼克·库尔德利、安德里亚斯·赫普、施蒂格·夏瓦等人的发展，"媒介化"逐渐成为当下传播研究的一个焦点。在阿斯普看来，"媒介化"即个人和机构适应正在变化的媒介环境的变革过程，也即媒介发挥着强大作用，具体体现在它掌握了一定的自主权和权威，能够使得其他系统或多或少地服从媒介逻辑。③据此，德国学者弗雷德里克·克勒茨认为，应将"媒介化"上升到具有统摄性的整体社会观察层次，"媒介化"与全球化、个人化、商业化同为影响当代社会政治、民主、经济及文化发展的长期驱动力。即是说，"媒介化"指代的是这样的一种情境："媒介不仅是一个独立的社会实体机构，而且还深入渗透到其他社会机构的运作中；媒

---

① 钱力成，张翮翾. 社会记忆研究：西方脉络、中国图景与方法实践[J]. 社会学研究，2015（6）：215-237，246.

② 钱力成，张翮翾. 社会记忆研究：西方脉络、中国图景与方法实践[J]. 社会学研究，2015（6）：215-237，246.

③ ASP K. News media logic in a new institutional perspective [J]. Journalism Studies, 2014, 15 (3): 256-270.

介在制度化和技术化的过程中通过传播行动产生了塑造力,进而成为媒介化过程的一部分。"① 从宏观层面看,"媒介化"指代的是媒介对于社会系统的影响、渗透与参与过程,而在具体微观的路径上考量,"媒介化"又该如何铺展开呢?2004年,德国学者温福莱德·舒尔茨分别提出"延伸(extension)""替代(substitution)""融合(amalgamation)""适应(accommodation)",以此来描述"媒介化"的具体化、过程化。其中,"延伸"指媒介突破了人类沟通的自然限制(natural limit),延伸了沟通与传播的界限;"替代"指媒介能在某种程度上或完全替代社会机构(social institution)并改变它们的性质;"融合"指社会成员的"媒介行动"与"非媒介行动"的边界消融,并最终混为一体;"适应"则指政治、企业及公民对媒介逻辑的接受、认可,以及在实际行动中按媒介逻辑办事。②

西皮尔·克莱默尔认为,媒介的作用就像玻璃窗,越是透明,越是在我们的注意范围内,越不引人注目,就越有效,并且也只有在媒介的有效作用受到干扰或崩溃时,我们才能发现其存在。③ 记忆的媒介却是无法被忽略的,我们需要回归到媒介本身去分析记忆与媒介的关系,只有这样才能理解媒介在记忆的生成与建构过程中所发挥的作用。记忆与媒介技术的关系在最直观的层面上就体现在记忆内容需要在媒介技术中得到存储、获取与传播。我们可以从三个方面来简要理解记忆与媒介的关系:首先,在记忆的存储层面,我们要理解记忆内容如何在媒介史中流传,从口述到写作,再到印刷、电影和互联网。这种穿越时间和技术的记忆流传,依托于信息从一种媒介到另一种媒介的转录。有一些关于媒介记忆的研究在思考媒介如何跨越时间、空间和记忆场来传播不同版本的过去。例如,玛丽安·赫希的《家庭框架》论述了摄影的跨代记忆力④。其次,在记忆内容流传的范围层面,我们可以注意到媒介技术是可以跨越国界的,这也正是"世界性记忆"得以形成的基本物质条件。当然,"世界性记忆"在流转过程中也会不断地在各个国家和地区本土化,实现记忆的共享。最后,在记忆的去辖域化(decentralization)层面,这是通过流通媒介实现的:书籍、电影和电视通过空间传播不同版本的过去。艾丽森·兰兹伯格的《假肢记忆》研究了电影在全球媒介文化时代的跨文化影响⑤;记忆的媒介景观(media scapes)正是兰兹伯格"假肢记忆"的条件⑥。

---

① KROTZ F. Explaining the mediatisation approach [J]. Javnost-The Public, 2017, 24 (2): 114.
② SCHULZ W. Reconstructing mediatization as an analytical concept [J]. European Journal of Communication, 2004, 19 (1): 87 – 101.
③ 西皮尔·克莱默尔. 传媒、计算机、实在性:真实性表象和新传媒 [M]. 孙和平, 译. 北京:中国社会科学出版社, 2008: 65.
④ HIRSCH M. Family frames: photography, narrative, and postmemory [M]. Cambridge, MA: Harvard University Press, 1997.
⑤ LANDSBERG A. Prosthetic memory: the transformation of american remembrance in the age of mass culture [M]. New York: Columbia University Press, 2004.
⑥ 阿斯特莉特·埃尔, 何竞. 旅行的记忆 [J]. 广州大学学报(社会科学版), 2021 (2): 26 – 35.

就新闻媒体以何种方式参与了对过去记忆的建构而言,吉尔·埃迪发现,新闻调用历史事件的方式主要有三种:一种是纪念报道,即适逢某个纪念日时来重提某个事件、某段历史;二是历史类比,即将当下的新闻事件与过去类似事件作类比,从而暗示某种解读框架;三是历史语境,即将过去某个事件解释为当下新情况的原因。① 新闻媒体由于多求"新",关注此时此刻的事件,因此在集体记忆的研究过程中处于边缘位置。

第二节 数字媒介时代的记忆文化

在语言、文字、印刷这些媒介记忆方式在人类社会渐趋稳定之后,互联网、社交媒体、短视频等新媒介的不断涌现正在一次次改变着人们的记忆方式,技术的变迁包含着一场场真正的记忆革命。在这些媒介记忆方式中,最重要的要素是记录和传输信息的数字基础设施,它不仅改变了我们的记忆方式,而且为记忆的概念化提供了新的实践参考。计算机、图像处理和移动设备已经成为当下媒介记忆的基本模式和思维框架。

安妮·加德-汉森、安德鲁·霍斯金斯和安娜·雷丁着眼于数字化和新媒体,致力研究"新媒体生态"和"全球数字记忆"。② 霍斯金斯对于数字时代的媒介记忆的态度是略显消极的,他认为数字化在帮助我们存储海量信息的同时,也对传统意义上的时间性——集体记忆这一概念所基于的过去和现在的清晰界限造成威胁。我们无法回避数字化信息具有的高度不稳定性,因为数字化记忆经常被重写和覆盖,会不间断地消除一些记忆,同时又生产出新的记忆。但是,其实这也是其他记忆形式出现时通常会面临的质疑,我们不妨首先回归到数字时代记忆的根本特性来再度思考数字记忆的意义与价值。

一、流动性:数字时代的记忆之"旅"

通过理解心理学家、社会学家及认知神经学家等不同学科专家对记忆的研究,我们可以清楚地发现,记忆并非一个不变的容器。阿斯特莉特·埃尔在论述"旅行的记忆"时就指出了记忆是一个过程,而不是固定不变的事物,在不同的时间点上记忆的工作完全不一样。记忆从根本上说意味着运动:在记忆的个体和集体层面之间的流动,在社会、媒介和语义的层面循环流通。这样的方法摆脱了以地点为界、以国家为界和以诸文

---

① EDY. Troubled pasts: news and the collective memory of social unrest [M]. Philadelphia: Temple University Press, 2006.
② GARDE-HANSEN J, HOSKINS A, READING A. Save as … digital memories [M]. Basingstoke: Palgrave Macmillan, 2009.

化为界的研究,并显示出对跨越边界和在边界之外的记忆动力学的兴趣。[①] 埃尔注意到了记忆于不同形式间的流动,个体记忆时常是集体记忆的重要部分,集体记忆也会影响个体记忆的形成,而记忆在地点、文化、国界之间的流动也显示出记忆天然具有动力学的属性,这就意味着记忆研究需要被置于社会变迁中理解。

除了上述记忆流动性的理论研究外,我们还可以注意到,人们在通过媒介进行记忆的时候,还会根据不同的需求选择不同的媒介平台,这就引起了记忆内容在不同媒介平台之间的流动与重新建构。例如,微信和QQ就是最为常见的不同的记忆记录平台。即使在当下的日常媒介社交活动中,微信已经以压倒性优势占领了原本属于QQ的媒介社交领地,但QQ并没有消失。人们或许在用QQ空间存储照片、用QQ群传输文件、用QQ邮箱进行工作的同时,还不忍删除QQ中"那年今日"的记忆,也无法割舍对许久未联系却"躺"在列表里的老同学、老朋友的挂怀……从QQ到微信的切换,意味着"记忆"完成了一次属于个体的时空之旅。在不同平台之间,个体或许会对记忆的旅行进行交织,如将QQ空间中"那年今日"的照片分享到微信朋友圈,从而在微信朋友圈生成新一轮的记忆之"旅"。记忆的流动在数字媒介时代显得更为便利。

▶▶ 二、可协作性:个体记忆的汇聚

在数字媒介中,话语权被重新分配,普通受众拥有了更多表达自我的机会,即众多个体共同书写社会记忆,这也为新的社会记忆的建构提供了新的途径。提及近年令人难忘的社会记忆,人们会想到"建党100周年""一带一路""大国外交"等这些主流的记忆场域,同时也会对曾经风靡一时的网络流行语、"表情包"、流行文化等深有感触。这些文化记忆的生产过程,充分体现了可协作的个体智慧。如我们在当下网络生活中很难回避的网络流行语,依靠大众的力量层出不穷。前几年的"我爸是李刚""不管你信不信,反正我是信了""且行且珍惜"等流行语,近些年出现的"友谊的小船说翻就翻""蓝瘦香菇""996""凡尔赛文学"等流行语,无一不在形成与传播过程中凝聚了广大网民的智慧。就2020年火热的"凡尔赛文学"而言,它一出现就被网友捕捉到了其"低调的炫耀"的精髓,从而对其进行了各类模仿造句。直至今日,提及"凡尔赛",人们依然会会心一笑。在共同的媒介实践行为中,集体记忆也在个体的协作实践中生成了。

诚然,观察个体记忆在记忆研究中的突显,是无法忽视技术赋权的效用的。大众书写的"在线记忆"的合法性,建立在技术民主的基础之上——"人人都可言说"的社交媒体为网络接入者赋权,从而使网民可以在社交平台上发声,以及进行"自传式"的记忆书写,最终的网络记忆书写呈现"民本立场"。[②] 数字媒介技术的发展,让更多

[①] 阿斯特莉特·埃尔,何竞. 旅行的记忆[J]. 广州大学学报(社会科学版),2021(2):26-35.
[②] 陈旭光. 逻辑转向与权力共生:从网络流行体看青年网民的集体记忆实践[J]. 新闻与传播评论,2018(3):71-85.

用户有了表达、参与的机会，个体与集体记忆的关联也因此出现了新的值得研究的形式。在这些形式中，我们不难理解个体在集体记忆生成中的重要性，也无法忽视"可协作"对集体记忆的影响。

三、碎片化：数字时代的个体记忆

由于媒体赋权的作用，社会层面的媒介记忆生产不再仅仅局限于机构性媒体，个体的记忆书写在当下是更为普遍的形式。但是，这也引发另一重忧思：媒介记忆的碎片化。智能媒体的使用将人们的时间使用划分成了片段式的，由于用户的时间是零散的、随意的，因此用户参与生产的记忆内容也呈现出碎片化的特征。此种个人记忆或许不存在完整的叙事逻辑，叙事中心也通常会被分散在"只言片语"或者几十秒的"短视频"之中，事件的前因后果甚至基本要素都有可能被忽略，线性的时间顺序在碎片化的用户记忆中完全被打破。这就导致了有学者担忧：这些真假混杂的个体记忆经由社交媒体散布开后，有可能造成集体层面的"错构性失忆"和"虚构性失忆"。①

诚然，这种现象在数字媒介时代时常发生，"后真相"事件屡见不鲜，但我们仍然可以窥见个体碎片记忆的可贵之处。如在2020年，一位来自郑州的56岁的阿姨独自驾车前往中国几个省市的故事，让不少网友感叹其为自己活一次的人生态度值得学习。这位郑州阿姨每到一座城市都会拍短视频记录自己的旅行感悟，她生产的内容虽然并无传统新闻制作中专业的叙事结构，却以真诚朴实打动了很多网友。当这位郑州阿姨感叹自己"做了家里人30多年的免费保姆，现在想要为自己活一次"的时候，她用看似粗糙碎片的短视频叙事所建构起来的记忆之"场"，使得不少像她曾经一样任劳任怨的女性停下来去关注自己的想法。在社交媒体上，诸如这位郑州阿姨的平凡人的故事不可计数，这些人的记录或许碎片化，甚至缺少逻辑和章法，但当他们与和自己有相同感受的群体相遇时，就会形成不同以往的社会反响。"记忆的微光"凝聚起来，或许也能照亮一个新的视角。

四、工业化：可批量生产的文化记忆

在近百年来由信息技术构成的工业化时代，无论是文字记载，还是电影艺术，人类的记忆都在被新生的机器记忆技术定制，记忆工业化已经成为事实。这种通过第三持留（技术客体）构成的、非生物遗传的集体记忆和集体意识的历史进程，被法国哲学家贝尔纳·斯蒂格勒称为技术的"后种系生成（épiphylogénétique）"。② 在记忆生成的工业

---

① 邵鹏. 媒介记忆理论：人类一切记忆研究的核心与纽带［M］. 杭州：浙江大学出版社，2016：242.
② 刘冰菁. 技术的记忆装置和神经系统的政治经济学批判：斯蒂格勒的技术哲学话语研究［J］. 探索与争鸣，2018（2）：135-140，144.

化视野下,我们可以发现个体记忆与集体记忆在一定程度上又能趋于融合。在工业化记忆生产过程中,个体记忆不断向集体记忆聚拢,完成集体记忆的意义建构。

2017年7月30日,一款名为"我的军装照"的H5页面小游戏在微信朋友圈中广泛流传。用户可通过点击链接进入界面,上传自拍照、选择年龄后即可生成自己的军装照。一时之间,各个年龄阶段的微信用户都在尝试通过这样一款简便的小游戏生成自己的军装照,为庆祝建军90周年的"八一建军节"的集体记忆增添了属于个人的记忆内涵。"我的军装照"的出现是个人记忆与集体记忆的创新性同构,但也随之出现了一系列的如"我的民国照""我的十八岁照片"等依托数字技术生成的照片小游戏。实则,在斯蒂格勒看来,记忆的工业化在电影时代已经是非常突出的了。而到了我们所身处的数字时代,此类文化记忆被批量生产的现象便更为突出了,社会中的个体主动参与记忆的工业化流程,在同一主题之下,以工业化、同质化的形式生产出了大量的记忆产品。记忆在数字媒介时代的工业化发展,虽然丰富了记忆内容,但是也让我们面临记忆的同质化问题。工业化的批量生产的文化记忆使得记忆原本的独特性受到冲击,人们沉浸于工业标准之下的记忆流水线之中,往往忽略了记忆建构过程所必需的去粗取精。

▶▶ 五、内生性:数字记忆与人类记忆的互嵌

斯蒂格勒在论述"辅助记忆的必要性"时借助文字的形态演变,说明了以何种技术来承载记忆决定着人类的思维方式与社会的结构。① 因媒介技术的变迁,我们已经关注到过往的媒介技术形式与技术内容之间的关系。但数字媒介的出现似乎将这一切都颠覆了——记忆与人本身的关系发生了改变。我们之前所称的"外化的记忆",现在俨然已经内嵌入我们基本的生理记忆中。

在数字媒介时代,相比于自身的经验,人们更容易相信由技术中介的记忆。一部智能手机或许不仅记录着常用联系人的联系方式,还记录着人的生理记忆所无法承载的各项事宜,如与所有联系人之间的交往内容。进一步地说,它甚至能根据个人的使用习惯来修改、重构人本身根据过往经验所建构起来的记忆。例如,当我们对自己所身处城市的变幻莫测充满迷惑时,导航软件的语音助手或许会用极其温和的声音告诉你,你曾经的生理记忆错得如此离谱。而我们也似乎已经默认人类自身的生理记忆与数字记忆完全可以在我们的经验生活中有条不紊地共存,我们理解数字记忆在我们的日常生活中如何发挥不可替代的作用,宽容数字记忆中难以抹去的个人的"黑历史",感激数字记忆在关键时刻纠正我们生理记忆的偏误……也就是说,我们已经接受数字记忆成为我们记忆中不可缺少的一部分,正如我们接受媒介是人的延伸一样,我们将媒介记忆与个人记忆

---

① 贝尔纳·斯蒂格勒. 技术与时间: 2. 迷失方向 [M]. 赵和平, 印螺, 译. 南京: 译林出版社, 2010: 59-63.

的互嵌视为我们在数字时代的新型记忆模式。在这层含义中，媒介不再仅仅是帮助人们记忆的中介物，数字时代的媒介记忆已然内嵌为人类记忆的一部分。

第三节 怀旧与追慕：记忆装置的三重机制

近年来，怀旧成为社会文化急速变迁中的一种潮流。甚至，诸如音乐、电影、年代剧等怀旧的中介物，已经不再是最新潮的怀旧产品。在怀旧创作中，大众的创作正推动怀旧潮进一步发展，如短视频中带有"怀旧"标签的滤镜，B 站中用户剪辑创作的影视剧配音视频等怀旧作品，使得怀旧成为当代人日常生活中的重要部分。人们对生活中的怀旧行为的态度也是相对宽容的，这或许是由于怀旧意味着人们利用某些"装置"回到一种过去的情境之中，调动对当时的情境的记忆并在一定程度上引起情感共鸣。柏拉图在《斐德罗篇》中曾写道，一个假造的记忆装置（柏拉图当时所指的是书写）损害了我们的有机记忆。近年来，随着数字存储设备体积的增大和速度的加快，关于"记忆装置"的讨论变得越来越有意义。

劳拉·巴苏借鉴了福柯和德勒兹提出的"装置"（dispositif）理论，引入了"记忆装置"（memory dispositifs）这一概念。[①] 她将记忆场理解为"不同媒介文本、类型和技术的集合体"，它们之间的关系决定了记忆场在特定时间的性质和功能。怀旧是人们在追求一种"脱离了时间的时间"，是人们渴望通过某些装置能够与过去的时间进行对话。在本节中，我们从媒介技术的类型与特征出发，注意到怀旧装置的三重逻辑：作为激活装置的媒介，如博物馆等实体空间；作为共情装置的媒介，如电影等媒介；作为互动装置的媒介，如当下最为日常的短视频等。三种类型的装置分别形成了三重记忆逻辑，但这三重逻辑并非割裂的或断代的，而是共同作用来唤起人们的怀旧之情。下文将进一步指出这些记忆装置在不同的媒介形式中所存有的不同的强特征。

▶▶ 一、激活装置：可连接历史的实体空间

在一系列怀旧实践中，最常见的即是博物馆、纪念广场等实体的怀旧场所。在这些怀旧场所中，人们可以通过带有主题纪念价值的物品来了解一段历史。一个国家或一个族群需要有共同的历史，也需要共享共同的记忆，博物馆的存在为这种需要提供了固定的实体空间。博物馆的展览并非仅仅对珍品的展示，而是通过基本的历史材料，为参观

---

① BASU L. Memory dispositifs and national identities: the case of Ned Kelly [J]. Memory Studies, 2011, 4 (1): 33–41.

者构建出一个历史展演现场,拓展原有的历史叙事方式,从而将个体生命记忆与历史记忆进行联结。在博物馆内,固定的空间、古朴的物件作为承载记忆的物质实体供人参观,注解、讲解等话语阐释可以将参观者纳入共同的话语结构。在这一封闭的场域,参观者共同瞻仰祖先的荣光,感受历史的跌宕起伏,建构起共同的民族记忆和身份认同。因此,博物馆这种作为激活装置的记忆之"场",在近代人类文明发展中受到许多国家的重视,人们逐渐意识到博物馆在凝结记忆的认同,从而形成"想象的共同体"方面所发挥的关键作用。

苏珊·A. 克兰认为,国家历史和个人记忆有时是不一致的,因此博物馆可以通过关注个体叙事重新思考个人记忆和"大写历史"的关系。[1] 该论断指出了博物馆作为一个公共的、开放的场所,通过展品展开了个体与集体之间的对话,这种对话具有强烈的联结作用,能够通过眼前存在的"历史真实"叙述起令人信服的历史记忆,个体在这种情境式的身体认知过程中,不知不觉浸入博物馆的记忆之"场"。在这一记忆之"场"的构建中,历史价值是展览的出发点,但更为重要的是历史记忆的书写方式,这关系到如何激活参与者的个体记忆,唤起他们的身份认同。因此,在博物馆展览中,记忆建构的言说方式是非常重要的。它通过融合相关的历史和地域故事,塑造"源起""历史""根基"等展览的主题和内容,并将这些内容置于特定语境下,从而发挥连接个体记忆和集体记忆的作用。这也就是说,当我们提及基于一定区域、一定地点的博物馆时,它其实是在暗含着一种基于一定社区的共同体的存在。博物馆作为一种记忆激活装置,在固定的空间中,以真实可见的历史物品唤起人们对历史记忆的情感,将人们的个体记忆引入集体记忆的结构。

值得一提的是,当下博物馆的建设,不仅关注对悠远的历史记忆的追溯与回顾,还关注对时代记忆的建构。如在新冠病毒感染疫情逐渐稳定之后,我国多地的博物馆都举办了抗击疫情的展览。例如,云南省博物馆举办了"1158 + 云南最美逆行者抗击新冠病毒感染疫情展"、天水民俗博物馆举办了"众志成城·向光前行——天水市抗击新冠病毒感染疫情专题展"等。这些展览始终突出强调我国总的抗疫精神——"生命至上,举国同心,舍生忘死,尊重科学,命运与共",围绕这一精神展示了如"请战书"、防护服、志愿者们的签名、抗击疫情的照片等物品,使参观者能够切实与抗疫的语境相连接。在刚刚经历居家隔离的战"疫"行动之后,人们走进博物馆参观此类展览,既能巩固个体关于抗疫的记忆,也能使人们更真切地理解当时抗疫的大环境,从而对个体记忆与集体记忆进行对照。

在博物馆这一记忆装置中,历史不再是一个静止、统一的纪念活动,而是一个流动、丰富、具有多重情感力量的记忆事件序列。参观者可以以具身情景式的参观,与一

---

[1] CRANE S A. Memory, distortion and history in the museum [J]. History and the Theory, 1997, 36 (4): 44-63.

段历史记忆进行对话，也可以在集体记忆的话语结构中再次建构个人的记忆。博物馆连接着历史与当下，也连接着个体与集体，并且在展览中激活个体记忆与集体记忆的关联，是构建共同体的重要实体场所。

二、共情装置：以情感共鸣为目的的影视作品

记忆是法国电影哲学的关键词：米歇尔·福柯把电影视为权力用来建构大众记忆的编码装置；德里达将电影看作对记忆的记录与播放；吉尔·德勒兹认为回忆是重要的时间影像，它不是过去，而是被现实化或正被现实化的影像。贝尔纳·斯蒂格勒从新的角度把电影与记忆联系在一起，他在德勒兹提出的"脑即银幕"观点的基础上，提出电影本质上是一个"记忆工业"。[①]

在福柯看来，电影作为一种记忆装置，是能够对历史及观众的记忆进行再编码的。电影的话语意义正表现在它对观众记忆及历史记忆的建构上。就怀旧的、宏大的历史题材电影而言，它所展现与建构出来的英雄史诗般的故事回应了观众对历史英雄人物的期待，但也在有意无意地忽视着那些名不见经传却推动历史发展的小人物。[②] 福柯所批判的这种异化历史的英雄叙事电影并不能建构真实客观完整的历史，而是在以一种编码装置唤醒观众原有的认识框架。电影所必备的音响、画面、台词、人物、故事情节等要素为人们拟造了一个看起来更为真实的环境，兰兹伯格将由电影、电视等媒介中介的这种记忆称为"假肢记忆"，兰兹伯格的概念说明了这种记忆形式甚至能让人产生外部记忆即是个人记忆的错觉。[③]

作为一个多民族国家，中国的不同区域的地理环境、人文背景、风俗习惯等有着较大差异，再现到视听影像上则体现为"民族性""地域性"。地域电影的话语言说方式、社会人物群像、城市空间风貌等可以作为唤起人们集体记忆、文化记忆的独特符码，内嵌到当代正在生成的中国故事、中国精神之中。[④] 在中国，影视作品的生产一直很受重视，为了凝聚不同地域人民的共同体意识，中国影视作品在实践中尝试突破。如近年来受到不同年龄阶段的观众认可的一系列新主流电影作品，是在主旋律电影的文化基础上对多元文化资源的有效整合，既注重主流意识形态表述，又积极寻求商业化运作。我们看到，许多影视作品既创造了较好的社会效益，又获得了较高的经济效益，如问鼎春节

---

① 李洋. 电影与记忆的工业化：贝尔纳·斯蒂格勒的电影哲学 [J]. 上海大学学报（社会科学版），2017 (11)：13 - 19.

② 米歇尔·福柯. 皮埃尔·里维耶归来 [M] //汪民安. 福柯文选（第一卷）. 肖熹，译. 北京大学出版社，2016：24 - 27.

③ LANDSBERG A. Prosthetic memory: the transformation of American remembrance in the age of mass culture [M]. New York: Columbia University Press, 2004.

④ 王薇. 困境、失衡与重构：当代地域电影中的情感结构与文化记忆 [J]. 北京电影学院学报，2021 (8)：114 - 120.

档票房的电影《战狼2》《红海行动》《流浪地球》,作为庆祝中华人民共和国成立70周年献礼之作的电影《我和我的祖国》《攀登者》《中国机长》,在社交媒体上引发现象级热议的电视剧《人民的名义》《大江大河》《破冰行动》①,以及"庆祝中国共产党成立100周年优秀电视剧"展播中的《山海情》《觉醒年代》《大江大河2》等。这些影视作品大多根据真实的故事改编创作,如《山海情》讲述了福建与宁夏之间对口支援的扶贫故事,《我和我的祖国》以单元故事的形式讲述了开国大典、研制原子弹、香港回归及举办奥运会等国家发展的重大事件。从这些新主流影视作品的创作中,我们可以看到,国家命运与小人物的命运是相互关联的,这些作品始终在强调国家的建设与发展离不开每一位平凡的劳动者,同时也体现了再平凡的人物在奔涌的时代中一样可以发光发热。这种同构个体命运与国家发展的创作方法,使观众从影片中小人物的视角看待国家变迁的时代大局,在一定程度上能够引起观众的共情,这也是此类影视作品能够获得广泛好评与认可的重要原因。

电影能够给观众带来情境化的感知体验,这是其能形成一种"假肢记忆"的记忆感受的重要原因。在情境化的感知过程中,充分调动观众的情感是电影的重要命题,音响、画面、台词、情节设定、叙事方式等都是为调动观众的情感而服务的。因此,电影作为一种能够引起观众情感共鸣的记忆装置,以特定的叙事方式,结合视听语言,在激发人们的情感体验、塑造共同认知方面发挥着显著的作用。

▶▶ 三、互动装置:可参与的展演

在以上两节论述中,我们可以发现,集体记忆的建构通常是由官方主导的宏观叙事,无论是作为激活装置的博物馆还是在情感上打动人的影视作品,它们的叙事模式均有着先行的逻辑,个体记忆则是在这一逻辑框架中进行的。斯蒂格勒在对胡塞尔的"第一持留"和"第二持留"的分析中,注意到胡塞尔对技术的遗忘也让他错过了"第三持留"对人类意识流的作用。因为人并不具备无限的记忆能力,任何回忆都已经是对过去的遗忘,所以人类的意识只有在"第一持留"(当下的感知记忆)和"第二持留"(回忆)相互作用的情况下才可能产生。同时,这也离不开"第三持留"——人类生命之外、记录人类的感知和回忆的物质记忆载体。可以说,技术一开始即是记忆的载体。现代技术体系本质上是编码和输出人类的集体无意识的特殊装置,具有记忆保存和生成的功能;甚至这些持留装置能够对输出的内容进行任意嫁接、转移和综合。② 过往的哲学家关注媒介的物质属性,强调现代技术体系对人的记忆的反作用。随着媒介的进一步演进,媒介技术越来越强调用户的参与价值,强调用户共同书写的意义。这也就意味着

---

① 盖琪. 新主流影视:历史位置、问题意识与使命意识[J]. 编辑之友,2020(5):73-79.
② 刘冰菁. 技术的记忆装置和神经系统的政治经济学批判:斯蒂格勒的技术哲学话语研究[J]. 探索与争鸣,2018(2):135-140,144.

当下的媒介技术可以作为一种互动装置,在人与空间、人与历史互动的过程中,开启新模式的记忆保存和生成,可以说当下的记忆生成模式逐渐转向互动展演式的生产。

在作为互动装置的媒介环境中,人们的记忆生成过程有赖于互动过程。如在当下的短视频"打卡"这一媒介实践活动中,人们强调身体的抵达,并以亲身实践去理解这一地点的具体意义,将个人的情感体验视为记忆生成的重要部分。"打卡",使得个体与空间的互动关系通过短视频媒介这一互动装置得以展现,人们在启用这一互动装置时,就希望个人的记忆书写能够由自己进行编码。这与电影时代由专业媒体机构生产宏大的集体无意识的记忆体系有着本质的差异。互动中生成的记忆虽然依然难逃当代的集体无意识记忆体系,但是也能看到集体记忆生产过程中个体主观能动性的充分发挥。

在印芝虹看来,网络和微博的兴起是记忆研究在中国风行的重要原因之一。① 有这样的结论是因为与以往集体记忆的生产过程相比,这种具有明显交互特征的新媒介给记忆生产带来了新的方式。由可互动的媒介所生成的集体记忆,在生产过程中也有着强烈的特征,即具有浓厚的表演色彩。这是由于这种即时的记忆书写方式有着一定的观看群体,在微信中表现为朋友圈,在微博或短视频中表现为粉丝。因此,用户在进行记忆生产时,为了使个人的作品更具可看性,吸引更多的关注、"点赞"和互动,会利用"滤镜""特效"等加以修饰。在需要亲自出场的情况下,用户的表演属性会更甚之,"美颜"已经是人们日常出镜的基本配置。诸如此类的带有表演性质的内容在社交媒体上盛行,新型的记忆生产模式围绕社交媒体的基本特征也逐渐形成一种时代风格。

在当下的媒介环境中,互动性的记忆装置占据了人们日常生活的方方面面,集体记忆的生产无法也不可能再仅仅依靠宏观的话语体系进行,而是更强调个体的作用和价值,强调参与式的记忆生产过程。有研究者将当代历史的书写方式称为"平民起居注",认为短视频媒介是"后文字时代"的一种平民媒介,它唤醒和激发了普通人的传播本能,促成了福柯所言的"无名者"的历史性出场。短视频媒介最大的社会价值即其"全民记录"价值。与文字时代的"帝王起居注"迥异,短视频时代出现了无数的"平民起居注",这对社会的影响既是共时性的,也是历时性的,其历时性影响之一在于生成了一种新型史料。② 在短视频这一记忆装置下,个体的生活开始被看见、被记录,并且这种看见和记录被认为是有价值的。就书写记忆的个体而言,个体参与当下记忆的建构过程是以带有展演属性的方式进行的,这已然形成了一种文化潮流,成为当下记忆书写的特征。

---

① 印芝虹. 悖之痛:高墙下的集体记忆 [J]. 国外文学研究,2011 (4):128-137.
② 潘祥辉. "无名者"的出场:短视频媒介的历史社会学考察 [J]. 国际新闻界,2020 (6):40-54.

第四节 数字记忆研究的未来

在数字媒介全面嵌入人们日常生活的情况下，数字记忆研究无疑是记忆研究的前沿课题。将当前记忆研究的诸多理论置于数字媒介的语境下来理解和应用是很有必要的。但站在媒介化社会的角度，我们应该认识到，数字媒介与以往记忆研究的简单相加势必会落入"技术决定论"的窠臼之中。这是由于数字媒介不仅是一种技术平台或手段，还是研究者进行观察、开展研究的基本空间和情境，如果不研究社会的技术结构，就很难研究技术的社会结构。因此，在数字记忆研究的过程中，我们需要从"记忆的技术"转向"技术的记忆"，改变那种认为数字媒介仍然仅仅是记忆载体的观点，从数字媒介技术本身的记忆属性角度展开记忆研究。就此，有以下三个方面的问题值得思考：目前数字记忆研究的多元语境是怎样的？从数字技术的特性本身出发，技术是如何影响人类社会的记忆方式的？全球化和社会发展加速所导致的记忆在世界范围内的加速流动，又对现有的记忆理论提出何种新要求？

▶▶ 一、数字记忆研究的多元语境

在近年的记忆研究中，学者们不断试图对原有概念进行更多方面的阐释与创新，如埃尔针对当今社会的全球化背景提出了新的记忆研究方向，他就"旅行记忆"（traveling memory）[1]、"跨文化记忆"（transcultural memory）[2] 所进行的研究反映出记忆研究在全球化过程中的人文关怀；海因莱因等学者所强调的"世界性记忆"则为记忆研究打开了新维度[3]。但是，诸如此类的研究经验也让媒介记忆研究者陷入沉思，在数字媒介时代，对记忆的研究必然无法脱离数字媒介语境。数字媒介技术能够帮助人们记录日常，社会化媒介的技术平台还可以作为自我展演与记忆传播的行动性工具出现。[4] 那么，数字媒介时代的数字记忆又该走向何方？这是媒介文化学者需要反复自问的核心问题。

回顾过往的记忆研究经验，我们首先关注到的是记忆研究的多元化路径：从哲学领

---

[1] ERLL A. Travelling memory [J]. Parallax, 2011, 17 (4): 4-18.
[2] ERLL A. Homer: a relational mnemohistory [J]. Memory Studies, 2018, 11 (3), 274-286.
[3] HEINLEIN M, LEVY D, SZNAIDER N. Cosmopolitan memory and reflexive modernization. The political discourse about forced labor restitution [J]. Soziale Welt Zeitschrift fur sozialwissenschaftliche Forschung Und Praxis, 2005, 56 (2): 225-246, 337.
[4] 刘于思. 从"记忆的技术"到"技术的记忆"：技术怀旧的文化实践、情感方式与关系进路 [J]. 南京社会科学, 2018 (5): 121-127, 135.

域的命题到心理学、神经科学的认知,再到社会学领域对集体记忆的关注,对于媒介记忆来说,文化研究的路径也是必不可少的。在数字媒介时代,记忆研究必然会受到不同学科跨专业的关注。就数字媒介的客观背景而言,媒介给人们带来了无限连接的可能,"连接"已经嵌入人们日常媒介生活的方方面面。强连接性转向使人、关系、事件、物件可能永远处在"运动"状态,因此从媒介生态角度考虑连接性为当代文化记忆带来的结构性转变是非常有必要的。对于记忆研究而言,这就意味着,数字记忆在数字记忆之场的汇聚或许在网络空间中有了更强的延展性。无论是为网络空间进行的国家公祭日活动所打动的不同地域的网民,还是通过小小的手机屏幕参与集体记忆建构的用户,数字媒介正在以极强的连接性将他们纳入更为庞大的"记忆之场"中。

就对于网络空间这一记忆之"场"的分析而言,我们不免要回到诺拉的"记忆之场"理论。网络空间这一记忆之"场",或许与诺拉的"记忆之场"理论有异曲同工之处。诺拉提出的"记忆之场"指的是一切在物质或精神层面具有重大意义的统一体。经由人的意志或岁月的力量,这些统一体已经转变为任意共同体的记忆遗产的一个象征性元素。[①]"象征""符号""民族"等是理解诺拉的"记忆之场"的关键词。数字媒介技术中的"场域"虽然并非诺拉所言的博物馆、纪念广场等具有纪念意义的实体场所,但记忆发生的条件及其所产生的影响仍然在影响记忆之"场"的形成。随着诺拉提出这一理论,"记忆之场"的概念在过去也在不断发展,而在数字媒介这一新的记忆之"场"中,新的理论创新势在必行。

我们早已关注到,在数字空间中,数字记忆之"场"的边际是难以明确界定的,这与互联网的"无远弗届"有关。但是,在这一看似广博的场域,我们或许可以注意到赛博空间与实体空间之间的节点,即研究者的身体。正是研究者的身体在两重场域之间的交替穿梭,使得研究内容可以较全面地展现不同场域的集体记忆建构之间是如何互相影响的。同时,实体空间作为赛博空间集体记忆的现实语境,是数字媒介记忆研究之"本""源"。近年,有的研究者提出的"网络民族志"的研究方法或许可以对数字媒介时代的记忆研究有所启发与帮助。

在数字媒介技术通达世界大多数角落的情况下,跨文化记忆的研究势必成为关注的重点。目前,跨文化记忆理论主要包括两个方面:"旅行记忆"和"世界主义记忆"。这两个理论为我们当下的跨文化记忆研究奠定了基础。但同时,我们也应注意到在数字媒介技术的合围之下,现有的概念似乎仍然需要更丰富的理论创新才能回应现实的期待。当然,这并非"技术决定论"之言,而是基于对技术的深入体验与理解之后的必然选择。人类社会的不同文化或象征符号是通过技术进行远距离传输的,但是当数字媒介成为人们生产和生活实实在在的语境时,跨文化也就在我们的日常生活中时时刻刻地

---

① 皮埃尔·诺拉. 记忆之场:法国国民意识的文化社会史[M]. 黄艳红,等译. 南京:南京大学出版社,2015:76.

发生和存在着,任何一类记忆都可能是"世界记忆",任何事件的"记忆"都可能会在短时间内经历着世界范围内的记忆之"旅"。

二、数字记忆研究的多层化

了解了数字媒介为我们的研究带来的多元文化语境后,我们会发现数字记忆的研究应该是多层次的。在数字时代,记忆具有主体多元化、记忆与记忆对象迈向数字化、碎片化、工业化等多重特性。在社会加速发展的背景下,记忆研究应该从多维度对这些数字记忆新问题进行考察。

对于数字记忆研究的多层次问题,我们首先从记忆的本体出发来思考。正如阿莱达·阿斯曼所言,关于记忆,无论是个体记忆还是集体记忆,在一个经过中介的民主社会中,合理对待过去的方式就是承认过去尤其是那些创伤性的过去给公民带来的多重影响。人们渴望将记忆重新归为当下不可或缺的一部分,重新思考、评估过去,并把过去看作个人档案和历史意识的一个重要维度。① 在数字记忆中,我们看到关于过去记忆的存储正在无限扩容,数据化的海量记忆有利也有弊。在现实中,记忆数据的生产、收集、保存、利用和规范都出现了新问题,那么超链接的、跨媒介的、跨文本的记忆(数据)未来如何在集体记忆与社会记忆中焕发活力?在数字记忆研究中,数字记忆的生产与应用是首先应当予以关注的问题。

进一步而言,从媒介的物质性角度对数字记忆进行探讨,还需要关注媒介自身的历史与记忆。从莎草纸到互联网,其间人类用于书写与记忆的媒介发生了根本性的变化。随着记忆载体的演变,人们的记忆方式也发生了改变。这是已经受到关注的一个方面。在另一方面,从"媒介记忆"到"媒介的记忆"的转变,体现了人们对记忆载体本身的关注。就当下的记忆载体而言,我们日常所使用的诸类社交媒体既是记忆工具和记忆之"场",也是我们在研究中应该注意到的记忆对象。将社交媒体作为记忆对象进行研究意味着记忆研究对物质载体的进一步关注,对于长时间的对记忆内容的研究而言,记忆的形式与物质载体方面的研究也可以对它进行补充。

除对记忆的主体、记忆的载体、记忆的内容的研究之外,数字记忆研究还需要考虑:记忆主体的变迁,尤其是媒介系统的结构性变迁是否会试图掩盖、转变某一种集体记忆?在数字媒介时代,媒介系统背后强大的文化、技术、资本等元素,在参与记忆的建构过程中是否会替代个人具身的认知情感和行为?在数字记忆系统这一记忆载体的变迁中,记忆的传承是否会有误读?对以往的记忆内容又有哪些层面上的改写?我们需要对数字记忆研究这些问题展开多层次的探索。

---

① 阿莱达·阿斯曼,王蜜. 重塑记忆:在个体与集体之间建构过去[J]. 广州大学学报(社会科学版),2021(2):6-14.

三、数字记忆研究的在地化

有研究者指出，我国现有的记忆研究需要在理论上进行更多的反思和扩展，尤其是历史学的记忆史研究，没有明确或深入地与西方的社会记忆理论对话，即便提到了，也仅停留在莫里斯·哈布瓦赫、保罗·康纳顿或皮埃尔·诺拉的理论框架。而研究记忆的社会学家力图将特定社会形势下记忆过程的运作机制具体到更中间的层面，涉及社会学问题中的权力与分层，以及相关的争论。但在关于诉苦和底层的研究中，记忆研究更多的是与印度的底层研究及詹姆斯·斯科特的国家视角和农民的"道义经济学"理论对话，没有提及西方的苦难和创伤记忆理论。[①] 因此，记忆研究需要更多地接合当代中国的本土化经验，关注到数字记忆在中国的迅速发展和应用，同时也需要进行一定的理论回应与创新。

记忆不是经验本身或经验的简单再现，而是关于过去反应或以往经历的一种主动组织，人们试图记住特定场景时，经常激活这一场景的典型"图式"来引导记忆。不同的记忆主体与记忆背景会生成不同的记忆内容，因此在中国本土的记忆研究中，对中国经验的记录与阐释是非常有价值和意义的，对填补世界记忆研究的区域性案例空白有着不可或缺的作用。虽然目前我们有理解与"南京大屠杀"有关的集体记忆，考察大生产运动时期的政治记忆，思考知青的"记忆的微光"等对历史记忆的研究，但同时我们还要关注到记忆研究的"当下性"。这体现在记忆是人们借以重现过去经历的"剧场"，是一个动态的中介，受当前预期、需要和信念的影响。记忆具有强烈的"当下性"，记忆是为现在时刻的需要服务的。这还意味着需要关注中国当下丰富多样的数字记忆实践活动，如前文提到的"短视频实践是如何帮助公众共同书写新的集体记忆的？网络流行语的盛行表征了当代数字记忆的何种特征？数字记忆载体的转变与流动又如何影响记忆的内容？"等问题，对这些数字记忆实践活动的考察不仅能为文化记忆研究增添新内容，还能在一定程度上突出记忆研究中的中国经验的活力与优势，从而更好地回应甚至拓展记忆研究的现有理论和概念。

四、数字记忆研究的物质性

数字记忆是由新技术的出现所催生的新型记忆方式，其中体现着显著的技术效用。与以往记忆工具、记忆媒介有诸多不同，超链接、超文本、深度参与、与生理记忆的内嵌共生等都是数字记忆的基本呈现方式。因此，对数字记忆的载体的考察是不可或缺的。讨论至此，不免要回到新闻传播学领域近年来备受关注的概念——媒介的物质性。

---

① 钱力成，张翮翾. 社会记忆研究：西方脉络、中国图景与方法实践[J]. 社会学研究，2015（6）：215-237，246.

事实上，对媒介的物质性的关注可以追溯到伊尼斯、麦克卢汉等人的学术观点，他们所认为的无论是媒介所具有的"传播的偏向"抑或是"媒介即信息"，都体现了研究者对媒介物及媒介的技术形式的格外关注。跟随对媒介物而非对媒介内容的符号特征的关注，我们可以进一步思考数字媒介的物质性。显而易见的是，数字媒介的物质性就体现在，它包含诸如数值化、模块化、自动化、多变性、跨码性等运作特征——这些均深刻地塑造了使用者特定的文化体验。① 那么，对于数字技术的物质性，我们首先需要关注的是数字技术的属性特征。也就是说，就数字记忆的物质性研究而言，我们首先需要关注记忆载体的物质性。就具体的研究而言，对于日常使用的手机媒介，我们首先关注其功能属性，如关注手机如何帮助我们完成人脑无法完成的记忆任务，关注手机如何发挥其智能属性来帮助人们完成记忆内容传递，等等。

除此之外，关注数字技术的物质性还需要进一步从媒介与环境的关系来思考，即需要反思技术与使用技术的背景的关系，在关注技术是什么的基础上，进一步思考技术在特定的环境中如何与人互动。这种思路需要我们进一步理解数字技术使用环境的物质性。就数字记忆研究而言，研究者需要理解生成数字记忆的具体语境的物质性。在这里，我们可以从数字媒介技术的介入在哪些方面深度改写了集体记忆与个体记忆的生成模式出发进行研究，这将对将数字技术研究进一步纳入记忆实践的现实维度有所帮助。

[思考题]

1. 如何理解集体记忆与个体记忆之间的关系？
2. 阿斯曼在理解哈布瓦赫的"集体记忆"理论时，将它分为哪几个层次进行解析？
3. 在数字记忆的研究中，可被关注的核心问题有哪些？如何理解这些问题？

[推荐阅读书目]

1. 莫里斯·哈布瓦赫. 论集体记忆 [M]. 毕然，郭金华，译，上海：上海人民出版社，2002.
2. 保罗·康纳顿. 社会如何记忆 [M]. 纳日碧力戈，译，上海：上海人民出版社，2000.
3. 皮埃尔·诺拉. 记忆之场：法国国民意识的文化社会史 [M]. 黄艳红，等译. 南京：南京大学出版社，2015.

---

① 戴宇辰. 传播研究的"物质性"取径：对若干核心议题的澄清 [J]. 福建师范大学学报（哲学社会科学版），2021（5）：142-152，171.

第十讲
媒介传播与文化传统

第一节　全球化与媒介帝国主义

何为全球化？英国社会学家安东尼·吉登斯将全球化定义为"世界范围内的社会关系的强化，这种关系以这样一种方式将彼此相距遥远的地域连接起来，即此地所发生的事件可能是由许多英里以外的异地事件而引起，反之亦然。这是一个辩证的过程，因为有这种可能，即此地发生的桩桩事件却朝着引发它们的相距遥远的关系的相反方向发展。地域性变革与跨越时—空的社会联系的横向延伸一样，都恰好是全球化的组成部分。因此，今天无论是谁，无论在世界的什么地方研究社区问题，他都会意识到，发生于本地社区里的某件事情，很可能会受到那些与此社区本身相距甚远的因素（如世界货币和商品市场）的影响"①。全球化让世界上每个地方都以不同的方式有了联结关系，无论彼此间的距离是多么遥远。20世纪60年代，麦克卢汉提出"地球村"概念，他认为随着传播媒介的发展，整个世界将变成一个"地球村"，一个从不出门的人可以通过电视、网络和手机了解世界上任何地方的情况，可以和世界上任何人保持联系。由此，现代传媒技术的发展对时空隔阂的打破使人与人、民族与民族、国家与国家之间的交流越发通畅，整个世界逐步迈向"一体化"。

17—19世纪的欧洲，曾流行着各种各样的"世界主义"理论，"世界主义"理论的一个基本主题是消灭地区之间和民族之间的差异。但这并非要求人种的统一，而是要求人们在政治、经济和文化上实现统一，把不同的民族和族群整合到所谓的"世界文化"中。马克思正是一个"世界主义者"，他向往的是人类大同的共产主义社会，反对狭隘的民族主义、爱国主义和欧洲主义。在1845年所著的《德意志意识形态》中，马克思深刻地描述了资本主义兴起后的"世界图景"，他认为资本主义的生产和扩张，必将创造一个全新的"世界历史"，即"创造了交通工具和现代化的世界市场，控制了商业，把所有的资本都变为工业资本，从而使流通加速（发达的货币制度）、资本集中。大工业通过普遍的竞争迫使所有人的全部精力极度紧张起来。只要可能，它就消灭意识形态、宗教、道德等等，而当它不能做到这一点时，它就把它们变成赤裸裸的谎言。它首次开创了世界历史，因为它使每个文明国家以及这些国家中的每一个人的需要的满足都依赖于整个世界，因为它消灭了以往自然形成的各国孤立状态"②。

马克思认为在世界历史中，每个文明国家中的"每一个人的需要的满足都依赖于整个世界"。在《共产党宣言》中，马克思进一步阐释了"世界主义"理念，他指出整个

---

① 安东尼·吉登斯. 现代性的后果 [M]. 田禾, 译. 南京：译林出版社, 2011：56-57.
② 马克思, 恩格斯. 马克思恩格斯全集：第三卷 [M]. 北京：人民出版社, 1960：68.

世界不仅在物质生产方面打破了过去那种地方的和民族的自给自足闭关自守状态,而且在文化与精神方面也是如此,各民族的精神产品成了公共财产,民族的片面性和局限性日益成为不可能,于是由许多种民族的和地方的文学形成了一种世界的文学。资本主义社会虽然开启了世界历史,消灭了传统社会的各种关系,加强了不同地区之间的联系,但是世界大同并没有来临,而是引发了无产阶级和资产阶级、帝国主义和弱小民族之间的对立冲突等新矛盾。

虽然"世界大同"是人类的共同梦想,但是其理念的被接受与发展极为缓慢。"全球化"作为"世界大同"的初始阶段,直至20世纪80年代后才逐渐为大众所接受。尽管如此,全球的整体性趋势依旧是不可抗拒的。罗兰·罗伯森将全球化的过程大致分为五个历史阶段:第一个阶段是萌芽阶段,时间是15世纪初到18世纪中期,这个时期欧洲的民族国家共同体开始成长,全球化思想开始萌芽;第二个阶段是开始阶段,从18世纪中叶到19世纪70年代,这是全球化的开始阶段,主要也是发生在欧洲,国际交往开始增多,"形式化的国际关系概念成型,标准化的享有公民权利和义务的个人概念和较具体的关于人类的概念成型。与国际和跨国调节和交往有关的法律公约和机构迅速增加……民族主义—国际主义问题成为讨论主题"[1];第三个阶段是起飞阶段,发生在19世纪70年代到20世纪20年代中期,在罗伯森看来,这个时期全球交往形式多样,发展速度很快;第四个阶段是争霸阶段,发生在20世纪20年代中期到20世纪60年代后期,这个时期全球化的一个重要标志是国际联盟及联合国的确立;第五个阶段是不确定性阶段,从20世纪60年代后期到20世纪90年代,他认为这个阶段人类全球意识大大增强,全球交往手段迅猛加速,但是危机也随之而来,各个社会日益面临"多文化和多种族问题",所以全球社会的不确定因素也在增多。罗伯森以一种线性叙事概括了全球化发展的历史过程,但他深知人类全球化历程很复杂,未来也存在着诸多不确定因素。

不可忽视的是,对于全球化,不同学者有不同看法。罗伯森是乐观派的代表人物,他强调人类全球化进程不可避免,而且全球化并不意味着对多样性和多维性的抹杀:"多维性指的是把我有时称为全球人类状况的基本点的一种方式,这些基本点同时考虑相对晚近历史中的生活的最一般特征和对不同生活观念之间的联系日益增多的关注。我们再一次看到,全球化包含不同生活形式的比较性互动。"[2] 也有不少学者对全球化持悲观态度,他们认为全球化不是别的全球化而是"资本主义的全球化"。阿里夫·德里克用"全球资本主义"(global capitalism)形容这一过程,他指出全球化是资本主义在全球范围内取得胜利的表征,资本主义的秩序和体系在全球范围内取得了"支配性的地

---

[1] 罗兰·罗伯森. 全球化:社会理论和全球文化[M]. 梁光严,译. 上海:上海人民出版社,2000:84-85.
[2] 罗兰·罗伯森. 全球化:社会理论和全球文化[M]. 梁光严,译. 上海:上海人民出版社,2000:38.

位"。①"全球资本主义"首先在欧洲出现,然后向世界上的其他国家扩张,并取得支配性的地位,而"全球资本主义"的扩张,并没有消灭"民族特性",创造出一个"在所有的民族中都具有利益"的新阶级,相反,"全球资本主义"的扩张包含着政治、军事和文化的霸权。在全球化最初阶段,西方资本主义通过赤裸的政治和军事行动,将印度、非洲等地纳入"全球资本主义"秩序中。现在,资本主义的扩张不再通过直接的军事占领,而主要通过经济协定、跨国公司和大众传媒来打破、削弱"民族国家"的疆域和主权意识,把不同民族的国家和地方组织到一个一体化世界中。这个过程包含了西方资本主义的军事、经济和文化的霸权。吉登斯则强调无论世界如何发展,人们总是生活在"地方世界",甚至全球化有时不是削弱,而是增强了"民族国家"或"地域意识"。德里克则认为对于"亚民族"和"超民族种族性"的重新强调,正是伴随着全球化而来的一个最突出的现象。② 约翰·汤姆林森也指出,尽管全球化使地球上生活在不同地方的人们加强了联结,获得了一种亲近感,但是日常生活中"最本质的东西恰恰是由地方性(locality)而非全球性(globality)来定义的,而且,在具有侵略性的联结面前,它始终保持着文化的差异性"③。

由此可见,地方观念和民族意识并没有因全球化而消灭,反对和批评"全球资本主义"的声音始终存在,并据此形成了此起彼伏的反全球化运动。例如,印度于1991年经济开放后,在2005年迎来了8.5%的高速增长,但同时印度人也开始思考这条靠投资、拆迁和工厂化来推动经济发展的西方道路是否正确。素有"现代甘地"之称的孙德拉·巴胡古纳所倡导的"抱树运动"——一场由民间组织推动发起的成员用肉体阻挡工程人员砍伐树木的集体运动——在印度已有30年的历史。运动最初源于喜马拉雅山侧北方邦的几个妇女为捍卫自己的家园而自发的行动,它最终迫使该邦通过了15年不得在该邦砍伐森林的法律,这项非暴力不合作运动由此在印度蔓延开来。④ 1999年,美国西雅图爆发了大规模的骚乱,骚乱的矛头指向在西雅图召开的世界贸易组织会议,反全球化者认为,全球化其实是西方发达国家要求发展中国家开放市场的伪善说辞。这说明,即便在发达资本主义体系内部,全球化也不是铁板一块,各个国家都在维护本民族的利益。正如美国的麦当劳、可口可乐和好莱坞电影在全球的扩张同样遭到了英国、法国和德国的排斥。在2003年伊拉克战争期间,哈贝马斯和德里达联名在德国《法兰克福汇报》上发表《论欧洲的复兴:首先在核心欧洲捍卫一种共同的外交政策》一文,呼吁欧洲团结起来,建立"大欧洲共同体",共同抵制全球的美国化趋势。

值得注意的是,德里克在讨论"全球化"和"地方化"的关系时,提出了一个

---

① 阿里夫·德里克. 后革命氛围[M]. 王宁,等译. 北京:中国社会科学出版社,1999:4.
② 阿里夫·德里克. 后革命氛围[M]. 王宁,等译. 北京:中国社会科学出版社,1999:22.
③ 约翰·汤姆林森. 全球化与文化[M]. 郭英剑,译. 南京:南京大学出版社,2002:10.
④ 邹东言. 印度谨慎融入全球化[N]. 南方周末,2005-12-15(新闻版).

"全球地方"（glocal）的概念。他试图通过这个概念解决"全球化"与"地方性""民族国家"之间错综复杂的关系问题。在德里克看来，单纯强调全球化，或者单纯强调地方性或民族国家都会导致认识和理解上的片面性。他说："作为全球资本主义制度的一个显著特征，目前日渐明显的是全球和地方的最终难以区分性。"① 在当今世界，全球和地方实际上是以"混合杂交的形式"出现的，"于是问题不再是全球和地方的对立，而是'全球地方'的不同构型。与其把一些现象归于全球领域，而把其他归于地方之域，或许更有必要认识到，除极个别情况外，这些现象都是既具有全球性又具有地方性的，只是方式各异"。因此，在他看来，全球性和地方性不再是一个对立的问题，而是互相包含、互相渗透的问题，在当代社会生活中，任何一种现象都既包含了"全球性"，又包含了"地方性"和"民族性"。

吉登斯在讨论全球化时，提出应将全球化分为四个维度：世界资本主义经济、民族国家体系、世界军事秩序和以国际劳动分工为基础的工业发展。他把世界资本主义经济看作全球化的第一个纬度，并在继承伊曼纽尔·莫里斯·沃勒斯坦的观点的基础上进一步强调，资本主义之所以具有全球性影响，主要是因为资本主义乃是一种经济秩序，而不是政治秩序："在二十世纪后期，原初形式的殖民主义几乎都销声匿迹了，但是世界资本主义经济继续在核心、半边缘和边缘地区制造着大量的不平等。"② 民族国家体系被吉登斯视为全球化的第二个维度，吉登斯看到了民族国家与跨国组织之间存在着复杂关系：一方面，跨国公司削弱了地方和民族国家的认同，创造出一种新的认同，跨国公司的许多员工往往来自不同地方，许多人的国家观念淡薄；另一方面，跨国公司又增强了某些国家的实力，从而增强了一些国家的影响力。全球化的第三个维度是世界军事秩序，即军事力量的全球扩张。全球化的最后一个维度是工业主义，吉登斯指出，工业发展导致了大机器技术在世界范围内扩散，"工业主义的传播创造着'一个世界'：在这个世界上，存在着许多实际或潜在地影响着生活在这个星球上的每一个人的危害生态的变化。工业主义也决定性地制约着我们生活在这'一个世界'中的真实感受，因为工业主义最重要的后果之一，就是通讯技术上的变革"③。

不过，吉登斯认为在上述四个维度的背后，还存在着一个更重要的维度，那就是文化和大众媒介。无论是世界资本主义经济、民族国家体系，还是世界军事秩序、工业发展，每一个维度的背后都包含着文化全球化现象，文化和大众媒介的发展深刻地影响着全球化的"所有方面"。

"在报纸大众性传播开来的早期，就有许多作者注意到了媒体将产生的全球化影响。一八九二年一个评论家就曾写道，由于现代报纸的作用，某个边远乡村的居民对当时所

---

① 阿里夫·德里克. 后革命氛围[M]. 王宁，等译. 北京：中国社会科学出版社，1999：44.
② 安东尼·吉登斯. 现代性的后果[M]. 田禾，译. 南京：译林出版社，2011：61.
③ 安东尼·吉登斯. 现代性的后果[M]. 田禾，译. 南京：译林出版社，2011：67.

发生的事件的知晓程度,超过了一百年前的首相。阅读某份报纸的村民自己就同时关心着发生在智利的革命、东非的丛林战争……俄国的饥荒。这里的要点不在于人们偶然地知道了发生在全世界的诸多事件,放在以前,他们对这些事件几乎全然不知;这里的要点在于,如果不是铺天盖地而来的由'新闻'所传达的共享知识的话,现代性制度的全球性扩张本来是不可能的。"①

正是借助大众媒介,现代性制度才能在全球扩张。戴维·赫尔德、安东尼·麦克格鲁在《全球化与反全球化》中明确指出,文化全球化是全球化的一个重要维度。他们注意到,今天的文化全球化最引人注目的方面是"推动它发展的是公司,而不是国家"②,世界上一些主要的跨国公司取代了国家和神权机构,成为文化全球化的核心生产者和散布者。赫尔德和麦克格鲁认为,在跨国公司的文化产品和消费品的影响下,那些封闭保守的传统民族文化认同会遭受严重冲击,它们将遭受新兴的通信方式和技术的威胁。在数字技术的影响下,这些地方的生活方式、政治立场和文化认同也将随之改变。

英国学者约翰·汤姆林森在其所著的《全球化与文化》中也强调了大众传媒在全球化过程中的重要性。他以戴安娜王妃去世为例,仔细分析了全球各地的人们如何通过电视、报纸等大众传媒参与事件,并分享自己对事件的理解和认识。汤姆林森用"非领土扩张化"概述了传媒所导致的全球化现象。"非领土扩张化"就是无须通过占领领土便实现了扩张,电视、网络等现代传媒让"非领土扩张化"变为现实。正是通过大众传媒的"非领土扩张化",个人、地方和世界才紧密地联系在一起。约翰·斯道雷亦认为:"在新兴电子媒体(如人造卫星电视和互联网)的冲击下,世界呈现出缩小的趋势,而这种趋势也推进着与时空相交的社会联系的延伸。时空不再限定我的联系范围,远近也不再限制我交往的对象。电子媒体(传真、电话、电子邮件、互联网)给我提供了超出本土社会,更好融入世界的途径。我可以通过电子邮件与生活在中国台湾、澳大利亚、德国、美国的人们沟通交流,甚至比与居住在离我家两百米内的邻居进行的交流还要多。从这种意义上来说,世界似乎令人不禁产生出一种'天涯若比邻'的感觉。同样,电视新闻能够提供给我们发生在千里之外事件的图像信息和资料报道。如果不是观看了当代的新闻或阅读了当地的报纸,与本地新闻事件相比,'我'很有可能对全球性的新闻事件更为熟悉"③。斯道雷所说的这种情况被汤姆林森称为"传媒亲密感",全球化传媒与通信技术改变了人类的"文化体验"。

总之,大众媒介的出现被认为加快了人类全球化进程。罗伯特·W. 迈克切斯尼

---

① 安东尼·吉登斯. 现代性的后果 [M]. 田禾, 译. 南京: 译林出版社, 2011: 67-68.
② 戴维·赫尔德, 安东尼·麦克格鲁. 全球化与反全球化 [M]. 陈志刚, 译. 北京: 社会科学文献出版社, 2004: 27.
③ 约翰·斯道雷. 作为全球文化的大众文化 [M] //陶东风. 文化研究精髓读本. 北京: 中国人民大学出版社, 2006: 286.

说：："如果没有一个全球性的商业传媒系统来推进全球市场并鼓励消费价值，经济和文化全球化大概就不可能发生。"① 哈贝马斯也认为一个文化全球化时代已经来临："全球化变换一种方式加强了民族共同体的凝聚力。全球市场以及大众消费、大众交往和大众旅游等，使得大众文化的标准化产品传播到了世界的每一个角落。同样的消费品、同样的消费方式、同样的电影、同样的电视节目和同样的流行音乐，传遍了全世界；同样的波普时尚、技术时尚以及牛仔时尚打动了远方的年轻人，并塑造了他们的心性结构；同样的语言，比如标准化的英语，成为不同方言之间沟通的媒介。西方文明的计时方式使得非共时的一切都实现了共时性。这种一体化的娱乐文化不仅席卷了全世界，西方自身内部的差异性似乎因为有了它们而被消除了，以致强大的本土传统正在不断走向消失。"② 在大众传媒的推动和传播下，标准化和同质化的大众文化遍及世界各地。

大众媒介是文化全球化的传播载体，而且大众传媒业本身的全球化趋势也十分明显。不过，上文在讨论传播政治学时已指出，在全球传播秩序中，西方国家特别是美国控制和主宰着世界传播体系。借由一系列的商业化运作，美国的大众传媒产品和流行文化占领了世界主要市场，其他国家虽然采取了种种措施来保护自己的传媒和文化产业，但都未能动摇和改变美国传媒工业全球独霸的地位，这种状况直到今天也没有多大改变，就连英国、法国等国家也无法与美国抗衡。考林·霍斯金斯等人指出，在1965年时，欧洲播映影片中的60%是欧洲产的，来自美国的影片占35%，但到了1995年，欧洲电影在自己市场中的份额已经下降到20%，其余的差不多都被美国的影片占据。③

文化和传媒的全球化在某种程度上被认为仅仅是美国文化的全球化，赫伯特·席勒毫不客气地指出，当今世界"到处充斥着美国制造的影像与信息。美国的流行文化已经迷住了世界各国的青年人。这种文化所固有的、所提倡的产品与服务不是为世界各地的人们所接受，就是为人们所期盼"④。在席勒看来，互联网的出现更是增加了美国"媒介帝国的力量"。汤姆林森认为，"文化帝国主义"观念反映了一部分人对全球文化的恐惧，他指出"文化帝国主义"汇集了一系列互相没有什么关联的"主导话语"——"西方主导非西方""美国主导欧洲""现代世界主导迅速消失的传统世界""资本主义或多或少主导了其他所有的制度及其所有的人"，人们"担心全球的文化差异被挤进一

---

① 罗伯特·W.迈克切斯尼. 全球传媒、新自由主义和帝国主义 [M]//尹鸿，李彬. 全球化与大众传媒：冲突·融合·互动. 北京：清华大学出版社，2002：32.
② 尤尔根·哈贝马斯. 后民族结构与民主的未来 [M]//后民族结构. 曹卫东，译. 上海：上海人民出版社，2002：87.
③ 考林·霍斯金斯，斯图亚特·迈克法蒂耶，亚当·费恩. 电影发行 [M]//全球电视和电影：产业经济学导论. 刘丰海，张慧宇，译. 北京：新华出版社，2004：87.
④ 赫伯特·席勒. 美国的全球电子入侵 [M]//大众传播与美利坚帝国. 刘晓红，译. 上海：上海译文出版社，2006：39.

个主导的、枯竭的同质化的文化之中"①。俄罗斯电影导演谢尔盖·索洛维约夫在和中国电影导演的一次交谈中就曾忧心忡忡地指出，在1992年之前，俄罗斯的电影具有很强的"民族风格"，但在1992年之后，俄罗斯盛行的只有好莱坞大片。索洛维约夫谴责好莱坞改变了俄罗斯一代人的趣味，使得俄罗斯的新一代人都成了"小美国人"，他竭力反对俄罗斯的"民族声音"被淹没在美国大片中。

综上所述，全球化展现了一个比较复杂的"世界图像"：一方面，世界各国经济、政治和文化之间的联系越来越紧密，尤其是跨国组织（如跨国公司）的出现，大大改变了民族国家的单一格局；另一方面，这些联系并没有消除不同国家的"疆域界限"，而在大众传媒的帮助下，地方文化和亚文化再次被重视。正如吉登斯所说的，"全球化社会关系的发展，既有可能削弱与民族国家（或者是国家）相关的民族感情的某些方面，也有可能增强更为地方化的民族主义情绪。在全球化进程加速进行的条件下，民族国家变得'对生活的大问题来说太小，对生活的小问题来说又太大'。与此同时，当社会关系横向延伸并成为全球化过程的一部分时，我们又看到地方自治与地区文化认同性的压力日益增强的势头"②。在下面一节，我们将讨论一些学者所倡导的去西方化媒介研究诉求。

第二节　去西方化媒介研究诉求

西方尤其是美国在全球文化和传媒秩序中的霸权地位，引发了不少国家特别是非西方国家的抵触情绪。在学术领域，一批传媒学者致力批判和反思媒介帝国主义。当然，站在批判立场上反思西方媒介霸权的传媒学者不仅有来自第三世界国家的，也有来自西方国家的。例如，英国学者戴维·莫利就反思了全球化理论，认为盲目崇拜全球化其实是对动态历史的无知，他提倡用一种区域理论来对冲和反思全球化理论，因为在他看来，即便美国这样一个超级大国，从区域理论的角度而言，它也只不过是"众多地区中的一员，而不应该根据任何假设的普遍性原则被给予特权地位"③。英国学者詹姆斯·卡伦和韩国学者朴明珍则在他们合编的《去西方化媒介研究》一书中，集合了大部分反全球化浪潮的学者，对西方媒介理论中的"自我中心思想"进行了猛烈批判。在引言里，卡伦和朴明珍提出要"超越全球化理论"：从某种意义上说，该书是对诸多西方

---

① 约翰·汤姆林森. 全球文化：梦想、恶梦与怀疑论 [M] // 全球化与文化. 郭英剑，译. 南京：南京大学出版社, 2002: 105.
② 安东尼·吉登斯. 现代性的后果 [M]. 田禾，译. 南京：译林出版社, 2011: 57.
③ 戴维·莫利. 超越全球化抽象：区域理论与历史的空间化 [M] // 传媒、现代性和科技："新"的地理学. 郭大为，常怡如，徐春昕，译. 北京：中国传媒大学出版社, 2010: 168.

媒介理论所表现出来的以自我为中心和偏见、狭隘的一种回应。在这些西方媒介理论中，以极少数国家的研究证据为基础来对媒介进行普适性考察已经成为一种惯例。这些理论对媒介领域的一些问题（比如说新闻来源对新闻报道的影响，或是一些探讨媒介与后现代性之间关系的宏大理论等）是否做出了中立的概括尚存疑问，而同时，在研究这些问题时，西方媒介研究领域又老是拿少数国家的情况说事，好像它们就能代表所有的国家。这些"少数国家"指的是那些富有的西方国家，以及我们偶尔会将其归为"西方国家"的那几个国家（如澳大利亚等）。①卡伦和朴明珍认为，全球化理论的勃兴突显了"西方媒介所包含的狭隘性"，全球化的兴起、冷战的结束和好莱坞之外媒介生产中心的涌现，以及媒介研究在全球的发展都昭示着一种新的媒介格局将要形成，需要人们超越全球化理论和西方中心主义的视角去开展研究。《去西方化媒介研究》一书的宗旨便是超越全球化理论，批判西方中心主义观念，将"英美之外的国家作为研究对象，以便拓展媒介研究理论或加深媒介理论的理解"。

卡伦和朴明珍详细梳理了传播史上占主导潮流的几种西方媒介研究理论：地缘政治理论、现代化理论、媒介帝国主义理论、文化全球化理论、全球资本主义复辟理论。这些理论和方法均从西方视角看待当代世界的传播秩序和媒介文化。卡伦认为，施拉姆等人的经典现代化理论忽视了对发展中国家情况的"独到认识"，他们只是用西方精英的观念去看待其他国家，缺乏一种批判性的研究立场；席勒等人虽然用媒介帝国主义理论猛烈批判美国和西方媒介霸权，但是这些理论本身同样显示了他们对非西方国家传播现象的漠视。卡伦等人指出，全球信息流动本来就是多向的，那些跨国公司为了维持扩张，经常要被迫适应"当地文化"，而"'西方霸权'这一简单化的认识模糊了日益增多的异质文化之间相互作用的复杂性和互惠实质"②。同样，文化全球化的观念也遭到了卡伦等人的批评，因为在他们看来，全球化不仅加强了西方的文化霸权，通过大众传媒，非西方的声音其实还被传播到了世界各地。

针对全球化，卡伦等人重申了"民族—国家"在当今世界传播秩序和格局中的重要性，认为尽管全球化、国际化正在成为电影、电视和网络等大众媒体的发展趋势，但他们认为传播系统"在很大程度上仍然是'国家的''民族的'"。"民族国家"依然是电视、广播的真正控制者，控制着电视、广播的所有权并为它们制定相关的法律及规章制度，且不同国家的媒介之间存在着巨大差异，所以，只强调文化和媒介的全球化显得过于简单。卡伦和朴明珍希望通过去西方化媒介研究，改变全球化理论的简单化思维。在《去西方化媒介研究》中，他们深入不同国家和地区的政治与社会语境，具体考察

---

① 詹姆斯·卡伦，朴明珍. 去西方化媒介研究 [M]. 卢家银，崔明伍，杜俊伟，等译. 北京：清华大学出版社，2011：1.
② 詹姆斯·卡伦，朴明珍. 去西方化媒介研究 [M]. 卢家银等，崔明伍，杜俊伟，等译. 北京：清华大学出版社，2011：4-5.

它们的传播和媒介体制，从而试图恢复世界传媒生态的整体图景。总的来说，《去西方化媒介研究》将所涉及的国家分为两大类，即威权政治国家和民主政治国家，进而又细分出转型与混合社会、威权新自由主义社会、威权管制型社会、民主新自由主义社会和民主管制型社会等类型。

在《去西方化媒介研究》一书中，马杰伟、科林·斯帕克斯、朴明珍、李金铨、特里·弗洛等人分别讨论了上述类型国家和地区的媒介情况。例如，朴明珍等人在《现代化、全球化与权威国家：以韩国媒体为例》中讨论了韩国的媒体与权威国家之间的复杂关系，指出韩国媒体和政治权力之间是一种"主从关系"（patron-client relationship），国家和政府控制着媒体，媒体是政府的"仆人"："韩国媒介最重要的特点，就是它是在国家政权的强力引导下生存和发展的，媒介的成长及其财富的积累也主要是由政府的保护政策和优待措施造就的。为了能够快速实现工业化和现代化并弥补政权合法性的不足，国家政权紧紧地控制着媒介，将媒介用作政策推行的工具。在韩国，国家政权依然是媒介进行控制的主要力量——尽管随着媒体公司越来越依靠广告业务获取收入而致使国家政权的控制力有所减弱。"① 正是因为在韩国的媒介体制中政府起绝对主导地位，所以虽然韩国的媒介是建立在西方媒介理论和模式上的，但是韩国媒介的具体运作和西方差别很大，正统的全球化主题并不能轻易适用于韩国。查哈伦·奈恩的《全球化理论与国家控制：政府、市场与马来西亚媒体》讨论了马来西亚的媒体状况。奈恩反思了全球化和去西方化的理论，他认为无论哪种理论，其实都应站在批判立场上思考媒体与国家的具体关系，而不是用全球化理论或其他理论简单地看待。黑尔格·伦宁、塔瓦那·库皮的《民主和威权主义的双重遗产：津巴布韦的媒体与政府》一文分析了以津巴布韦为代表的非洲媒体的矛盾性，讨论了自殖民时代以来津巴布韦媒体的变化情况，指出在津巴布韦的"解放运动"中，虽然民主议题成为社会重要话题，但是民主议题和威权主义的意识形态产生了冲突，这在"解放运动"后的时代里体现得更为明显。新政府的"媒介政策"经常显示出民主和威权之间的矛盾，而这种情况在其他后殖民国家也同样存在。侯赛因·阿明、詹姆斯·那波利在《埃及的媒体与权力》中所讨论的埃及媒体也面临同样的问题——民主与威权之间的冲突：一方面是媒体的自由化和私有化，另一方面是国家对媒体控制的不断加强，即"尽管埃及的媒介已适应了变化中的全球传播环境并且正在茁壮成长，但该国的政治和法律架构并没有做出明显的改变以适应这些变化。实际上，埃及仍在试图维持它的传统式集权控制政策，而这一点同经济和技术的发展趋势是不相协调的"②。这种状况对埃及媒体的发展是极为不利的。安藤正信

---

① 朴明珍，金常奈，苏云伍. 现代化、全球化与权威国家：以韩国媒体为例 [M]//詹姆斯·卡伦，朴明珍. 去西方化媒介研究. 卢家银，崔明伍，杜俊伟，等译. 北京：清华大学出版社，2011：151-152.
② 侯赛因·阿明，詹姆斯·那波利. 埃及的媒体与权力 [M]//詹姆斯·卡伦，朴明珍. 去西方化媒介研究. 卢家银，崔明伍，杜俊伟，等译. 北京：清华大学出版社，2011：235.

在《日本的媒体与权力》一文中讨论了日本第二次世界大战后媒体的发展变化,指出日本媒体尽管受到西方媒介理论的影响,但是"要对处于新形势下的日本媒体做出分析,仅仅应用西方的媒体理论是远远不够的",该文希望能够建构一种去西方化的媒介理论来解释日本媒体的战后发展历史;兰斯·班尼斯则一反常态将美国媒体重新置于美国社会语境中加以考察,具体分析媒体与美国政府之间的权力关系,而不是将美国媒体仅仅视为一种"全球媒体";斯图亚特·坎宁安、特里·弗洛进一步分析了澳大利亚媒体在世界媒体格局里的"复杂性",认为与澳大利亚的殖民历史和特殊的地理位置相应的是,澳大利亚媒体具有一种"混合的特质":"尽管澳大利亚原来是英国的殖民前哨,很多国民也都具有一种'欧洲倾向',但在总体上,澳大利亚却越来越自我认同为'亚洲地区'。从某种意义上说,澳大利亚的媒体实践可以被看作(且被看作)东方政治和东方文化的一种延续。"① 不过,坎宁安、弗洛指出,澳大利亚并没有因实施多元政策而出现文化多元现象,也没有因向欧洲开放而引发实质性的文化融合,占据优势的主流文化,也就是白人文化在澳大利亚并没有受到严重挑战。瑞典、意大利、南非等国家被看成是"民主管制型社会",这些国家都实行民主制度,政府对媒体的管制力度也并不弱。保罗·曼奇尼指出,意大利的新闻业从来没有做到"与经济力量和意识形态相分离",因为媒体受到了"国家干预的强大影响。媒体企业往往有着媒介领域之外的利益,而媒介也会始终代表并捍卫着这些利益"②。相较于以上国家,作为西方曾经的殖民地,南非的情况更为复杂。种族主义、民族主义和全球主义并存,媒体沦为黑人、白人及其他族群的"争夺场域"。本地资本与全球资本、黑人资本与白人资本、混合资本与互渗资本交织在一起,多样化和互相渗透性成为南非媒体的重要特征。

《去西方化媒介研究》一书从"去西方化"的视角批判性地反思了全球化和媒介帝国主义理论,具体考察了世界各国不同的传媒制度和媒体格局,以及在不同社会制度下媒体的文化选择,这些讨论改变了那种以为只要了解美国、英国等发达国家媒体发展即可的思想,并试图通过去西方化媒介研究,重建国际传播新秩序。但是,构建非西方化媒介理论实非易事,该书在论述过程中也没有完全摆脱全球化、西方化和现代化等西方理论话语,而且仅仅介绍了少数国家的媒体情况,全世界大部分国家的媒体状况依然没有受到重视。另外,《去西方化媒介研究》一书讨论的多是报纸和广播、电视等传统媒体,对于新兴的网络媒体并没有给予足够重视。值得注意的是,反思全球化和媒介帝国主义理论并不意味着要无视全球化和西方国家的媒介理论。正如李金铨教授在其著作中

---

① 斯图亚特·坎宁安,特里·弗洛. "去西方化"的澳大利亚?:媒介体制与文化认同[M]//詹姆斯·卡伦,朴明珍. 去西方化媒介研究. 卢家银,崔明伍,杜俊伟,等译. 北京:清华大学出版社,2011:301-302.
② 保罗·曼奇尼. 政治混乱与新闻替代模式:以意大利为例[M]//詹姆斯·卡伦,朴明珍. 去西方化媒介研究. 卢家银,崔明伍,杜俊伟,等译. 北京:清华大学出版社,2011:345.

提出的，我们支持超越西方媒介霸权的理论，但也反对抱残守缺的本土观点。①

在反西方媒介霸权方面，一些国家的媒介实践同样值得介绍。例如，韩国媒介发展成绩显著，其电影不仅在韩国内部成功击败了好莱坞影片，还逐步占领了中国、日本和东南亚市场。1995年，韩国国产片的票房占国内总票房的比例为20.4%，进口片的票房占比则高达79.6%，而到了2003年，韩国国产片的票房占比已经超过半数，压倒了好莱坞影片在韩国的票房。2006年，韩国国产片用进口好莱坞影片数量的三成出品，谋取了市场份额的六成。② 韩国影视工业在海外也是佳绩不断，市场份额越来越大，比如韩国电视剧《爱情是什么》于1997年在我国中央电视台播出，收视率高达4.2%。2004年，中央电视台又连续引进了《洗澡堂老板家的男人们》《看了又看》、《明成皇后》（第一部）和《人鱼小姐》等广受好评的韩剧，取得了深夜11点之后高达10%的收视份额，超过许多黄金时段播出的中国电视剧。在中国香港、台湾等地，韩剧也倍受欢迎。《大长今》登陆香港后随即创下了2005年香港电视剧收视纪录，超过40%的香港居民观看它，更令人惊讶的是，在香港，根据《大长今》剧情整理出的菜谱卖到100多元一本仍被市民疯抢；《大长今》在台湾播出后也获得了有线电视的收视率冠军。③

韩国影视工业为何能取得傲人成绩？新加坡学者赵慕媛认为，这得益于韩国制定了一系列鼓励民族电影发展的文化措施。20世纪90年代初期，韩国电影处于观众稀少、票房被好莱坞影片垄断的局面。为了抗衡好莱坞的"文化入侵"，韩国政府于1994年拟定了《电影振兴法》，制定了有利于电影发展的多项优惠措施。其实，韩国政府早在1988年就制定了两项政策：一是逐步放开电影审查制度，允许人们随意拍电影和电视剧；二是加大对进口电影的限制，外国影视片不能随便进入韩国市场。④ 中国的电视剧《还珠格格》曾在韩国热播，但随即韩国政府就做出了停播决定。韩国的媒介精英认为，他们国家只有4 000多万人口（20世纪90年代），如果文化市场完全放开，将很难和中国、美国等大国抗衡，所以要限制海外媒介工业，保护本民族媒介产业。2000年，韩国颁布了《文化产业振兴基本法》，通过政策促进和鼓励文化产业发展。1997年，亚洲爆发了金融危机，韩国受到重创。为了恢复经济，韩国致力发掘新的经济增长点，把目标锁定在媒介工业上，在当年就成立了文化产业基金会。另外，韩国电影人在其国内积极争取电影自主权，不断给政府施压，迫使政府取消了审查制度，代之以电影等级制。⑤ 在政策的鼓励下，大量优秀人才进入了电影行业，同时韩国电影没有一味抵抗好

---

① 李金铨. 在地经验，全球视野：国际传播研究的文化性［M］//传播纵横：历史脉络与全球视野. 北京：社会科学文献出版社，2019：130.
② 赵慕媛. 韩国的电影市场：中国电影票房的艰难挺进［J］. 当代电影，2007（2）：133-139.
③ 张英，吴晗.《大长今》争夺战［N］. 南方周末，2005-11-17（文化版）.
④ 曾一果. 完善我国电视剧产业的文化机制：由"韩剧热"引发的思考［J］. 苏州大学学报（哲学社会科学版），2008，15（2）：90-93.
⑤ 赵慕媛. 韩国的电影市场：中国电影票房的艰难挺进［J］. 当代电影，2007（2）：133-139.

莱坞电影的"文化侵略",而是在电影的制作与发行上不断向好莱坞电影和香港电影学习。

韩国电影人花尽心思,向很多成功电影包括好莱坞电影与香港电影借鉴学习。从外在的制度、模式、技术,到内核的影像、叙事、风格,他们都用近乎临摹的态度与步骤——模仿过来,再深度挖掘传统儒家文化与韩国的民族精神气质,进行一番融会创新,向世界展现今天韩国电影的多元风貌与新颖构思。这个过程像极了第二次世界大战之后的日本为振兴经济尤其是制造业,用尽各种法门全方位"抄袭"、模仿、学习发达国家,进而创新,最终塑造了自己的经济强国地位。韩国政府在20世纪90年代给韩国影视工业的定位就是"准制造业",目标是冲向亚洲及世界。① 总之,为了把韩国的影视工业推向海外,韩国对自己在亚洲和全球影视市场的发展做了准确定位:注重商业、注重模仿、注重文化策略。这些都是韩剧飞速发展的主要原因。现在,韩国的媒介工业利润甚至超过了汽车工业。

在全球媒介市场日益激烈的竞争中,日本也曾调整自己的文化政策。日本学者岩渕功一分析了日本媒介工业的策略,他指出,日本媒介工业发展的方法是"重返亚洲"。众所周知,作为亚洲大国,明治维新后日本采取了"脱亚入欧"的做法,逐渐脱离亚洲,全面西化,迅速发展,称雄亚洲。但第二次世界大战之后,日本的全球野心受到遏止,美国和西方其他国家也对日本实行军事压制。所以,日本在全面发展经济的同时,又不得不重新返回亚洲。20世纪80年代的日美经济和贸易竞争,使得日本越来越意识到"亚洲的重要"。岩渕功一认为,"日本超强经济实力的神秘性在于其对世界缺乏明显的文化影响力。一方面,日本必须处于西方压倒性的全球文化霸权下;另一方面,日本自身也不愿意被同化为非日本化"②。所以,在越来越重视文化产业的全球化和后现代主义社会中,日本开始重返亚洲社会,亚洲日益壮大的影视工业也使得日本想在这个市场占有一定份额。

不可忽视的是,日本曾有殖民他国的历史。为了不引起被日本殖民过的亚洲国家的反感,改变日本历史上的坏形象,日本选择了"文化接近性"的文化策略,利用日本同中国、韩国文化的接近性,将流行音乐和动画片等一些表面上不含过多日本色彩的文化工业输入这些国家,并且发展了一种叫"观念贸易"的文化策略。所谓的观念贸易就是日本利用自己技术优势强、消费水平和现代化程度高的特点,输出有关文化产品的技术,由当地提供明星和演员的影视贸易模式,而其实际目的自然是推销他们的文化产品。岩渕功一指出:"日本后现代主义重返亚洲是促成日本流行文化在亚洲空前流通的推动力。因此,日本的文化工业并不在乎日本文化产品的直接出口,而在乎日本文化产品是否有日本的文化气息,以及是否伪装成本地生产的产品。现今大多采用新力的'全

---

① 赵慕媛. 韩国的电影市场:中国电影票房的艰难挺进 [J]. 当代电影, 2007 (2): 133 – 139.
② 岩渕功一. 重返亚洲?日本在全球影音市场的动向 [J]. 徐咏絮, 译. 传播文化, 1998 (6): 65 – 82.

球性的本地化'策略,这是指全球性的公司在全球发行产品时应该对本地市场的喜好非常敏感。在此情况下,我们发现一个很有趣的现象是,日本文化工业试图在亚洲出口的并不是产品,而是透过西方本质都市中产阶级文化所建构的产品。一位日本全球主义的代表者欧曼曾说全球中人们的欲望及权利是可以跨越国界的,这正是日本急切想要以所谓的文化节建构出的亚洲现代化的消费文化。①

正是通过"文化接近性"和"观念贸易"等方面的举措,在全球性媒介文化市场中,日本成功地返回亚洲,重新占领了亚洲的传媒市场,将他们的动画片及消费性的科技品,如放映机、电脑游戏、卡拉 OK、随身听、电视等推销到亚洲其他国家,培养了这些国家中产阶级的都市消费热情。这些产品占领了亚洲市场,甚至占领了世界市场。1992—1993 年,世界动画片市场上有 85% 的动画片来自日本,就像岩浏功一所指出的那样,这意味着日本是有意图、有策略地出口,而不是很盲目。②

第三节 全球化时代的中国文化:传播视角的发现

传播学者汪琪在其《文化与传播》一书中强调,传播对于文化特别重要,因为"它允许人类将世代的经验与知识累积起来,由此而渐渐进化,产生文明,没有了这个能力,人类将永远处在茹毛饮血的阶段,正如其他的动物一样,千百万年来生生死死,永无进步"。但她指出,随着科技的快速发展,文化与传播的关系反而没有受到重视,文化成为科技的影子。"近年来,由于尖端传播科技在促进开发中国家现代化方面遭遇了严重的困难,文化才受到部分传播学者的重视。"③

汪琪认为,要从文化的观点分析传播,必须从传统文化谈起。在不同的社会结构中,由于文化传统不同,人与人之间的沟通交流方式各不相同。比如,中国文化中有"神交""默契"之说,但西方文化中没有这样的观点,他们的交流靠的是言谈。④ 因此,要理解某一种文化传播,在某种意义上首先要了解那个国家或者地区的传统文化。

钱穆也在其《中国文化的精神》中特别提到了传播对于文化的意义,他使用的是"散播"一词,其实也就是传播的意思。在钱穆看来,文化就像生命,自己也能散播。而在现代世界,由于工业革命和新兴技术的迅速发展,西方文化散播得特别快而广。"讲到今天世界各民族的文化,我们应该可以说,西方文化散播的力量特别大。如我们

---

① 岩浏功一. 重返亚洲?日本在全球影音市场的动向[J]. 徐咏絮,译. 传播文化,1998(6):65-82.
② 岩浏功一. 重返亚洲?日本在全球影音市场的动向[J] 徐咏絮,译. 传播文化,1998(6):65-82.
③ 汪琪. 文化扮演的角色[M]//文化传播:"世界村"里的沟通问题. 台北:三民书局,1982:37-38.
④ 汪琪. 文化扮演的角色[M]//文化传播:"世界村"里的沟通问题. 台北:三民书局,1982:40.

台北市，电灯、自来水、汽车一切，都由西方散播而来。不仅都市，甚至穷乡僻野。不仅中国台湾，即全世界，到处是这样。这不能不说是西方文化一种散播的力量。"① 但钱穆也对西方的散播进行了反思，认为西方在世界散播的是"物质文明"，而不是"文化"。钱穆认为，中国文化的传播跟西方的不同之处便是中国文化本身可以散播，而且这样的散播体现在每个人的身上。"中国文化的完整性，则是寄托在我们每一人身上。每人可以影响其他人。穷则独善其身，先影响我自己，其次可以影响到我家，影响到我朋友。达则兼善天下，就从这里达去。"② 这就是中国文化通过每个人向外散播的力量。

中国传统文化博大精深，体制浩繁，难以被简单述清。中国文化的研究者总是在力图有效、有力地概括中国传统文化，但最终只能在概括者所熟悉的某些方面抵达对中国传统文化的特征性总结：从思想史的角度看到了诸子哲学的伟大传统，从文学史的角度看到了诗骚传统，从社会史的角度看到了农耕文明传统，从经济史的角度看到了轻商文化传统，等等。那么，在这样的专题意义上，我们应该也能从传播角度审察中国传统文化的特色与规律及其所构成的伟大传统。

首先，从这一角度可以总结出中国传统文化的一个重要传统——传播及其传播结果具有思想本体的意义。传播在一般理解上只是手段，而非思想和精神的本体。但由于中国传统文明具有特殊的发展节奏与程式，最终往往会将本来诉诸传播的文本当成经典文件本身。孔子的《论语》应该就是关于孔子学说的传播文本的集合：他的弟子们决定为夫子编一本经典性的言论集，就依照自己的记忆写下自以为是孔子的原话的言论，其实这些言论到底有多少成分是孔子的原话，根本无从考订。今天所读到的先秦典籍，可以判定的最古老的、最可靠的文本也都是汉代的文本。

传播即本体的传统文化思路，看起来似乎起到为传播学"加持"的作用，其实会造成一些不理想的后果。例如，今天我们看到最古老的文字是甲骨文，而甲骨文主要承载的内容是卜辞，这就给后人留下了刻板印象：最早的文字书写就是印刻在甲背、兽骨上的，最早的文献就是占卜用的这些卜辞。这实际上是一种误导，已经有相当文明程度的中国人的祖先其实一开始可能在哪里都书写，包括在石头上（岩画之类便是），更多的可能是写在木头上，在树叶上，在地上，在动物的皮上，其内容可能与日常记事、记账、记天气多有关系，但是这些由于材质易腐无法形成历时性传播，很快就消失了，由此无法知晓它们真实存在的样貌，而甲骨文仅因载体的坚固得到流传。它们的传播方式及它们所承载的内容能够为后人所发现、所珍视，实际上纯属偶然。因此，后人若以这种传播的内容为远古时代文化的本体，甚至全部，便是一种误读。

其次，以传播代替本体的传统经典运行方式、积累而成的学术文化和文学文化便是传播途径的神圣化、神秘化。这种传播途径的神圣程度远远大过本体文献自身。在中国

---

① 钱穆. 文化的散播与完整 [M] //中国文化精神. 北京：九州出版社，2011：77.
② 钱穆. 文化的散播与完整 [M] //中国文化精神. 北京：九州出版社，2011：92.

古代文化书写的幻想型情节中，总是出现各种秘籍，这些秘籍的内容只有天知道，但它们的运行手段和传播途径非常重要。宋江得到的天书乃是九天玄女娘娘所授予的，贾宝玉阅读的预示金陵十二钗命运的秘籍乃是警幻仙子所披露的，而且是犹抱琵琶半遮面式的披露。唐僧师徒克服八十一难取得的乃是无字经书，书中的内容也就是本体似乎并不重要，重要的是从何处获得及如何获得，即传播过程。也正因为如此，中国古代经典文献运行中的所谓"鲁壁书"现象，其实也只是一种传播策略和传播手段而已。那个文本与坊间流传的没有什么特别，也就是说，经典文本本体并没有什么石破天惊的发现，这本身就说明"鲁壁书"传说的可疑性。

最后，中国传统文化的建设还明显存在着"时间之维"盛于"空间之维"的传播范式。"文章千古事"是这种传播范式的价值理论的精确概括，即传之后世远比传至四方重要。《尚书·禹贡》："东渐于海，西被于流沙，朔南暨，声教迄于四海。"这应该说是一个较为特别的个案，中国文化很少表现出海洋关怀，也很少有空域关怀。《诗经》整理的结果是各个地方的"风"并列，基本上保持它们自身之间的差异性，这是因为孔子删诗的时候考虑的主要是纵向的历时性传播，至于同一时代不同空间的传播，则基本上未被纳入考量。这样的时间之维的纵向传播思路衍生出了一种非常消极也非常特别的古代传播方式，叫作"藏之名山，传之后世"。这是一种中国式的人文思维，考虑的重点是在时间之维对后世产生影响。

此类在时间之维纵向传播的文化产生了独特的文化生态。第一是对纵向的"教"的重视。从强调教化，到兴办教育，孔子强调的都是纵向教育的传统，即将思想和人文精粹通过一代又一代的传承、教育而传播、延续，以图发扬光大。第二是对文化艺术思想的表达尽可能做到精致、优美、圆满，因为要把它当作"不朽之盛事"，以求"千古"相传。这使得中国传统文化典籍天然地带有"理想文体"的意味，思想和精神及其表达也带有"理想类型"的意味。无论是文艺类型的作品，还是具有思想性乃至政论性的文章，都被尽可能写得美轮美奂，因为要"传之既久"。于是《刺世疾邪赋》《盐铁论》《谏迎佛骨表》《出师表》都成为文学经典。中国文化传统非常警惕时文，因为时文是一定时间内的应用文体，被认为不具有传播至后世的可能与价值。其实，时文可以用于空间之维的传播与普及，往往不求时间之维的传世，如《敦煌曲子词集》之类的文本。这些通俗文化的文体的品质和命运乃由传播的维度、传播的需要决定。

中国的近代化应该是从文化和思想传播着手的，正是近代的文化传播革新将古老的中国拽进了世界发展的潮流之中，将它纳入了世界文明的秩序之中。如果说中国古代的媒介文化基本上呈现出以传播代替思想文化本体的特征，那么在进入世界文明秩序的过程中，中国文化非常注重传播本体的思想素质和文化素质，而对传播的途径并不十分看重。这可以说是近代以来中国文化接受外来文化的一个非常重要的特征，这一特征决定了中国文化在近代以后具有巨大的开放性和包容性。近代中国文化如果特别强调传播的路径和传播方式，就不可能将明治维新以后的日本近代文化及日本近代文化所转传的西方文化当作中国文化开放、包容的直接资源。事实上，近代中国接受的日本转运和传输的资源相当丰富，西方许多新概念、新术语、新名词进入中国的近代历史语境和文化语境，都是由日本传达与转译而来的，如社会、政治、教育、思想等。以梁启超为代表的先驱者和启蒙倡导者，都在那时从日本的近代文明浪潮中借用了许多汉语词汇，以满足中国思想文化的近代化的表述需要和传播需要。

中国的近代化以"西学为用"为宗旨学习和引进西方文化，兼容并蓄地引进欧美和日本的文化。长期以来，至少在中国的学术认知中，日本文化是作为中华文化和汉语文明的附属部分得以存在和发展的，现在中国的文化启蒙者却需要向日本近代文化转借本属于中国的词语表述，这在传播途径上是一种逆向传播。但是，中国的文化启蒙者以海纳百川的胸怀，坦然接受这样的情状和文化格局，以一种"英雄不问出处"的豪迈与粗犷，积极接受日本文化的逆向传播和回馈性的汉语传输。中国新文化运动的先驱陈独秀、胡适和鲁迅都注重对外国文化的吸收。鲁迅一向具有这种"不问出处"而热心推介外国文化的胸襟与气度。他早期与周作人编辑翻译《域外小说集》的时候，"因为所求的作品是叫喊和反抗，势必至于倾向了东欧，因此所看的俄国，波兰以及巴尔干诸小国作家的东西就特别多。也曾热心的搜求印度，埃及的作品，但是得不到"①。鲁迅是那么真诚地介绍和推荐弱小国家的文学家。1929年，当有人推荐他和梁启超去竞争诺贝尔文学奖时，鲁迅诚恳地指出，他自己和梁启超都不配获得这个奖项，他觉得倒是自己为其做翻译的荷兰作家弗雷德里克·凡·伊登值得获得这样的奖项。鲁迅重视西方的"摩罗"精神和反抗的文艺传统，但是更看重俄国文化艺术，认为"俄国文学是我们的导师和朋友"，"因为从那里面，看见了被压迫者的善良的灵魂，的酸辛，的挣扎"。鲁迅还认为，只要俄国文学中传达的精神是有助于我们的，我们就应该对它加以介绍，加以接受，加以研究，"这可见我们的读者大众，是一向不用自私的'势利眼'来看俄国文学的。我们的读者大众，在朦胧中，早知道这伟大肥沃的'黑土'里，要生长出什么东西来，而这'黑土'却也确实生长了东西，给我们亲见了：忍受，呻吟，挣扎，反抗，战斗，变革，战斗，建设，战斗，成功"。②鲁迅这样满腔热情地倡导接受俄国文学，同样是注重俄国文学的本体价值、主题价值，而不是从传播途径，以及传播源的文化身份和文化地位角度进行审定。免除"势利眼"就是在传播途径和传播源的选择方面更具有胸怀，即"英雄不问出处"的胸怀。中国现代新文化的建设者对外国文化的传播热忱，决定了他们从来就是重视文化资源的品质，而不计较其传播途径和文化主体的身份地位。《小说月报》等专门编辑出版"被损害的民族文学号"③。这一新

---

① 鲁迅. 我怎么做起小说来 [M] //鲁迅全集 (4). 北京：人民文学出版社，2005：525.
② 鲁迅. 祝中俄文字之交 [M] //鲁迅全集 (4). 北京：人民文学出版社，2005：473-475.
③ 参见：《小说月报》第12卷第10号、1921年10月号.

文学传统到了 20 世纪 30 年代得到了发扬光大，《文学》杂志编辑出版 3 期"弱小民族号"①。其他如左翼的《世界知识》《译文》，国民党阵营的《前锋周报》《矛盾》等刊物也都相继推出了弱小民族作品专号。

与中国传统文化的传播思维相对，中国近代文化、现代文化中的传播思维倾向于空间传播，而相对忽略文化传播的纵向的时间之维。这同样是对传统传播文化的一种颠覆。近代以来，文化艺术及学术思想的传播主要以现代媒介为载体、为工具、为途径，针对现实、服务现实、立足时代、拥抱时代的文章成为传播的主要资源，这样的文化艺术和思想传播就基本上显示出时文传播的特点。梁启超主办、主笔的《时务报》，严复的《论世变之亟》等文章，成为近代时文传播的代表性对象，也演化成当时文化的主流。《新青年》主导的所有的文化思想的讨论，都是对现实和时代做出积极、深刻、激烈反映的文字。这种时文传播通向对许多急切的问题和状况的对应与解决，形成了许多以"问题"为标识的热点，围绕这些热点展开的讨论又及时地强化了这个时代言论的主流。这样的传播经由纸质媒体的迅速发行在中国及周边地区铺展开来，体现出现代媒介所必然具有的及时乃至即时、快捷甚至同步化的特征。"无远弗届"是在这种空间维度上传播的效率和能力的体现。传媒的现代化标志便是迅速快捷、及时即时，这样的传播特性在新文化方面也有典型的表现。一个新的文化社团，只要有实力和精力，一般都会出版多种期刊。例如，创造社除了有《创造》季刊外，又编辑出版《创造周报》，且在《中华新报》开办《创造日》日刊。为什么要采取这样的繁复、重叠的媒体策略？就是要反映本社团文艺声音的及时性和即时性。对于这些新文化主流社团来说，《小说月报》《创造》季刊这样一个月出一期甚至一个季度出一期的曝光频率实在太低，于是他们要办周报甚至日报。

强调空间之维横向传播的及时与即时，实际上就是为了消解传统文化语境中的"传之既久""文章千古事""不朽之盛事"的纵向传播原则，文化思想的传播向度被调整为横向的空间之维的推衍，这样的传播文本随即被要求现实化、"时文化"，且具有社会关怀性、人生批判性。从《新青年》到《新潮》，再到文学研究会，包括鲁迅在内的文学家都认同文学"为人生"的观点。鲁迅认为，《新青年》《新潮》都拥有"为人生的文学"群体，文学研究会自然也是"为人生的文学的一群"②，"为人生"，并将此观点当作现代意识的呈现、现代文学理论的精粹。"为人生"乃是为现实的人生，研究人生，表现人生，批评人生，甚至改造人生，所有的努力和工作目标都是为现实的人生。鲁迅在《我怎么做起小说来》一文中说道，自己写小说"仍抱着十多年前的'启蒙主义'，以为必须是'为人生'，而且要改良这人生"③。"这人生"便是现实的、当下的

---

① 参见：《文学》第 1 卷第 3 号、第 5 号，第 3 卷第 5 号。
② 鲁迅.《中国新文学大系》小说二集序［M］//鲁迅全集（6）. 北京：人民文学出版社，2005：249.
③ 鲁迅. 我怎么做起小说来［M］//鲁迅全集（4）. 北京：人民文学出版社，2005：526.

人生。立足当下的人生，立意于人生批评，致力改造社会的文学，当然会放弃经典营造、"传之既久"的"传统的"文化传播策略与文化传承目标。鲁迅正是这样定位自己的文章的，他这样评价自己收录在《热风》中的作品："我的应时的浅薄的文字，也应该置之不顾，一任其消灭的；但几个朋友却以为现状和那时并没有大两样，也还可以存留，给我编辑起来了。这正是我所悲哀的。我以为凡对于时弊的攻击，文字须与时弊同时灭亡……"① 虽然鲁迅的社会批评和文明批评至今没有过时，也没有速朽，但这的确不是鲁迅的愿望。他的文学是"战斗"的，当然不希望很长一段时间以后还需要这样的战斗，还有这样的时弊需要攻击，还有这样的恶劣现象需要揭露，还有这样的丑陋行径需要批判。在文化传播意义上希望自己的文章"速朽"，正是鲁迅这位伟大的思想家和文化启蒙者的胸怀与气度，也是他们的初心与使命。

以"学衡派"和现代新儒家为代表，近现代的文化保守主义者在文化传播的理念上与新文化运动的倡导者只注重引进西方文化有所不同，他们更注重对本国文化的保存、传播和发扬光大。例如，"学衡派"提出"昌明国粹，融化新知"，既强调要重视对本国文化传统的延续和发扬，也不排斥对新的西方文化知识的吸收。现代新儒家的代表人物梁漱溟、冯友兰和钱穆没有完全排斥西方文化，但做了比较深入的反思。例如，在钱穆看来，"近代西方人，常有一种错误看法，他们似乎认为'文明传播'即可转变为'文化移植'。更错误的是，他们又似乎常认为只要外面经受经济物质条件之压迫，即可促成其内部文化精神之转向。于是逐渐形成一种文化布扬其表，经济侵略其里之强横态度"②。钱穆认为西方的这种看法是错误的，因为中国文化延续几千年，已形成了自己固有的历史和传统，尽管在近代以来，中国文化跟西方文化相比，显示出不少弱点，但只要文化根脉存在，这种文化就不会消亡，"只要文化生命持续，民族生命亦可相随持续"③。而在经历近代磨难之后，中国文化也会"苦尽甘来"，获得新生，并且由于中国文化同时能够包含物质、社会和精神，它会是未来世界文化新生的重要参与力量。中国文化经过创造性的转换能够对世界文化发展做出贡献。传播学者李金铨也赞同这点，他在著作《传播纵横：历史脉络与全球视野》中从传媒的角度这样看待中西文化："我深恶以'西方为全球标准'的霸权，但也痛绝'文化民族主义'的闭门造车；我不相信有'本质化'的亚洲或中国传媒理论，更与假大空的'中国例外论'毫无瓜葛。研究中国传媒，固然因为我们受中国文化的熏陶，但这不是唯一的原因；更不是因为我们属于文化中国，就只能研究中国传媒。研究中国传媒，在知识上不许自足或孤立，应当与国际传播保持互动，更当随时从人文与社会科学的活水源头汲取理论与方法的新生资源。我们想建立的，是具有中华文化特色的普遍性理论，选题和解释根植于中

---

① 鲁迅. 热风·题记 [M] //鲁迅全集（1）. 北京：人民文学出版社，2005：308.
② 钱穆. 世界文化之远景 [M] //文化学大义. 北京：九州出版社，2012：86.
③ 钱穆. 文化的衰老与新生 [M] //文化学大义. 北京：九州出版社，2012：70.

华文化的特殊性，也彰显中华文化的特殊性；除此，还应该更进一步从深刻的文化反省，汲取更宽广的洞见，发展出具有普遍意义的广阔视野，以了解世界是如何运作的。哪天能够建立这种普遍性观点，具有文化特色，包容内部差异，又超越理论的偏狭，我们便能立于不败之地，以开放心灵与西方文献平等对话。这是世界主义的精神，是国际传播的指路明灯。"①

第四节　数字时代的中国文化传播与传统的重续

近代以来，特别是现代化生活以后，中国的传媒文化拥有了与传统传播文化截然不同甚至维度相对的新传统。因此，当代研究者应重视东西文化交会和古今文化融合以后所形成的具有开放包容精神的中国文化的新传统。文学形成了这样的新传统，传媒文化也同样需要确认这一新传统。

中国现代文化传播非常迅速地避开了传统传播文化以传播载体与方式为本体的运作模式，将传播内容的本体属性放在非常重要的位置。这种重视传播本体的思路并不是西方文化思潮进来以后才形成的传统，其实乾嘉学派的兴起，已经为这种追寻文化文本的本体形态的风气做了很好的学术准备。中国现代文化重视翻译，有人认为翻译甚至比创作更为重要。1920年10月，《时事新报》副刊《学灯》依次刊载周作人的翻译作品《世界的霉》，鲁迅创作的小说《头发的故事》，郭沫若创作的戏剧《棠棣之花》，以及郑振铎的翻译作品《神人》。郭沫若对这种将"死不通的翻译"排在"煞费苦心的创作"之前的做法颇为不满，并给《学灯》主编李石岑致信："我觉得国内人士只注重媒婆，而不注重处子；只注重翻译，而不注重生产。"他还认为翻译只是"附属的事业"。② 包括鲁迅在内的新文学家绝对不能接受这种偏颇的观察，郑振铎直陈这是属于一种"观察错误"的结果③，沈雁冰也明确表示反对，认为翻译与创作同样重要。这样的论证在此后的近20年中时时被提起，鲁迅更是经常对郭沫若的"媒婆"观进行讽刺："从前创造社所区分的'创作是处女，翻译是媒婆'之说，我是见过的，但意见不能相同，总以为处女并不妨去做媒婆——后来他们居然也兼做了——倘不过是一个媒婆，更无须硬称处女。"④ 这番争论说明不了别的是非，但可以说明，包括持"媒婆论"

---

① 李金铨. 在地经验，全球视野：国际传播研究的文化性 [M] //传播纵横：历史脉络与全球视野. 北京：社会科学文献出版社，2019：153.
② 郭沫若. 致李石岑 [M] //黄淳浩. 郭沫若书信集（上）. 北京：中国社会科学出版社，1992：187.
③ 郑振铎. 处女与媒婆 [J]. 文学旬刊，1921（4）.
④ 鲁迅. 致《近代美术史潮论》的读者诸君 [M] //鲁迅全集（8）. 北京：人民文学出版社，2005：309 - 310.

的郭沫若在内，新文化运动的主讲们都非常重视翻译的价值。

为了尊重翻译对象的原貌，回归被传播文本的本体面目，鲁迅等还特别准备了一种"直译"体的翻译方法，也就是梁实秋等讽刺的"硬译"，或者陈西滢说的"死译"。什么叫死译？陈西滢说："他们非但字比句次，而且一字不可增，一字不可先，一字不可后，名曰翻译，而'译犹不译'，这种方法，即提倡直译的周作人先生都谥之为'死译'。'死译'这个名词大概是周作人先生的创造了。"① 这种"直译"实际上是试图通过尽可能存真的翻译保证文化传播的本源性，它尽量减少对翻译文本词语和词组的处理与改造，以保留原语的原貌，甚至有时候还保留原语的某种语法、句法和词法表述，让读者在接触翻译文本的时候能够揣摩到甚至还原到传播本体的源文本意味。其实，这样的"直译"方法在早先的日本已经相当普遍，梁启超关注到和介绍了矢野文雄的《经国美谈》，从周宏业的中译本可以读到，在后编《自序》的《文体论》中，矢野文雄告诉中国读者："今者，我邦之文体有四：曰汉文体、曰和文体、曰欧文直译体、曰俗语俚言体。而此四体各具长短，概而论之：悲壮典雅之场合，宜用汉文体；优柔温和之场合，宜用和文体；致密精确之场合，宜用欧文直译体；滑稽曲折之场合，宜用俗语俚言体。"② 由此可见，日本人已经注意到有一种"欧文直译体"，鲁迅应该非常熟悉在日本一度流行的这种翻译和传播范式。

中国现代文化界为了保持对翻译和传播的源文本的尊重，还在业已形成基本规范的现代汉语书面语系统中特别为翻译准备了一种雅致、精准、脱俗的翻译语体，也在一定程度上保留了西方语言的某种表述习惯，如倒装句、各种类型的从句表述法等。这样的翻译语体是现代汉语特有的语用设计，其目的是使通过翻译在汉语语境传播的外国思想文化文本具有特别的语言魔力和魅力。③

数字时代对源文本的重视更为明显。大量的中外文对照阅读的出版物和数据库不断涌现，体现出传媒时代人们对传播源文本的本体尊重。网络传播的规范越来越健全，大量数据库借助版权保护的策略，以源文件文本的存储和使用取代了原有的经过文字处理的文本检索和使用方法，实际上形成了对源文本和传播资源原真性的保护、强调与尊重。这样的传播和呈现方式看起来是顺理成章的，其实包含着对传统文化语境下以传播方式、传播途径确定传播文本本体价值进行颠覆性反转的传播时尚。

中国现代文化传播的另一番对传统文化传播的颠覆便是注重空间之维的传播，而基本避开了时间之维的传承。新文化运动的经典之作其实都不是按照传世经典的目标进行定位的，都带有为人生服务并展开批判的价值功能考量。中国现代文学史上第一部白话

---

① 梁实秋. 论鲁迅先生的"硬译"[J]. 新月，1929，2（6-7）：1.
② 关于《经国美谈》的译者及在《清议报》的连载状况，参见：邹振环.《经国美谈》的汉译及其在清末民初的影响[J]. 东方翻译，2013（5）：43-51.
③ 朱寿桐. 翻译语体与汉语新小说[J]. 小说评论，2016（6）：72-79.

诗集是胡适的《尝试集》，它就是尝试的示范性作品，作者从未想过让它作为"成功"的范本留之后世。鲁迅的经典作品《阿Q正传》一开始是《开心话》栏目中的小品类作品，不过鲁迅写着写着忽然严肃起来，然后编辑才不得不从《开心话》栏目中将《阿Q正传》移出，因而出现了全书的风格不尽协调的现象。巴金的"激流三部曲"由于媒体连载的安排而不得不尽快收尾，其第一部《家》较为紧凑、干净利落，而后来的《春》《秋》就显得有些拖沓迟滞。新文化运动之后的作品，由于很少有"传世"传播的定位，便常常显露出带缺陷、留遗憾的特征。这从梁启超当年试验"新民体"开始，就已经成为近现代文化的一个传统。

这样的带缺陷、留遗憾的文本经营方式在数字时代成为常态，精雕细琢、完整圆满的作品真的是"昨日的文学家"追求的专利，数字时代的文艺和文化文本显露出粗糙乃是特色，破绽显示真诚，文本的临时性、即时性似乎成了它的主要属性，甚至这样的粗疏和破绽文本已经成为一种文化时尚，已经不再被当作缺陷。这在即时性传播定位中体现为一种必然，并不完全归咎于数字操作者不负责任的态度和不尚经典、不求圆满的匆忙姿态，这是现代文化传播的一种注重共时性传播的传统在起作用。传媒时代更注重传播的即时性，而不关注传播的历时性和久远性。20世纪20年代，创造社的文学家们曾经讨论过"革命文学和它的永远性"这一特别话题，可是以后再没有运作这样的讨论，这样的话题在中国现代文化语境之下出现是相当偶然的，在数字时代更是不可能产生的。

对"永远性"的考量在传媒时代是偶然现象，"传之后世"的想法在数字时代变得那么不切实际，不仅是作品创作，各种文艺和文化的理念运作与概念表述都显示出即时性、临时性和消费性的特征，致使随意性的命名、调侃式的表述即时流行。在传统文化语境下，人们为了传之后世，会慎重对待一切立论和概念命名等，反复琢磨，以至于有"一名之立，旬月踟蹰"之说。可到了现代传媒时代，概念、术语等多是拼凑性的、临时性的，不过大家没想到这样的拼凑性、临时性的概念会一直沿用下去。"中国现当代文学"就属于拼凑性、临时性的命名，但现在成为一个重要学科的正式命名。类似的还有"朦胧诗""定向戏""杂文"等。到了数字时代，这样将临时概念戏剧性、游戏般地付诸流行的现象甚嚣尘上，令人目不暇接。诸如"80后""90后""00后"这样的命名简单得莫名其妙，但居然莫名其妙地流行起来，这便是忽略了时间之维和纵向传播之后出现的现象，只不过在数字时代变得更加集中、更加强烈。所有网络化的媚丑、媚俗艺术文化现象都是这种临时性、即时性传播心态操弄的结果，于是我们理解了芙蓉姐姐的作秀和余秀华诗歌的粗糙，我们理解了"吃瓜""内卷""躺平""喜大普奔"等术语的权威性和意义。

值得重视的是，所有的这些数字时代所形成的临时性、即时性传播结果，大多不值得留恋。这正是此类文化现象所具有的社会性善意：正是因为大家都觉得不值得留恋，其出现和流行带有某种随意和戏拟的成分，它们会迅速被遗忘，不会对人们正常的审美生活造成影响。可越是这样理解，人们越会发现，这些现象并不像我们想象得那么转瞬即逝。人们依然在用"朦胧诗"概括本该具有严格审美定义的诗歌形态，依然在乐此不疲地使用"××后"，依然"吃瓜"然后"喜大普奔"。

为什么传播接受者会那么轻易地接受这些匪夷所思的简单的、粗糙的，甚至有些笨拙和搞笑的命名呢？因为大家都认定这是一种临时性、即时性、消费性的概念与术语，当不得真，不会延续很久，于是带着权且一用的心态接受了这些词语。当然也有文艺评论家和严肃文化研究者非常认真地论证了这些网络文化现象和网络术语的超前性、严正性和幽默诙谐性，在文化和审美层面予以正名。虽然不必高估这种有媚俗嫌疑的文化批评，但也大可不必为新媒介时代过多粗俗的文化现象担忧。这种滥俗化的文化传播现象可以构成中国文化传统振兴的"负性背景"。所谓负性背景，即表面上看起来似乎不利于某一种正面事物产生、发展的负面因素，但它在一定条件下会转化为正面事物产生、发展的背景与动力。五四运动前夕的中国"王纲解纽"，社会混乱，文化腐败，表面上看是中国新文化产生、发展的负性背景，然而这样的混乱、腐败和思想文化的死寂状态，没能形成阻碍新文化脱颖而出的体制力量和价值屏障，反而作为现实的参照物，促进新生的文化出现一种罕见的朝气与活力并发扬光大。① 网络文化快速积累的这些简单、粗糙甚至滥俗的文化快餐现象，会从反面映衬中华优秀传统文化的精致与优美，会对中华优秀传统文化的振兴起到一种客观的呼唤和敦促作用。应该记得，代表中国文化精粹的传统戏曲，在改革开放之后的相当一段时间内几乎无人问津，院团解散，剧场门可罗雀，可是这十多年来，也就是中国进入全面数字化时代以后，传统戏曲复苏的速度简直令人瞠目结舌。这当然包含很多影响因素，但滥俗文化的蹿红和积累无疑构成了优秀传统文化复兴的负性背景，也从反面印证了优秀传统文化的可贵品质与不朽价值。

网络时代提供的最重要、最常见的媒介平台，惠及每个愿意接受这种工具的受众，人们接触这样的媒介是对前所未有的娱乐与资讯疆域的开拓，此前，人们从没有面对过这样便捷的集交流、参与、获取资讯和娱乐于一体的平台，即便是家用电视机也不会这样便捷，更不会满足人们的参与欲与交流需求。人们使用手机的时候很少想到文化接受、知识获取、品德教育、思想充电等传媒功能，甚至主要也不是用于艺术欣赏和音像娱乐，人们的发表欲、交流欲、参与感，甚至一定意义上的创作感兴，通过新媒介得到最大程度的满足。在这样的情形下，"一点正经没有"可能是非常普遍的心态，受这种游戏心态操弄的网络视频，只要能调节人的情绪，缓冲人的神经紧张，解除人的心灵疲劳，尽管简单、怪异、奇葩甚至是一味地忸怩作态，都有可能成为被关注的对象。加之即时性、临时性、一过性的传播定位，人们对待这些语言、文化、艺术现象便会有一笑

---

① 朱寿桐. 论中国新文学的负性背景及其影响［J］. 中国社会科学，2000（4）：134-143，207.

置之的宽容和恶作剧般的复述甚至欣赏。

可这样的现象都不是否定数字媒介时代科技人生的理由，毕竟，数字媒介对于媚俗文化和即时性传播的文本不会漫无边际地容忍下去或者怂恿下去，它会以强大的技术优势给经典文化留下足够的空间。这种当代传媒的先锋角色，其实比谁都清楚中华文化中精粹的部分、经典的文本、传世的佳作体现在哪些方面，都具有怎样的文本形态。在一定的情况下，新兴媒介将挺身而出，为弘扬中华优秀传统文化做出贡献。也许，高科技的电子情景画《清明上河图》的出现是一个重要标志。各种文化经典的数字化，以及交叉传播系统的建立，使人们对经典文化的接受和欣赏变得比任何时候都方便、快捷。许多濒临灭绝的艺术样式、非物质文化遗产等现在都已通过数字技术得到留存、复制，可以随时随机得到演示，并发挥教学功能。一部手机可以收藏一个小型的图书馆，几百部影片或戏剧可以被容纳在一个文件夹里供人们随时检视和欣赏，更不用说大数据给现实人生，给当代文化，包括研究和推广中华优秀传统文化的学术研究带来的巨大助益。这些都是现实的传播热点，都是已经成为事实的文化传播新潮，完全可以用来证明文化自信，参与中华文化的伟大复兴。

【思考题】

1. 在数字媒介时代，我国应如何增强文化自信？
2. 在全球化语境下，我国的媒介文化发展有何新特征？

【推荐阅读书目】

1. 安东尼·吉登斯. 现代性与自我认同：现代晚期的自我与社会［M］. 赵旭东，方文，译. 北京：生活·读书·新知三联书店，1998.
2. 约翰·汤姆林森. 全球化与文化［M］. 郭英剑，译. 南京：南京大学出版社，2002.
3. 汪琪. 文化与传播："世界村"里的沟通问题［M］. 台北：三民书局，1982.
4. 钱穆. 中国文化精神［M］. 北京：九州出版社，2011.

后　记

接下《媒介文化十讲》的写作任务后，内心有点忐忑，因为我知道蒋原伦先生早已出版过《媒介文化十二讲》。后来，蒋原伦先生对《媒介文化十二讲》进行了修订，推出了《媒介文化十五讲》。这两本书已经将媒介文化的重要内容介绍给学界同人和广大读者，我再组织编写一本《媒介文化十讲》是不是有点多余？不过，转念一想，近年来，由于互联网技术和各种数字媒介平台的迅速发展，当下的媒介文化在文化内容和表现形态方面都与电视时代及之前的媒介文化有了很大的不同，因此，在蒋原伦先生的《媒介文化十二讲》《媒介文化十五讲》基础上再做点推进工作也未尝不可。

美国马克思主义政治学家道格拉斯·凯尔纳是较早从事媒介文化研究的学者，但他所讨论的媒介文化现象基本上是以电影、电视为主的，而在今天，电影、电视已经属于"传统的媒介文化"，更遑论大众报纸、通俗画报及留声机之类的"旧媒介文化"。在"导论"中我曾提到，在短短几十年里，全球当代文化发生了深刻的变化，经历了从"文化"到"大众文化"，从"大众文化"到"媒介文化"，再从"媒介文化"到"新媒介文化"的转变。这种转变与传播媒介自身的变革相辅相成，而从人类文明和历史的角度看，每一次传播媒介的变革都会催生新的文化潮流和文化样式。前一段时间，在接受《传媒观察》杂志副主编贾梦雨先生的访谈时，我曾提及自己所著的《媒介文化论》一书，该书集中了我对当代媒介文化理论和现象的部分思考，但在出版时，我觉得它对新媒介文化理论和现象的讨论都是不充分的。这是我接下《媒介文化十讲》任务的初衷。

接下任务后，我便着手拟定提纲并组建研究团队，王敏芝教授和我的博士生王可心、凡婷婷、钱伟浩等人都慷慨应允加入了撰写队伍。有了他们，我对在规定时间内完成写作任务稍微有了点信心。王敏芝教授长期研究媒介文化，出版了《当代中国媒介文化生产的体系性嬗变》一书，近年来，她对媒介文化演化的技术逻辑及数字交往带来的文化变化都有精深的思考，所以我邀请她负责第二讲"媒介文化演化的技术逻辑"和第三讲"社交媒体与数字交往"部分；我的几名博士生，王可心、凡婷婷、钱维浩等对最新的媒介文化现象其实比我更加了解，他们关于赛博女性主义、数字文化记忆和数字媒介平台上圈层文化的研究，将传统媒介文化研究所涉及的一些课题带入数字时代加以观察分析，这些分析有助于人们更好地认识数字时代的新媒介文化。

在写作本书的过程中，我还承担"媒介文化"线上慕课的建设工作，这是"暨南大学在线开放课程港澳合作试点专项"，该专项也是以"十讲"的形式展现的。慕课"媒介文化"与本书有部分交叉，但主要内容还是有很大的不同。需要提及的是，在慕课"媒介文化"中，我邀请了澳门大学的朱寿桐先生加盟。朱老师是我在南京大学读博时的导师，他不仅一口答应了慕课"媒介文化"内容的撰写，而且很快完成了"媒介文化与中国文化传统"那一章。在那一章，他精辟地论述了媒介文化与中国传统文化的关系，指出在全球化时代要认识中国文化，必须引入传播视角，许多观点给了我极大的启发。因此，在本书的最后一讲"媒介传播与文化传统"中，我将朱老师所写的内容加入进来。在这里，我对朱寿桐先生、王敏芝教授及参与写作的几名博士生表示感谢，没有他们，这本书恐怕很难完成。

写作总是充满了遗憾，尽管从2004年工作之后，我便一直从事媒介文化的教学和科研工作，出版过《西方媒介文化理论研究》《媒介文化论》等著作，也发表过不少与媒介文化相关的文章，但这并不表明我在媒介文化研究领域已经取得了多么大的成就。相反，每一次写作都让我感到自己在这个领域深耕不够、思考有欠，许多问题都没有研究透彻。这本书也是一样，留下了不少缺憾。数字时代新媒介文化现象日新月异，变化很快，对于种种新媒介文化现象不仅需要跟踪思考，也需要对已有的媒介理论进行重新思考，甚至需要思想突破乃至建构新的理论范式，这是我们努力的方向；此外，在讨论诸多具体的媒介文化现象时亟须拓展一些新的研究方法。近年来，媒介社会学、民族志和大数据分析等研究方法陆续进入媒介文化研究领域，但我们对这些方法掌握得还不够熟练，这制约了我们的研究，是我们今后从事媒介文化特别是新媒介文化研究必须不断加强的方面。

特别感谢苏州大学传媒学院陈龙院长的邀约。陈龙教授是我从事媒介文化研究的引路人，2004年南京大学博士毕业之后，我进入了母校苏州大学工作，那时便在陈龙教授的指导和带领下开始涉猎媒介文化领域的研究工作。后来，我们共同努力在2017年创立了中国高校影视学会媒介文化专业委员会，陈龙教授担任理事长，我则担任秘书长直到现在的副理事长。所以，当陈龙教授说他计划编一套数字传媒研究前沿丛书，希望我接下《媒介文化十讲》的写作任务时，我毫不犹豫地答应了下来。同时，我还要感谢苏州大学出版社的编辑，以及一直跟我沟通书稿相关情况的张可副教授，没有他们的督促，在日益繁忙的"加速社会"中，我们大概无法及时拿出稿子。

写"后记"时，正值南国的炎炎暑假，每年似乎只有到这个时候才能有相对安静的一段写作时间，可事实上，今天我们连这样一段宝贵时光也越来越难得了，这常常让我有点沮丧。由于精力有限，尽管我们对稿子做了多次校对，但书稿难免还存在不少问题，这些问题都只能留待日后修订时再完善了。

曾一果

2023 年 7 月于暨南园